アスレティック・トレーニング入門
Introduction to Athletic Training

スー・ケイ・ヒルマン [著]
Susan Kay Hillman

中村千秋 [監訳]
Chiaki Nakamura

大修館書店

Introduction to athletic training -2nd ed
by
Susan Kay Hillman

Copyright © 2005, 2000 by Susan Kay Hillman
Japanese translation rights arranged
with Human Kinetics Publishers, Inc.
through Japan UNI Agency, Inc., Tokyo.

TAISHUKAN PUBLISHING CO., Ltd., Tokyo, Japan.

監訳者まえがき

　私にとって原書『Introduction to Athletic Training』の翻訳・出版は長年の夢であった。原著者であるSusan Kay Hillman女史は，1988年当時は，私が入学を果たせなかった憧れのUniversity of Arizonaにてヘッドアスレティック・トレーナーとして活躍しており，彼女の恩師であるDr. Gary Delforge教授とともに全米を代表する大学院でのトレーナー教育プログラムを構築・運営していた。結局私はUniversity of Arizonaへの入学は果たせず，Arizona State Universityの学部プログラムにて教育を受けたのだが，そこにいたアシスタントトレーナーのMagie Lacanbraの紹介でHillman女史と知り合うことができた。縁とは不思議なものである。以降，帰国後にアリゾナでのトレーナー研修プログラムを立ち上げて今日までそれを続けているが，現在はA.T.Still Universityで解剖学教室の教官をしているHillman女史の協力なくしてはこのプログラムの実現と継続はなかったであろう。また，1998年に開催した第1回JATO年次総会におけるシンポジストとしてHillman女史とDelforge教授をお招きできたのも何かの縁だと感じていた。

　このように，私にとっては運命的なつながりを感じるHillman女史とDelforge教授のお二人は，Human Kineticsからそれぞれ『Introduction to Athletic Training』と『Musculoskeletal Trauma』を出版しており，この2冊を日本語に翻訳して出版することが私の使命だとずっと信じてきた。幸い，『Musculoskeletal Trauma』はすでに翻訳・出版し，今回この『Introduction to Athletic Training』を出版することとなった。夢が叶う時が来たという感じである。

　Susan Kay Hillman女史の全米におけるアスレティック・トレーナーとしての名声は確実なもので，13年間におよぶUniversity of Arizonaでのヘッドアスレティック・トレーナーとしてのみならず，NFLのPittsburgh SteelersやPhiladelphia Eaglesでのアシスタントトレーナーとしての活躍も有名である。また，Hillman女史は理学療法士でもあり，人体解剖学実習は言うに及ばず，現場のトレーナーとして得た経験と解剖学を重ねながら行われる傷害マネジメントの講義や講演は実に秀逸で，説得力抜群である。私も大学において機能解剖学を担当しているが，いつになったら彼女のような講義ができるようになるのか皆目見当がつかないほどである。

　本書はこれまでに日本において出版されている（翻訳本も含め）どのようなアスレティック・トレーニング関係の本とも一線を画すものである。その理由は，捻挫や肉離れといったポピュラーなスポーツ傷害（特に整形外科的な）に関する記述がほとんどないことにある。したがって，よく起こるスポーツ傷害にどのように対応すべきかといったノウハウを得ようとして本書を読んでも，直接的には役に立たないであろう。

　本書をどのレベルのトレーナーに読んでいただくのが最適なのかと考えると，少し混乱してしまう。というのは，原題名の『Introduction to Athletic Training』からすると，これからアスレティック・トレーニングを学ぼうとする学生に最適であるように思われるが，一方で，内容そのものはある程度経験を積んだ学生やトレーナーに読んでいただく方が臨場感があって理解されやすいようにも思われる。

1章ではアメリカにおけるアスレティック・トレーニングの発展の変遷および専門職としてのアスレティック・トレーナーのことが述べられているが，それらはいずれも今後の日本におけるアスレティック・トレーニングの発展にとっても参考になる内容となっている．2章はスポーツ傷害の疫学について詳しく説明するために本書で最大のページ数を割いている．疫学的な調査なくして医学ひいてはアスレティック・トレーニングの発展は望めないので，この章こそが本書を最もユニークなアスレティック・トレーニングの書としていると言える．3章ではスポーツ参加前のメディカルチェックについて，私たちが明日からでも実践できるほどに詳しく解説されている．4章はパフォーマンスの向上とスポーツ傷害の予防に最も関係が深いコンディショニングに関する内容が説明されているが，読者には他の専門書も参考にしながら理解を深めていただきたい．

　5章も本書をユニークなものにしている代表的な章で，アスレティック・トレーナーが扱う薬に関して解説がなされている．本章に出てくるアメリカの市販薬名は極力原文のままとした．また，薬の使用に関する法的規制はアメリカと日本では異なるため，読者は日本における規制について再確認する必要がある．加えて，読者には，是非，現在自分たちが扱っている医師からの処方薬や市販薬についてその内容を確認する作業をしていただきたい．そうすることで薬に関して系統だった理解が得られ，薬の扱いに対するそれまでの不安が払拭されるはずである．6章では環境とスポーツ傷害の関係について説明されている．7章では様々な防具の特徴とそれらの使用方法，そして安全管理に関する法的な問題について解説されている．今後，日本においてもスポーツ時の事故が訴訟の対象となることは明らかなので，今からこの問題に対して準備しておく必要があり，この章にはそのためのアイデアがちりばめられている．8章はアスリートの命のみならずアスレティック・トレーナーの安全にも直結する話題を取り上げているので，注意深く読んで明日からでも本章の内容を実践してほしい．9章では基本的な栄養と食事に関する説明がなされているが，より深く学び実践するためには他の専門書も参考にするとよい．

　冒頭で述べたように，本書の翻訳・出版は私の夢であったが，これを私一人で実現することは到底できないと思われたので，早稲田大学出身者でアスレティック・トレーニングに深く関わっている諸氏に翻訳分担をお願いした．スポーツ現場，教育，研究，そして勉学に忙しい中，翻訳を快く引き受けていただいたことに対して心から感謝を申し上げたい．また，監訳作業が遅々として進まなかったにもかかわらず，辛抱強くおつきあいくださった大修館書店の丸山真司さんと山川雅弘さんに深謝いたします．

　最後に，本書がこれからアスレティック・トレーナーになろうとする学生ならびにすでにアスレティック・トレーナーとして活躍している方々によって読み込まれることで，日本におけるアスレティック・トレーニングが今後ますます発展することを心から祈る次第である．

2010年10月
中村千秋 ATC

はじめに

　本書を読めば，アスレティック・トレーナーがアスリートに発生する傷害の評価やマネジメントのために，いかに忙しい日々を送っているかが実感できるだろう。このことは取りも直さず，アスレティック・トレーニングを学ぶ学生がいかにアスレティック・トレーニングに縛りつけられているかを表している。アスレティック・トレーナーの初級レベルの教育では，テーピングや固定法あるいは評価や認識の方法に多くの時間が費やされるが，アスレティック・トレーナーをほかの準医療関係者と明確に区別する能力である「傷害の予防および急性外傷と疾病の応急処置」については，ほとんど注意が払われていないようである。

　傷害の予防と処置は，身体活動をする人の健康管理にとって最も重要な事項である。防具の製作やゲームのルールを変えるといった簡単な方法によって，スポーツ参加者をけがから守ることができるし，よく考えられた救急体制があれば，重篤な事故が起こったとしても受傷者を安全に医療機関へと搬送できる。このような予防方法や救急体制，あるいはマネジメントの方法は，スポーツ傷害の発生率や傷害のタイプに関する疫学的な調査の積み重ねによって開発されてきたものである。アスレティック・トレーナーの立場からすれば，これらの調査結果があるからこそ，様々なタイプのアスリートをより安全に練習や競技会に参加させるための準備ができると言える。受傷の危険因子が分かれば，マネージャー，コーチ，アスレティック・トレーナーは，それらに対してあらかじめ準備をすることができるし，ストレングス＆コンディショニングコーチは危険を少なくするためのトレーニングプログラムを開発でき，さらに，受傷の危険性が高い参加者に対して危険性の内容を説明することができる。

　本書は，スポーツメディスンチームの一員であるアスレティック・トレーナーの仕事に理論的なバックグラウンドを与えるだけでなく，スポーツ傷害と疾病の予防とマネジメントに関する価値ある情報をもたらすに違いない。また，本書は主としてアスレティック・トレーニングを専攻している大学生のために書かれているが，もちろん，プロのアスレティック・トレーナー，理学療法士，運動生理学者，スポーツ整形外科医，スポーツカイロプラクター，マッサージ師，およびパーソナル・トレーナーにとっても有益である。

　本書は，1章において，専門職としてのアスレティック・トレーニング，アスレティック・トレーニングの特徴と歴史，および就業状況について述べている。続いて，アスレティック・トレーナーが協力して働く医療従事者との関係と役割について記述し，さらに，健康管理チームをいかに管理・運営するかについても説明している。
　2章では，スポーツ傷害の調査システム，傷害発生の傾向，ハイリスクスポーツ，および先天的問題について包括的に説明している。これを受けて3章では，スポーツに参加する前に受けるメディカルチェックに必要な病的状態の情報，運動能力テスト，およびグループ管理のための場所作りについて記述した。次に4章では，傷害発生の予防を目的としたストレングス＆コンディショニングのプログラム立案に有益なデータを得るために行うフィットネステストに関して解説した。
　5章では，アスレティック・トレーナーが日常的に扱う処方薬や薬局で手に入る薬について紹介した。

また，薬物規制や様々な薬物テストの方法についても解説した。

　6章では，スポーツ参加に際して考慮が必要な高温や低温，およびそのほかの環境について説明した。

　7章以降は内容が少し変化するが，7章では疫学的調査の結果をふまえた防具について，その内容，使用規制およびそれに伴う法律を解説した。具体的には，防具としてのヘッドギアのデザイン基準，メンテナンスの方法，スポーツの安全規則を作る団体，法的責任に関するマネジメント，および訴訟から自分自身を守るための予防策などについて説明した。

　法的責任を取り上げると，スポーツ傷害の救急処置および医学的治療について話題を広げることになる。すなわち，8章では応急処置，心肺蘇生法，緊急対応プラン，治療に関する法的・倫理的課題，地域の救急医療サービスと施設，および血液由来の感染症予防について解説した。

　最後に，9章では活動的な人の栄養について記述した。具体的には，栄養と水分補給についてアスリートの栄養管理およびゲーム前の食事を例にあげて説明した。炭水化物，脂肪，およびタンパク質の栄養学的なバックグラウンドに加え，アスリートに必要なカロリーに着目してこれらの栄養素を分析した。主として体重の増減に関して解説したが，特殊な状況（病気など）下での栄養についても記述した。アスリートに栄養について正しい知識と実践力を身につけさせることは，アスリートの競技成績だけでなく，彼らの人生を通して大切なことである。

　アスリートを注意深く見守ることで，アスレティック・トレーナーはアスリートが最も望むこと，すなわち健康にプレーすることを実現させてあげられる。スポーツに関わる様々な医学的問題を予防するための知識を得るには，1冊の本だけでは不十分である。しかし，本書を読むことによってアスレティック・トレーナーに必要な基本的な情報が得られる。自分自身を磨き続ければいつの日かアスレティック・トレーナーが自分の天職であると気づく時がくるであろう。

スー・ケイ・ヒルマン ATC

目　次

監訳者まえがき　iii

はじめに　v

1章
アスレティック・トレーナー；専門職としての地位と歴史 …… 1

1. 専門職の要件とは何か？ …… 3
2. 何がアスレティック・トレーナーを専門職としているのか？ …… 6
3. アスレティック・トレーニングの歴史 …… 9
4. アスレティック・トレーニングにおける雇用の機会 …… 15
5. スポーツメディスンチーム …… 20

2章
スポーツ傷害の疫学 …… 27

1. スポーツ傷害の疫学 …… 29
2. スポーツ傷害の調査システム …… 30
3. スポーツ傷害の傾向 …… 38
4. ハイリスク・スポーツ …… 40
5. そのほかのスポーツ …… 51
6. 内的なリスク・ファクター …… 55

3章
スポーツに参加する前のメディカルチェック …… 71

1. 参加前のメディカルチェックで必要不可欠な要素 …… 74
2. 健康状態に関する情報 …… 76
3. 参加前のメディカルチェックに含まれる内容 …… 82
4. フィットネステストやパフォーマンステスト …… 86
5. メディカルチェックの結果 …… 88
6. 障害を持ったアスリートに対して考慮すべき事柄 …… 90
7. メディカルチェックの管理 …… 90

4章
スポーツのコンディショニングとストレングス・トレーニング … 99

1. フィットネステストの手順 … 101
2. フィットネステストの内容 … 104
3. 運動処方 … 111
4. ストレングス・トレーニング・プログラムを作成する … 116
5. ストレングス＆コンディショニングによる傷害の予防 … 119

5章
アスレティック・トレーニングにおける薬の使用 … 125

1. 薬理学の理解 … 127
2. 薬の名前と分類 … 127
3. 薬の研究 … 129
4. 薬物試験の方針と手順 … 133
5. 薬の知識はアスリートのコンディションに有益である … 133
6. 整形外科系ではない薬 … 144

6章
環境に関する問題 … 155

1. 体温調節と熱交換 … 158
2. 高温環境での運動に対する生理学的応答 … 160
3. 冷却のメカニズム … 161
4. 外部の熱に対する適応 … 163
5. 熱中症 … 165
6. 熱中症の予防 … 168
7. 熱中症の対処方法 … 171
8. 寒冷環境 … 173
9. そのほかの気象条件 … 175
10. スポーツ参加に影響を与えるほかの環境要因 … 177

7章
スポーツ用防具の使用規則と法律 … 183

1. 衝撃吸収と力の消散 … 185
2. 防具デザインの基準と防具の修理 … 192

3. 規制団体 ... 192
4. ヘッドギア（頭部防具）の修理と維持管理 ... 196
5. スポーツの安全規則に関わる団体 ... 197
6. スポーツにおける防具使用の法的問題 ... 202
7. 過失責任 ... 205
8. 責任の程度 ... 205
9. 製品および製造業者の責任 ... 207
10. 訴訟問題から身を守る ... 209

8章
緊急対応と医学的管理 ... 213

1. 応急処置，緊急対応，心肺蘇生 ... 216
2. 急病に対する応急処置 ... 219
3. 緊急対応プラン ... 222
4. 治療における法的，倫理的問題 ... 228
5. 地域社会の救急医療サービス ... 231
6. 地域社会における救急医療施設 ... 232
7. 救急医療器具と備品 ... 236
8. 専門医への照会 ... 240
9. 血液感染性病原体への感染 ... 242

9章
健康とパフォーマンスのための栄養 ... 251

1. なぜ栄養について勉強するのか？ ... 253
2. アスリートに必要な基礎栄養 ... 253
3. 身体活動に必要な水分 ... 254
4. 身体活動に必要なカロリー ... 256
5. 食物ガイドピラミッド ... 256
6. アスリートの食事計画 ... 262
7. 傷害および病気に関する栄養学的検討 ... 265

資料：全米アスレティック・トレーナーズ協会　倫理規定 ... 269

索引 ... 271

著者・訳者紹介 ... 278

1章

アスレティック・トレーナー；専門職としての地位と歴史

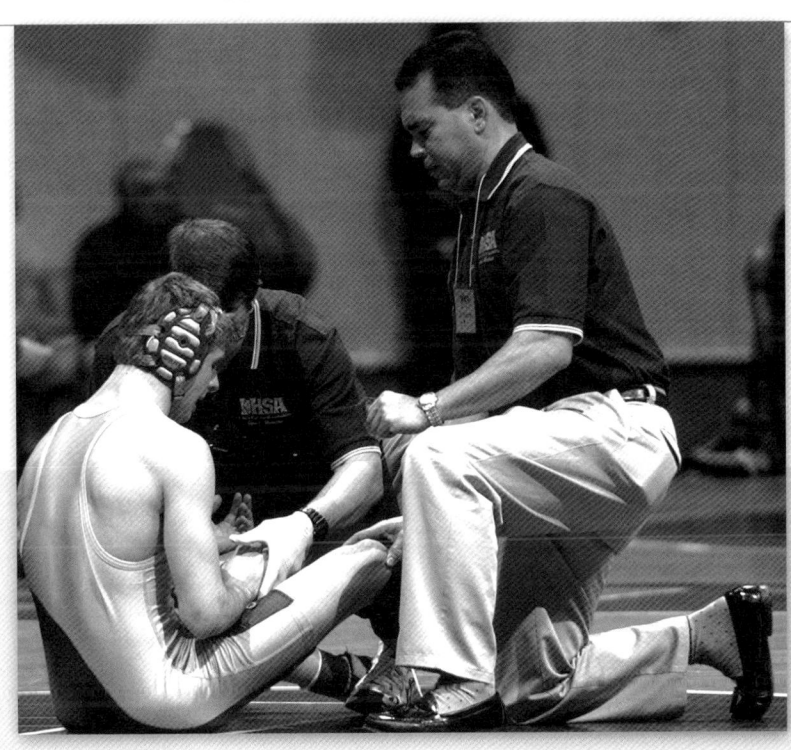

● 本章の目的 ●

本章を読むことで，

1. アスレティック・トレーナーが専門職として認められるための要件をあげることができるようになる。
2. 全米アスレティック・トレーナーズ協会（National Athletic Trainers' Association；NATA）の組織が現在のように構成された主な歴史的出来事について述べることができるようになる。
3. スポーツメディスンチームのメンバーについて説明できるようになる。
4. 公認アスレティック・トレーナーの雇用機会ならびに，自分自身の理想的な職場環境（条件）について説明できるようになる。
5. 学校においてアスレティック・トレーナーを目指す学生が履修しなければならない科目（講義や実習）を説明できるようになる。
6. アスレティック・トレーナー教育における最近の変化が，大学の教育プログラムにどのように影響を及ぼしたかを説明できるようになる。

クリスは，大学院を修了してわずか3年後に，大学でのアシスタントトレーナーを経てプロチームでのアスレティック・トレーナーの職を得た。彼自身，プロチームのアスレティック・トレーナーになる夢を描いていたが，こんなにも早く夢が実現するとは思ってもいなかった。

　プロチームで3シーズンを経験した後，クリスは何かもっとチャレンジできることを探している自分に気がついた。プロチームでアスレティック・トレーナーをしていること自体は楽しいのだが，仕事上の要求がとても高く，自分の時間もなかなか作れない。そして何よりも対応する傷害の種類が来る日も来る日も同じであることに嫌気がさしてきていた。

　そんな時，電話を受けたクリスの耳に活気のある声が飛び込んできた。

　「クリス，元気かい？華やかなプロチームでの生活はどうだい？」

　「なかなかいいよ。その声はピートかい？」とクリスはモヤモヤした気分で答えた。

　「そう。去年大学を卒業して，今はスペシャルオリンピックス（訳注：知的発達障害者のためのスポーツ大会）のために働いているんだ。来月フィラデルフィアで大会があるから，クリスに手伝いに来て欲しいのだけど。」

　「スペシャルオリンピックスって？それとアスレティック・トレーナーとどんな関係があるの？」

　「大学院時代にボランティアでいくつかの大会に参加したのが初めで，今は夢中になっているよ。そこではちゃんとアスレティック・トレーナーとして活躍しているし，信じられないだろうが，子どもたちはけがをするんだよ。」

　「それはまさに興味深いことだな」とクリスは即座に答えた。

　「子どもたちが走る姿には感動させられるよ。着順に関係なく，まるで皆が勝者のように喜ぶんだよ。彼らが決してできないだろうとあきらめていたことを，できるように手助けすることは本当に何物にも代え難い喜びだよ。」

　「ピート。もうそれ以上言わなくていいよ。ところで，その大会はいつどこであるのか，そしていつ自分が参加すればいいのか教えてくれ」とクリスは即答していた。

　クリスはプロチームのシーズンオフを利用してフィラデルフィアで開催されたスペシャルオリンピックスの全国大会にアスレティック・トレーナーとして参加し，4日間をピートやほかの医療スタッフと過ごしたが，こんなに感謝されたことはこれまでになかった。

　この経験の後，クリスは地域のイベントにアスレティック・トレーナーとして積極的に参加するようになり，地域の大学で障害者の身体教育に関する講義を受けるようになった。様々な人たちに対するヘルスケアについて新たに勉強するにつれ，自分自身の将来についてだけでなく，他人を助けるために働くことも学んだクリスは，今や周りの人へも影響を与え始めている。まさにクリスは今こそ華やかに人生を送っていると言えるだろう。

多岐にわたるアスレティック・トレーニングの職業分野を理解するためには，いくつかの疑問を解決しておかなければならないであろう。すなわち，アスレティック・トレーナーは専門職なのか？身体的に活動的な人々の健康管理は専門職としての基準を満たすのか？この分野の人々が，身体障害を有する選手，プロスポーツ選手，大学生選手，あるいはレクリエーションとしてスポーツを行う人たちを仕事の対象にするという事実だけで，この分野が専門職であるとするのに十分なのか？などかなりの論争を巻き起こすかもしれないこれらの問題を論じるには，まずは「専門職」の定義について明らかにしなければならない。

1. 専門職の要件とは何か？

社会学者は，くり返し「専門職」の要件を定義しようと試みているが，これまでのところ満足できる答えは得られていないようだ。業務（またはサービス）を提供する職業では，社会的に専門職であると考えられているという事実によってのみ社会的地位を証明しようと試みている。また，ほかの職業では，自分たちの職域の社会的地位を向上させることを目指し，既存の専門職の組織に似せて組織を再構築している。しかしながら，どのような職業を専門職とし，専門職に関連する地位は何かということに関しては明確な規則や規定がないため，この論争には終止符が打たれそうにもない。

1964年，著名な社会学者であるGeoffry Millersonは，この問題について論述した21人の見解を分析し，専門職の重要な6つの要件を抽出している（Mitchell 1973）。

①専門職は，理論的知識に基づく技能を有していなければならない。
②専門職は，訓練と教育を必要とする技能を有していなければならない。
③専門職は，試験に合格することによりその能力を証明しなければならない。
④専門職の健全性は，行動規範を厳守することによって維持されなければならない。
⑤専門職としての業務は，公益性がなければならない。
⑥専門職は，組織化されていなければならない。

これら6つの要件すべてを有していなければ，その職業は真の意味での専門職ではないとする人たちもいる。その一方で6つの要件や基準をすべて有しているわけではないが，医学，法学，神学の分野は専門職として評価されている。

アスレティック・トレーナーの要件を分析し，専門職として職業を格付けすることを考える時，多くのことを考慮しなければならない。今日のアスレティック・トレーニングは，初期のアスレティック・トレーナーが頭に描いたよりもはるかに広い分野に発展してきた（図1.1）。次の項では，6つの要件について解説する。

図1.1
専門職とは，その職業が理論的知識に基づく技能，専門的な訓練，免許や認定資格，行動規範，および組織を有しているかが問われる。

1 理論的知識

専門職は，理論的知識に基づく技能を有していなければならない。一例として，医学分野では研究情報に基づく技能を適用している。医師が初めてホジキン病（Hodgkin's disease）の患者に出会った時，この病態に正確に対処する技能は有していないであろう。しかしながら，免疫抑制性疾患に関する先行研究に基づけば，治療方法を決定することができる。したがって，真の意味での専門職では，必要とされるすべての情報と知識は厳格なパッケージとして決まり切った方法でのみ入手すべきという制限を加えるべきではない。専門職の知識はそれが膨大な科学的検証と事実に基づくという点において「理論的」である。次に，法律実務を例にとってみよう。弁護士は様々な証言と観察記録を収集した後，そのケースにおける「誰が，何を，なぜ」に関する理論を提示するために，演繹的な推論を用いる。それまでに起こったことのないケースにおいてさえ，あらゆる角度から考え抜いて，弁護士は納得のいく答えを探し続けるだろう。完全な答えは得られないかもしれないが，大部分の専門職（専門家）は様々な情報源から得られる理論に基づく知識を使って特定のケースに対応している。

2 訓練と教育

法律実務に関連して幾分理屈っぽい弁護士の仕事の性質について考えてみよう。専門職の1つの特徴は，学ぶべき特殊な技能を有していることである。医師であれば，血圧を測ることや心音を聴診することが学ぶべき技能である。法律実務は真の意味では専門職ではないと主張している人々は，法律実務は「独特の技能」を必要としないと信じているのかもしれない。しかしながら，演説と議論は訓練と教育を必要とする技能であると弁護士は主張するであろう。おそらく，弁護士が行う議論には法律知識が不可欠であり，議論が行えるということは技能を習得したと解釈できるであろう。「技能」の定義はそれぞれの専門職により異なるであろうが，専門職の訓練と教育は，技能と知識に関して明らかに必要なものである（図1.2）。

3 資格と試験

専門職は，試験に合格することによりその能力を証明しなければならない（図1.3）。多くの専門職では，免許（ライセンス）あるいは認定資格を必要とする。例えば教職者は教員免許を持っていなければならないし，医師は医師免許を取得していなければならない。配管工もライセンスを得るためには試験に合格しなければならない。しかしながら，免許あるいは認定資格を必要とするすべての職業がほかの5つの要件をすべて満たしているわけではなく，試験に合格しなければならないという要件は，あくまでもその職業を専門職とみなす際の6つの要件のうちの1つにすぎない。

4 専門職としての健全性と倫理規定

専門職の健全性は，行動規範の遵守によって維持されなければならない。専門職の倫理規定は，協会あるいはその分野の従事者が行動すべき指針を表しており，その内容は対人関係の技術，正直さ，そして業務の領域に及んでいる。医師は「ヒポクラテスの誓い」を遵守しなければならないし，科学者はほかの研究者と公平で平等な協力関係を築き，研究結果を迅速に公表するという暗黙の了解の中で研究を行っている。大部分の専門職や組織には，従事者の違反行為に関する報告書を調査・検討する委員会があり，規定違反と考えられるいかなる行為に対しても懲罰的な対応をとっている。例えば，調査対象となった弁護士は，正式な審査のために

法曹協会に出頭させられる。専門職の健全性は，従事者の非倫理的な行為に対し，これを調査・検討し，厳格に行動する倫理委員会の能力によって決まると言える。

5　公益性

専門職としての業務は，公益性がなければならない。これは業務が特定の個人に対してだけでなく，すべての人に対して提供されるということを意味している。そうでなければ，その職業は専門職とは考えられない。これは個人が健康であるか，あるいはそのほかの理由により医者にかからないからといって，医療職が公益性を有していないと言っているわけではない。すなわち，専門職の業務が公共に提供され利用可能であれば，「公益性がある」と考えられる。医学，法学，神学の業務が社会の特定の階層に対してのみ提供されるということを明確にすることはできない。したがって，すべてのことが提供され誰でもが利用可能であれば，その業務は公益性があると言える。

6　組織と協会

ある職業が専門職とされるには，それが組織化されなければならない。組織とは特定の分野の人々の名簿を作成する以上のことを意味する。大部分の専門職は高度に組織化された協会を結成している。医学（医療）分野の組織はその最も良い例である。アメリカ医師会（American Medical Association；AMA）には，非常に多くの医師が会員として参加している。そして大部分の会員は，共通の専門的医療分野や関心事によってまとまったより小さな組織である委員会や学会（society，academy，college）に所属している。AMAは，政界に優秀な代表者を送り込んでおり，政治的影響力を行使する強い組織としても認められている。

図1.2
訓練と教育によってのみアスレティック・トレーナーに必要な専門的な知識と技能が継承される。

図1.3
必要とされる教育と経験を積むこと以外に，学生トレーナーは資格認定試験に合格しなければアスレティック・トレーナーにはなれない。

図1.4
アスレティック・トレーナーはプロやアマチュアのスポーツ選手だけでなく，身体的に活発な若者や高齢者に対しても業務の提供を行っている。

しかしながら，組織とは政治活動や大統領選挙あるいは会長選挙以上のことを意味している。専門職の組織は，大きな組織の中で共通の目標に向けて作業をする委員会，特別委員会，あるいは専門的な学会を必要とする。スポーツ医学の領域では，統括機関であるAMAに加えて，アメリカ整形外科学会（The American Academy of Orthopaedic Surgeons），アメリカスポーツ医学会（The American College of Sports Medicine），アメリカ整形外科スポーツ医学会（The American Orthopaedic Society for Sports Medicine）などいくつかの専門的な学会がある。会員数が増えれば増えるほど，組織構成はより効果的にならなければならない。専門職組織は，同じ活動や業務に携わり興味を共有する多くの人々が参加しているだけで存在するものではなく，単なる集団や同好会以上の目的を示さなければならない。例えば，全米食糧労働組合（United Food Workers）は共通の仕事に就いている人々で構成されている労働組合であるが，組織化されているという理由だけでこれが専門職組織として分類できるかは疑問である。

2. 何がアスレティック・トレーナーを専門職としているのか？

専門職として分類されるためのいくつかの要件に照らしてアスレティック・トレーナーを評価すると，これは専門職として考えても良さそうである。アスレティック・トレーナーは，専門職としてのすべての要件を完全に満たしているわけではないが，大部分は満たしていると言える。以下に，アスレティック・トレーナーの専門職としての6つの要件について解説をしよう。

1 理論的知識に基づく技能

医学と同様に，アスレティック・トレーナーは患者（選手）の問題を評価する技能が必要とされ，その評価技能は確かな科学的情報から導き出された理論的知識に基づいている。アスレティック・トレーナーは問題を解決するにあたって，医師と同様に演繹的推理を必要とする状況に直面する。外傷に対する処置，リハビリテーション，そしてカウンセリングで必要とされる技能以上に，アスレティック・トレーナーの技能は多くの学問分野の内容を含んでいる。例えば，若い女子長距離走選手が下肢に慢性的なストレス症候群を抱えているとする。あるアスレティック・トレーナーは単に障害，あるいは違和感に対して処置をするだけかもしれない。ほかのアスレティック・トレーナーは，一歩進んで問題の原因（例えば，食習慣の問題や無月経症）を探ろうとし，同時に筋力の不均衡や骨格構造の問題を発見して，これらを補正するためのリハビリテーションを指導するかもしれない。

全米アスレティック・トレーナーズ協会（NATA）は，会員に対してリサーチの重要性を大いに強調している。特定の治療法の効果やプロトコルの成果の科学的証拠は，NATAの会員や同僚による研究成果を通してその情報を得ることができる。継続的な研究を通してのみアスレティック・トレーナーは理論的知識に基づいた技能を確立し，これを継承することが可能となる。

2 訓練と教育

アスレティック・トレーニングでは，少なくとも4年間の大学教育とスポーツ外傷・障害の評価，予防，処置（管理）などについての実習を必要とする。公認資格を得ようとする者は，ある一定期間に必要とされる授業科目を履修し，かつ公認資格を有するアスレティック・トレーナーの指導の下で一定の現場実習時間を積むことにより，NATAが定めた基準を満たすことができる。

アスレティック・トレーニングの教育プログラムを提供している大学は，NATAのアスレティック・トレーニング合同検討委員会（JRC-AT）の推薦をもとに，準医療職（健康関連職）高等教育プログラム認定委員会（Commission on Accreditation of Allied Health Higher Education Programs；CAAHEP）による認定を受けなければならない。JRC-ATは，NATAの教育プログラムを評価・推薦するCAAHEPによって公的に認められたNATAの委員会である。また，CAAHEPは，入門レベル（entry-level）の準医療職の教育プログラムを認定することを目的にした非営利団体である。専門職としてのアスレティック・トレーナーは，CAAHEPによって認定された多くの準医療職（例：看護師，理学療法士など）の1つである。

3 資格認定

アスレティック・トレーナーとして資格認定を受けるためには，学生は教育プログラムおよび現場実習経験の両方の要件を満たすだけでなく，資格認定試験に合格しなければならない。資格認定試験は，筆記試験，実技試験，および（問題解決能力，意思決定能力，危機管理能力，批判的思考力をテストする）筆記形式の模擬試験で構成されている。前述の3つの試験すべてに満足のゆく結果を得ることが，アスレティック・トレーナーへの登竜門であり，これによりATC（Certified Athletic Trainer；公認アスレティック・トレーナー）という名称を使用することができるようになる。一度資格認定を受けたら，アスレティック・トレーナーは，継続教育プログラムに参加したりトレーナー活動を行ったりすることで知識と技能を改善し続けなければならない。ATCは3年ごとに決められた数の継続教育単位（Continuing Education Unit；CEU）を獲得していることを証明しなければならない。また，CEUの獲得に加えて，アスレティック・トレーナーは有効な心肺蘇生法（CPR）の証明書を有していることを示さなければならない。さらにATCはNATABOC（NATA資格認定局）の定める専門職に関する規範を遵守しなければならない。また，有資格者であるために協会に加盟して年会費を支払わなければならない（www.bocatc.org/athtrainers/STDS参照）。

4 倫理規定

アスレティック・トレーナーの統括団体であるNATAは，ほかの専門職と同様に，明確な倫理規定を有している（巻末資料参照）。倫理規定の制定は，1950年代初頭に組織化されたNATAが実施した最初の仕事の1つである。この規定は協会のアスレティック・トレーナーによって作成され，NATAの会員によって遵守されている。倫理規定違反の評価システムも確立されており，即座に実施できる準備が整っている。倫理規定違反を犯すと認定資格が剥奪されることになる。

アスレティック・トレーニングに求められる必修科目

- スポーツ外傷・傷害／疾病の予防
- スポーツ外傷・傷害／疾病の評価
- 応急処置と緊急対策
- 物理療法
- 運動療法
- アスレティック・トレーニング・プログラムの管理・運営
- 人体解剖学
- 人体生理学
- 運動生理学
- キネシオロジー／バイオメカニクス
- 栄養学
- 心理学
- 健康管理学
- 指導方法

5 公益性

実施される業務に公益性があるかどうかについては，アスレティック・トレーナーだけでなく，ほかの確立された専門職においても議論の余地がある。アスレティック・トレーナーの業務は，スポーツだけに留まらずオフィスや製造工場にまで広がり，クリニックにおける役割は拡大し続け，学校やプロスポーツの競技プログラムにおける地位も確立されており，その業務は完全に公共に対して提供されていると言える。アスレティック・トレーナーは，いくつかの州ではライセンスを持った健康管理者の1人として認められており，ほかの州においてもライセンス化への移行に向けて努力している。「研究と教育への資金提供と支援を通して身体的に活発な人々の健康管理を促進すること」は，NATA研究・教育基金局（NATA Research and Education Foundation）の主要なミッションである。

6 組織

倫理委員会はNATAの最も古い委員会の1つであるが，それが組織の唯一の委員会ではない。NATAは多くの委員会や小委員会，機関によって組織されており，アスレティック・トレーニングに関わるすべての分野は，これらの委員会や機関によって網羅されている（図1.5）。全米は10の支部（複数の州がまとまる広域区）に分けられ，各州はどこかの支部に属している。各支部には代表者が置かれ，全国組織と同様の指導部が設置されている。アスレティック・トレーナーは，地元の州組織において委員会で活動したり，支部レベルでは州の代表として活動したりする。さらに全国組織レベルでは，より広範囲からの会員が参加して活動し，州レベルから全国レベルへの連絡組織網によって組織の協調性が維持されている。研究，奨学金制度，教育制度，そして委員会の多くは，州から全国

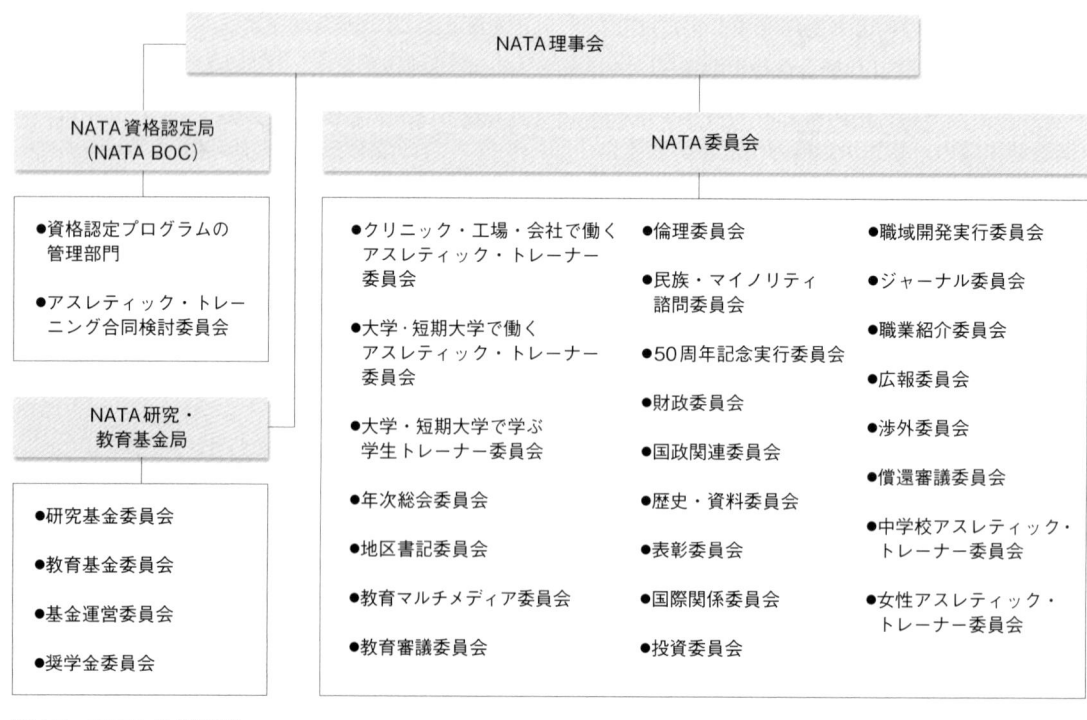

図1.5　NATAの組織図

に至るNATAの様々なレベルで共通して実施されている。NATAのすべてのレベルの活動は，必要であれば財政的かつ運営上の援助を受ける資格がある。NATAは認定資格をライセンス化するための州組織の活動や，研究と教育の目標達成を援助する基金などに資金を提供している。

3. アスレティック・トレーニングの歴史

初期のアメリカ合衆国の歴史を知ることが今日起こっている様々な出来事を理解する手助けとなるように，NATAの歴史に関する知識は専門職としてのアスレティック・トレーナーをよりよく理解するのに役立つ。NATAの設立前にはトレーナーの雇用と役割に関する情報はほとんどなかった。1950年代初頭にアスレティック・トレーナーの組織化がなされ，情報交換とコミュニケーションが図られた。組織は，主に全米の大学で活動する少数のアスレティック・トレーナーによって始められた。それ以来，この職業分野はその規模を広げ，NATAには現在世界中で29,000人以上のATC（公認アスレティック・トレーナー）と学生会員が所属している。そして彼らはクリニック，高校，大学，プロスポーツ，企業，健康関連団体などの職場で活動している。以下にNATAの沿革を示した。

1　1930～1940年代：情報交換の促進

1930～1940年代はアスレティック・トレーナーの組織化の必要性が認識された時期として特徴づけられる。1938年アイオワ州デモイン（Des Moines）で開催されたDrake Relays陸上競技会において，アスレティック・トレーナーの

NATAの沿革

1950	ミズーリー州カンザスシティにて初めてのNATA会議を開催。
1955	アスレティック・トレーニング普及の方法を検討する委員会を開催。
1957	NATA倫理規定を採択。
1959	NATA理事会によって認可された大学学部における初めてのアスレティック・トレーニングのカリキュラムが運営を開始（マンケイト州立大学，インディアナ州立大学，ラマー大学，ニューメキシコ大学）
1969	アメリカ医師会がアスレティック・トレーナーの役割の重要性を認めると同時に，NATAがアスレティック・トレーナーの専門職としての職域を改善しようとしていることに対して賞賛の意を表した。
1972	アリゾナ大学とインディアナ州立大学において初めての大学院教育プログラムがNATAの専門職教育委員会にて認められた。
1981	NATAが米国健康関連資格認定局（NCHCA）への加盟を許可された。
1986	NATA行動規範が採択された。
1990	アメリカ医師会から公式にアスレティック・トレーナーが準医療係の専門職であると認定された。
1992	NATAの倫理規定が改定された（1992年2月）。
1993	国のヘルスケア政策におけるNATAの関わり方についてロビー活動を行った。
2000	毎年3月をアスレティック・トレーニング月間と定めた。
2004	NATAはインターンシップを経てATCになる道を閉ざした。

ための全米組織設立の最初の試みがなされた。この競技会に参加したチームのアスレティック・トレーナーたちによって，選手に対する業務の提供に有用な知識や技術の情報交換を促進するために，アスレティック・トレーナーを組織化する必要性が認識された。アスレティック・トレーナーの組織を設立しようと努めるCharles Cramerのような人々の独創的な構想や熱意によって，1939年にNATAが創設された。この初期の組織はアイオワ州アイオワシティに本部（事務所）を設置するとともに，会長および事務局長が指名された。NATAでは早くから"NATA Bulletin"という謄写版で印刷した会報を毎月発行した。会員は1ドルの年会費を払い，会報と会員証を受け取るとともに，会報への記事の執筆を依頼された。この初期のNATAは組織としては未熟なものであったが会員に対しては大きな影響を及ぼすまでに成長し，第二次世界大戦終焉の1944年まで存続した。この1930年代後半から1940年代半ばまでの組織運営の難しい時期に，以下に述べるようないくつかの成果をNATAは残している。

- 会員の種別を確立した（1939年）。
- アスレティック・トレーナーのための"Trainers Journal"（1941～1942年）とコーチのための"Athletic Journal"を発行した。
- 組織のロゴマークを作成し，認定証を発行した（1941年）。
- 組織を支部単位に分割した（1942年）。
- 全米会議を開催した。

この初期の組織は，おそらく財政的問題およびコミュニケーション不足の問題によって失敗したと思われるが，その失敗から多くのことを学び，現在のNATAとして知られる組織の設立と運営に役立てられた。

2　1950年代：組織の設立（組織作り）

1947年以降，より多くの学校がアスレティック・デパートメント（競技スポーツ統括部門。訳注：高校や大学に設置されている）においてアスレティック・トレーナーを雇用するようになり，そしてこのことがNATAの再設立を促進することとなった。ただし，この当時のアスレティック・トレーナーの多くは，彼らの身分にふさわしい正規の教育を受けていたわけではなく，その多くは，同じ分野の仲間やチームドクターから知識や技術を独学で学んでいたにすぎない。1950年にミズーリー州カンザスシティで最初の全米会議が開催され，NATAの新たな時代が始まった。

アスレティック・トレーナーの様々なグループが支部ごとに分けられ，それらが全米を通して強固なネットワークで結ばれた。1950年代の最初の5年で，NATAはCramer Chemical Companyからの財政的な援助を受け，その再編を成功させた。そしてCharles Cramerが初

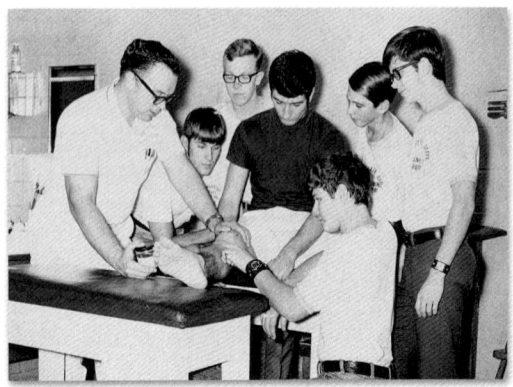

図1.6
1950年代初頭にミネソタ州立大学マンケイト校のアスレティック・トレーニング・プログラムで学ぶ学生たち（写真提供：Minnesota State University, Mankato）

The Journal of Athletic TrainingはNATAの公式出版物である。このジャーナルの最近の目次や次号の目次は，www.journalofathletictraining.orgにて検索できる。

代の事務局長に指名され，組織の幹部は，理事を務める10の支部の代表により構成された。このころは大学，短期大学，高校のアスレティック・トレーナーだけでなく，コーチもNATAの会員であったが，認可された大学のアスレティック・トレーナーのみが支部の代表を務めることができた。NATAの発展に対するこの組織的なアプローチによって，協会の意思決定プロセスにすべての州と支部が参加できるようになった。

1950年代の10年間はNATAが大きく発展した時期であり，大学において学部レベルでのアスレティック・トレーニング教育プログラムが開始された。この時代の目立った成果は，以下の通りである。

- NATAの会則と細則が制定された（1951年）。
- NATAの公式ロゴが採用された（1952年）。
- アスレティック・トレーナー以外の者を「名誉会員」として認めた（1953年）。そしてこれはほかの専門職とアスレティック・トレーナー間の協力関係を意味した。
- Chuck Cramerに代わりJohn Cramerが事務局長となった（1954～1955年）。
- W.E. "Pinky" Newellが，点検・評価委員会（専門教育委員会と資格認定局の前身）の委員長に指名された（1955年）。
- W.E. "Pinky" Newellが，第3代の事務局長に指名された（1955～1968年）。
- Journal of the National Athletic Trainers' Associationが創刊された（1956年）。このジャーナルのミッションは，外傷・障害の予防，評価，管理，そしてリハビリテーションに関する教育と研究を通して，身体的に活発な人々の健康管理に興味を持つ専門家（専門職）間のコミュニケーションを促進することである。
- NATAの倫理規定が採択された（1957年）。
- 学部レベルでの最初のアスレティック・トレーナー教育プログラムが理事会に提出され，承認された（1959年）。

3 1960年代：発展の継続（成長の継続）

1960年代は，1950年代に始まった組織の継続性をさらに高めた。1969年には，AMA（アメリカ医師会）がアスレティック・トレーナーの役割の重要性を認め，かつNATAを専門職としての基準を確立する役割を担う組織として認めたことにより，医療専門家がNATAの重要性を大いに認めるようになった。このような評価を得たことは，アスレティック・トレーニングプログラムとNATAにとっては重要な進展であった。

この10年間にNATAは以下のことを達成した。
- 「アスレティック・トレーナーの殿堂」を設立した（1962年）。
- Jack Rockwell（St. Louis Cardinalsのアスレティック・トレーナー）を事務局長に指名した（1969年）。
- 専門教育委員会と資格認定局を設置した（1969年）。

4 1970年代：公認資格認定基準の開発

1970年代の10年間は，NATAの急成長によって特徴づけられる。1960年代に設置された委員会によって，資格認定の基準（NATAの最初の資格認定試験は1970年7月に実施された），および教育プログラムの基準が開発された。1973年，NATAの理事会は組織のリーダーの名称を事務局長（executive secretary）から会長（president）にするという組織上の変更を行った。プロフットボールのHuston OilersのBobby Gunnが，1970～1974年まで初代の会長を務めた。この10年間を通して，教育プログラムの開発が継続された。また，新たに大学院レベルでのカリキュラムに関心が持たれた。1972年に最初の大学院でのアスレティック・トレーニングカリキュラムが承認された。1974年には，教育的関心事はカリキュラム問題から公認資格を

有する会員の継続教育に移った。そして1979年，すべての公認アスレティック・トレーナーに対する継続教育必要要件を制定した。

この10年間の中頃までには，公認アスレティック・トレーナーの注目は州でのライセンス化に向けられた。1978年，NATAとアメリカ理学療法士協会（the American Physical Therapy Association）は，アスレティック・トレーナーに業務の法的権利を与えるためのアスレティック・トレーナーのライセンス化について議論するため，合同会議を開催した。この会議では，全米的な協力関係は確立されず，州ごとにライセンス化立法に責任を持つように求められた。この時点で大部分の州には理学療法の実施（理学療法行為）を管理する法律があり，ある状況ではアスレティック・トレーナーは潜在的に規則違反者（条例違反者）であった。NATAはアスレティック・トレーナーのライセンス化を確立するために州組織を援助した。ライセンス化はアスレティック・トレーナーを保護することと，協会の専門的役割をより明確にすることの両方に役立つであろう。

この非常に多忙な10年間を要約すると，1970年代におけるNATAは会員に対する認識と注目をより刺激するとともに，アスレティック・トレーナーの適切な教育に関連して強い声明を出した。一方で，専門職に対する認識を得るような初期の課題や焦点を会員に対して振り向けるような組織内の課題にはあまり時間が割かれなかった。

NATA研究・教育基金局に関する詳細な情報は，www.natafoundation.orgで得られる。

5　1980年代：NATAの役割の強化

1980年代は，教育の重要性を引き続き強調するとともにアスレティック・トレーナーの資格認定への関心も高めていった。この時代，教育と資格認定の分野のリーダーたちは，NATAが承認したカリキュラムで教える知識と，資格認定試験で問われる知識や技術の間に差異があると感じ始めていた。1982年にはNATAの会員を対象に，アスレティック・トレーナーが就いている様々な身分や仕事において必要とされる能力を明らかにするための業務概要調査が行われた。これによってアスレティック・トレーナーに必要とされる技能を理解し，協会に対して教育に関する様々な情報が提供された。

1982年，NATAは全米医療資格認定局（National Commission for Health Certifying Agencies）の会員として受け入れられたが，これはアスレティック・トレーナーが，ほかの健康管理職（準医療職）と同等な専門職であることを世間に認めさせるための大きなステップとなった。

1980年代を通してNATAは，アスレティック・トレーナーの専門教育に多大な貢献をした個人に対して，ペンシルバニア州立大学における優秀な教育者の名前を冠した「Sayers "Bud" Miller Distinguished Athletic Training Educator Award」を授与するようになった。

6　1990年代：準医療職として承認される

1990年代には，会員数と医学界における地位の両方においてNATAは大きく成長していった。この時期の様々な成果の中の1つとして，1990年6月22日にAMA（アメリカ医師会）がアスレティック・トレーニングを準医療職として公式に承認したことが特筆される。NATAにとって，これはアスレティック・トレーナー

という歴史の浅い専門職のための金字塔と言える出来事であった。

　NATAはアスレティック・トレーニングおよびその教育プログラムを推進しようと努めることに加え，アスレティック・トレーニングのカリキュラムをAMAの準医療職教育認定委員会（Committee on Allied Health Education and Accreditation；CAHEA）に評価してもらうよう求めた。CAHEAとNATAの合同委員会によって行われたこの評価作業によって，教育プログラムに認可を受けるために学校が従うべきガイドラインが作成されたことは大きな功績である。

　さらに教育プログラムの価値を上げるために，NATAはアスレティック・トレーニング教育プログラムを実施しているすべての大学に，プログラムを学部の専攻かまたは学科に位置づけるよう求めた。NATAは，アスレティック・トレーナーの役割が変化してきていることを認めている。現在，アスレティック・トレーナーは従来の学校やチームだけでなく，医療施設や一般企業などでも職を得ている。雇用機会の変化に伴って，教育プログラムは医療施設や一般企業といったそれまでにはない環境にも対応するように求められている。今日，アスレティック・トレーニングで学位を得ることのできる大学が増えてきているが，ここでは専門職として必要なすべての側面において学生を教育している。

　1990年代の最初の2年間にはいくつかの顕著な進展がみられた。教育面では，AMAの医学教育審議会がアスレティック・トレーニングのカリキュラムを確立するためのNATAのガイドラインを受け入れた。また，NATAは初めて宣伝広報活動を開始した。この2つの進展によって，アスレティック・トレーナーの専門職としてのイメージがより強固なものになった。

　大学の競技スポーツにおける医薬品の管理実態に関する研究は，NCAA（全米大学対抗競技連盟）によって支援された画期的なもので，この研究の結果，大学のアスレティック・トレーニング施設において管理・使用される医薬品についてはより厳格に管理をする必要性があると提言された。なぜならば，チームドクターやアスレティック・トレーナーが行っていた業務のいくつかは違法行為にあたるだけでなく，実際に危険であるということが明らかになり，これによって多くのアスレティック・トレーナーに対して警告が発せられることとなった。医薬品を扱うことに関する今日の厳格な規則は，Laster-BradleyとBerger（1991年）による報告書の結果である。この10年間の2年目までには，研究と学術的出版物を充実させることは，専門職のためにますます重要な目標となった。NATA研究・教育基金局は，身体的に活動的な人々の健康管理に関する研究と情報の普及を促進する目的で設立された。

　連邦政府の健康管理に関する改革に対するNATAの関心に関連してロビー活動を開始した時から，NATAは政治的により活動的になった。NATAの理事会は，倫理規定，会員基準，適格要件と承認手順，そして会則を改訂した。1990年代後半には，NATAはAmerican Society of Association ExecutiveによるAdvance Amer-

図1.7
今日ではNATAには正会員と学生会員を含めて約29,000名の会員がいる。（写真提供：NATA）

ica Award of Excellenceを受賞し，非常に優れた倫理規定を有する協会として認められた。この賞の受賞は，協会に対する注目と名声をもたらし，専門職に対する敬意の増大に向けた基礎を築くのに役立った。

アスレティック・トレーニングカリキュラムを認可する役割はAMAからCAAHEPに引き継がれたが，NATAの理事会は，アスレティック・トレーニング教育に関する研究を担当する専門職教育委員会を設置した。アスレティック・トレーナーの教育において変化させるべき内容を特定するために，NATABOCは業務概要調査の結果を業務概要基盤として出版し，その中でアスレティック・トレーナーの雇用機会の変化に対応するようにカリキュラムを変化させることの必要性を指摘した。

期待される変化の特徴として，AMAは高校がスポーツ活動の安全性を確保するためにアスレティック・トレーナーを雇用することを推薦する文書を発した。このAMAの推薦文により，NATAはアスレティック・トレーナーとその業務内容に関して更に認知度を向上させた。

7 次の世代を担うアスレティック・トレーナーの訓練と指導

1990年代が終了し，NATAはさらに進歩的な構えで2000年代に向けて前進した。同じ年，インターンシップルートでの公認資格試験受験が廃止された。2004年以降，すべてのアスレティック・トレーニング教育プログラムは，少なくともカリキュラム内容に関して厳しい基準をクリアした大学レベルのプログラムとなった。この10年を通して，NATA専門職教育委員会は，アスレティック・トレーナーの現場教育を再検討し，プログラムの改善を継続的に行っている。NATA研究・教育基金局は，米国内外の研究支援，そして健康管理の問題に対

アスレティック・トレーニングの代表的なカリキュラムモデルの変遷

【1959年】	【1970年代】	【1983年から現在】
●解剖学	●解剖学	●人体解剖学
●生理学	●生理学	●人体生理学
●運動生理学	●運動生理学	●運動生理学
●応用解剖学／キネシオロジー	●応用解剖学／キネシオロジー	●キネシオロジー／バイオメカニクス
●心理学	●心理学	●心理学
●応急処置と安全	●応急処置と安全	●応急処置と緊急対応
●栄養と食事	●栄養学	●栄養学
●運動療法	●運動療法	●スポーツの傷病の予防
●アスレティック・トレーニング技法	●初級アスレティック・トレーニング	●スポーツの傷病の評価
●上級アスレティック・トレーニング技法	●上級アスレティック・トレーニング	●物理療法
●実習系科目	●実習室か臨床での経験	●運動療法
●コーチング技術		●指導方法
●健康と教育の組織とその管理		●アスレティック・トレーニングプログラムの管理
●健康と公衆衛生		●健康と公衆衛生
●化学や物理の実験系科目		●臨床実習
●推奨科目　物理学，薬理学，組織学，病理学		

する会員および市民の教育を継続して行っている。NATA研究・教育基金局は，研究と教育への資金提供と支援を通して身体的に活発な人々の健康管理を強化することに取り組み続けている。従来の医療関係者に加え，人々の健康を担う専門職の第三機関としてアスレティック・トレーナーの役割とその業務に対する敬意はますます増大しているものの，NATAとアスレティック・トレーナーが今後なすべきことはまだまだ多く残されている。

4. アスレティック・トレーニングにおける雇用の機会

どこでアスレティック・トレーナーは働くのであろうか？大部分の人は，大学あるいはほかの学校組織のスポーツチームで働いていると，まずは考えるであろう。これをアスレティック・トレーニングにおける雇用の伝統的な職場と呼ぶのは，必ずしも正しいとは言えない。NATAは会員の職場と典型的な業務に関連する義務を検証するためにATCを対象に定期的な調査を実施している。このような業務概要調査によって，アスレティック・トレーニング教育者が，学生トレーナーに求められる特別な知識や技能を習得させるための指標を策定している。5年間の就職実態記録によれば，卒業した学生は様々な職場に就職している（表1.1）。卒業生のおおよそ40％がクリニックに，38％が学校（大学，高校）に，そして3％以下がプロスポーツチームに就職している。

1 アスレティック・トレーニング・コースの教官

アスレティック・トレーニング・コースの核となる教官は，公認アスレティック・トレーナー（ATC）であるべきである。彼らは，アスレ

NATA研究・教育基金局の目標

1. 専門職としてのアスレティック・トレーニング分野の知識を向上させる。

2. アスレティック・トレーニング分野の知識を向上させようと努力しているアスレティック・トレーナーの研究をサポートする。

3. アスレティック・トレーニング分野の知識に関する情報交換の場を提供する。

4. アスレティック・トレーニングを学習する機会を提供するために，教育プログラムや教材を公開したり開発したりする。

5. アスレティック・トレーニングを学んでいる大学生や大学院生に対して奨学金を与える。

6. 本基金の研究および教育に関する目的を達成するための寄付金（使用条件の有無にかかわらず）集めの活動を行う。

NATA研究・教育基金局の局長である
John Oliverの好意による掲載

1999年に行われた役割に関する点検・評価によって，2001年から改訂されたNATABOCの認定試験の大枠が決定された。点検・評価は，入門レベルのトレーナー実習に関する基準，アスレティック・トレーニングで扱うべき項目，入門レベルでの仕事，そして450以上の文献の精査にわたって行われた。この結果が読みたければ，www.bocatc.org/resources/FAD/RDへアクセスするとよい。

表1.1
NATAが公認している大学院でのアスレティック・トレーニングの教育プログラム（1994-1998年の資料）

	1994	1995	1996	1997	1998	計
プログラムの数	13	13	14	12	12rpt. Of 13	-
卒業（修了）生の数	154	143	166	122	127	712
男性	73（47%）	80（56%）	98（59%）	53（43%）	61（48%）	365（51%）
女性	81（53%）	63（44%）	68（41%）	69（57%）	66（52%）	347（49%）
1校あたりの卒業生数	11.8	10.2	11.9	10.2	10.6	-
アスレティック・トレーナーの就職状況						
就職率	131（85%）	116（81%）	141（85%）	101（83%）	111（87%）	600（84%）
男性	62（85%）	66（83%）	85（87%）	41（77%）	55（90%）	309（85%）
女性	69（85%）	50（79%）	56（82%）	60（87%）	56（85%）	291（84%）
就職先						
大学	38（25%）	30（21%）	40（24%）	36（30%）	44（35%）	188（26%）
男性	16（22%）	10（13%）	20（21%）	14（26%）	19（31%）	79（22%）
女性	22（27%）	20（32%）	20（30%）	22（32%）	25（38%）	109（31%）
高校	15（10%）	15（10%）	22（13%）	16（13%）	13（10%）	81（11%）
男性	7（10%）	12（15%）	7（7%）	9（17%）	7（11%）	42（12%）
女性	8（10%）	3（4%）	15（22%）	7（10%）	6（9%）	39（11%）
プロスポーツ	4（2%）	8（6%）	5（3%）	1（1%）	3（2%）	21（3%）
男性	4（5%）	8（10%）	5（5%）	1（2%）	3（5%）	21（6%）
女性	0（0%）	0（0%）	0（0%）	0（0%）	0（0%）	0（0%）
クリニック	72（47%）	60（42%）	71（43%）	40（33%）	50（39%）	293（41%）
男性	34（47%）	33（41%）	51（52%）	15（28%）	25（41%）	158（43%）
女性	38（47%）	27（43%）	20（29%）	25（36%）	25（38%）	135（39%）
クリニックから高校への派遣	60（83%）	39（65%）	55（78%）	31（78%）	34（68%）	219（75%）
他への派遣	2（1%）	3（2%）	3（2%）	8（6%）	1（1%）	17（2%）
男性	1（1%）	3（4%）	2（2%）	2（4%）	1（2%）	9（2%）
女性	1（1%）	0（0%）	1（1%）	6（9%）	0（0%）	8（2%）
他の就職先						
博士課程進学	9（6%）	8（6%）	5（3%）	5（4%）	2（2%）	29（4%）
トレーナー以外	2（1%）	1（1%）	6（4%）	2（2%）	2（2%）	13（2%）
無職	3（2%）	0（0%）	7（4%）	5（4%）	3（2%）	18（3%）
不明	9（6%）	18（12%）	7（4%）	9（7%）	9（7%）	52（7%）
計	23（15%）	27（19%）	25（15%）	21（17%）	16（13%）	112（16%）

NATAの資料（1999）より転記

ティック・トレーニング・コースの教官だけでなく，多くの場合はその学校のアスレティック・トレーニングルーム（トレーナールーム）のアスレティック・トレーナーとしても働いている。すべてのアスレティック・トレーナーが教育を行っているわけではないし，逆に教育を行っているアスレティック・トレーナーのすべてがトレーナールームで働いているわけでもない。しかしながらすべての公認アスレティック・トレーナーは，スポーツ現場やトレーナールームでの経験を持っており，学生トレーナーに求められるすべてのことを行う能力を持っている。

しばしばアスレティック・トレーニング・コースの教官は，学生を指導・訓練するよりも多くの時間を大学のトレーニングルームで働いている。また，教官は，彼らの興味と経験にもよるが，入門レベルの大学生から大学院生までを教育し，この専門領域における研究の最先端にもいる。

学生トレーナーは入門レベルの大学生から，スポーツ医学教育と研究に専門化することを選んだ博士課程の大学院生まで，幅広く存在している。専門職域としてのアスレティック・トレーニングが成長するに伴って教育的必要性が増大すると，より多くのアスレティック・トレーニング教育者が必要となってくる。

2 大学における アスレティック・トレーナー

大学のスポーツ現場は，アスレティック・トレーニングが最初に認知された職場であった。そしてアスレティック・トレーニング・コースを卒業する学生トレーナーの多くは今でも大学スポーツの現場に職を求めている。一般的に，大学が健康管理チームにおいてリーダーシップを取れる人材を雇用する場合は，ヘッドアスレティック・トレーナーあるいはディレクターと呼ばれる人材を大学の正規雇用者として採用する。規模の大きな大学では複数の公認アスレティック・トレーナーを雇用し，日常のアスレティック・トレーニング業務や学生の教育に加え，遠征時の移動手段や食事の手配，洗濯の補助，防具の配布，ほかの一般的な業務も行わせている。

3 高校における アスレティック・トレーナー

大学だけが，アスレティック・トレーナーがスポーツチームで働く唯一の職場ではない。高校によってはアスレティック・トレーナーを専門職として正規雇用しているが，アスレティック・トレーナーと教員の両方の業務を行うことを条件として雇用している高校もある。また，アスレティック・トレーナーを雇用しているクリニックと契約している高校もある。この場合，クリニックは地区の学校にアスレティック・トレーナーを派遣し，サービスを提供する。契約内容に関係なく，アスレティック・トレーナーは，スポーツ外傷・障害の予防，処置において重要な役割を果たしている。もしも高校にアスレティック・トレーニングのサービスがない場合は，高校生アスリートがけがによって大学での奨学金獲得の機会を失うこともあり得る。

高校におけるアスレティック・トレーナーは，

図1.8
アスレティック・トレーニングの教育を受けた卒業生の約38％が学校関係で職に就いており，中には教員やカウンセラーをしている者もいる。

通常,医学的処置全般を監督するチームドクターとともに活動する。それによって,アスレティック・トレーナーが受傷者に対して応急処置を実施し,ドクターに代わりその状況を管理することができる。

4 学生トレーナー

学生トレーナーを経験したことのない公認アスレティック・トレーナーはほとんどいない。大部分のアスレティック・トレーナーの経歴は高校あるいは大学に在学している時に始まる。一般的に,アスリートの健康管理に興味がある学生は,学内でアスレティック・トレーニングのサービスを提供している現場を探す。学生トレーナーはボランティアとして活動しながら専門職について深く学び,資格取得に必要とされる現場実習時間を獲得する。

高校に常勤のアスレティック・トレーナーがいる高校生は非常に幸運であり,現場実習時間を獲得する以前に彼らを観察し勉強することができる。しかしながら,高校での経験は確かに価値のあるものではあるが,この早めの経験のない学生が必ずしも不利であるとは言えない。アスレティック・トレーニングにおける過去(高校や大学)の経験に関係なく,学生が一定の成績評定条件を満たせば,多くの大学は学生をアスレティック・トレーニング・プログラムに受け入れる。

大学の現場においては,学生トレーナーのスケジュールは実に多忙である。学生がプログラムにおいて進歩してくると,現場実習時間を蓄積することが要求される。しばしば,彼らが経験を積むにつれ,チームに帯同する機会と責任が増大するが,理想的には,すべての学生トレーナーが責任を持ってチームに貢献する機会を与えられるほうがよい。

学生は,NATAが規定する取得単位数,学位,そして現場実習時間を満たしたら,資格認定試験の受験申込を行う。多くの場合,学生は学部あるいは大学院を卒業すると同時に認定試験を受験するが,現場実習時間が足りない学生は受験資格が得られない。

5 大学院進学の機会

学部を卒業してアスレティック・トレーナー資格を取得した学生(ATCとなっている)の中には,アスレティック・トレーニング,運動生理学,バイオメカニクス,健康関連領域などの関連分野で修士号,そして博士号の取得を目指す者もいる。彼らは,大学内のアスレティック・デパートメントでATCとして雇用され働きながら勉強を続けたり,地域の高校やクリニックで非常勤のアスレティック・トレーナーとして働きながら勉強を続けたりする。また,ATCとして働くことなく,勉強に専念する学生もいる。

6 アスレティック・トレーナー／コーチ

これら2つの立場の役割はいくぶん相反するため,アスレティック・トレーナーとコーチを同時に行うことは一般的ではない。非常に重要な試合の最終局面で受傷したキープレーヤーをそのままプレーさせるか,それともベンチで休ませるかの判断は,アスレティック・トレーナーとコーチで常に同じだろうか?また,チームが戦略的に行動することが重要である時に,誰が負傷した選手に必要とされる注意を与えるのだろうか(図1.9)。

7 クリニックにおけるアスレティック・トレーナー

医療系のクリニックもアスレティック・トレーナーにとっての働く場所となっている。多

くの場合，理学療法士によって経営されているこのようなクリニックで，アスレティック・トレーナーは医師や理学療法士，そのほかの医療系の免許を持った専門家のアシスタントとして，特に活発に運動をする患者に対してサービスを提供している（図1.10）。州によってはアスレティック・トレーナーがクリニックにおいて直接的に患者にサービスを提供して金銭を得ることを認めているが，あくまでも理学療法士などの管理下でしかサービスをすることを認めていない州もある。また，医師によって経営されているクリニックにおいても同様である。このように管理される仕事環境はアスレティック・トレーナーにとっては窮屈そうに思われるが，それでも仕事のスケジュール，業務内容，そしてクリニックにおける学習の機会などの条件を考慮すると，より多くのアスレティック・トレーナーがクリニックでの仕事を選択するようになってきている。もしも将来クリニックで働こうと考えているのであれば，仕事の内容だけでなく，その州における法的な規制についても十分に理解することが大切である。従来の支払対象者に加え，アスレティック・トレーナーのクリニックにおけるサービス提供に対しても保険会社から医療費が支払われるようになることが次へのステップである。

前述したように，学校やスポーツチームは，それらへのアスレティック・トレーニングサービスに関する契約を理学療法士や医師が経営するクリニックと結ぶようになってきた。このようなクリニックではクリニック外でサービス提供をするアスレティック・トレーナーが事故や訴訟の対象になった場合に備えて保険をかけている。

8 プロスポーツにおけるアスレティック・トレーナー

ほとんどのプロスポーツは規模が小さいので，そこで雇われるアスレティック・トレーナー

図1.9
アスレティック・トレーナーとコーチは同時にはできないし，これら2つの役割を同時にこなすことは賢明とは言えない。これら2つの役割がどのように相反するものであるか理解できるであろうか？

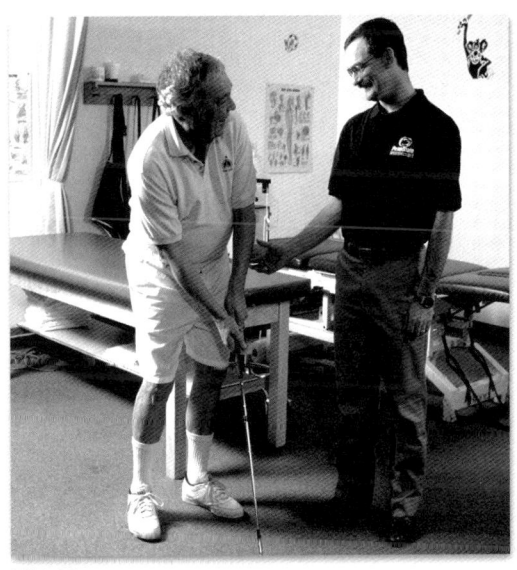

図1.10
クリニックでは様々なけがや患者を相手にできる。多くのアスレティック・トレーナーがクリニックでの仕事をやり甲斐のあるものと感じている。

プロ野球アスレティック・トレーナーズ協会（PBATS）はプロ野球におけるアスレティック・トレーナーの情報や教育材料を公開している（www.pbats.com）。

の数は決して多くはない。とはいえ，レギュラーシーズンとは異なってキャンプ中には多くの学生トレーナーやATCが臨時に雇われたりするのでその規模はずっと大きくなる。プロチームで働いているアスレティック・トレーナーの多くが，学生時代には休暇中にボランティアでキャンプに参加した経験を持っている。

テニス，ゴルフ，ロデオなどではアスレティック・トレーナーが雇われ，大会前に体調を評価したり，トリートメントサービスを行ったりしている（図1.11）。プロゴルフ協会では専用のトレーラーを所有しており，大きな大会ではこのトレーラーを待機させ，その中で専門家による筋骨格系の問題に対応するサービスを展開している。

9 企業におけるアスレティック・トレーナー

企業は労働者の健康管理に興味のあるアスレティック・トレーナーにユニークな職場を提供している。企業の執行部は，ストレスの大きい職場にリラックスしたり運動したりできるような環境を設置することが大切なことを認め始めている。実際に，労働者の疲労が蓄積しないように定期的に休息を設けたり，ストレッチングの時間を設けたりする職場が増えてきている。AC Delco, Microsoft, Dial, Intelなどの大企業においては労働災害を低減させるためのプログラムが職場において定期的に実行されている（図1.12）。近年，労働者が職場を離れる必要がないように，より多くのアスレティック・トレーナーやほかの専門職によって，様々な問題を会社内でケアするようになってきている。

アスレティック・トレーナーは労働災害予防のために企業が求める最初の健康管理専門職員ではないが，アスレティック・トレーナーの能力はこの目的達成のためには最適である。企業におけるアスレティック・トレーナーは生産ラインで生じた外傷や慢性疲労に対応できるだけでなく，医師と協調して予防プログラムを立案できるし，事務職員に対しては適切な運動プログラムを提供することもできる。

5.スポーツメディスンチーム

個人が集まってスポーツチームを構成するように，スポーツメディスンチームもヘルスケア

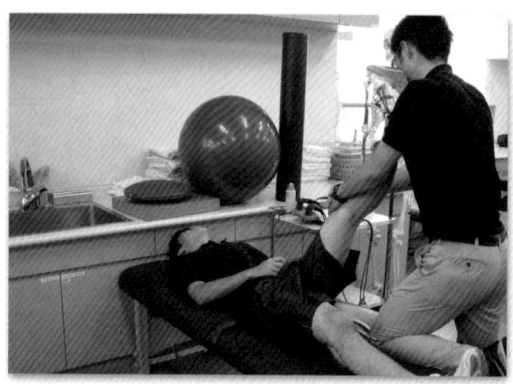

図1.11
多くのアスリートが練習ゲームの前後で専属のアスレティック・トレーナーにケアを受けるようになってきている。

図1.12
アスレティック・トレーナーは自分たちの技能を活かすために新しい職域へと展開を始めている。AC Delco, Microsoft, Motorola, Intelなどの大企業では，職場において傷病予防プログラムや健康増進プログラムが実施されている。

を提供するという共通の目的のためにチームを作る。そしてこのチームは様々な能力を持った専門職員で構成されている。

1 アスレティック・トレーニングチーム

スポーツメディスンチームにおけるアスレティック・トレーナーの位置付けはスポーツ種目やアスレティック・デパートメント（競技スポーツ統括局）によって異なる。ここでは特定のスポーツ種目ではなく、デパートメントにおけるアスレティック・トレーナーについて述べることとする。

ほとんどのプロスポーツや大学のアスレティック・デパートメントにおけるスポーツメディスンチームでは、1名以上のアスレティック・トレーナーが雇用されている。一般的には2名のアシスタントアスレティック・トレーナーと彼らを管理するヘッドアスレティック・トレーナー（ディレクターと称されることもある）がアスレティック・トレーニングのプログラムを提供している。ヘッドアスレティック・トレーナーはプログラム運営の責任者であり、選手の状態を医師やコーチに伝える役目も果たす。アスレティック・トレーニングのプログラムには大学院生ATCや学生トレーナーも含め多くの常勤トレーナーや非常勤トレーナーが所属している。

2 医師（ドクター）

一般的なスポーツメディスンチームには1名のチームドクターがいるが、彼らの多くは家庭医や一般診療医である。このような医師はチームや学校に常勤医師として雇われたり、学校の健康管理室とアスレティック・デパートメントの両方から非常勤で雇われたりしている。また、チームドクターの中には地域で開業している医師もおり、このようなドクターに対しては実行された業務に対してのみ報酬が支払われる。また、委託業務としては、病気の診断と治療、アレルギーや喘息などの慢性疾患の治療への助言、そして筋骨格系外傷の診断と治療などがあげられる。

医学における多くの専門分野は活動的な人々のケアに関して興味を持っている。非常に多くの専門分野（整形外科、内科など）がスポーツ医学に関する学会や研究会を立ち上げていることに驚くかもしれないが、これらの学会や研究会での業績が一般の人々に対する整形外科、心療、歯科などの分野にも役立っている。各分野での業績はシーズンや大会やトレーニングの予定に影響を受ける競技スポーツでの研究や現場にも活かされている。加えて、アスリートが経験する珍しい傷病への対処方法は、一般の人々に対しても応用できるものである。

3 整形外科医およびほかの専門医

スポーツ参加による外傷発生の多さゆえに、整形外科医がスポーツメディスンチームにおいては重要なメンバーとなる。チームドクター同様に整形外科医も常勤あるいは非常勤での報酬を支払われる。とはいえ、スポーツチームや学校が整形外科医を常勤で雇うことはほとんどない。

整形外科医は地域医療にとっても医学部を併設している大学にとっても重要で、骨や関節に生じた問題に対応している。選手に手術が必要な場合は、病院によっては設備が整っていないことがあるので、整形外科医がその手術に対応できる病院を紹介することになる。特に、その整形外科医本人が手術使用可能な病院であればいっそう望ましい。

歯科医、眼科医、あるいは循環器医もチームや学校でのスポーツメディスンチームに関わるが、その種類と数はチームや学校の運営側あるいはスポーツメディスンチームの考え方に左右される。表1.2にはスポーツメディスンチーム

に関わる専門医を示した。

4 リハビリテーションの専門家

リハビリテーションの専門家（多くの場合は理学療法士）は，けがのために長期間にわたって競技から離れることになった選手のリハビリテーションを担当するために，スポーツメディスンチームに雇われる。リハビリテーションはアスレティック・トレーナーの技能の範囲ではあるが，練習でグラウンドに出たり遠征のためにトレーニングルームを離れたりするアスレティック・トレーナーに代わって，専門家のほうがより一貫性の高いリハビリテーションを提供できる。さらには，通常は理学療法士の治療行為に対しては保険会社から医療費が支払われるので，アスレティック・デパートメントとしてもいくらかの収入を得ることができる利点もある。

5 栄養士

栄養士は一般的には学校の健康管理室や食事サービス部門で働いているが，栄養や食事の問題を抱えている選手に対応するために，スポーツメディスンチームの一員として力を発揮する。また，「トレーニングテーブル」と呼ばれる練習後の食事や，試合前の食事に関して助言することもある。

6 スポーツ心理学者

オリンピック代表チームでの仕事に加え，アスリートに対応できる心理学者の需要は，大学やプロのスポーツチームにおいてますます大きくなってきている。大学においては，アスリートのパフォーマンスを伸ばすだけでなく，学業と競技の両方からのプレッシャーに対処するためにもスポーツ心理学者は有用である。また受傷したアスリートは，練習や競技からの離脱，それによる自分のポジション，傷害それ自体，そしてリハビリテーションの結果などに大きな情緒的不安を覚えるので，これらに対応するためにもスポーツ心理学者の助けは重要である。

7 救急医療隊員と救急救命士

救急医療隊員（EMT-P）や救急救命士（EMT）の資格を持つアスレティック・トレーナーもいる。このような人材はチームの緊急対応プランに多

表1.2 スポーツメディスンチームの専門医

専門医	診療領域	診察対象となる傷病
神経（外）科医	神経系	神経系障害，神経圧迫症候群
整形外科医	骨，関節	捻挫，挫傷，骨折，脱臼など
心臓医	心臓	不整脈，心雑音
血管外科医	循環器系	胸郭出口症候群，動脈病変，コンパートメント症候群
一般外科医	腹部と骨盤帯	虫垂炎，ヘルニア，ほかの内臓の問題
耳鼻咽喉科医	耳，鼻，喉	中耳炎，難聴，鼻骨骨折，扁桃炎など
検眼医	視力	コンタクトレンズやゴーグルの調整
眼科医	目の病気や外傷	眼窩骨折，角膜炎，網膜剥離
足病医	足の機能	足底板の製作，バニオン，魚の目などの治療
リハビリテーション医	理学療法	肉離れそのほかのリコンディショニング
皮膚科医	皮膚	発疹，アレルギー反応など
婦人科医	女性の生殖器系	生理不順，ほかの骨盤内の問題

くの情報や技術をもたらすが，実際の現場においては両方の役割を同時に果たすことはあまりなく，スポーツの大会などでは救急車に乗った救急救命士が待機することになる（図1.13）。スポーツ大会で緊急事態に対応する彼らは，あらかじめ学校やチームの緊急対応プランを熟知しておくと同時に，大会ごとの緊急対応プランをアスレティック・トレーナーと一緒に話し合っておく必要がある。このことについては本書の8章において詳しく説明する。

8 そのほかのサポートスタッフ

どのようなスポーツメディスンチームにおいても，医療関係のスタッフ以外にチームを円滑に運営するために専門家が必要である。例えば，事務担当者，秘書，そして保険の専門家などは非常に重要な役割を果たすので，彼らもチームの一員としてほかのメンバーと同様に扱われなければならない。彼らが機能すればチームが円滑に運営されるのみならず，アスレティック・トレーナーも自分たちの業務に専念できるのである。

9 コーチとアスリート

最後になったが，コーチとアスリートは言うまでもなくスポーツメディスンチームの中心的存在である。コーチはアスリートのパフォーマンスだけでなく，学業や日常的な態度のわずかな変化さえも敏感に察知する。このような小さな変化は，しばしば大きな問題の始まりであるので，小さな問題を見つけることのできるコーチは大きな問題の芽を摘む達人と言える。スポーツメディスンチームには多くの専門家が関わってアスリートの健康を管理しているが，最終的に健康に責任を持つのは自分自身であることをアスリートは忘れてはならない。衛生的な生活環境を整え，バランスの良い食事をとり，そして疲労やけがに対して注意を払うことはアスリート自身の責任である。とはいえ，心身の健全さを自分自身で保てるようにアスリートを教育することはアスレティック・トレーナーの重要な責務である（図1.14）。

図1.13
試合中は救急救命士が救急車とともに待機し，受傷者を病院やクリニックへ搬送する。

図1.14
アスリートは自分の健康は自分で責任をとるべきである。とはいえ，アスレティック・トレーナーは彼らが安全で活動的であるように彼らを教育できる。

Q1 アスレティック・トレーナーが専門職であることを証明する特徴をあげなさい。

A1 アスレティック・トレーナーが専門職であるための6つの特徴として，
①理論的知識に基づいた技能を有していること
②訓練と教育が必要な技能を有していること
③資格認定試験に合格をして自分の能力を証明すること
④行動規範を遵守することによって専門職としての高潔さを維持していること
⑤専門職として提供するサービスが公益性があること
⑥専門職として組織化されていること
があげられる。現段階でアスレティック・トレーナーは上記6つの特徴のうち5つを有しているが，唯一5番目の特徴である公益性あるサービスを提供することに関してはいまだ確立されていない。社会学者によれば身体的に活発な人々に対するサービスは公益性があるとは認められないようである。

Q2 現在のNATAの組織をここまでにした歴史的な出来事について述べなさい。

A2 ①協会の創立：これは初期段階では失敗したものの，NATAは1950年に正式に設立された。
②専門職としてスタート：1957年に倫理規定が採択され，同時に大学学部レベルでのアスレティック・トレーナー教育が始まった。
③医学会からの承認を得た：1969年にアメリカ医師会よりアスレティック・トレーナーの重要性が認められた。
④アスレティック・トレーナーの資格認定試験の標準化と継続教育を確立した：1970年に初めての資格認定試験が実施され，その後，単なるスキルを評価する方法から教育課程に基づいた評価方法へと認定試験の内容も変化した。1979年にNATAはATCの能力向上のために継続教育の義務化を決めた。
⑤専門職としての認定：1990年にアメリカ医師会によってアスレティック・トレーニングが公式に準医療専門職として認定された。

Q3 スポーツメディスンチームのメンバーをあげなさい。

A3 スポーツメディスンチームは基本的には医師，アスレティック・トレーナー，コーチ，そしてアスリートで構成されている。より大きなチームになると，医療の専門家，栄養士，スポーツ心理学者，救急救命士，事務職員などがこれに加わる。

Q4 アスレティック・トレーナーにはどのような職場がありますか？また，あなたにとって理想的な職場とはどのようなものですか。

A4 アスレティック・トレーナーの職場は，高校，大学，プロスポーツチーム，スポーツクリニックや病院，企業（会社），そして教育職などと幅が広い。

Q5 アスレティック・トレーニング教育を受けるにあたって履修すべき学科をあげなさい。

A5 p.14の「アスレティック・トレーニングの代表的なカリキュラムモデル」を参照のこと。

Q6 アスレティック・トレーニング教育における最近の改革は大学の教育プログラムにどのような影響を及ぼしたか説明しなさい。

A6 2004年1月1日付けでインターンシップを経てアスレティック・トレーナーになる道が閉ざされることになったので，このルートを経て資格認定試験を受験しようとしていた学生は2003年12月31日までに受験資格を得る必要があった。加えて，2004年以降もアスレティック・トレーニング教育を継続したいと望む大学は，学部または大学院において「アスレティック・トレーニング専攻」で学位を出すための準備をしなくてはならなかった。もしも準備が整わない場合は，アスレティック・トレーニング教育を継続できないので，そこに在籍している学生は他校へ転校するなり専攻を変更することを余儀なくされた。また，受験資格を得るための実習先である大学やプロのチームは，インターンシップの学生をスポーツメディスンチームの戦力として計算できなくなった。その結果，特に大学ではアスレティック・トレーニングのサービス提供の量を減らすか，または非常勤なり常勤で新たにアスレティック・トレーナーを雇い入れるかの選択を迫られた。

質問について考え，調べ，議論してまとめなさい。

① 大学のアシスタントトレーナー（ATC）である友人が担当しているラクロス部の練習を，あなた（ATC）が手伝っている時に，友人がラクロス選手のけがの状態を，かなり詳しくリッターのコーチに喋っているのが聞こえてきた。同時に，けがのためにその日の練習は休んでグラウンド脇のベンチに座っていた当該アスリートも，その話し声を耳にしてとても気分を害していたので，あなたはヘッドトレーナーに会いに施設へ向かった。アシスタントトレーナーの行為は巻末付録に示した「NATA倫理規定」のどの部分に違反するか？また，この場合，あなたはプロフェッショナルとしてどのような行動をとるべきか？もしも何も行動を起こさなければ，あなたはNATAの行動規範に違反することになるか？もしもそうであれば，それは倫理規定のどの部分に抵触するか？そして，あなたは何をすべきか？

② アスレティック・トレーニングの主要な科目を担当する教官は公認アスレティック・トレーナーであるべきだが，教官がアスレティック・トレーナーだけで構成されている場合の長所と短所について議論しなさい。

> 質問について考え，調べ，議論してまとめなさい。

③ スポーツ現場において適切な緊急対応がなされるためには，次にあげる3つの基本事項が整っていることが条件である：①適切な計画と訓練，②良好なコミュニケーションスキル，そして，③すべての緊急対応スタッフとそのサポートスタッフとの円滑な業務遂行能力。あなたがヘッドトレーナーだとして，どのようにすればスポーツ現場での緊急事態において以下にあげるスタッフと円滑に業務を遂行できるか？現場に至るまでの準備（手紙，電子メール，電話，ミーティングなど）や訓練も加味して考えなさい。
- 救急医療隊員／救急救命士
- 整形外科医（チームドクター）
- 学生トレーナー

④ スポーツメディスンチームにはどのようなメンバーがいるか？また，スポーツチームに関わると仮定して，各メンバーの役割を説明しなさい。さらに，アスレティック・トレーナーとして次のメンバーと良好な関係を築くことの重要性を述べなさい。
- チームドクター
- アスリート
- 救急救命士

⑤ あなたは高校のアスレティック・トレーナーである。1年後，あなたは次の新学期が来る前に自分だけでは業務は遂行できないので誰かの助けが必要だと確信していた。そこであなたは学校のアスレティック・ディレクター（競技スポーツ統括局の管理責任者）と会って次の2点を要請することにした：①あなたが高校生アスリートに実施するケアやリハビリテーションに対して保険会社から医療費を支払わせるようにしたい，②常勤のアシスタントトレーナーを雇い，日々の練習のカバーと保険請求のための事務処理をさせたい。この2点を明確に示してアスレティック・ディレクターに納得してもらうために，少なくとも5点の資料を作成しなさい。

【引用文献】

Laster-Bradley, M., and B.A. Berger. 1991. Evaluation of drug distribution systems in university athletic programs : Development of a model of "optimal" distribution system for athletic programs. Unpublished report. Auburn University, Alabama.

Mitchell, G.D. 1973. *A dictionary of sociology*. Chicago, IL : Aldine.

National Athletic Trainer's Association. 2004. *NATA Foundation mission statement*. Dallas : National Athletic Trainers' Association.

【参考文献】

Foster, T. 1995. The father of modern athletic training : William E. "Pinky" Newell. *NATA News*, February, 4-8.

Newell, W.E. 1984. Reflections on athletic training. *Athletic Trainer*, Winter, 256-259, 311.

O'Shea, M.E. 1990. *A history of the national athletic trainers' association*. Greenville, NC : National Athletiac Trainers' Association.

Smelser, N.J. 1988. *Handbook of sociology*. Newbury Park, CA : Sage.

2章

スポーツ傷害の疫学

● 本章の目的 ●

本章を読むことで，

1. 疫学とは何かを定義し，スポーツ傷害に関するデータを収集・分析している機関について説明することができるようになる。
2. 全米アスレティック・トレーナーズ協会（National Athletic Trainers' Association；NATA）がハイリスク・スポーツとしてあげている10のスポーツを述べるとともに，学生トレーナーを少なくともそれらのうちの1つで実習させることの重要性を説明できるようになる。
3. 思春期および思春期前の身体的特徴と，その特徴がスポーツ参加によるリスクにどのように影響を及ぼすのかについて説明できるようになる。
4. 女性アスリートの特徴と，その特徴がスポーツ参加によって危険因子となり得ることを説明できるようになる。
5. 本章のはじめに紹介されるヴィンセント少年が健康な少年であると仮定した場合と，心臓病を持っている少年であると仮定した場合の2つの立場から，スポーツ参加の是非を検討できるようになる。

ジョンの姉のハイジ，その夫であるレンが，息子のヴィンセント（ジョンの甥）のことで，ジョンに相談を持ちかけてきた。相談の内容は「ヴィンセントを少年サッカーチームに入れたいのだが」というものである。ハイジは「ヴィンセントにスポーツは絶対にさせません」と主張していた。
　ジョンは尋ねた「じゃあ，ハイジは何をいちばん心配しているんだい？」
　「もちろんけがよ」
　「確かにそうだけど，ではどんなけがが心配なの？膝，足首，頭，それとも首かい？」
　「そうね」，ハイジは躊躇しながら「最悪なのは首か頭のけがだけど」
　「じゃあハイジ，僕に2～3日時間をくれないか。その間に，少年サッカーではどんなけがが多いのかを調べておくよ」とジョンは提案した。
　「いいわ，次の日曜日に我が家で食事をとりながら結果を聞くことにするわ」
　「そんなに急には難しいよ。この手の情報をどこで手に入れればよいのかがわからないから」
　「それじゃあ結果を待っているわ。レンはジョンからの報告に従うわね」とハイジはレンに告げた。
　しかし，レンは，「冗談じゃないよ。結果を聞いて，それをヴィンセントに話してから結論を出すよ」と主張した。
　ジョンは，ハイジとレンに報告する情報をどこでどのように収集すればよいのかについて見当がつかず，相当なプレッシャーを感じ始めていた。このままではハイジの家を訪ねられない。
　「ジョン，一体全体どうしたんだい？」ジョンのルームメイトはジョンがこの話でプレッシャーのかかっていることを聞くなり，「中間試験のことなど頭にないって感じだなあ」と彼をからかった。
　「心配するなよ，良い本がここにあるから。スポーツ傷害の予防とマネジメントというスポーツ医学の授業で使っている教科書さ」
　それでジョンは中間試験のことを思い出したのだが，ルームメイトは
　「試験勉強のために読む章に，ジョンに必要な情報が書かれていると思うよ。何かわかったら教えるから」と続けた。

スポーツ傷害の危険性を減らすための方法として，スポーツに参加する前のメディカルチェック（3章）によって潜在的な問題をあらかじめ洗い出すこと；ストレングス＆コンディショニングのトレーニングやコーチング（4章）を実施すること；施設や用具による危険性を認識すること（6章）；そして，予防的な装具やパッドを使用すること（7章）があげられる。また，ほかの方法としてスポーツ傷害の種類と発生の頻度を調査することがあげられるが，これはスポーツ傷害の疫学という学問分野である。特定の傷害（けがや病気）の発生頻度や原因を研究する疫学によって，防具のデザインやルールの改正，さらにはけがの情報をアスリートや保護者に提供できる。

アスレティック・トレーナーの立場からすると，スポーツ疫学のデータは，様々な練習や競技会に必要なメディカルケアを明らかにする際に最も有効利用できる。「1グラムの予防は1キログラムの治療に匹敵する」という格言は，より安全なプレー環境を整えるための学問である疫学からの知識によって現実のものとなる。疫学調査の結果はスポーツ参加による危険因子を明らかにするので，このことでコーチ，管理責任者，そしてアスレティック・トレーナーは危険の可能性を前もって予測できる。また，ストレングス＆コンディショニングの専門家は危険性を減らすためのプログラムを開発し，特定の危険因子を持つスポーツに参加する個人に対しても注意を促すことができる。加えて，管理責任者は発生し得る問題に対してあらかじめ十分なメディカルケアを準備することが可能となる。全米アスレティック・トレーナーズ協会（National Athletic Trainers' Association；NATA）は疫学的情報を活用して，『大学対抗競技における適切なメディカルカバーに関する勧告と指針』（Recommendations and Guidelines for Appropriate Medical Coverage of Intercollegiate Athletics）の詳細を定めている。

この冊子を基に，大学スポーツの管理者は各スポーツチームの練習やゲームにおいてどのようなタイプのメディカルケアをどの程度準備すればよいのかを決定している。さらに，冊子には，アスリートをケアする人材が果たすべき義務と責任についても解説されている。チームのメディカルカバーを構築する際には，このNATAの冊子（訳注：前出の冊子名を英文で入力すると検索できる）が大変参考になる。

1. スポーツ傷害の疫学

スポーツ傷害の疫学はアメリカのみならずすべての地域におけるスポーツに関する学問領域である。疫学的調査では，スポーツやレクリエーションで生じた傷害を病院やクリニックにおいて収集してきたし，ほかの方法として，一定期間あるいは一定のスポーツにおいて発生した傷害について過去にさかのぼって（retrospective）調査してきた。また，様々なスポーツをより長期間にわたって調査している研究者もいる。ただ，このように集められた疫学的データはスポーツと傷害との関係を理解することには役立つが，あるスポーツにおけるすべての参加者に当てはめて応用できるわけではない。

地域の公園で行われるレクリエーション活動の責任者となったと仮定しよう。あなたの仕事は地域住民に対してより多くのアクティビティを提供することであるが，それには「安全に」という絶対条件が伴っている。そして，この「安全に」という条件によってあなたの仕事は少々困難さを増すのである。疫学的データによって参加による危険性を理解でき，もしも十分な情報が得られるのであれば，参加する活動によって生じるであろう危険性に対して何らかの準備ができる。発生するであろう傷害を予見するために十分な情報を得ることは不可能かもしれな

いが，できるだけ多くのデータを得ることで冒頭のレンとハイジのように子どもたちに安全にスポーツをさせたいと願う人々と情報を共有できる。

すでにスポーツやレクリエーションで発生する傷害に関するデータは集まっているが，さらに多くのデータが集まりつつある。幸いなことに，組織化された方法で長期間にわたる調査が行われている。

2. スポーツ傷害の調査システム

多くの機関がスポーツ中に発生する傷害についてデータを収集しているが，それらのデータが傷害発生の特徴を理解する上で常に役立っているとは限らない。このタイプのリサーチに加え，ある特定の地域やレベルにおける傷害の発生率を調査した報告も数多くある。スポーツ傷害の発生率を報告している多くの調査研究を再検討することが困難な理由として，記録すべき傷害の定義が一定でないこと，ある集団における実際の受傷者数が不明なこと（例えば，病院における調査では実際に受診した数しかわからない），さらに，調査方法そのものの問題による取りこぼしなどがあげられる。例えば，大都市における休日に「ウイークエンドフィットネス」と称したスポーツ大会が20の会場で一斉に開催されたとしよう。この大会における傷害の発生率を正確に把握するためには，①各会場での参加者数，②参加中に受傷したもののそのままプレーを続行した者の数，③受傷したことでプレーを中止した者の数，そして④受傷したにもかかわらずそれを報告しなかった者の数，の情報が必要である。これらの要素は，スポーツ傷害の発生率を疫学的に調査するにあたって十分な情報を得るために不可欠である。

傷害に関わるあらゆるデータを収集することは，疫学的調査の最終目的である傷害の予防にとって必要不可欠なことである。データの収集は正確にしかも一定の機関が示すガイドラインに従ってなされるべきである。データ収集に関しては，何を「報告すべき傷害（Reportable Injury）」とし，傷害をどのように定義し，そして傷害が発生する状況をどのように分類すべきであるのかがすでに確立されつつある。実際のデータ収集はチームやアスリートに帯同しているアスレティック・トレーナーの力によるところが大きい。

1 全米スポーツ傷害報告システム

全米スポーツ傷害報告システム（National Athletic Injury Reporting System；NAIRS）はスポーツ傷害の調査システムであり，アスリートに関わる傷害（けがと病気）の記録方法を統一したいと考えたアスレティック・トレーナーやほかのスポーツ医学関係者たちによって考案された。

1974年に組織化されたNAIRSは，当初はスポーツ医学に関係する機関で働きながら，スポーツ中の傷害に関する訴訟が多くなってきたことに関心を持った少数の有志による機関であった。今日，NCAA（National Collegiate Ath-

---

Exercise Research Associationはヘルス，フィットネス，スポーツ医学，およびスポーツ傷害の疫学的問題に関連するリサーチをレポートするリサーチコンサルティングの非営利団体である。詳しくはwww.exra.org.へアクセスすること。さらに，www.nlm.nih.gov.へアクセスし，National Library of Medicineをチェックしたい。そこではMedline（訳注：アメリカの国立医学図書館が提供する医学・生物学に関するデータベース）や図書サービスに関する情報が得られる。

letic Association；全米大学対抗競技連盟）からの経済的支援を受けて，NAIRSはスポーツにおける傷害のデータを全国レベルで収集する機関となった。

　NAIRSは傷害の分類を記号化したり，データの収集・分析をコンピュータ化したり，収集方法を個別化するなど，スポーツ医学において転機となり得る重要な実績を上げてきた。

　NAIRSのゴールはあらゆるレベルのスポーツから信頼のおけるデータを収集することである。また，このシステムの基本は「報告すべき傷害」を確固とした基準を設けて機能的に定義したことにある。これに従ってアスレティック・トレーナーが傷害を報告するが，トレーナーのいないチームからも信頼のある情報が収集できるようになった。「スポーツ傷害」を標準化するために，NAIRSでは「報告すべき傷害」に関してアウトラインを示している。

> **NAIRSによって定義される「報告すべき傷害」**
>
> - 医療機関によってプレーへの復帰を判断するためスポーツ参加を中断することになったあらゆる脳震盪。
> - 歯科医にかかる必要のあるあらゆる歯科関係の傷害。
> - 傷害（けがや病気）が発生した次の日の練習やゲームに参加できなくなる程度の傷害。
> - プレーへの復帰に際して医師などの専門家から許可を得なければならない傷害（専門家による診断と許可が下りなければ，次の日のプレーには復帰できないような傷害）。

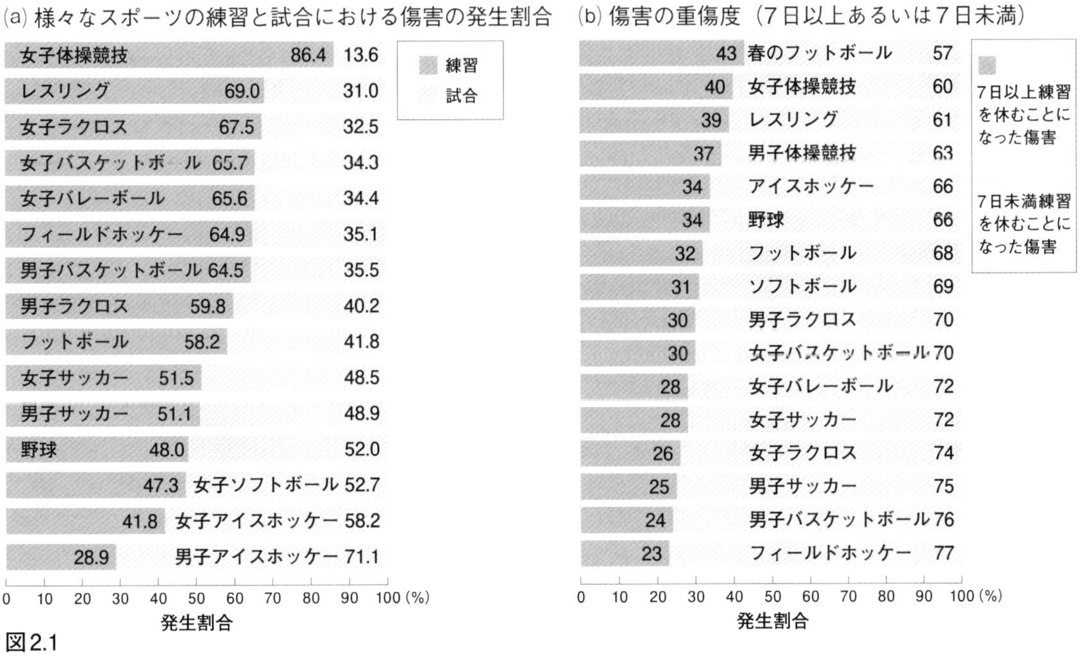

(a) 様々なスポーツの練習と試合における傷害の発生割合

スポーツ	練習	試合
女子体操競技	86.4	13.6
レスリング	69.0	31.0
女子ラクロス	67.5	32.5
女子バスケットボール	65.7	34.3
女子バレーボール	65.6	34.4
フィールドホッケー	64.9	35.1
男子バスケットボール	64.5	35.5
男子ラクロス	59.8	40.2
フットボール	58.2	41.8
女子サッカー	51.5	48.5
男子サッカー	51.1	48.9
野球	48.0	52.0
女子ソフトボール	47.3	52.7
女子アイスホッケー	41.8	58.2
男子アイスホッケー	28.9	71.1

(b) 傷害の重傷度（7日以上あるいは7日未満）

スポーツ	7日以上練習を休むことになった傷害	7日未満練習を休むことになった傷害
春のフットボール	43	57
女子体操競技	40	60
レスリング	39	61
男子体操競技	37	63
アイスホッケー	34	66
野球	34	66
フットボール	32	68
ソフトボール	31	69
男子ラクロス	30	70
女子バスケットボール	30	70
女子バレーボール	28	72
女子サッカー	28	72
女子ラクロス	26	74
男子サッカー	25	75
男子バスケットボール	24	76
フィールドホッケー	23	77

図2.1
(a) 2002〜2003年にかけて様々なスポーツの練習と試合で発生した傷害の発生割合。ウエイトルームではほとんど発生しなかったのでここに示さなかった。この統計は実際に発生した傷害の数に基づいたものであり，練習時間の長さや選手の数などの因子は考慮に入れていない。
(b) 1995〜1996年のシーズン中において発生した傷害の重傷度を，7日以上練習を休むことになったか，または7日未満休むことになったかで判別した。

週間活動記録表―フットボール
NCAA傷害調査システム（NCAA ISS）

活動参加選手の定義：ISSにおける危険性の単位である"活動参加選手"とは，受傷の危険性がある練習やゲームに参加する選手1名を指す。

注意：練習やゲームに参加する選手の人数は可能なかぎり正確に記録すること。練習参加人数とはメインとなる練習内容に参加した選手の数である。ゲーム参加人数とは実際にゲームに参加した選手の数である。通常は，ゲーム参加人数は練習参加人数よりも少ない。

大学コード：　　　　　　　　第　　週：（日曜日から土曜日までの換算）

【練習】

1. 今週の練習は，

    （1）プレシーズン　（2）インシーズン　（3）ポストシーズン（すべての大会が終了している）

2. 練習の内容

    a. 練習に参加した総数

    b. 練習のタイプ（最もあてはまるものを1つだけ選ぶ）

練習	ノンコンタクト	コンタクト（タックル）	コンタクト（タックル以外）	スクリメージ※
No.1				
No.2				
No.3				
No.4				
No.5				
No.6				
No.7				
No.8				

    ※練習時間の50％以上が11対11のスクリメージに費やされた場合

    c. フィードの条件

人工芝	天然芝	その他（体育館など）

【ゲーム】

3. ゲームはあったか？

    （1）なかった（中止）　（2）ホームゲームだった　（3）アウェイゲームだった

4. ゲームのグラウンド状況は？

    （1）土のグラウンド　（2）天然芝のグラウンド　（3）人工芝のグラウンド

5. ゲームで実際にプレーをした選手の数　_____

6. 自チームのキックオフ数　_____

7. 自チームのキックオフリターン数　_____

NCAA傷害調査システムより抜粋

個人受傷記録表—フットボール
NCAA傷害調査システム（NCAA ISS）

傷害の定義：ISSにおける報告すべき傷害とは次の条件を満たすものである：
1. 正規の練習やゲームに参加中に発生した傷害
2. アスレティック・トレーナーあるいはチームドクターにケアされた傷害で，かつ
3. 受傷翌日の練習やゲームへの参加に何らかの制限がかかるような傷害
4. 制限の有無にかかわらず，すべての口腔外傷

大学コード：＿＿＿＿＿＿＿＿＿＿＿＿＿＿＿

1. 学年 (1) 1 (2) 2 (3) 3 (4) 4 (5) 5

2. 年齢＿＿＿＿＿歳　　3. 身長＿＿＿＿＿cm

4. 体重＿＿＿＿＿kg　　5. 受傷日＿＿月＿＿日

6. 受傷したシーズン
   (1) プレシーズン　　(2) インシーズン
   (3) ポストシーズン（レギュラーシーズン，チャンピオンシップトーナメントなどすべてのゲームの終了後）
   (99) そのほか＿＿＿＿＿＿＿＿＿＿＿＿＿＿

7. 受傷時の活動
   (1) ゲーム―代表チーム（次の質問へ進む）
   (2) 分類できない　(3) 練習（質問9へ進む）

8. ゲーム時のみ―どこで受傷したのか
   (1) ホームゲーム　　(3) 別の場所
   (2) アウェイゲーム　(00) そのほか＿＿＿＿

9. 受傷時期
   ゲーム：(1) 第1クオーター (4) 第4クオーター
   　　　　(2) 第2クオーター (5) ゲーム前
   　　　　(3) 第3クオーター (6) オーバータイム
   練　習：(7) 初めの30分　(10) さらに次の30分
   　　　　(8) 次の30分
   　　　　(9) さらに次の30分 (99) そのほか＿＿＿＿

10. この傷害は
    (1) 初めての傷害
    (2) 前のフットボールシーズンで受傷した傷害の再発
    (3) 今のフットボールシーズンで受傷した傷害の再発
    (4) 以前フットボールで受傷した傷害の合併症
    (5) ほかのスポーツで受傷した傷害の再発
    (6) スポーツ以外で受傷した傷害の再発
    (7) フットボール以外で受傷した傷害の合併症

11. このプレーヤーは，今シーズンに記録されたフットボールに関係のない傷害を負っている
    (1) はい　　　(2) いいえ

12. 天候／フィールドコンディション：
    (1) 降雨なし　(4) 屋内
    (2) 雨　　　　(5) 降雨なし／フィールドは濡れている
    (3) 雪

13. この傷害によってどれくらいの期間，プレーヤーはフットボールができなかったか（もしも，シーズン終盤であれば推定する）。
    (1) 1－2日　　(5) 22日以上
    (2) 3－6日　　(6) 重篤ではあるが致命的ではない
    (3) 7－9日　　(7) 致命的な傷害
    (4) 10－21日

14. 受傷時の活動
    (1) 基本ドリル　　　　(9) キックオフ・リターン
    (2) ブロッキング・スレッド (10) パント／フィールドゴール
    (3) ラッシング・プレー　(11) キックオフ
    (4) パス　　　　　　　(12) パント
    (5) パス・キャッチング　(13) パント・リターン
    (6) パス・プロテクション（オフェンス）(14) ファンブル・リカバリー
    (7) パス・ラッシュ（ディフェンス）(15) パイル・アップ
    (8) パス・ディフェンス　(16) コンディショニング，スプリント走
    (99) そのほか（具体的に）：＿＿＿＿＿＿＿

15. 受傷部位（1～10は頭部外傷，31，32は膝外傷にそれぞれ関わるので，さらに次の質問に答える）

- (1) 頭部
- (2) 目
- (3) 耳
- (4) 鼻
- (5) 顔面
- (6) 顎
- (7) 顎関節
- (8) 口
- (9) 歯
- (10) 舌
- (11) 頚部
- (12) 肩
- (13) 鎖骨
- (14) 肩甲骨
- (15) 上腕
- (16) 肘
- (17) 前腕
- (18) 手首
- (19) 手
- (20) 親指
- (21) ほかの手指
- (22) 上背部
- (23) 脊柱
- (24) 腰部
- (25) 肋骨
- (26) 胸骨
- (27) 腹部
- (28) 骨盤，股関節，鼡径部
- (29) 臀部
- (30) 大腿
- (31) 膝
- (32) 膝蓋骨
- (33) 下腿
- (34) 足首
- (35) 踵／アキレス腱
- (36) 足部
- (37) 足趾
- (38) 脾臓
- (39) 腎臓
- (40) 外性器
- (41) 尾骨
- (99) そのほか：

▶頭部外傷（質問15の1～10にチェックをした場合）

16. プレーヤーは
    - (1) 軽度の脳震盪と診断された「意識喪失はなく，外傷後の短い記憶喪失（数秒から1～2分間）がみられた」
    - (2) 中度の脳震盪と診断された「意識喪失があり（5分以内），30秒以内の記憶喪失がみられた」
    - (3) 重度の脳震盪と診断された「意識喪失があり（5分以内），30秒以上の記憶喪失がみられた」
    - (4) 脳震盪なし
    - (5) 診断がつかない

17. マウスピースの着用
    - (1) 歯科医によるマウスピースを着用していた
    - (2) 自分で調整したマウスピースを着用していた
    - (3) マウスピースを着用していなかった

18. 目の外傷
    - (1) 眼窩骨折
    - (2) 角膜
    - (3) 眼球破裂
    - (4) 軟部組織
    - (99) そのほか：

▶膝外傷（質問15の31，32にチェックをした場合）

19. 損傷した組織に○をつける
    - (1) 側副靭帯
    - (2) 前十字靭帯
    - (3) 後十字靭帯
    - (4) 半月板
    - (5) 膝蓋骨／膝蓋靭帯
    - (6) 特になし
    - (99) そのほか：

20. 傷害の主なタイプ（1つだけに○をつける）
    - (1) 擦過創
    - (2) 打撲
    - (3) 切創
    - (4) 刺創
    - (5) 滑液包炎
    - (6) 腱炎
    - (7) 靭帯損傷（部分断裂）
    - (8) 靭帯損傷（完全断裂）
    - (9) 筋・腱挫傷（部分断裂）
    - (10) 筋・腱挫傷（完全断裂）
    - (11) 半月板損傷
    - (12) 過伸展
    - (13) 肩鎖関節損傷
    - (14) 脱臼（亜脱臼）
    - (15) 脱臼（完全脱臼）
    - (16) 骨折
    - (17) 疲労骨折
    - (18) 脳震盪
    - (19) 熱疲労
    - (20) 熱中症
    - (21) 日焼け
    - (22) 炎症
    - (23) 感染
    - (24) 出血
    - (25) 内臓障害
    - (26) 神経損傷
    - (27) 水疱
    - (28) 化膿性感染
    - (29) ヘルニア
    - (30) 開口部への異物
    - (31) 歯の脱臼
    - (99) そのほか：

21. この傷害に伴って出血や体液のしみだしなどが生じる開放創ができたか？
    - (1) はい
    - (2) いいえ

22. この傷害は手術が必要であったか？
    - (1) シーズン中に必要であった
    - (2) シーズン後に必要であった
    - (3) 必要ではなかった

23. 関節手術の方法は？
    - (1) 関節切開術
    - (2) 診断のための関節鏡
    - (3) 手術のための関節鏡
    - (4) 関節手術なし　(99) そのほか：＿＿＿＿

24. 傷害の診断方法（最もあてはまるものを1つ選ぶ）
    - (1) アスレティック・トレーナーによる評価
    - (2) 医師／口腔外科医による評価

(3) レントゲン
(4) MRI
(5) ほかの画像診断
(6) 手術
(7) 血液検査
(99) そのほか：＿＿＿＿＿＿＿＿＿＿＿＿＿＿

25. フィールド／床面
    (1) 天然芝
    (2) 人工芝
    (3) 芝生以外（体育館の床面など）
    (99) そのほか：＿＿＿＿＿＿＿＿＿＿＿＿＿＿

26. 受傷機転
    (1) 熱中症
    (2) 腰より下へブロックに入った時
    (3) タックルをした時
    (4) タックルを受けた時
    (5) ブロックをした時
    (6) ブロックを受けた時
    (7) 地面との衝突
    (8) 上から乗られた／倒れ込んだ／蹴られた時
    (9) ランニングやダッシュ
    (10) キックやパントをブロックした時
    (11) 非接触性（地面に足がついた状態でひねった）
    (12) 非接触性（そのほか）
    (13) オーバーユース
    (14) キャッチング／パスブロッキング
    (15) リーガルクリッピングゾーンでオフェンスラインマンから受けたクリッピング
    (16) クリッピングを受けた
    (17) 硬質のパッドによって衝撃を受けた
    (99) そのほか（具体的に）：

27. 受傷時のポジション
    ・オフェンス
    (1) エンド　　　　　(2) タックル
    (3) ガード　　　　　(4) センター
    (5) クオーターバック　(6) ランニングバック
    (7) スロットバック／ウイングバック
    (8) フランカー／ワイドレシーバー
    ・ディフェンス
    (9) ダウンラインマン　(10) ラインバッカー
    (11) ハーフバック／コーナーバック
    (12) セーフティ，ほか
    (13) キッカー／パンター
    (14) スペシャルチーム
    (15) ポジションに無関係／コンディショニングドリル
    (16) ロングスナッパー
    (99) そのほか：

【ゲームのみ】
28. 反則行為と直接関係する傷害であるか？
    (1) はい　　　(2) いいえ

【練習のみ】
29. 傷害発生は，
    (1) ノンコンタクト（ヘルメット着用のみ）練習時に発生
    (2) コンタクト（申し合わせのタックル）練習時に発生
    (3) コンタクト（申し合わせのタックル以外）練習時に発生
    (4) スクリメージ練習（50％以上の時間を11対11で行う）
    (99) そのほか：

30. 受傷時の防具着用
    (1) フルパッド（フルギア）
    (2) ヘルメットとショルダーパッドのみ
    (3) ヘルメットのみ
    (99) そのほか：

31. 傷害は，
    (1) フルコンタクト・スクリメージ（11対11）で発生
    (2) フルコンタクト・ドリル（3名以下）で発生
    (3) フルコンタクト・ドリル（4〜9名）で発生
    (4) フルコンタクト・ドリル（10〜16名）で発生
    (5) フルコンタクト・ドリル（15〜21名）で発生
    (6) ノンコンタクトドリルで発生
    (99) そのほか：

そのほかのコメント（必須ではない）
＿＿＿＿＿＿＿＿＿＿＿＿＿＿＿＿＿＿＿＿
＿＿＿＿＿＿＿＿＿＿＿＿＿＿＿＿＿＿＿＿

2 NCAAによる傷害調査システム

NCAAおよびほかの多くの大学スポーツに関わる団体が長年にわたってスポーツ傷害のデータを収集している（図2.1）。これらの研究，言い換えれば傷害調査システムは複数年にわたって傷害のデータを収集しており，そのことで特定のスポーツにおける傷害発生のパターンと発生率を検討することができる。このようなデータ収集の方法では，広範囲にわたる年齢層およびスポーツの種類やレベルで活躍しているメディカルケアに関わる人たちの参加と協力が不可欠である。NCAAの傷害調査システムで用いられている記録用紙の一例として，「週間活動記録表―フットボール」と「個人受傷記録表―フットボール」を示した。

NCAAは傘下にある12種目の大学スポーツからデータを収集しており，収集されたデータは傷害の種類によってスポーツ種目ごとに検討される。例えば，頭部傷害ではヘルメットやほかの防具を着用するスポーツとそうでないスポーツでの比較検討がなされる。情報はそのスポーツで報告された傷害における頭部傷害の割合（％；percentage of all reported injuries）と発生率（injury rate）で表される。

3 NATAによる高校スポーツの傷害調査

1998年にNATAは，220以上の高校においてフットボール，男・女バスケットボール，レスリング，野球，ソフトボール，フィールドホッケー，女子バレーボール，および男・女サッカーを対象として3年間にわたって行った調査の結果を発表した（Powell and Barber-Foss 1999）。

過去最大級のNATAによるこの調査によって，各スポーツにおける傷害のパターンだけでなく，例えば男子に比べ女子のバスケットボールや陸上で発生しやすい傷害が明らかにされた。

加えて，1998年6月にはNATAはユーススポーツに関わって調査に協力してくれる人材を公募した。NATAはこの疫学的調査プロジェクトに3000万円の予算を投入し，ユーススポーツで発生する傷害のパターンと，受傷の危険性を持ちながらプレーをしている人数を割り出すことにした。すばらしいスポーツ医学者であり整形外科医でもあるLyle Micheli MDによって進められているNATAのこの調査は，ほかの分野の疫学的調査で採用されている方法に従っているので，これからのスポーツ傷害調査の基準となるであろう。

4 アメリカ疾病予防管理センター

アメリカ疾病予防管理センター（Center for Disease Control and Prevention；CDC）／アメリカ傷害予防管理センター（スポーツやレクリエーションにおける傷害が対象）の任務は，疾病や傷害を予防したりコントロールしたりすることで健康と生活の質を向上させることである。この任務を長年遂行してきた結果，CDCは，疾病や傷害の原因を追及することでそれらを予防する団体へと発展してきた。CDCは疾病に焦点を当てて活動をしてきたが，その独特の立場からスポーツ傷害の予防に関しても重要な役割を担っている。疾病とスポーツ傷害の予防がどのように関連するのかをイメージするために，あなたのレスリングチームが感染力の強い「はしか」が流行している隣町へ遠征に出かけると仮定してみよう。CDCはその発生源と感染者数を把握できるので，これに関して助言を与えることのできる団体である。もちろんあなたは，学校の関係者に自分のチームには「はしか」の感染者がいないことを報告するだろうが，同時に，CDCに問い合わせてこの感染に関する正しい情報を得て，遠征の不安を取り除くことができるのである。

5 全米フットボール頭頚部傷害記録委員会

1975年以来，全米フットボール頭頚部傷害記録委員会（The National Football Head and Neck Injury Registry）は，フットボールの練習中に生じた頭頚部の傷害に関する記録を蓄積してきた。この委員会は，頭部と頚部の傷害に関する情報を，ある一定の基準で収集してきた。

1976年，委員会は初めてのデータをNCAAに対して報告している。その結果，スピアリング（頭を低くして相手に突っ込む）とタックル時に頭頚部を最初にコンタクトさせるテクニックを禁止するルールが制定された。これに伴い，全米高校対抗競技連盟も同様のルールを制定した。その結果，頚椎骨折と四肢麻痺の発生件数が減少している。1976年には34名の選手がフットボールによって四肢麻痺に陥ったが，スピアリングが禁止されてから以降，1984年にはその数はわずか5名にまで減っている。

6 全米重篤スポーツ傷害研究センター

全米重篤スポーツ傷害研究センター（The National Center for Catastrophic Sports Injury Research）は，高校と大学で発生した死亡あるいは永久的障害を負うようなスポーツ事故の情報を収集し，分析を行っている。センターでは，フットボールでの死亡事故や永久麻痺，およびそのほかのスポーツにおける重篤な傷害について年次報告を出している。このセンターの目標は，コーチング技術やスポーツ用具の改善を通してスポーツをより安全にするようなルール変更をもたらす研究と分析を行うことである。同様のデータはNAIRSやNCAAによっても収集されているが，死亡や永久的障害に陥るような重篤なスポーツ事故のデータはこのセンターに問い合わせると簡単に入手できる。このような傷害は私たちが予防すべき傷害の最上位にランクされるべきものであり，それゆえ，これに関するデータは最も一貫して収集されるべきである。

7 ヘルシーピープル2010

ヘルシーピープル2010（Healthy People 2010）は，疾病予防とヘルスプロモーション事務局（アメリカ健康情報センターの委員会）の国家的活動である。1990年に制定されたこの活動の目標は，アメリカにおけるけがの発生率と死亡率を低下させることである。この集約的なプログラムは28の分野から構成され，各分野はそれぞれ特徴のある目標を持っている。この団体の2つの主な目的は，健康で長生きになるように人生の質を向上させること，および，異なる住民間における健康状態の格差を是正することである。身体活動とフィットネスに関する分野は，ヘルシーピープルのキャンペーンとして継続されている。

8 事故と傷害の報告システム

事故と傷害の報告システム（Accident and Injury Reporting System）は事故とけがの報告を労働者賠償委員会（Worker's Compensation Board；WCB）へ伝えるカナダのシステムであ

ヘルシーピープル2010の目標を知るには，www.healthypeople.gov/publications にアクセスするとよい。

収集されるべき頭部・頚部傷害の詳細
- 72時間以上の入院が必要であった傷害
- 手術が必要であった傷害
- 骨折や脱臼を伴った傷害
- 永久的な麻痺や死亡に至った傷害

る。アメリカと同様，カナダにおいても，プロの選手に生じた事故やけがは労働災害として認識されるので，すべてWCBへ報告されることになっている。WCBの報告システムから得られるデータはプロ選手に生じる傷害についての疫学を研究するにあたって活用できる。

9 全米ユーススポーツ安全財団

全米ユーススポーツ安全財団（The National Youth Sports Safety Foundation）からは，青年のスポーツ傷害予防に関する情報を得ることができる。この団体によって，ユーススポーツのプログラムの質と安全性を評価したり，スポーツ団体とそのサービスについて学んだり，あるいはユーススポーツへの参加のガイドラインを得ることができる。

10 傷害研究と管理センター

ピッツバーグ大学メディカルセンターに設置されている傷害研究と管理センター（Center for Injury Research and Control）は，ピッツバーグ大学にある6つの学部と18の学科が参加している学際的で包括的なプログラムである。このセンターでは，傷害管理の研究をし，傷害に関する情報を収集すると同時にそれらを広報している。さらには，ヘルスケア専門家を教育したり，傷害管理の方法について地域社会の指導者に情報をもたらしたりしている。この団体は1992年の7月に設立され，1995年の9月には，傷害管理研究センターとしてCDCから公的指定を受けた10のセンターの1つとなった。

3. スポーツ傷害の傾向

スポーツ傷害に関するデータの収集には限界があるので，いくつかのスポーツや多くのレクリエーション活動における傷害発生の傾向を把握するのは難しい。例えば，ランニングやジョギングを楽しんでいる人たちの傷害発生の傾向を知ろうとして，病院の救急医療部に問い合わせたとする。こうして得られるデータは，まさに医師の診断が必要であった傷害に関するものに限られ，ランナーやジョガーで生じたすべての傷害を反映するものではない。1億人のジョガーがいると仮定して，そのほとんどが捻挫をした程度では病院へは行かないであろう。さらに，1億人のジョガーのうちの100人がたまたまある時期まとまって病院へ行ったとしよう。その時，たまたまレクリエーション活動（ジョギングも含む）中に受傷して病院を受診した人数が150人であったとしたら，ジョギングはとても危険なスポーツとみなされてしまうであろう。このような理由から，私たちがスポーツ傷害に関するデータを扱う際には，注意深くかつ批判的に数字を分析する必要がある。

スポーツのタイプ，用具のタイプ，床面やフィールドのタイプ（図2.2），あるいはプレーに特有のスキルのタイプなどを考慮に入れることで，スポーツ傷害に関する事項を一般化することができる。ここでは，チームスポーツと個人スポーツ，投球型スポーツと全身運動型スポーツに分けて，それぞれのスポーツ傷害の傾向を簡単に解説する。

1 チームスポーツ

チームそのものの性格とフィールドのタイプ

☝ 全米ユーススポーツ安全財団はアメリカの非営利的教育団体であり，スポーツやフィットネスに参加している青年の傷害発生件数や重傷度を低下させるために活動している。

という2つのチームスポーツ特有の性質によって，このタイプのスポーツに参加するにあたってのリスクが決定される。多くの人は，バスケットボール，バレーボール，サッカーなどのチームスポーツは，チーム内におけるスキルレベルの違いによって個人スポーツよりも受傷のリスクが高いと考える。確かにこのことは，チームスポーツへ参加した当初はあてはまるが，個人の発育，ボディコントロール，そして技術の向上に伴ってリスクは低下する。

屋外と屋内でも直面する問題は異なる。例えば，硬い床面でのプレーは下肢にオーバーユースタイプの問題を生じ，反対にクッションの効いた天然芝ではこのような問題が生じるリスクは少ない。

残念ながら，気候などの影響で，すべてのフィールドが天然芝というわけにはいかない。したがって，そのような地域では人工芝のようなフィールドでプレーをすることとなる。天然芝と人工芝では選手に与えるストレスが異なるので，どのようなフィールドでプレーをするかによって受傷のリスクは異なる。

2 個人スポーツ

チームスポーツとは対照的に，個人スポーツではチームメイトや相手の足の上に乗るようなことはない。明らかに，個人スポーツにおいてもチームスポーツで発生するようなけがを負うこともあるが，個人スポーツとチームスポーツでは傷害発生の傾向は異なると言える。

3 投球型スポーツ

投球型スポーツのほとんどが腕の振りを伴う。このタイプのスポーツでは選手は物を打ったり，投げたりする。代表的なスポーツとしては陸上競技のやり投げ，砲丸投げ，ハンマー投げ（これらの種目では物は投げられる。図2.3），そして，野球，ソフトボール，テニス，ラクロスである（これらの種目では物は投げられるとともに，打たれる対象でもある）。したがって，スポーツ医学に関わる者にとって，投球動作における関節や筋のことを十分に理解するために，投球や打撃のバイオメカニクスを理解する必要がある。ほとんどの投球型スポーツはその動作の中

図2.2
天然芝のクッションによって下肢に生じるストレス性の傷害を軽減できる。

図2.3
投球動作のバイオメカニクスを理解することで，投球に関与する関節や筋肉にかかるストレスのことがわかる。

に，コッキング期と呼ばれる準備期，打ったりリリースをしたりする加速期，そして動作を減速して収束させるフォロースルー期がある。

4 全身運動型スポーツ

水泳，ランニング，体操競技のような動きをするスポーツではオーバーユースタイプの傷害が発生する可能性が高いが，もちろん種目に特有の傷害も発生する。水泳選手はランナーとは異なり上肢に問題を抱える傾向にあり，反対にランナーは下肢に問題を抱える傾向にある。体操競技では，鉄棒や平行棒において少しでもミスをしたら，バーから手が離れて地面にたたきつけられてしまう。したがって，体操競技では背部や頸部の損傷は決してまれな傷害ではない。

4. ハイリスク・スポーツ（危険性の高いスポーツ）

疫学的な研究によって，スポーツ傷害に関する危険因子が特定されたものもある。願わくは，そのような危険因子はすでに十分に軽減され，安全にスポーツができる環境になっていて欲しいものであるが，残念ながら，スポーツには本質的にある程度の危険因子が常に存在する。

スポーツ参加に伴うリスクを十分に理解した上で，NATAは学生トレーナーの教育にあたってガイドラインを設定している。NATA公認アスレティック・トレーナー（ATC）を目指す学生は，実習時間の25％（認定校であれば200時間，インターンシップ校であれば375時間：訳注，現在は認定校のみで教育が行われている）をフットボール，サッカー，ホッケー，レスリング，バスケットボール，体操競技，ラクロス，バレーボール，ラグビー，ロデオのうち1つ以上のスポーツの練習とゲームに帯同しなくてはならない。これらのスポーツはNATAによって重篤な傷害が発生し，かつ多くの種類の傷害が発生し得るスポーツであると認定されている。したがって，ここでも疫学的な研究がNATAの教育ガイドライン作りに役立っていると言える。

ハイリスク・スポーツとは参加者にとって受傷する危険性の高いスポーツのことである。野球では折れたバットで受傷する危険性があり，陸上競技では突風によって棒高跳びの選手がマット外に転落して受傷する可能性もある。また，ロデオでは鞍から手が外れて牛の背から投げ出され，はね回る牛の下敷きになることもある。このように，予測もできない危険がハイリスク・スポーツにあることは簡単に想像できる。

NATAの分類

NATAはアスレティック・トレーナーの帯同（練習やゲームへの）が常に必要なスポーツと，トレーナー教育の課程で実習先として選ばれるべきスポーツをそれぞれ分類している。これら2つの領域に分類されるスポーツはよく似ているが，完全に一致はしていない。トレーナー帯同スポーツとして分類されるスポーツは，NATAの専門部会によって受傷の危険性が最も高いスポーツとして分類され，これらのスポーツでは常にアスレティック・トレーナーの帯同が求められる。一方，NATA要求スポーツとして分類されるスポーツとは，トレーナー教育にあたって実習時間の25％以上をこれらの中から選ぶ必要のあるスポーツである。すなわち，トレーナー教育の過程で，学生はハイリスク・スポーツを必ず経験するようにプログラムされており，この領域のスポーツであればどの組み合わせで実習を行ってもよい。

トレーナー帯同スポーツ		NATA要求スポーツ	
バスケットボール（男子）	ラクロス（男子）	バスケットボール	ロデオ
チアリーディング	ロデオ	フットボール	ラグビー
フットボール	スキー	体操競技	サッカー
体操競技	サッカー（男子）	ホッケー	レスリング
アイスホッケー（男子）	レスリング	ラクロス	バレーボール

1 バスケットボール

NATAによるとコンタクトスポーツに分類されるバスケットボールでは，足関節の傷害が多い。このことは，バスケットボールはジャンプを伴うことと，着地の際に足関節が底屈することで捻挫が生じやすいという事実に関連している。着地時にバランスを崩したり，ほかの選手の足に乗ったりすることで受傷の危険性はさらに増大する（図2.4）。

1995年にNATAが行った高校における傷害調査研究では，全傷害の38.3%が足関節と足に生じていた（Foster-Welch 1996）。プロバスケットボールを対象に7年間行った調査では，全傷害の18.2%が足関節で生じていた。また，CohenとMetzl（2000）が1995〜1998年にかけて行った研究では，バスケットボールによって年間60万人の若い選手が病院での救急処置を必要とした。さらに，彼らは，靱帯の損傷がバスケットボールで最も頻繁に生じ，足関節が最も頻繁に受傷する関節であることを報告している。ほかに，Hosea, Carey, およびHarrer（2000）は，ニュージャージー州にある高校と大学のバスケットボール選手11,780名について調査したところ，報告された全傷害のうち1,052件（67%）が足関節に生じていたことを明らかにした。この報告の中で彼らは，女子選手は男子選手に比べ，軽度の足関節捻挫を受傷する確率が25%高いとしているが，中程度および重度の足関節捻挫，足関節骨折，あるいは前脛腓靱帯損傷などは男女で差がないとしている。さらに，大学生では高校生に比べ，足関節傷害の確率が2倍高い結果も報告している。

NATAが行った高校バスケットボールでの調査では，足関節に次いで，股関節，大腿部，および下腿部の傷害が16.6%と多く発生していた。また，傷害としては，ハムストリングの挫傷，大腿部の打撲，あるいはシンスプリントが報告されている。このような広範囲にわたる傷害の発生は，バスケットボールが基本的にはランニングやジャンプの運動であることに加え，床面が硬く，プレー中にボディコンタクトがあるなどの競技特性を持っていることが原因である。

足関節や足の傷害は発生頻度が高いが，回復までに膝関節の傷害ほどは時間がかからない。プロバスケットボールでは膝の傷害は全傷害の約14%に過ぎないが，足関節傷害によって参加できないゲームは全体の18%であるのに対して，膝傷害では実に66%のゲームに参加できなくなる（Henry 1982）。1995年のNATAの調査では，高校バスケットボール選手に生じる傷害のうち，膝関節の傷害は男子選手で10.3%であったのに対して，女子選手では13%であった。

次にバスケットボールで頻発する傷害は，手と手関節である（Zelisko 1982 ; Whiteside 1981 ; Henry 1982）。これは，おそらくはボールのスピードと選手が手を適切なポジションにセットできないことによると考えられる。足関節や膝関節の傷害とは異なり，手や手関節の傷害ではゲームに参加できなくなることはほとんどない（Henry 1982）。

女子バスケットボール選手の膝関節傷害に関しては注意を払う必要がある。いくつかの研究（Moller and Lamb 1997 ; Arendt and Dick 1995 ; Hutchinson and Ireland 1995）では，女子選手では男子選手に比べ，膝前十字靱帯の損傷が多く発生すると報告されている。今後，全米女子バスケットボール協会の成功に伴って，経年的な疫学的調査がなされ，傷害の傾向が明らかにされるであろう。

2 チアリーディング

チアリーディングはNATAによって医学的な注意が必要とされる競技であるが，トレーナー教育の実習先リストでは「コンタクトスポーツ」にはなっていない。とはいえ，幼稚園からプロに至るすべてのレベルのチアリーディ

図2.4
NATAの報告のように，バスケットボールでは全傷害の約40％が足関節と足部に発生する。

図2.5
チアリーディングは，体操競技，ダンス，タンブリング，およびピラミッドフォーメーションなどの技で構成されている。足関節がほかの部位に比べ傷害の好発部位となっている。

ングは，ハイインパクトな（衝撃の強い）スポーツとなっている。チアリーディングは，体操競技，ダンス，タンブリング，およびピラミッドフォーメーションなどの技で構成されている。さらに，チアリーディングの練習は年間を通じて行われるようになってきており，競技会もメディカルサポートのない状況で行われることがある。一般的には，このスポーツの傷害発生率は低いが，技術的に上級になるに従って，重篤な傷害が発生している。多くの高校や大学のチアリーディング協会ではスタンツ（チアリーディングでの技）のタイプを制限するなどして，重篤な傷害から選手を守ろうとしている。

Hutchinson（1997）は，高校と大学のチアリーディングにおける傷害の発生頻度について報告している。最も重篤な傷害である頭頚部の傷害は全体の7％であった。全米重篤スポーツ傷害研究センターのMuellerとCantuによる調査では，1982～1992年の10年間で，頭頚部の傷害はわずか20件しか発生しなかった。そして，この20件のうち，10件はピラミッドスタンツによるものであった。さらに，20件のうち8件のケースは永久的障害の残るものであり，不幸にも2件は死に至るものであった。

足関節傷害の発生は全傷害の22％に過ぎないが，練習を休む原因となる傷害では最大のものである。膝，手，および背部の傷害は足関節ほど頻繁には発生しないが，練習やゲームを休む原因となる傷害として報告されている。チアリーダーは，あるスタンツでは筋力，バランス，協調性といった体操競技に必要な体力要素を要求される一方，次の瞬間には，ダンス，タンブリング，リフティング，あるいはピラミッドといった異なる要素を求められることに注目すべきである（図2.5）。ほかのスポーツではさほど問題にならないような非利き手の傷害も，チアリーディングでは練習やゲームを休む原因となる。

3 フットボール

アメリカンフットボール（ここではフットボール）は，少年が砂場で楽しむものから大学やプロレベルに至るまで広範囲に行われているスポーツである．技術レベルが高い低いにかかわらず，コーチはブロッキングやタックリングの正しくて安全なテクニックを選手に教えることで，傷害を予防する重要な役割を担っている．

フットボールは最も受傷の危険性が高いスポーツではあるが，残念ながら傷害の調査報告には一貫性がない．ある報告書では単に傷害の数や選手100名あたりの発生数が記載されており，別の報告書ではプレー時間に基づいた数字が記載されている．このような一貫性を欠くデータからでは，傷害発生に関する正確な統計を出すことは困難である．

フットボールにおける頭頸部の傷害は，ほかのスポーツにおけるそれと同様，頻繁には発生しないが，重篤な結果をもたらす可能性が高い．特に頸部傷害の予防にとって，正しいブロッキングとタックリングのテクニックを習得することが必要不可欠である．悪いヒッティングテクニックによって頸椎に軸負荷（axial loading）がかかった場合，頸椎にダメージが及ぶ．頸部を屈曲させる（頭を下げる）と頸椎の配列が直線的になり，この状態で頭頂部から衝撃が加わると，力（軸負荷）は真っ直ぐに頸椎へと伝わる．

脳震盪は，衝突型のスポーツであるフットボールにおいては完璧には避けられない傷害である．脳震盪の評価および一貫性のある分類方法によって，脳震盪に関する情報がより正確になり，ひいては正しい統計を導き出すことが可能となるであろう．最近では，CantuとMueller（2003）が，1945～1999年にかけて，フットボールで発生した死亡事故について調査をしている．調査は，事故そのものと死亡の原因について行われた．その結果，この間に497件の死亡事故が発生しており，そのうち69％が急性の脳挫傷，16％が頸椎損傷，そして15％がほかの原因によるものであった．また，全体の75％が高校生選手で発生し，その原因となったフィールド上での動きはタックルないしはタックルを受ける動作であった．1975～1994年の20年間で，この種の死亡事故の発生は著しく低下した．この要因として，①1976年にブロッキングやタックリングの際に頭から先に相手にコンタクトすることを禁止するルールを制定した，②全米スポーツ用具安全基準制定委員会（National Operating Committee on Standard for Athletic Equipment；NOCSAE）がヘルメットの安全基準を制定し，大学では1978年に，高校では1989年にそれを遵守し始めたことがあげられる．

フットボールにおいて，四肢，脊柱，あるいは体幹への受傷は珍しいことではない．下肢への傷害は上肢へのそれに比べ頻発し，四肢への傷害は脊柱や体幹へのそれに比べ発生割合が高い（表2.1）．これは，フットボールではランニング，ブロッキング，そしてタックリングにおいて下肢を最も使用することによるものである．上肢も投球やタックリングにおいて受傷の可能性があるし，脊柱ではオーバーユースタイプの傷害（ストレス骨折や筋挫傷），あるいはあまり起こらないが急性外傷として骨折，挫傷，

表2.1　カレッジフットボールの傷害発生割合

受傷部位	練習中の受傷割合	試合中の受傷割合
膝関節	17%	19%
大腿	14%	8%
足関節	13%	18%
肩	12%	13%
頭／首	9%	13%
脊椎（頸椎・尾骨）	7%	6%

2002-2003年にかけてNCAA傷害調査システムが123校を対象に行った調査結果

捻挫などの可能性がある。

高校での傷害発生に関してはNATAが報告しているように，傷害の50％が下肢に発生し，そのうち17.9％が骨盤／股関節に，16.6％が足関節に，そして14.6％が膝関節に生じている（図2.6）。骨盤／股関節に関係して最も頻発するのがハムストリングの挫傷である。ハムストリング挫傷はランニングスポーツでは珍しくないが，フットボールでは防具の重さが加わったり，相手と押し合ったりする必要があるため，さらに受傷の危険性が高まる。

NATAによると，高校フットボールを調査した2つの研究から，上肢の傷害は全傷害の25.4％であり，その内訳は前腕・手関節・手が15％，肩と上腕が10.4％であった。手関節と手が受傷の可能性がより高いのは，このスポーツにおける腕の位置と，コンタクトの際に手を使うという特徴によるものである。肩の傷害は，選手が適切なタックリング姿勢を取れないまま，とっさに腕を伸ばして相手をタックルした際に生じる。特に，生まれつき肩の弛緩性が高い選手では，小さな外力によっても受傷の危険性がある。このような選手では関節固定のために筋に過剰な負荷がかかり，筋がオーバーユースに陥るが，そのためますます筋によるサポートが弱まり，受傷の可能性が高まる。

図2.6
NCAAの調査では，下肢がフットボールにおける傷害の好発部位である。

NCAAの傷害調査システムによると，大学フットボールでは練習時よりもゲーム時において傷害発生がより高い。高校フットボールに関する詳細な調査結果はないが，高校においても同様であると考えられる。傷害調査システムによる2002～2003年のデータでは，練習時では膝関節（17％），大腿部（14％），足関節（12％）の順で多く発生しているが，ゲーム時では膝関節（20％），足関節（16％），肩（13％）の順となる。このデータは，ここ10年間は一貫しており，おそらくは，ゲームにおいては練習とは異なる動きをしていることによるものだと考えられる。過去6年間の調査では，練習時に最も発生する傷害は，捻挫，挫傷，続いて打撲であり，ゲーム時では一貫して捻挫，打撲の順となり，挫傷の発生は低下する（NCAA 2003）。

4 体操競技

体操競技ではランニングとジャンプの両方によるストレスが加わるので，ストレスとしては陸上競技に似ている。体操競技では種目によって上肢に加わるストレスが異なるが，上肢には筋力と持久力が必要とされる。例えば，ある種目では上肢で体重を支えなければならないが，別の種目ではスイングの際に体が器具から振り飛ばされないように手で器具を握りしめなければならない。

体操競技は地区単位で行われたり，市の施設で行われたり，あるいは特別なクラブで行われるので，このスポーツの傷害発生の傾向を示す報告書はとても完全とは言えない。

Caine, Caine, およびLinder（1996）によると，高校，クラブ，大学における女子体操競技で最も受傷頻度の高い部位は下肢であり，続いて，上肢と脊柱に同程度に発生する。最近の研究としては，Zetaruk（2000）が，女性選手では下肢（足関節，足部，膝関節）に，男性選手では上肢に傷害が多く発生することを示した。この

ことは，男女の競技種目の差によるものであると説明できるかもしれない。

体操競技選手が受ける典型的な下肢傷害は膝関節よりも足関節に生じる（図2.7）。上肢では，若年選手では肘関節に，年長の選手では肩に傷害が多く発生する。男性選手では，吊り輪や鉄棒などの技のために強力な肩の筋力が必要とされ，そのため肩関節に多方向への不安定性が生じる。上腕二頭筋腱炎，ローテーターカフの炎症，インピンジメントは男性選手に多発する傷害である（Zetaruk 2000）。手関節や手指の傷害も，跳躍やバーでのキャッチング動作のために頻発する。DiFioriら（2002）は，身長が高く，高齢な選手ほど手関節に問題を抱えると報告している。

年齢に関係なく，脊柱の問題は腰部で好発する。過度な柔軟性が求められるこの競技の特性から，そのストレスが腰部にかかると考えられる。月経前あるいは月経中の女性選手で特に問題となる。ホルモンレベルの上昇が，月経周期後半における女子選手の腰の痛みを増幅していると考えられている。月経周期はあらゆるスポーツ種目において女性選手に影響を及ぼすが，腰痛を訴える女性体操競技選手はほかのスポーツに比べて多い。Zetaruk（2000）は，オリンピックレベルの体操競技選手の63％は脊柱に何らかの異常を抱えていると報告している。腰痛の原因となるのは，幾度となくくり返される体幹の屈曲，伸展，そして回旋動作である（Hall 1986）。このようなストレスによって，腰椎分離症，腰椎すべり症，腰椎後部のオーバーユース症候群，異型のショイエルマン病，および椎間板起因の腰痛などが生じる（Zetaruk 2000）。

5 ホッケー

アメリカにおいて，ホッケーは冬のアイスホッケーと春・秋のフィールドホッケーの両方を指している。いずれも男女がプレーをするスポーツであるが，傷害のデータはフィールドホッケーでは女性選手，アイスホッケーでは男性選手からのものがほとんどである。これらの競技は似通ってはいるものの，重要な違いもある。類似点としては，スティック（構造や形は異なるが）を用いること，プレーヤーのポジション，オフェンスとディフェンスの戦術，そして相手ゴールにボール（パック）を入れることである。最大の違いは，もちろんプレーの床面（地面）であり，この違いが選手の動くスピードに差をもたらしている。

アイスホッケーは激しいボディコンタクト（相手や周囲のボードに対して）を伴うが，フィールドホッケーでは個人的なボディコンタクトはルールで禁じられている。この違いが両者の傷害発生率に違いをもたらしている（図2.8）。アイスホッケーでは防具を着用することでハイスピードコンタクトから身を守っているが，

図2.7
体操競技では，足関節傷害のほうが膝関節傷害よりも多く発生する。上肢については，若年競技者では肘関節が，年長の選手では肩関節の傷害が多い。

フィールドホッケーではゴールキーパーが防具を着用する以外は，選手はシンガード（すねあて）を用いるだけである。

近年，NCAAの努力により，以前に比べフィールドホッケーのデータがアイスホッケーのデータよりもいっそう多く収集され始めている。アイスホッケーのほうがフィールドホッケーよりも人気があり，特にカナダにおいては国技スポーツとなっているが，傷害のデータはほとんどない。傷害のデータが乏しい理由として以下の項目があげられる（Caine, Caine, and Linder 1996）：

- トレーナー，コーチ，理学療法士，医師たちによる傷害報告の方法が，標準化された方法に従ってなされていない。
- 発生率の算出方法が定められていない（例えば，プレー1,000時間あたりの発生率として算出する）。
- 参加選手のレベルに合わせてルールなどが変更される。
- 過去20年間で，防具の着用およびプレースタイルに関するルールがしばしば変更された。
- アイスホッケーに関するほとんどの傷害報告は，1シーズンのデータを基に出されている。アイスホッケーの危険性は人為的に誇張されてきたかもしれない。
- アイスホッケーの傷害を分類する定義に一貫性が欠けていた。

アイスホッケーの傷害調査は本質的に難しいため，確かな疫学的データは少ない。しかしながら，主な傷害としては打撲，捻挫，切創，挫傷があげられる。どの報告を引用するかによるが，脳震盪と骨折もこのスポーツでは珍しくない傷害である。ジュニアのエリートアイスホッケー選手を3年間追跡した調査によると，挫傷，切創，打撲，および捻挫が最も多発した傷害であった。また，この調査では，顔面と肩に受傷が多く，顔面の切創が再頻発する傷害で，次いで肩鎖関節の捻挫が多く発生したと報告している（Stuart and Smith 1995）。

アイスホッケーに関する文献では頭部と顔面に特に注意が払われているが，これらの部位がこのスポーツでは最も受傷の危険性が高いことと関係している。この部位の傷害として，眼，歯，顔面，頭皮，および脳（振盪）があげられる。これらの部位での発生頻度が報告によって異なるのは，プレーをする団体における防具ヘルメットの着用と「ハイスティック」ルールの適用の違いによるものであろう。

アイスホッケーはフットボールと同様，重篤な傷害からまったく無縁ではあり得ない。脊髄損傷による麻痺や，脊髄や脳の損傷による死亡事故がこれまでに報告されている。幸いなことに，このような重篤な事故はフットボールと同様に減りつつある。

ゲーム時の傷害発生率

スポーツ	傷害発生率（選手1000人あたりの発生件数）
フットボール	33.9
レスリング	25.8
男子サッカー	16.4
男子アイスホッケー	14.2
女子サッカー	13.5
男子ラクロス	12.8
女子アイスホッケー	11.7
男子バスケットボール	9.1
女子ラクロス	8.4
女子バスケットボール	7.6
フィールドホッケー	6.7
女子体操競技	6.5
野球	5.3
女子ソフトボール	4.1
女子バレーボール	4.9

図2.8
NCAA傷害調査システムによる2002～2003年のデータを基に表した，各スポーツにおける平均的なゲーム時の傷害発生率（選手1,000人あたりの件数）。

やや驚きであるが，女性のアイスホッケーに関する疫学的な傷害調査が存在する。レクリエーションアイスホッケーを楽しんだ300名以上のカナダの女性選手を対象とした調査では，下肢の傷害が最も多く（31.2％），報告された傷害の半数以上が挫傷か捻挫であった。また，ほかのスポーツと同様，練習時よりもゲーム時でより多くの傷害が発生した。この原因として，レクリエーションアイスホッケーにおける練習の頻度と強度が問題であると考えられる。

NCAAは，最近の2年間で250校以上，それ以前の14年間で210～245校以上の大学から，女子フィールドホッケーに関してデータを収集している（NCAA 2003）。2002～2003年のデータによると，練習とゲームで最も頻繁に発生した傷害は筋挫傷で，ついで捻挫が多く発生した。また，練習では腱炎が次いで多く発生し（全体の9％），ゲームでは打撲が多く発生していた（全体の15％）。1997～2003年にかけての調査によると，下肢が練習で最も傷害の発生する部位であり，ゲームでは頭部が傷害発生の好発部位であった。

6 ラクロス

ラクロスはアメリカでは西部に比べて東部でいっそう親しまれているスポーツであるが，ほかのスポーツと同様に全国に普及し始めている。大学におけるラクロスの歴史はとても浅いので，傷害に関するデータはまだほとんどない。とはいえ，このスポーツの特徴を考えると，サッカーと同じような傷害発生の様子を示しながらも，スティックの高さゆえに顔面への傷害や，頻繁に体幹をねじるゆえに脊柱の問題が多く発生すると考えられる。ゴールキーパーの防具は例外として，女子選手の防具は男子選手のそれとは大きく異なっている。同じラクロスと言えどもこのような違いがあるので，傷害データを扱う際には注意をしなければいけない。すべてのラクロスが同じ条件のもので行われているわけではない。

7 ラグビー

ラグビーはアメリカよりもほかの国（特に，イギリス，オーストラリア，ニュージーランド，日本）においてさかんに行われているスポーツである。Lancet（学術誌）に発表されたGarrawayとMaclead（1995）の論文によると，脊髄損傷を除いては，ラグビーでの傷害についてはよく理解されていない（図2.10）。彼らは，前向きなコホート法（prospective cohort）を用いて，スコットランド地域にある複数のシニアクラブチームにおいて傷害調査を行った。1,216名の選手のうち，1,169名（96％）の選手から詳細な個人情報を得て，さらに1993～1994年のシーズンに行われた15人制ラグビーで発生した傷害を記録した。理学療法士が毎週クラブを訪問し，記録を依頼したボランティアから，その週の練習やゲームで発生した新しい傷害や再発した傷害について聞き取りを行い，選手をチェックした。その結果，361名の選手が512の傷害を584回受傷し，その84％がゲーム時に発生したことがわかった。ゲーム時の傷害発生率は，13.95件（プレー1,000時間あたり

図2.9
女子ラクロスではゴールキーパーだけがヘルメットを着用するが，男子ラクロスではプレーヤー全員がヘルメットなどの防具を着用する。

12.64〜15.26件の発生率で，1ゲームあたり1.8件の発生率）であった。受傷によって選手は平均39日間ゲームから離れなければならなかったし，28％は受傷によって平均18日間，仕事や学校を休むことを余儀なくされた。若者が病的状態（けがをして仕事や学校を休むこと）に陥ることを考えると，ラグビーの傷害に関してはもっと理解をする必要がある。彼らの報告で使われている「病的状態」とは，決して命にかかわるとかそれに準ずるような重篤な状態を示しているわけではないが，ラグビー傷害の疫学という観点からすると，アメリカのみならず海外においても情報があまりにも少なすぎる。

近年のアメリカでは，ラグビー協会に対して，ルールの改定やレフェリングの改善，そしてより良いメディカルサポートを強く要求している。現在は，アメリカ整形外科ラグビーフットボール協会（医師，理学療法士，そのほかのスポーツ医学の専門家によるグループ）を通じて，ラグビーの現場にスポーツ医学の専門家を帯同するようになり，ラグビーによる傷害を認識したり軽減したりするようになった。このグループによって，1970〜1994年にかけて発生した頸椎損傷のデータが，アンケートによって収集された。その結果，ほかの国に比べアメリカでは，頸椎損傷がスクラム中に著しく多く発生していたことが明らかとなった（他国41％，アメリカ57.6％）。さらに，頸椎損傷を受けたプレーヤーの48％がフッカー（ポジション名）であったが，他国ではフッカーの受傷率は19％に過ぎなかった。また，若年プレーヤー（60％）で年長プレーヤー（46.4％）に比べ頸部損傷が多発したことは，やや理解に苦しむ結果である。

2000年以降，様々なラグビー環境における傷害発生について注目されるようになってきた。Bathgate（2002）は，オーストラリアの代表チームであるワラビーズの選手を対象に，1994〜2000年にかけて発生した傷害の内容について分析した。その結果，91ゲームで143件の傷害が記録されており，発生率はゲームプレー1,000時間あたり69件であった。しかし，プロプレーヤーが登場する以前（1994〜1995年）は発生率がプレー1,000時間あたり47件であったのに対して，プロ登場以降（1996〜2000年）ではその件数が74件へと増加した。発生率はもちろんプレーヤーのポジションにもより，フォワードのロックが最も受傷率が高く，次いでナンバーエイトとなっている。バックスではスタンドオフが最も受傷率が高く，反対に最も低いのはハーフバックであった。頭部は受傷部位としては最も一般的で，全体の25.1％は頭部に発生した。このうち75％は切創のために縫合が必要であった。また，19.4％は脳震盪，5.6％は骨折であった。頭部に次いで，膝関節（14％），大腿部（13.6％），そして足関節（10.5％）が傷害の好発部位であった。下肢への受傷が51.7％と最も多く，次いで頭頸部（28.7％），上肢（15.4％）の順であった。これらのほとんどが軟部組織の損傷（25.2％）であり，捻挫や靭帯断裂などの非開放性のものであった。傷害はタックル時（タックルをしたりタックルを受けたりする）に最も多く発生した。ゲームの後半，特に後半の後半で約40％の傷害が発生していた。このことは傷害の発生と選手の疲労が大きく関係し

図2.10
ラグビーにおける傷害の発生率や発生状況についてはまだよく理解されていない。文献によると，頭部傷害が多発している。

ていることを示しているかもしれない。

　Gabbett（2000）は，アマチュアラグビーリーグの600人の選手を対象として，3年間連続でシーズンを通して傷害を記録した。トータルでは，プレー1,000時間あたりの発生率は160.6件であり，フォワード（182.3件）はバックス（142件）に比べ著しく発生率が高かった。頭頸部が身体部位では最も受傷率が高く，ゲームプレー1,000時間あたりの発生率は40.6件であった。また，顔面，胸腹部，および膝関節ではそれぞれ21.3，21.3，および17.8件の発生率で，頭頸部ほど高くはなかった。フォワードとバックスの間で，胸腹部，上肢，大腿部，下腿部，肩，および足関節と足部に生じる傷害の件数に有意な差はなかった。しかし，フォワードはバックスに比べ，頭頸部により多く受傷していた。傷害の種類で分けると，筋内血腫および筋挫傷が最も多発していた。ゲームの後半における傷害発生率は前半のそれに比べ高いものであった。加えて，シーズンの後半も前半に比べ受傷の可能性が高くなっていた。

　Gabbett（2002）は，アマチュアラグビーリーグのセブンス（7人制ラグビー）トーナメントでの傷害発生についても調査・報告している。調査対象はセブンストーナメントに参加した168名の選手で，このトーナメントにおいては1日に3〜4ゲームが行われた。

　傷害の発生率はプレー1,000時間あたり283.5件であった。下肢への受傷が40％と最も多く，上肢への受傷は15％であった。身体部位では，膝関節と顔面（20％）で最も傷害が発生し，次いで，足関節と足部，および頭頸部（15％）であった。打撲が最も多発しており，全傷害の40％を占めていた。次いで，捻挫と切創がそれぞれ30％，20％を占めた。この結果は，筋内血腫および筋挫傷が最も多発する傷害であるとしたGabbett（2000）の報告とは異なるものであった。傷害は，身体の衝突とタックル時に最も頻繁に発生しているが，タックルに関しては，タックルをすることとタックルを受けることでの差は認められなかった。ゲームプレー1,000時間あたりの傷害発生件数は，第1，第2，第3，および第4ゲームでそれぞれ99.2，198.4，347.2，および694.4人と，ゲームを重ねるごとに増加した。以前に報告されたアマチュアラグビーリーグ（11人制）と比べると，7人制のアマチュアラグビーリーグでは，傷害の発生率が76.5％高いものであった。このことは，ゲームを重ねるごとに受傷の可能性が高まるというデータを加味するならば，アマチュアラグビーリーグのセブンストーナメントでは選手の疲労が蓄積し，それが受傷の可能性を高めていることを示唆している。

　ラグビーに関する傷害を疫学的に調査するにあたっては，ラグビーのプレー制度が大きな障害となっている。すなわち，ラグビーにはユニオンラグビー（15人制），ラグビーリーグ（リーグラグビー；11人制），セブンスラグビー（7人制）があり，それぞれに異なった危険性を有している。したがって，ラグビーを扱う際にはこれらのプレー制度にも注意を払い，さらにラグビー傷害の理解を深めたいものである。

8 スキー

　スキーはすべてのレベルで競技性が高いとは言えないが，大学，レクリエーション，オリンピック，プロのいずれのレベルにおいても，リスクの高いスポーツである。もしも大衆メディアからの情報だけであれば，スキーはとんでもなく危険なスポーツと捉えられてしまう。なぜならば，メディアはスキーによる死亡事故のみを放送し，何百万人ものスキーヤーが無事にゲレンデを滑り降りている事実は報道しないからである。

　アルペンスキーでの複数年にわたる調査で，スコットランドの医師がスキーとスノーボードに関する詳細な傷害報告をしている（www.

ski-injury.com/alpine.htm)。この報告で，Dr. Mike Langranは1970年以降の膝前十字靭帯損傷の発生率低下を強調している。彼は，この減少は，スキー板とビンディングの改良によるものであるとしている。アメリカスポーツ医学会（American College of Sports Medicine；ACSM）は1997年に，スキー用具の改良以前は，骨折が最も一般的なスキー外傷であったと報告している。用具の改良以降は，骨折は減少したものの，代わりに靭帯損傷の発生率が上昇している（Ryan and Harvey 1997）。

一般的に，スキーでは衝突事故によって重篤な傷害が発生する。全般的には膝が最も受傷する部位であり，次いで肩や親指の靭帯損傷が多発する。受傷の結果，仕事や学業を休む必要があるけがとして，脱臼は常に上位にランクされている。これは，脱臼の治癒やリハビリテーションには捻挫や骨折よりも時間がかかるということからも明らかである。

9 サッカー

サッカーは，ヨーロッパでは昔からすべてのチームスポーツの中で最も人気のあるスポーツであるが，アメリカにおいては1970年以降人気が上昇してきている。この人気上昇に伴って，不幸にも，傷害の発生も上昇している。

2002〜2003年のNCAAの調査データによると，練習時に男子サッカー選手が最も受傷するのは大腿部であり（21％），続いて，足関節（18％），および膝（14％）であった。一方，ゲーム時では，足関節が最も受傷割合が高く（18％），続いて，大腿部（16％），そして膝（15％）の順であった（図2.11）。サッカーでは常にランニングとキッキングをくり返しているので，下腿への傷害も常に発生している。多くのサッカー選手が足関節に問題を抱えているにもかかわらず，彼らが足関節に予防や保護のためのテーピングを好まないのは実に興味深いことである。

NCAAのデータでは，練習時に最も発生するのは挫傷（36％）で，次いで捻挫（26％），打撲（11％）となっている。ゲーム時では，捻挫（31％），打撲（25％），そして挫傷（20％）の順となる。このデータから，選手は練習時により疲労するため，挫傷が多く発生するものと考えられる。

頭部，脊柱，および体幹への傷害はサッカーではさほど発生しないが，発生の大きな原因は身体同士，身体とボール，および身体と地面のコンタクトである。上肢，足部，および下腿への傷害発生は，足関節，膝，および大腿部に比べて低い。大学男子サッカー選手において，上肢全体（手，肘，肩，ほか）での傷害発生は，下肢のみでのそれよりも低いことは当然である。

10 バレーボール

バレーボールはバスケットボールと同様に人気の高いスポーツであり，幅広いレベルの人々によってプレーされている。コートが砂地であろうが板であろうが，バレーボールではボールを手で打ったりブロックをしたりするために上肢を酷使し，ジャンプのために下肢を酷使する（図2.12）。様々な団体がこの競技に参加しているので，傷害データを収集するにあたって一貫性に欠けることも多い。

大学レベルでのデータを読むと，年間の時期ごとで傷害発生の様子が異なっていることに気がつく。大学レベルでは，バレーボールはほとんど年間を通してプレーされるようになってきている。すなわち，NCAAによる大学対抗のレギュラーシーズンの後には，全米バレーボール協会主催のシーズンが始まり，ここではレギュラーシーズンで対戦しなかった大学や，大学生以外のチームとゲームが組まれる。

このようなシーズンパターンのスポーツを理解することで，アスレティック・トレーナーは傷害発生の内容を理解することができる。もし

も選手がコンディションを整えてきていないなら，シーズン当初に特有の傷害が発生するであろう．また，協会主催のシーズンでは疲労が原因となる傷害が発生しやすくなると考えられる．

バレーボールに関する傷害のデータは，バスケットボールほどにはきちんとまとめられていない．しかし，これまでに報告されているデータでは，バレーボールでは下肢の傷害が最も多く，次いで上肢，そして体幹と頭部の順となっている（Schafleら 1990）．下肢では足関節傷害が最も多く，その原因はバスケットボールでの原因と同様に，バランスを崩しての着地や，ほかの選手の足の上に着地をすることである．手と手指の傷害は足関節に次いで多発するが，その原因はブロッキングによるものである．膝関節の傷害も，ジャンプや着地動作の多いバレーボールでは多発する．また，背中や肩の傷害も多く発生するが，これは技能レベルが高く，よりパワフルな大学やプロレベルの選手で好発する（Caine, Caine, and Linder 1996）．

11 レスリング

レスリングは幅広い年齢層と技能レベルで行われており，競技は体重別で行われる．レスリングで頻発する傷害については報告書によって差があるものの，肩と膝の捻挫が最も多く発生する傷害である．

肩や膝の捻挫に加えて，慢性的な滑液包炎（特に膝蓋骨前方部），肩鎖関節捻挫，皮膚の問題（剣状ヘルペス，白癬，水疱性膿痂疹），頸部傷害（筋や腕神経叢），および「カリフラワーイヤー」と称される耳の問題などがレスリングの傷害として特徴的である．

テレビ放映されるプロレスリングは疫学的調査の対象からは外れている．プロレスリングでの傷害はしばしばメディアを通じて知らされるが，受傷率に関する信頼できる調査報告はない．

5. そのほかのスポーツ

アスレティック・トレーナーが関与するスポーツはほかにもいろいろある．ここでは，ハンドボール，野球，ソフトボール，陸上競技，テニス，ゴルフ，水泳についての情報を見ることとする．

図2.11
足関節の傷害が男女のサッカー選手で最も頻発し，同様に膝と大腿部も傷害の好発部位である．

図2.12
バレーボールにおける傷害は，選手の技能レベルや床面によって異なっている．足関節の傷害が最も多く，次いで手と手指の傷害が多い．

1 ハンドボール

ハンドボールはスピードボールとも呼ばれ，硬い木の床面で，ランニング，ジャンピング，そしてスローイングを行うスポーツである。ハンドボールはオリンピック種目であるにもかかわらず，アメリカにおいては学校スポーツとしてもレクリエーションスポーツとしてもほとんど普及していない。それゆえ，傷害のデータもほとんどないのが実情である。

ヨーロッパではハンドボールは幅広い年齢層でレクリエーションとしても競技としても親しまれており，特にノルウェーではおおよそ450のシニアチームと35のジュニアチームがある。これらのチームにおける調査では，肘（特にゴールキーパーで），足関節，膝，および肩に多く傷害が発生している。

2 野球とソフトボール

フィールドホッケーとアイスホッケー以上に野球とソフトボールは類似したスポーツである。いずれのスポーツも男女ともにプレーをするが，一般的には野球は男子が，そして高校と大学ではソフトボールは女子が行うスポーツとなっている。また，思春期から大学生に至る選手がこれらのスポーツに参加している。大人ではアマチュアリーグやセミプロ，そしてプロレベルで野球をプレーし，ソフトボールはあくまでもレクリエーションレベルでプレーされている。とはいえ，これらすべてに例外があり，アメリカ国内外で，女性は野球でもソフトボールと同様に競技性が高く，男性もスローピッチ，ファストピッチのいずれのソフトボールにおいても高い能力を発揮している。

野球はソフトボールに比べ，使用するボールが小さくて硬いためにスピードのあるスポーツだと思われている。たしかに，野球での球速はソフトボールのそれに比べてはるかに速いようだが，一流のソフトボールピッチャーでの球速は時速96.6kmにもなるので，ソフトボールが明らかにスローなスポーツであるとは言えない。

この2つのスポーツの傷害統計は通常は別々に記録されるが，NCAAによってなされた調査によって，2つのスポーツには似通った傷害発生の特徴があることがわかった。野球に関する4年間にわたる調査とソフトボールに関する6年間にわたる調査では，プレーヤー1,000人あたりの傷害発生率はそれぞれ2.86人と2.57人であった。このことはいずれのスポーツも比較的傷害の発生率が低いスポーツであることを示している。

これらのスポーツで最も多く発生する傷害は擦過創（すりきず）である（図2.13）。ベースランにおいてスライディングをした際に，擦過創が発生している。ほとんどの地域でソフトボールプレーヤーは擦過創の予防のためにロングパンツのユニフォームを着用しているが，まだ短いショーツを使用しているチームもある。もっとも，擦過創はロングパンツの上からでも発生している。

筋骨格系への外傷としては捻挫，挫傷，そしてたまに骨折が発生する。上肢での傷害発生の頻度は下肢でのそれとほとんど同様であるが，プレーのレベルや参加の様子によって異なる。特にピッチャーでは上肢の傷害は肩や肘の関節に発生する。正しい投球動作でピッチングを行わないかぎりは，くり返しの投球によってオーバーユースタイプの障害が発生する。筋の発達が未熟な若い選手では，筋力が強くて調整力（コーディネーション）がより高い大人の選手に比べ，オーバーユースタイプの障害を発生しやすい。

下肢の捻挫は，ベースランにおいてベースを踏んだり，相手選手の足の上に乗った際に足首や膝に発生する。野手では特に外野手でハムストリングの挫傷が発生しやすいが，これはフライをキャッチしたり速い打球に追いつくために

急激にダッシュやランニングをしたりするためである。

ほかのスポーツと著しく異なる点は、野球やソフトボールでは、明らかにポジションごとに受傷の様子が異なることである。ピッチャーは肩や肘にオーバーユースタイプの障害を受けやすく、キャッチャーは深くしゃがみ込むために膝の痛みを訴えやすく、また、しゃがんだ姿勢でボールを投げるので肘を捻挫しやすい。

3 陸上競技

陸上競技の投擲では、重くて投げにくい物体が用いられるので、アスリートは単に腕の筋力だけでなく、全身の力をうまく利用する必要がある。砲丸投げ、円盤投げ、そしてハンマー投げでは同様の傷害が発生するが、一般的には膝と腰が傷害の好発部位である。槍投げの槍は重量物としては軽いほうであるが、投げにくいという理由から、ほかの投擲種目に比べて肩や肘に傷害が発生しやすい。

トラックであろうとフィールドであろうと、陸上競技での共通した運動形態はランニングとジャンプであり、これらによって下肢の筋肉、足関節、足部、そして膝関節に問題が発生する。くり返される下肢へのストレスはこの部位の様々な組織によって吸収されるが、特にバイオメカニクス的に欠点のある部位へストレスが集中することとなる。ストレスは足部、足関節、膝関節で吸収されるが、もしもこれらの関節のうちのどれかが相対的にストレスを吸収する能力が低い場合は、別の関節で余分なストレスを吸収しなくてはならなくなる。したがって、ランニングやジャンプをくり返すことで小さなストレスは次第に増幅され、最終的にはストレスを吸収している組織のどこかに破綻が生じることとなる。

ジャンプでは離地動作、空中姿勢、そして着地動作があるので、さらに強い強いストレスを下肢と腰部に与えることとなる（図2.14）。棒高跳びや走り高跳びでは、走り幅跳びや三段跳びのような水平方向へジャンプする種目に比べ、腰部への問題が多く発生する。すべてのジャンパーは、足関節と膝関節の骨や筋腱組織に問題（アキレス腱炎や膝蓋靭帯炎）が生じる危険性が高い。

4 テニス

テニスは広範囲な人気を保っているため、傷害の統計を正確に記録することは非常に難しい。プライベートクラブや、余暇リーグ、あるいは近所同士でのプレーなど、実に多様なプ

図2.13
スライディングによって、野球やソフトボールで最も多くみられる外傷である擦過創が発生する。

図2.14
ショックの吸収は基本的には足部、足関節、膝関節で行われるが、弱い関節があればショックは下肢のほかの部位や腰部で吸収せざるを得なくなる。

図2.15
上腕骨の外側上顆に付着する筋の炎症はテニスではよく発生する問題であり、通常はバックハンドの技術に関係している。

図2.16
ゴルファーもけがをしないわけではない。腰や肘がけがの好発部位である。

図2.17
水泳選手では肩のオーバーユース障害が最も頻繁に生じる。

レースタイルがあるために、記録されない傷害も多数あると考えられる。

テニスでよくあげられる傷害の1つにテニス肘があるが、これは、上腕骨の外側上顆およびここに付着する筋の炎症である。テニス肘は、特にバックハンドの技術と関連しているように思われる（図2.15）。上腕骨の外側上顆に付着する手首の伸筋群は、ボールインパクトによる手首へのストレスを吸収するが、このストレスによって伸筋群の付着部が損傷を受ける。

ほかには、サービス、ボレー、スマッシュといったプレーによる肩への傷害がテニスでは多く発生する。また、ハイスピードで打ち込まれるボールに対応するために、プレーヤーは素早い横方向への移動や方向転換をコート全面において強いられるので、足関節や膝もテニスでは傷害の好発部位となる。

5 ゴルフ

ゴルフは上肢よりもむしろ脊柱の動きを利用するタイプのスポーツなので、ゴルファーにおける最も一般的な傷害は腰痛である。骨盤と脊柱を軸とした回旋の動きによってゴルフスイングの力を吸収するため、くり返しのスイングによって腰部にストレスが蓄積される（図2.16）。

Parziale（2002）は、1994〜1997年にかけて彼の治療を受けた145名のゴルファーに関して過去にさかのぼって調査を実施した。145名のうち138名はアマチュア、116名は男性のプレーヤーで、年齢は14〜80歳（平均55.7歳）であった。その結果、65名のプレーヤーが腰痛と診断され、次いで、肩（20名）、肘（15名）、首（14名）、膝（12名）、そして脳血管疾患（11名）の順に多く発生していた。この調査結果は、非常に広範囲な年齢と技術レベルの対象者から得られたもので、きわめて一般的な内容と言える。

肘の傷害はゴルフ、特に技術レベルの低いプレーヤーでは珍しくない。問題は、ゴルフスイン

グでボールの代わりに地球（地面）を打ってしまった際に生じ，その衝撃によって肘に大きなストレスがかかる。もっとも問題は1回の強い衝撃で急性に生じることはなく，強い衝撃に続く何回かの弱いミスショットによって発生する。

6 水泳

競泳選手の傷害は肩関節に最も頻繁に発生する（図2.17）。問題は「プル」と呼ばれる練習のためにパドルを使用することで発生するかもしくは悪化する。肩関節に不安定性のある選手ではそうでない選手に比べて特に問題を起こしやすい。このような選手に対しては補強運動やハンドパドルの使用制限などの措置をとることが必要である。

肩関節へのオーバーユース障害に加え，水泳選手に多発するのは，上背部と首の筋肉の傷害である。ほかに，水中での運動ということもあり，耳や呼吸器系，あるいは心臓血管系の問題も発生する。

6. 内的なリスク・ファクター

各スポーツにはそれぞれ特有の傷害のリスク・ファクター（危険因子）があるが，年齢（成長），性，心理的問題，および医学的問題といった個人が内包するリスク・ファクターも存在する。アスレティック・トレーナーとしては，これらの内的なリスク・ファクターを理解することで適切な予防策を立てることができる。

はじめに，いくつかの医学的問題は，正常な成長に伴っても発生する。例えば，筋骨格系の成長そのものがリスク・ファクターとなり得る。成長の過程においては骨端板がほかの部分に比べて問題を起こしやすい。次に，性に特有の傷害もあり，また，傷害によっては特定の性により多く発生する。女性では月経周期を迎えることができなかったり，生理が突然に止まったりすると問題が発生しやすくなる。さらに，心理的な問題にうまく対応できないために，受傷のリスクが増大することもある。あなた自身も，心理的な問題によってけがや病気になりやすくなることを経験したことがあると思うが，同様に，心理的要因でパフォーマンスが下がることもある。最後に，医学的な問題を抱えたまま多くの人々がスポーツに参加している。ほとんどの問題はスポーツ参加前のメディカルチェックによって発見できるため，段階を踏んでリスクを取り除くことができるが，発見できないこともあり，その場合はリスクを抱えたままスポーツに参加することになる。

スポーツ参加に伴う受傷のリスク・ファクターを完全に取り除くことはできないように思えるが，リスクそのものは日常生活の中にも潜んでいる。したがって，スポーツ参加によるリスクをあらかじめ予想して対応策を立てることが大切であり，リスクが存在する以上は，段階を踏んでそれを減少させることが必要である。スポーツ傷害の予防こそがアスレティック・トレーナーの最も重要な責務であるが，その実現はリスク・ファクターに関する知識をトレーナーがどれだけ持っているかによっている。

1 正常な成長に伴うリスク・ファクター

子どもたちは成長に伴ってよりいっそう競争的な，場合によってはエリートレベルの競技に参加するようになる。オリンピックでの体操競技では，多くの10代の選手が驚くようなパフォーマンスを発揮していることに気づかされる。また，地方の小学校では10歳にも満たない子どもたちによってきわめてレベルの高いバスケットボールの練習が行われている。もちろん，11～15歳までの思春期前にある子どもたちの多く

にとっては単なるスポーツ参加に過ぎないが，真に競技的な意味合いで参加をしている子どもたちもいる。

子どもたちのスポーツ参加は無条件にすばらしいことであるが，子どもたちにとって良くない影響を与え得るという指摘もある。心理的なストレスによって，確実に受傷のリスクは増大するので，これに関しても疫学的な研究が必要である。とはいっても，この年代の子どもたちに対しては，大勢の近隣住民や学校，さらには協会や団体がスポーツへの参加を奨励しているので，リスクを検証するのはきわめて困難である。

若年者のスポーツ参加による傷害の発生率に関しては信頼のできる調査がなされていないため，小児科医のオフィスで傷害の種類について検索ができるに過ぎない。この年代のコンタクトスポーツ参加による傷害発生についての関心事は多岐にわたるが，水泳や体操競技のようなノンコンタクトスポーツではくり返しの動作が要求されることによる障害が多く発生する。一方，フットボールのようなコンタクトスポーツ（子どもたちが同じ体格の相手と身体接触をするようなスポーツ）では比較的傷害の発生率は低い。

一般的に，以前に説明したように，骨格の成長が未熟な段階にある子どもたちにスポーツへの参加を勧めるにあたっては，骨端板へのリスクを考慮すべきである（図2.18）。骨端板への受傷率は組織化されたスポーツ活動においては非常に低いという報告もある一方で，スポーツ活動よりもむしろ学校での一般的な運動による発症率のほうが高いという報告もある（Zaricznyiら1980）。

時折，思春期前に影響を及ぼすような整形外科的問題を早期に発見し，競技への参加を制限することもある。このような問題は成長の後半になるまでは顕在化しないので，発見が難しく，たとえ問題に関して多くのことを知っていたとしても，そのことによって選手や家族に危険性を理解させることも難しい。レッグ・カルヴェ・ペルテス病，類骨骨腫，あるいは重度の脊柱側彎症などがそのような問題の例である。

❖ レッグ・カルヴェ・ペルテス病

レッグ・カルヴェ・ペルテス病は，特に4～12歳の男子に見られる病気で，大腿骨頭が完全に成長することなく，壊死し始める。これは，スポーツによる急性あるいは慢性のけがが引き金となり，骨への血流が低下することで発生する。血液供給が阻害されると1～3週間で股関節に痛みを感じるようになり，約50％で大腿骨頭の手術が必要となる。もしも，選手が股関節，大腿，そして膝に持続的な痛みを訴え，跛行を呈するようであれば，医師の診察を受けさせるべきである。そして，ペルテス病であると診断されたならば，スポーツ活動に制限を加え，術後は患部が完全に治癒し，運動に伴う危険性がなくなるまでスポーツに復帰させてはならない。ペルテス病による手術を受けたことのある選手に対しては，スポーツ参加前には必ず安全性の確認をすべきである。

❖ 類骨骨腫

骨の腫瘍である類骨骨腫は，四肢の骨（主として大腿骨）に生じ，90％以上が5～25歳で発症する。類骨骨腫は良性の骨腫瘍であり，骨皮質が部分的にカルシウム沈着をしたような状態

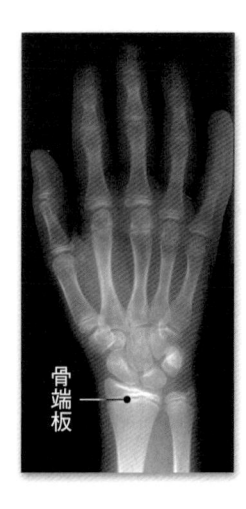

図2.18
成長過程にある未成熟な手の骨格のレントゲン写真では骨端板が観察できる。Arizona School of Health Sciencesの厚意による提供

になる。選手が骨にしこりを感じることでこの問題に初めて気がつくことが多いが，夜間に痛みを訴えることもある。また，肥厚した部分で筋肉が擦れ，運動の最中や後に違和感を生じるので，その部分を触って初めて骨の肥厚に気づくこともある。運動中に骨折をする危険性があるので，スポーツ参加の前に類骨骨腫は完全に治療をすべきである。腫瘍切除術の後は，治癒が完全に終わるまではスポーツ参加には制限を設け，危険性を回避しなくてはならない。骨に生じたしこりは選手のみならず家族にとっても重大な症状であり，医学的な診断を受けることでこの問題に正しく対処することが可能となる。

2 思春期におけるリスク・ファクター

　思春期前における整形外科的な問題と同様に，思春期においても筋力の発達と骨の成熟のバランスがとれていないために傷害を受ける可能性は高い（図2.19）。この時期，筋力やコーディネーションは未発達であるにもかかわらず，骨格の成長がスパートすることはまれではない。このような条件下では骨端板の問題や，脊椎分離症と呼ばれる脊椎の支持構造の骨折が生じやすい。また，さほど頻繁に生じることはないが，思春期に発生する問題として，大腿骨骨端板の滑り症や離断性骨軟骨炎があげられる。

❖ 骨端板損傷

　骨端板損傷は思春期のアスリートにとっては珍しくなく，これは，いまだ骨端板が閉じていないにもかかわらず体重が増加することが原因の1つである。骨の成長期に骨端板が長期間閉じないままでいると，骨端板へのストレスによって骨の線維形成が阻害され，骨の正常な成長に変化が生じる。成長期の骨端板はレントゲン撮影によって簡単に確認できるが，長管骨の骨端板だけでなく，脊椎の終板もまたこの時期には受傷のリスクを負っている。骨端板が完全に閉じていない状態だと，骨端板を挟んだ両側の骨の成長速度に差が生じるため，例えば下肢の骨（大腿骨や脛骨）であれば結果的に左右の下肢長に差が出ることになる。もしも脚長差が出てしまうと，その影響は関係する関節の機能に影響を及ぼすので，骨端板損傷は思春期のアスリートにとってはとても重大な問題である。

❖ オスグッド・シュラッター病

　オスグッド・シュラッター病は「病」と呼ばれるが，実際には病ではなく，大腿四頭筋の脛骨の付着部に許容を超えた力が加わることで生じる問題と言える。大腿四頭筋の筋力が強すぎるとその脛骨の付着部である脛骨粗面が上方へ向かって引っ張り上げられてしまう（図2.20）。一般的には脛骨粗面に痛みを生じるが，パフォーマンスに影響が出ることはあまりない。しかし，運動に影響が出るようであれば，医師の診察を受け，ランニングやジャンプを控えるようにするとよい。

図2.19
骨端板損傷は組織だったスポーツ活動への参加ではほとんど発生しないが，むしろ，学校での一般的な運動による発症率のほうが高い。

❖ 脊椎分離症

脊椎に生じるストレス骨折の代表例は脊椎分離症である。骨折は，脊椎の上下の関節突起の間（関節間部）に生じる（図2.21）。脊椎分離症はよちよち歩きの時期における早期の体重負荷，腰椎の過伸展を強制されるフットボールや体操競技への参加，そして脊椎の構造上の弱点などが原因と考えられている。骨折の原因が何であろうとも，この問題を早期に発見し，片側のみの骨折で抑えることが重要である。もしも，両側が骨折すると上部の椎体が前方へ滑り出す「すべり症」へと進行してしまう。

幸いなことに，思春期では靭帯組織が強靭なので，この組織が損傷を受けることはまれである。加えて，この時期の骨は可塑性が高く，骨折に至る前に変形して外力に耐えるか，たとえ骨折をしたとしても治癒速度が大変に速いという特徴がある。実際，思春期の骨は治癒能力が高いので，ひどい骨折でも短期間で治癒する。しかし，大腿骨骨端板すべり症，離断性骨軟骨炎，および脊椎側彎症のように，この時期に特によく発生する問題もある。これらの問題の発生率は高くないが，思春期に特有の問題である。

❖ 大腿骨骨端板すべり症

大腿骨骨端板すべり症（SCFE）はペルテス病と関連して発症することもある。その名前が示すとおり，SCFEは大腿骨の近位の骨端板が滑る病変のことである。この問題は若年で過体重の男子に特に発生するとされているが，実際には体格や性別に関係なく発症するようである。SCFEでは，急速に骨格が成長する間に骨端板が弱化し，増大した体重負荷によって大腿骨頚と大腿骨骨端部の接合部が分裂し，大腿骨頚がずれる。ほとんどの場合，ずれが生じた部位は手術によって整復される。この偽骨折の整復と固定ではスポーツ復帰への予後は非常に良好で，ほとんど再発のリスクはない。

❖ 離断性骨軟骨炎

離断性骨軟骨炎は骨の関節面の骨折であり，ほかの病変と同様にいずれの年代においても発生し得るが，思春期において最も頻発する。この病変は股関節，膝，および肘に好発する。離断性骨軟骨炎は活発な子どもに多く発生するので，スポーツ活動が発生の要因となっている可能性は高い。予後はほかの問題ほどは良好ではないが，それは，離断性骨軟骨炎の病態そのものにあると考えられる。関節軟骨（硝子軟骨）が損傷を受けると，その治癒には限界があり，損傷以前の状態へはほとんど戻らない。関節軟骨の損傷の程度によっては，いっそうの医学的治療が必要となる。

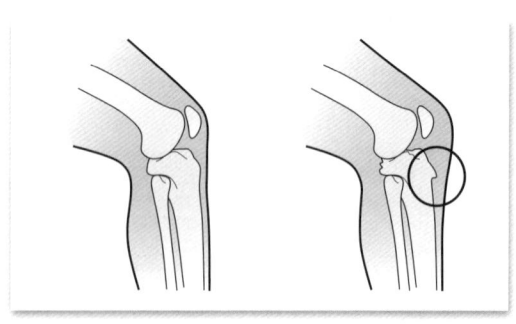

図2.20
オスグッド・シュラッター病（右図の○の部分）

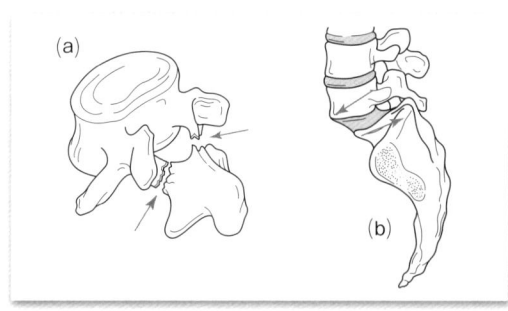

図2.21
(a)左右の関節間部で生じた脊椎分離症を示している（矢印）。(b)脊椎分離症のために前方へ滑り出た（矢印）第5腰椎。

3 性に特有の傷害

競技レベルが等しい場合，ほとんどの傷害は

男女で同程度に生じるが，女性に発生しやすい問題もある。女性アスリートは，激しいトレーニングによる極端な低体重のために無月経になることがある（図2.22）。このことは女性アスリートにとって都合がよいように思えるが，無月経であることで早発の骨粗しょう症に発展する危険性が高まり，カルシウムが失われるために骨折のリスクが高まる。激しいトレーニングが無月経の原因となるが，これに加え，摂食障害がこの問題の発生を早めることになる。意識的に低体重を維持しようとしているアスリートでは過食症や拒食症といった摂食障害に陥りやすく，それによって無月経となる。このような症状の組み合わせ（摂食障害，無月経，骨折へと発展する骨密度の低下）は女性の三徴候「フィメール・トライアード」と呼ばれ，このような問題を抱える女性アスリートは，適切な栄養指導，心理相談，および医学的検査や治療を受けるべきである。フィメール・トライアードは重篤な問題であるが，予防は可能である。

4 心理的なリスク・ファクターと傷害

スポーツに参加している若年者はスポーツから恩恵を受けるだけでなく，反対にスポーツによって心理的・身体的なダメージを受ける可能性がある。このような負の影響を最小限にするには，特に思春期前の子どもにとっては親を満足させるためではなく，本人の動機によってスポーツに参加させることが大切であり，スポーツ種目の選択や運動の強度も本人がコントロールできて楽しめる範囲にとどめておくべきである。子どもたちがスポーツによってけがをしないように様々なことをコントロールするのは大人の責務である。

競技レベルの高いスポーツに参加している思春期前の子どもたちが受ける心理的な問題に関しては議論されてきているが，完全に解決しているとは言い難い。SimonとMartens（1979）は様々なスポーツ種目に参加している子どもたちの不安について調査した。その結果，驚くことに，フットボールやベースボールのようなチームスポーツをしている時のほうが，学力テストを受けている時に比べ，子どもたちの不安レベルが低いことがわかった。一方，個人種目のスポーツでは子どもたちは学力テストよりも強い不安を感じるが，演奏会でのソロ演奏ほど強い不安ではないことも報告されている。スポーツをすることによるストレスや不安は，心拍数から推測するかぎり一般的に考えられているよりもずっと低いものである。

心理的・情緒的なストレスと傷害発生との関係が調べられてきているが，推察の通り，これらの間には強い関係がある。試験期間中に体調を崩す生徒が多いように，心理的なストレスを強く感じる時は神経衰弱状態になりやすい。

覚醒レベルと不安レベルは相対するものである。翌日のゲームのことを考えすぎて不安に駆られたアスリートが，次の日にはリラックスして最高のパフォーマンスを発揮することは珍し

図2.22
女性アスリートは体重が軽すぎることで無月経になることがあり，その結果，骨折の可能性が高くなる。

くない。ほとんどのアスリートにとって不安が強すぎれば，それは恐怖へとつながる。恐怖はパフォーマンスに悪影響を及ぼす負の情動である。特に，ストレスの原因が外的環境にある場合は，アスリートは外的環境に心を奪われ，競技そのものに集中できなくなる。したがって，心理的に健全であり得る環境を整えることで，健康な身体が育成され，その結果，受傷の可能性を低くすることができる。

身体的な問題を抱えたアスリートが心理的・情緒的な問題を抱えることはよく知られている。アスリートはけがそのものの予後に関する不安に加え，チームメンバーとしての疎外感や，スターティングメンバーから外されるのではないかといった不安に駆られる。いかなる理由にせよ，アスリートが受けるストレスはとても強く，けがの回復にマイナスの影響をもたらす。したがって，コーチ，アスレティック・トレーナー，そしてアスリートはこの問題を直視し，スポーツ心理学者と協力して不安を取り除く努力をし，アスリートがチームへ復帰できるプランを立案すべきである。

スポーツ活動中のみならず，けがの応急処置やリハビリテーションにおいても，選手の健康管理に携わる者は，選手の心理的変化に注意を払う必要があり，もしも選手の心理的な変化に気づいた場合は，直ちに専門家による診察を受けるように手配するべきである。

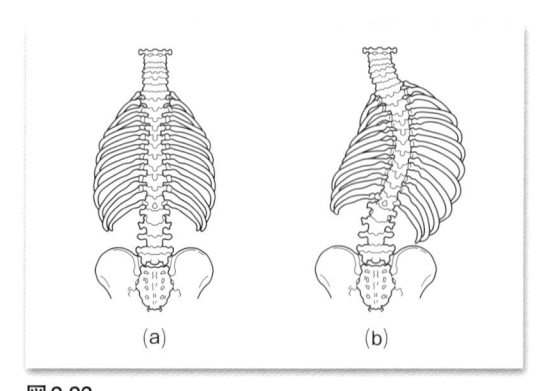

図2.23
(a)正常な脊柱 (b)脊柱側彎症

5 医学的なリスク・ファクター

ほとんどの人は健康な状態でスポーツに参加できるが，慢性的な病気やけがを抱えながらスポーツに参加している人たちもいる。そのような人たちにとって自身の医学的な問題はさほど重要なことではないが，アスレティック・トレーナーやコーチは危険性を低くするために協力する必要がある。

❖ 脊柱側彎症

特発性の脊柱側彎症は原因不明であるが，これは子どもにとってはほかのいかなる問題よりも大きく影響を及ぼす。側彎症は脊柱が横に曲がる病気であるが，実際には横だけでなく，解剖学的な3つの基本面すべてで変形をしている（図2.23）。脊柱側彎症の人がスポーツに参加することの危険性は，側彎の程度によって異なる。側彎が中程度までであれば，通常の運動であれば問題はない。しかし，彎曲が80度以上の重度の側彎症では側彎によって胸郭の容積が変化するために心肺機能に問題が生じ，呼吸数と心拍数が多くなる。

中程度から重度の側彎症では運動の強度に関わりなく，筋への不快感を訴えることが多い。体操競技や飛び込み競技では姿勢を真っ直ぐにする必要があるので，特にこれらのスポーツでは筋の不快感を訴える選手が多い。また，側彎症では股関節の痛みを訴える選手が明らかに多い（Saji, Upadhyay, and Leong 1995）。

❖ 脚長差

左右の脚長にわずかな差があるのは珍しいことではないが，大きな差がある場合は歩行に問題が生じる。加えて，体重負荷が片脚に偏るために，下腿，膝，股関節，あるいは腰部に問題を抱えることがある。

脚長差の解消には足底板（靴の中敷き）を用いるのが一般的だが，脚長差の有無をあらかじ

め評価することは膝や股関節，腰部に生じる問題の発生を防ぐことに役立つ．

❖ 癲癇（てんかん）

癲癇を患っている子どもがスポーツに参加することは珍しいように感じられる．Steinhoffら（1996）は癲癇の子どもたちの社会的参加や身体活動について調査を行い，その結果，癲癇の子どもたちはフィットネスレベルが著しく低く，それゆえに健康状態や生活の質に重大な影響を及ぼしていると結論している．

癲癇は発作を伴う神経学的な疾患である．アメリカには総人口の1％にあたる300万人の患者がいると推計される．癲癇の小発作は特に子どもに発生し，意識が薄れながらもその場で倒れる場所を探すという特徴を持っている．実際に，完全に意識を失って倒れ込むことはなく，また，回復も早い．一方，大発作はより重篤で，意識と運動機能を完全に失って1～7分間続く．この場合はその場にばったりと倒れ込み，四肢をぴんと伸ばして全身を硬直させる．

癲癇の原因は完全には解明されていないが，脳における神経の誤発火が原因だと考えられている．神経の発火が順序よく行われず，一度に発火することによって機能不全が生じるものと考えられる．

ほとんどの場合，癲癇は鎮痙薬の投与によってコントロールすることができる．多くの患者が発作の起こる際に光を見ている．残念ながら，光の直後に発作が起きるとは限らず，場合によっては光の1時間後に発作が起こることもある．癲癇の発作は投薬によってコントロールできるし，大人の場合は予測も可能なので，安全に留意することもできる．

発作をコントロールできているかぎりはスポーツ参加を規制するべきではない．もしも発作が起こりそうな場合は，周囲の者が危険な用具や器具を患者の周りから遠ざける必要がある．また，発作が3分間以上続いたり，1分以内に発作が再発したりするようであれば，救急車を呼ぶか近くの医療関係者に相談すべきである．癲癇をよく理解し，かつよくコントロールしているのであれば，大人のスポーツ参加は問題がない．子どもの場合は医師の許可が必要であり，スポーツ中は常に観察しておく必要がある．発作はいつ起こるかわからないが，発作中のけがや嘔吐による気道閉塞に注意し，患者の周囲は常に安全に整えておくことと，心肺蘇生法の訓練を怠らないことが大切である．

❖ 糖尿病

糖尿病を患っていても，食事や血糖値を正しく管理できていればスポーツに参加することに問題はない．真性糖尿病は膵臓においてインスリンがまったく産生されないかあるいは産生量が低すぎることで生じる．インスリンが欠乏すると糖をエネルギー源とする細胞や糖を貯蔵する肝臓に糖（血糖）が取り込まれなくなる．したがって糖は吸収されることなく，血液中に残って循環することになる．

糖尿病の発症年齢にもよるが，糖尿病にはインスリン依存があるタイプとないタイプがある．タイプⅠ糖尿病は低年齢で発症するので，若年性糖尿病と呼ばれる．このタイプの糖尿病患者はインスリンが膵臓でほとんど産生されないため，インスリン依存である．また，糖が取り込まれないためにエネルギー源として糖を利用できないので，代わりに脂肪をエネルギー源として用いる．また，血糖が高いまま維持されるために「糖尿病性昏睡」という重篤な状態に陥る危険性がある．

タイプⅡ糖尿病は成人発症糖尿病とも呼ばれ，主に40歳以上で発症し，インスリンの投与の必要はない．通常は食生活に問題のあった成人が罹患する．過食によって血糖値が常に高く維持され，通常のインスリン産生では血糖の吸収が間に合わないことで発症する．40歳を超えると膵臓の機能が低下することも発症の原因となる．

血糖値をチェックすることで，身体活動のレベルに応じてインスリン投与や糖分摂取をコントロールできる（図2.24）。とはいえ，最新の技術をもってしても糖尿病による危険性を完璧に取り除くことはできないので，日頃から食事，運動，インスリン投与量を注意深くモニターしておくことが大切である。

タイプⅠ糖尿病の選手では運動中に低血糖症に陥る危険性がある。したがって，このような選手は運動によって血糖値が下がりすぎることを理解し，インスリンの投与量をコントロールできる能力を持たなければならない。低血糖症に陥るとすれば，予測した運動量を超えて運動をしたか，あるいはインスリンの投与量が過度であったかが原因である。

糖尿病だからといってスポーツの参加が規制されることはないが，選手はコーチやアスレティック・トレーナーに自分が糖尿病であり，日頃どのようにそれをコントロールしているのかを伝えておくべきである。また，自分の病気に関して医師と事前に相談しておく必要がある。インスリンの投与量を調整できるようになれば，それだけ問題発生を抑えられる。さらに，インフルエンザなどほかの病気に罹っている際にはインスリンの投与量は変化することも知っておくべきである。健康上に問題が発生したならば，インスリン投与量だけでなく食事についても医師に相談するのがよい。

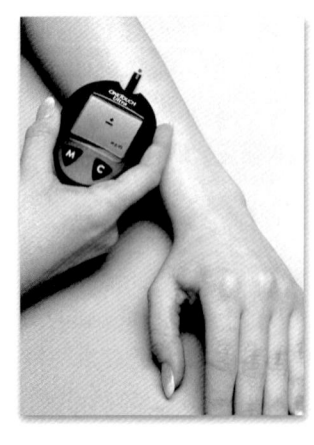

図2.24
活動量に応じてインスリン投与量や糖分摂取を調整すれば糖尿病をコントロールできる。

❖ 喘息（ぜんそく）

喘息は気管支の内壁に問題が生じる慢性的な呼吸器系の疾患である。喘息患者は吸息には問題はないが，息を完全にはき出す際に困難を感じる。空気が肺の細気管支に引っかかってしまうことで，空気の出し入れ（呼吸）に問題が生じ（図2.25），その結果，組織に酸素が行き届かなくなると唇が紫に変色するチアノーゼを呈する。ほとんどの場合，喘息の発作は投薬によって抑えることができる。喘息の多くはアレルゲン（アレルギーの元となる物質）によって引き起こされるが，運動によって誘発される喘息（運動誘発性喘息）もある。喘息患者では運動直後に呼吸困難に陥ることが最も問題である。

競技に参加する喘息患者は自分自身の状態をよく把握すると同時に，発作が出ないように錠剤や吸入剤を使用するべきである。もしも喘息発作が滅多に生じないのであれば，発作が生じた時にだけ吸入する気管支拡張剤を医師から処方してもらうとよい。最適な治療によって喘息はコントロールできるし，喘息を理由にスポーツから遠ざかる必要はない。

❖ 運動誘発性気管支収縮症

運動誘発性気管支収縮症（EIB）の選手は，運動の後にだけ喘息に似た症状を呈する。EIBの罹患率に関してはよくわかっていないが，一般的には15～20％の人がこの問題を抱えていると考えられる（Voy 1986；O'Donnell and Fling 1993；Rupp, Guill, and Brudno 1992）。また，オリンピックレベルのアスリートで11％（Voy 1986），健康な軍人で31％（O'Donnell and Fling 1993），中・高校生のアスリートで29％（Guill, and Brudno 1992）のEIB発症率があるとの研究報告もある。

EIBの原因としてはいくつかのことが考えられるが，運動中に気管支が収縮する原因として何かが1つだけ示されることはない。EIBであるかどうかを評価するためには，安静時と運動

中の肺機能（気管支の収縮程度）を検査する必要がある。運動前に気管支拡張剤を用いることで発症を予防できる。これは，運動の有無にかかわらず日常的に薬を用いている慢性的な気管支喘息患者への対応とは異なる。EIBは投薬でコントロールできるが，EIB患者は喘息発作と同様に，運動によって呼吸が浅くなったり吸息が困難になったりすることがある。

マルファン症候群

マルファン症候群では血管や心臓の弁に強度を与えるコラーゲンに問題が生じる。おそらく，マルファン症候群が世間に知られるようになったきっかけは，1986年に日本における女子バレーボールのゲーム中に起きたハイマン選手の死亡事故であったろう。オリンピック選手であった身長の高いハイマン選手はゲーム中に大動脈瘤が破裂して31歳で死亡した。マルファン症候群では靱帯や腱などすべてのコラーゲン組織が影響を受けるが，特に心臓の大動脈弁と僧帽弁，そして大動脈自体が最も影響を受けやすい。マルファン症候群の人は身長が高くてやせており，手足の指が長いのが特徴である。

マルファン症候群で危険性がきわめて高いのは大動脈の破裂であり，スポーツ参加の前に医師による検査と参加の許諾を受けるべきである。

先天的な心臓疾患

ほとんどの心臓疾患は子どもたちがスポーツに参加する前に発見される。大動脈狭窄症や大動脈弁・肺動脈弁狭窄症，あるいは心室や心房壁の欠陥は通常は思春期前に発見され，治療がなされる。時として，スポーツ参加前の検査で心雑音が認められることもある。心雑音がある場合は何か問題があるかもしれないので，精密検査を行う必要がある。とはいえ，一般的には，身体検査時に認められる心雑音は何でもないことが多く，特別なケアが必要なこともほとんどない。

心筋炎

心筋の炎症である心筋炎は非常に珍しいが，時としてアスリートを悩ますことがある。感染やほかの病気によって心筋に炎症が生じると，呼吸が浅くなったり胸が痛くなったり，あるいは心拍数が速くなったりする。心筋炎に罹ったアスリートは明らかに判別できるので，休養を取らせ適切な治療を受けさせるべきである。心筋炎のアスリートは疲れやすく，無理に運動を続けると心筋にさらなるダメージをもたらすことになる。アスリートが疲れた時は，心拍数と血圧を測定するとよい。

心筋症

心筋の病気である心筋症は栄養型かあるいは肥大型のいずれかであろう。栄養型心筋症は栄養の欠陥（ビタミンやミネラル）や危険物質による中毒が原因か，あるいは慢性のアルコール中毒によるものである。

一方，肥大型心筋症は心壁の細胞に問題を抱えて誕生した人に発生する。この欠陥を補うために心筋が肥大するが，場合によっては心拍出量が低下する。心筋症は薬によって治療される

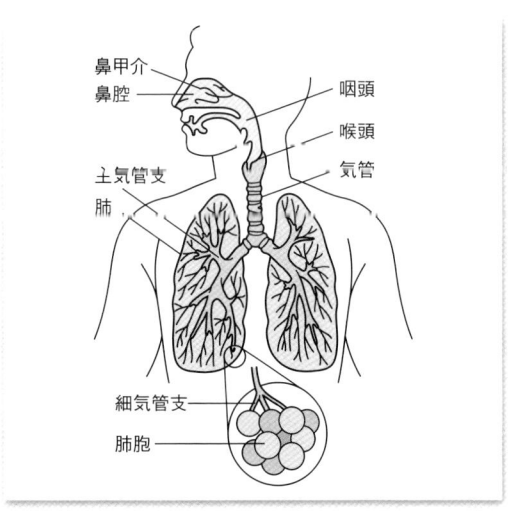

図2.25
酸素は肺にある細気管支の末端（肺胞）で取り込まれる。喘息患者の場合は空気が細気管支に引っかかるので，酸素の取り込みが悪くなる。

が，この問題を抱えるアスリートは常にモニターされていなくてはならない。心筋症を抱えるアスリートが陥る問題は疲れすぎであり，競技レベルの高いアスリートで陥りやすい。

❖ セットになっている器官の欠如

セットになっている器官の1つが欠如している場合でも，現在ではスポーツへの参加は規制されていないが，片方の腎臓が欠如している場合はコンタクトスポーツに参加させるべきではないという医師の意見は興味深い。1995年に医師を対象として行われた調査によると，54％の医師が適切なカウンセリングの後であればスポーツへの参加は問題ないとしている。一方，もしも自分の子どもであったらという質問に対しては41％しか参加は許さないと答えている（Anderson 1995）。スポーツ参加は規制されていないが，このような問題を抱えた人は参加に際して細心の注意が必要である。残念なことに，若者の多くはこれらのことにほとんど興味を持たないようである。

❖ 視覚障害

残る片方の目が機能的に問題のない場合は，先のセット器官の欠如と同様と考えられる。しかし，片方の目が機能的に問題のある場合はコンタクトスポーツへの参加は勧められない。目の保護具が発達しているとはいえ，片目による深度の解像度低下は自身やほかの選手にとって危険となる。片目が不自由であるにもかかわらずすばらしい成績を残すアスリートはいる。健康な目への受傷の危険性についてアスリート自身や家族と話し合う必要がある。そして，スポーツに参加するとなったら，適切な保護具を用いるべきである。

視覚障害のあるアスリートは明らかに受傷の危険性が高い。そこで，障害者スポーツ（アダプテッド・スポーツ）では視覚障害者で特に発達が著しい聴覚を活用してスポーツができるように考えられている。町の広場で視覚障害者が野球をしている光景を見るかもしれない。そして，ヒットを打った選手が一塁に走るのを見た時にあなたは選手がけがをするのではと心配するだろう。しかし，実際には選手は力が抜けているのでけがをしないものである。視覚障害者同士が衝突しても彼らは衝突を予期していないために体の力が抜けているのでけがをしにくいのである。

❖ 伝染性の疾患

不幸にも，空気や体液を介して伝染する疾患がある。多くの競技会は観客を引きつけるが，その観客によって感染の危険性が高まることがある。Ehresmannら（1995）によると，スペシャルオリンピックスにおける麻疹の蔓延は，開会式の際に選手の出入り口の上に席を取っていた患者が感染源であったことが判明している。結果として16名の選手が感染し，競技中にウイルスがまき散らされたのである。このケースは特殊ではあるが，空気感染の恐ろしさを示す良い例である。

スポーツにおいては体液接触による感染のほうがより一般的である。感染はアスリート同士の接触だけでなく，アスリートと用具との接触によっても生じる。レスリングのマットはヘルペス，白癬，膿痂疹ウイルスの巣窟で，ウイルスを持ったアスリートが使ったマットでレスリングをすると感染し，皮膚炎を起こす。また，友情を表す身体接触によって肝炎，水痘，そのほかの感染症に罹患することも当然のごとくあり得る。

スポーツへの参加によって伝染病に罹患する危険性はあるものの，その危険度は幼稚園や保育園などにおけるそれとほぼ同じである。接触はコミュニケーションの一種でもあるが同時に感染の原因でもある。頻繁に手を洗うことを教えて練習をさせることが，ウイルスや細菌の感染を防ぐ最善の方法であろう。

❖ 障害者アスリートに特有の危険性

　障害者アスリートはそうでないアスリートに比べけがをする危険性が高そうに思えるが，実際はそうではない。Harmer（Caine, Caine, and Linder 1996）によると，多くの研究でそれら2つのグループ間で傷害の発生率は似通ったものであった。しかし，これら多くの研究は，褥瘡，手根管症候群，尿道炎および膀胱炎に罹った車いすの選手などかなり特殊なケースも対象としている。障害者アスリートの傷害発生に関する数少ない研究から次のようなことが推測される。

- 障害者にとってスキーは競技中（2件/1000日）であろうと練習中（3.5件/1000日）であろうと危険度の低いスポーツである。
- 様々な障害者グループにおけるアスリートの傷害発生率は高くない（9.45件/1000人）が，種目によって幅がある。
- スペシャルオリンピックスにおける競技中の傷害発生率はきわめて低い（0.4件/1000時間）。

障害の特異性に着目したHarmer（1996）の研究によると；

- 車いすアスリートのほとんどが練習や競技中に1つないしは2つのけがを負うが，スポーツ種目によって異なる。
- 脳性麻痺のアスリートはそのほかの障害を持つアスリートに比べ傷害の発生率は低い。
- 競技に際して病気やけがの治療が必要なアスリートの割合はスペシャルオリンピックスのアスリート群でそのほかの群に比べて少ない。
- 切断手術を受けているサッカー選手はけがを負っている率が高いが，重篤なけがを負っている選手はほとんどいない。

6 脊髄損傷のアスリート

　Harmer（1996）が示すように，脊髄損傷のあるアスリートの傷害発生率は，障害者アスリートのそれにおいて最も高いものであるが，これは，脊髄損傷のアスリートの多くが活発に動く上肢を持っていることによる。実際には，どの脊髄レベルで損傷を負っているかによって上半身の活動性が決まる。このような理由によって，脊髄損傷のアスリートには様々な競技に参加する機会がある。脊髄損傷のアスリートは発汗による熱放散ができない可能性があることに注意する必要がある。そのようなアスリートに対しては霧吹きなどで水を体に吹きかけることで，体温の放散を助けることができる。

　脊髄を損傷すると，損傷レベルから先の運動機能だけでなく感覚も失われるので，感覚が失われた部位を負傷しても気がつかないことがある。したがって，打撲やほかの筋骨格系の傷害のみならず，過度な出血を伴う外傷にも注意を払う必要がある。もしも感覚が失われている四肢を受傷した場合は，出血，腫れ，変形などに関して注意深く検査すべきである。例えば，下肢に打撲を負った場合は，下腿のコンパートメント症候群を予防するために内出血に対して注意を払う必要がある。

　また，同じアスリートが，腹腔や骨盤内の感覚も失っている場合がある。アスレティック・トレーナーは腹部（腹膜）の炎症の徴候を見逃してはならない。安静時心拍数の増加や，血圧の変化や，アスリートの情緒変化などはすべて何か問題が発生していることを示す重要なサインである。脊髄損傷のアスリートをケアする場合は，虫垂炎を見逃した際に発生するような緊急事態を避けるために，初期の段階で問題を発見するための徴候について理解しておく必要がある。

　Harmer（1996）が示唆するように，障害者アスリートの傷害に関するデータは著しく欠如している。参加頻度（1人のアスリートがスポーツに参加する回数；Exposure）を基準とした発生率についてもっと調査が進めば，この分野の研究も進むであろう。スポーツ活動や競技会が障害者の間でいっそう広まるにつれ，医学的なケアや傷害の発生調査がますます重要となる。

Q&A

Q1 疫学とは何かを定義づけ，スポーツ傷害に関して疫学的な調査を続けている様々な団体をあげなさい。

A1 紹介した団体には次のようなものがある。
- 全米スポーツ傷害報告システム（NAIRS）は，大学スポーツに関して幅広いデータを収集している。
- 全米大学対抗競技連盟（NCAA）は，NCAAに加盟している大学における16のスポーツを対象にスポーツ傷害の疫学的な調査を進めている。
- 全米アスレティック・トレーナーズ協会（NATA）は，高校におけるスポーツ傷害に関して詳細な調査をしている。
- 事故と傷害の報告システム（AIRS）は，労働現場で発生した事故や傷害を労働者賠償連盟に対して報告しているが，プロフェッショナルなアスリートも報告の対象となっている。
- 全米ユーススポーツ安全財団（NYSSF）は，あらゆる青少年スポーツのアスリート，両親，コーチ，健康管理者，および組織管理者を対象として安全教育を実施し，また，安全に関する情報を提供している。
- 傷害研究と管理センター（CIRCL）は，ピッツバーグ大学のメディカルセンターに設置されており，CDC（アメリカ疾病予防管理センター）による傷害管理研究センターとして機能するために政府委託を受けている全米で10カ所ある研究機関の1つである。ここでは過去にさかのぼって情報を収集し，脳損傷や脊髄損傷を負った個人の記録を基に疫学的な分析を行っている。

Q2 NATAが指定した最も危険度の高い10のスポーツ種目を示し，なぜ学生トレーナーが教育を受ける際にこれらのスポーツのいずれかに必ず関わらなくてはならないかを説明しなさい。

A2 NATAが指定した最も危険度の高いスポーツを下に示す。
- フットボール
- バスケットボール
- 体操競技
- ホッケー
- ラクロス
- ロデオ
- ラグビー
- サッカー
- バレーボール
- レスリング

すべてのスポーツで重篤な外傷が発生する危険性はあるが，疫学的な研究によって上記のスポーツで特に危険性が高いとわかっている。これらのスポーツに関わることによって頭頸部外傷，骨折，脱臼，靭帯断裂のような外傷に対する予防策および応急処置を含む緊急対策について学ぶことができる。

Q3 思春期前および思春期ではそれ以外の年代のグループに比べて特徴的な身体的・心理的違いを持っていることを示し，それらの特徴によってもたらされるスポーツ参加によるけがについて説明しなさい。

A3 思春期には骨が急速に成長するので，思春期前や思春期の骨損傷は重篤な問題となる。もしも損傷が骨成長の最終時期よりも前に起こるならば，それは生涯にわたって影響を及ぼすようなダメージをもたらす可能性がある。次にあげるような損傷はこれらの成長時期によく発生するので，それらの特徴を理解し，早期発見をし，適切な治療を行うことが大切である。
- レッグ・カルヴェ・ペルテス病
- 類骨骨腫
- 骨端板損傷
- オスグッド・シュラッター病
- 大腿骨骨端板すべり症
- 離断性骨軟骨炎

Q4 女性アスリートの特徴を示し，その特徴がスポーツへの参加に際して受傷のリスク・ファクターになり得ることを説明しなさい。

A4 女性アスリートは過度なトレーニングによる低体重が原因で無月経となることがある。無月経は早発の骨粗しょう症の原因となるが，カルシウムが骨から逸脱することによって骨折の危険性も高くなる。無月経は激しいトレーニングが原因であるが，これに加え，摂食障害も無月経の原因となる。低体重を維持しようと努力する女性アスリートは拒食症や過食症といった摂食障害に陥り，これが無月経の一因となり得る。

Q5 本章のはじめで記述されたヴィンセント少年を例にとって，まずはヴィンセントが何の問題もない健康な少年であると仮定して少年のスポーツ参加について議論しなさい。次に，ヴィンセントが心臓に問題を抱える少年であると仮定し，彼のスポーツ参加について議論しなさい。

A5 もしもヴィンセント少年が健康であるならば，スポーツ参加によって彼は社会的にも心理的にも良い影響を受けるであろう。しかし，同時に，参加によってけがの危険性は高まる。一方，彼が心臓疾患を抱えているとしたら，穏やかな運動は彼の心臓を鍛えることに役立つであろうし，スポーツ参加によって彼は社会的・心理的に良い影響を受けるであろう。ただし，心臓に負担がかかりすぎれば心臓に悪い影響をもたらす可能性もある。さらには，スポーツによってけがの危険性も高まる。

質問について考え，調べ，議論してまとめなさい。

① 高校1年生でありながらフットボールの1軍選手であるジョニーは，ゲーム中に自分よりはるかに大きな相手の選手に向こうずねを蹴られた。相手選手はロングパスを出そうとしていたのでキックはかなり強烈で，ボールを外したキックはジョニーのシンガードのさらに下，すなわち脛骨の遠位部分を蹴ってしまった。ジョニーは痛さのあまりにプレーを続けることができなくなり，直ちに患部が腫れてきた。
  a. アスレティック・トレーナーとして，骨の成長がまだ終わっていない彼に起こったこのタイプの外傷を評価するにあたって，あなたは何を考え，どのように行動するか。
  b. このタイプの外傷に伴って生じると考えられる問題は何か。

② 高校のアスレティック・トレーナーであるあなたは，女子クロスカントリーランナーの体重がシーズン中に異常に減っていることに気がついた。また，この選手がいつになく消極的で疲れやすくなっていることにも気づいた。コーチがあなたに対して「彼女は月経がなくなったとチームメイトが言っていたが，どういうことなのだろう」と相談を持ちかけてきた。あなたは彼女に何が起こっていると考えますか？発生した問題，問題の徴候・症状，および彼女の健康に影響を及ぼす可能性のある様々なほかの問題をあげなさい。さらに，この問題にどのように対処するかも答えなさい。

> 質問について考え，調べ，議論してまとめなさい。

③ ある学校のアスレティック・トレーナーであるあなたのところへ，この学校の評議委員が訪ねてきて，次のような質問をした。シーズン前（練習や競技に参加する前）の健康診断で2人の生徒に問題が見つかった。1人は糖尿病で，もう1人は癲癇発作の経歴があったが，これらの生徒を練習や競技に参加させることに法的に問題はないのか。この質問に対するあなたの答えを書きなさい。まず，これら2つの問題を書き出しなさい。次に，もしもこれらの選手（いずれかの選手）は練習や競技に参加するべきではないと思うのであれば，その理由を書きなさい。あるいは，参加は問題ないと考えるのであれば，その理由を書きなさい。また，アスレティック・トレーナーとして評価委員会に提出する報告書を作成しなさい。

④ 全米スポーツ傷害報告システム（NAIRS），全米大学対抗競技連盟（NCAA），全米アスレティック・トレーナーズ協会（NATA），および事故と傷害の報告システム（AIRS）の目標を述べなさい。一般的に考えて，スポーツ傷害調査システムの長所と短所を答えなさい。また，調査のためのデータ収集にあたって最も信頼が置けるのは誰か述べなさい。

⑤ 本書で記述した内容に従って，次にあげるスポーツで頻発する傷害をあげなさい。
- サッカー
- 体操競技
- フットボール
- バスケットボール
- 野球

⑥ あなたがアスレティック・トレーナーをしている高校のアスレティク・ディレクター（競技スポーツ管理責任者）があなたのところへ来て，次のような質問をした。女子バレーボールの選手の1人が片目しか見えないのだが，この選手をプレーさせることは法的に問題がないのか。この質問に対するあなたのコメントを書きなさい。まず，片目しか見えない選手がバレーボールをすることで発生するかもしれない問題（もしもあれば）を書き出しなさい。次に，バレーボールに参加させられない理由と法的規制について書きなさい。さらに，この選手はバレーボールに参加できるとする理由を書きなさい。また，この選手をバレーボールに参加させることに関して，アスレティック・トレーナーとしてあなたはどのような報告書をディレクターに書くだろうか。もしも，この選手の両親が娘の参加には反対であると言ったら，あなたはどのように抗弁するか述べなさい。

【引用文献】

Anderson, C.R. 1995. Solitary kidney and sports participation. *Arch Fam Med* 4 (10) : 885-888.

Arendt, E., and R. Dick. 1995. Knee injury patterns among men and women in collegiate basketball and soccer. *Am J Spts Med* 23 (6) : 694-701.

Bathgate, A., et al. 2002. A prospective study of injuries to elite Australian rugby union players. *Br J Spts Med* 36: 265-269.

Caine, D.J., C.G. Caine, and K.J. Linder, eds. 1996. *Epidemiology of sports injuries*. Champaign, IL : Human Kinetics.

Cantu, R.C., and F.O. Mueller. 2003. Brain injury-related fatalities in American football, 1945-1999. *Neurosurgery* 52 : 846-853.

Christey, G.L., D.E. Nelson, et al. 1994. Horseback riding injuries among children and young adults. *J Fam Pract* 39 (2) : 148-152.

Cohen, R., and J. Metzl. 2000. Sports-specific concerns in the young athlete : Basketball. *Ped Emerg Care* 16 (6) : 462-486.

DiFiori, J.P., J.C.Puffer, A.Bassil, and F. Dorey. 2002. Wrist pain, distal radial physeal injury, and ulnar variance in young gymnasts : Does a relationship exist? *Am Orthop Soc Spts Med* 30 (6) : 879-886.

Ehresmann, K.R., C.W.Hedberg, M.B.Grimm, C.A.Norton, K.L.MacDonald, and M.T. Osterholm. 1995. An outbreak of measles at an international sporting event with airborne transmission in a domed stadium. *J Infect Dis* 171 (3) : 679-683.

Foster-Welch, T. 1996. NATA releases results from high school injury study. *NATA News*, April, 16-23.

Gabbett, T. 2000. Incidence, site, and nature of injuries in amateur rugby league over three consecutive seasons. *Br J Spts Med* 34 : 98-103.

Gabbett, T. 2002. Incidence of injury in amateur rugby league sevens. *Br J Spts Med* 36 : 23-26.

Garraway, W.M., and D.A.D. Macleod. 1995. Epidemiology of rugby football injuries. *Lancet* 345 : 1485-1487.

Hall, S.J. 1986. Mechanical contribution to lumbar stress injuries in females. *Med Sci Spts Exerc* 18 (6) : 599-602.

Harmer, P. 1996. Disability Sports. In *Epidemiology of sports injuries*. Caine, D.J., C.G. Caine, and K.J. Linder, eds. Champaign, IL : Human Kinetics.

Henry, J.H. 1982. Injury rates in pro basketball. *Am J Spts Med* 1 : 16-18.

Hosea, T., C. Carey, and M. Harrer. 2000. The gender issue : Epidemiology of ankle injuries in athletes who participate in basketball. *Clin Orthop* 327 : 45-49.

Hutchinson, M.R. 1997. Cheerleading injuries : Patterns, prevention, case reports. *Phys Sptsmed* 25 (9) : 89-91. www.physsportsmed.com/issues/1997/09sep/hutch.htm (accessed June 15, 2004).

Hutchinson, M.R., and M.L. Ireland. 1995. Knee injuries in female athletes. *Spt Med* 19 (4) : 287-302.

Moeller, J.L., and M.M. Lamb. 1997. Anterior cruciate ligament injuries in female athletes : Why are women more susceptible? *Phys Sptsmed* 25 (4) : 41-42. www.physsportsmed.com/issues/1997/04apr/moeller.htm (accessed June 15, 2004).

National Collegiate Athletic Association. 2003 NCAA injury surveillance system. www1.ncaa.org/membership/ed_outreach/health-safety/iss/index.html (accessed June 15, 2004).

O'Donnell, A.E., and J. Fling. 1993. Exercise-induced airflow obstruction in a healthy military population. *Chest* 103 (3) : 742-744.

Parziale, J.R. 2002. Healthy swing : A golf rehabilitation model. *Am J Phys Med Rehab* 81 : 498-501.

Powell, J.W., and K.D. Barber-Foss. 1999. Injury patterns in selected high school sports : A review of the 1995-1997 seasons. *JATA* 34 (3) : 277-284.

Rupp, N.T., M.F. Guill, and D.S. Brudno. 1992. Unrecognized exercise-induced bronchospasm in adolescent athletes. *Am J Dis Child* 146 (8) : 941-944.

Ryan, S.W., and J. Harvey. 1997. ACSM current comment : Skiing injuries. www.acsm.org/pdf/skiing.pdf (accessed June 15, 2004).

Saji, M.J., S.S. Upadhyay, and J.C. Leong. 1995. Increased femoral neck-shaft angles in adolescent idiopathic scoliosis. *Spine* 20 (3) : 303-311.

Schafle, M.D., R.K.Requa, W.L. Patton, et al. 1990. Injuries in the 1987 National Amateur Volleyball Tournament. *Am J Spts Med* 18 (6) : 624-631.

Simon, J., and R. Martens. 1979. Children's anxiety in sport and nonsport evaluative activities. *J Spts Psych* 1 (1) : 160-169.

Steinhoff, B.J., K.Neususs, H. Thegeder, and C.D. Reimers. 1996. Leisure time activity and physical fitness in patients with epilepsy. *Epilepsia* 37 (12) : 1221-1227.

Stuart, M.J., and A. Smith. 1995. Injuries in junior A ice hockey. A three-year prospective study. *Am J Spts Med* 23 (4) : 458-461.

U.S. Depertment of Health and Human Services. 2000. *Healthy people 2010*. www.health.gov/Partnerships/Media/hlthcomm.thm (accessed June 15, 2004).

Voy, R.O. 1986. The US Olympic Committee experience with exercise-induced bronchospasm, 1984. *Med Spts Exerc* 18 (3) : 328-330.

Whiteside, J.A. 1981. Fracture and refracture in intercollegiate athletes : An 11 year experience. *Am J Spts Med* 9 (6) : 369-377.

Zaricznyi, B., T.A. Shattuck, R.V. Mast, R.V. Robertson, and G. D'Elia. 1980. Sports related injuries in school age children. *Am J Spts Med* 8 (5) : 318-323.

Zelisko, J.A. 1982. Compilation of men's and women's pro basketball injuries. *Am J Spts Med* 10 : 297-299.

Zetaruk, M.N. 2000. The young gymnast. *Ped Adol Spts Inj* 19 (4) : 757-780.

【参考文献】

Amadio, P.C. 1990. Epidemiology of hand and wrist injuries in sports. *Hand Clin* 6 : 370.

Backx, F.J., H.J.Beijer, E.Bol, and W.B.Erich. 1991. Injuries in high-risk persons and high-risk sports. A longitudinal study of 1818 school children. *Am J Spts Med* 2 (19) : 124-130.

Boyer, J., N.Amin, R. Taddonio, and A.J. Dozor. 1996. Evidence of airway obstruction in children with idiopathic scoliosis. *Chest* 109 (6) : 1532-1535.

Brkich, M. 1995. Infectious waste disposal plan of the high school athletic trainers. *J Athl Trng* 30 (3) : 208-209.

Brown, E.W., and C.F.Branta. 1988. *Competitive sports for children and youth : An overview of research and issues*. Champaign, IL : Human Kinetics.

Cahill, B.R. 1997. Current concepts review : Osteochondritis dissecans. *JBSJ* (Am) 79 (3) : 471-472.

Chandy, T.A. 1985. Secondary school athletic injuries in boys and girls : 3yr. comparison. *Phys Sptsmed* 13 : 106-111.

Cohen, F., and J. Durham. 1993. The challenge of AIDS for health care workers. In *Women, children and HIV/AIDS*, 286-297. New York : Springer.

Connolly, P.J., H.P. Von Shroeder, G.E. Johnson, and J.P. Kostuik. 1995. Adolescent idiopathic scoliosis : Long-term effect of instrumentation extending to the lumbar spine. *JBJS* (Am) 77 (8) : 1210-1216.

Daniels, N. 1992. HIV infected professions, patient rights and the "switching dilemma." *JAMA* 267 (10) : 1368-1370.

Dryden, D.M., L.H.Francescutti, B.H.Rowe, J.C.Spence, and D.C.Voaklander. 2000. Epidemiology of women's recreational ice hockey injuries. *Med Sci Spts Exerc* 32 (8) : 1378-1383.

Dryden, D.M., L.H.Francescutti, B.H.Rowe, J.C.Spence, and D.C.Voaklander. 2000. Personal risk factors associated with injury among female recreational ice hockey players. *J Sci Med Spt* 3 (2) : 140-149.

DuRant, R.H. 1992. Findings from pre-participation physicals and athletic injuries. *Am J Dis Child* 146 (1) : 85-91.

Durham, J., and F. Cohen. 1991. *The person with AIDS : Nursing perspectives*, 2nd ed. New York : Springer.

Eiland, G., and D.Ridley. 1996. Dermatological problems in the athlete. *J Orthop Spts Phys Ther* 23 (6) : 388-402.

Emmerson, R.J. 1993. Basketball knee injury and the ACL. *Clin Spts Med* 12 (2) : 317-328.

Fredericson, M. 1996. Common injuries in runners : Diagnosis, rehabilitation and prevention. *Spts Med* 21 (1) : 49-72.

Gersoff, W.K., and W.G. Clancy. 1988. Diagnosis of acute and chronic anterior cruciate ligament tears. *Clin Spts Med* 7 (4) : 727-738.

Gill T.J., and L.J.Micheli. 1996. The immature athlete : Common injuries and overuse syndromes of the elbow and wrist. *Clin Spts Med* 15 (2) : 401-423.

Gray, J. 1985. Survey of injury to the ACL of knee in female basketball players. *Int J Spts Med* 6 : 314-316.

Griffin, L.Y. 1992. The female as a sports participant. *J Med Assoc Georgia* 81 (6) : 285-287.

Hilibrand, A.S., A.G.Urquhart, G.P.Graziano, and R.N.Hensinger. 1995. Acute spondylolytic spondylolisthesis : Risk of progression and neurological complications. *JBJS*(Am) 77 (2) : 190-196.

Ho, C.P. 1995. Sports and occupational injuries of the elbow : MR imaging findings. *Am J Roengenol* 164 (6) : 1465-1471.

Hogue, R.E. 1970. Principles for the prevention of sports injuries in the eight to seventeen year old age group. *Progress Phys Ther* 1 (2) : 118-123.

Hollister, D., M. Godfrey, L. Sakai, and R. Pyeritz. 1990. Immunohistologic abnormalities of the microfibrillar-fiber system in the Marfan syndrome. *New Eng J Med* 323 : 152-159.

Ikata, T., S.Katoh, T. Morita, and M.Murase. 1996. Pathogenesis of sports-related spondylolisthesis in adolescents : Radiographic and magnetic resonance imaging study. *Am J Spts Med* 24 (1) : 94-98.

Keller, C.S., F.R.Noyes, and C.R.Buncher. 1997. The medical aspects of soccer injury epidemiology. *Am J Spts Med* 15 (3) : 230-237.

Kirk, A.A. 1979. Dunk lacerations. *JAMA* 242 (5) : 415.

Korniewicz, D., M. Kirwin, and E.Larson. 1991. Do your gloves fit the task? *Am J Nurs* 91 : 38-40. LaLanne, E. 1986. *Fitness after 50*. Lexington, MA : Stephen Greene Press.

Lee, B., M.Godfrey, E.Vitale, H.Hori, M.Mattei, M.Sarfarazi, P.Tsipouras, F.Ramirez, and P. Hollister. 1991. Linkage of Marfan syndrome and a phenotypically related disorder to two different fibrillin genes. *Nature* 352 : 330-334.

Malina, R.M. 1988. *Young athletes : Biological, psychological, and educational perspectives*. Champaign, IL : Human Kinetics.

McClain, L.G. 1989. Sports injuries in a high school. *Pediatrics* 84 (3) : 446-450.

McDermott, E.P. 1993. Basketball injuries to the foot and ankle. *Clin Spts Med* 12 (2) : 373-393.

McKusick, V.A. 1991. The defect in Marfan syndrome. *Nature* 352 : 279-281.

McNabb, K., and M.Keller. 1991. Nurses' risk taking regarding HIV transmission in the workplace. *West J Nurs Res* 13 (6) : 732-745.

Meyers, M.C., J.R.Elledge, J.C. Sterling, and H.Tolson. 1990. Injuries in intercollegiate rodeo athletes. *Am J Spts Med* 18(1): 87-91.

Micheli, L.J. 1995. Sports injuries in children and adolescents : Questions and controversies. *Clin Spts Med* 14 (3) : 727-745.

Micheli, L.J., and R.Wood. 1995. Back pain in young athletes : Significant differences from adults in causes and patterns. *Arch Ped Adol Med* 149 (1) : 15-18.

Miyake, R., T.Ikata, S.Katoh, and T.Morita. 1996. Morphologic analysis of the facet joint in the immature lumbrosacral spine with special reference to spondylolysis. *Spine* 21 (7) : 783-789.

Molnar, T.J. 1993. Overuse injuries of the knee in basketball. *Clin Spts Med* 12 (2) : 349-362.

Montepare, W.J., R.L.Pelletier, and R.M.Stark. 1996. Ice hockey. In *Epidemiology of sports injuries*. Caine, D.J., C.G.Caine, and K.J.Linder, eds. Champaign, IL : Human Kinetics.

Morita, T., T.Ikata, S.Katoh, and R. Miyale. 1995. Lumbar spondylolysis in children and adolescents. *JBJS* (Br) 77 (4) : 620-625.

Moyer, R.A. 1993. Injuries of the posterior cruciate ligament. *Clin Spts Med* 12 (2) : 307-315.

Muschik, M., H.Hahnel, P.N.Robinson, C.Perka, and C.Muschik. 1996. Competitive sports and the progression of spondylolisthesis. *J Ped Orthop* 16 (3) : 364-369.

Nachemson, A.L., and L.E.Peterson. 1995. Effectiveness of treatment with a brace in girls who have adolescent idiopathic scoliosis. *JBJS* (Am) 77 (6) : 815-822.

National Athletic Trainers' Association. 1995. Blood-borne pathogens : Guidelines for athletic trainers. *J Athl Trng* 30(3): 203-204.

National Intercollegiate Athletic Association. 2003. *Sport specific injury data* [PDF files]. www1.ncaa.org/membership/ed_outreach/health-safety/iss/Reports2002-03 (accessed June 15, 2004).

Newell, R.L. 1995. Spondylolysis : An historical review. *Spine* 20 (17) : 1950-1956.

Obedian, R.S., and R.P.Grelsamer. 1997. Osteochondritis dissecans of the distal femur and patella. *Clin Spts Med* 16 (1) : 157-174.

Ohmori, K., Y.Ishida, T.Takatsu, H.Inoue, and K.Suzuki. 1995. Vertebral ship in lumbar spondylolysis and spondylolisthesis : Long-term follow-up of 22 adult patients. *JBJS* (Br) 77 (5) : 771-773.

Patten, R.M. 1995. Overuse syndromes and injuries involving the elbow : MR imaging findings. *Am J Roentgenol* 164 (5) : 1205-1211.

Payne, W.K.Ⅲ., and J.W. Ogilvie. 1996. Back pain in children and adolescents. *Ped Clin North Am* 43 (4) : 899-917.

Peterson, L.E., and A.L.Nachemson. 1995. Predication of progression of the curve in girls who have adolescent idiopathic scoliosis of moderate severity. *JBJS* (Am) 77 (6) : 823-827.

Pettrone, F.A., and E.Ricciardelli. 1987. Gymnastic injuries : The Virginia experience. *Am J Spts Med* 15 (1) : 59-62.

Pyeritz, R.E. 1986. The Marfan syndrome. *Am Fam Physician* 34 : 83-94.

Ramirez, N., C.E. Johnston, and R.H. Browne. 1997. The prevalence of back pain in children who have idiopathic scoliosis. *JBJS* (Am) 79 (3) : 364-368.

Rettig, A.C., R.Ryan, K.D.Shelbourne, R.McCarroll, F.Johnson Jr., and S.K.Ahlfeld. 1989. Metacarpal fractures in the athlete. *Am J Spts Med* 17 (4) : 567-572.

Robinson, D.M., and M.J.McMaster. 1996. Juvenile idiopathic scolisis : Curve patterns and prognosis in one hundred and nine patients. *JBJS* (Am) 78 (8) : 1140-1148.

Rosenberg, M. 1977. *Sixty plus and fit again*. New York : Evans.

Ryan, A.J. 1973. Technological advances in sports medicine and in the reduction of sports injuries. *Exerc Spts Sci Rev* 1 : 285-312.

Saal, J.A. 1991. Common American football injuries. *Spts Med* 12 (2) : 132-147.

Saperstein, A.L., and S.J.Nicholas. 1996. Pediatric and adolescent sports medicine. *Ped Clin North Am* 43 (5) : 1013-1033.

Schneiderman, G.A., R.F.McLain, M.F.Hambly, and S.L.Nielsen. 1995. The pars defect as a pain source : A histologic study. *Spine* 20 (16) : 1761-1764.

Sickles, R.T., and J.A.Lombardo. 1993. The adolescent basketball player. *Clin Spts Med* 12 (2) : 207-219.

Silloway, K.A., R.E.McLaughlin, R.C.Edlich, and R.F.Edlich. 1985. Clavicular fractures and acromioclavicular joint dislocations in lacrosse : Preventable injuries. *J Emerg Med* 3 (2) : 117-121.

Skaggs, D.L., and G.S.Bassett. 1996. Adolescent idiopathic scoliosis : An update. *Am Fam Physician* 53 (7) : 2327-2335.

Sponseller, P.D. 1996. Evaluating the child with back pain. Am Fam Physician 54 (6) : 1933-1941.

Stirling, A.J., D.Howel, P.A.Millner, S.Sadiq, D.Sharples, and R.A. Dickson. 1996. Late-onset idiopathic scoliosis in children six to fourteen years old : A cross-sectional prevalence study. *JBJS* (Am) 78 (9) : 1330-1336.

Thornton, M.L. 1974. Pediatric concerns about competitive preadolescent sports. *JAMA* 227 (4) : 418-419.

Upadhyay, S.S., A.B.Mullaji, K.D.Luk, and J.C.Leong. 1995. Relation of spinal and thoracic cage deformities and their flexibilities with altered pulmonary functions in adolescent idiopathic scoliosis. *Spine* 20 (22) : 2415-2420.

White, T.P. 1993. *The wellness guide to lifelong fitness*. New York : Rebus of Random House.

Williamson, L.R., and J.P.Albright. 1996. Bilateral osteochondritis dissecans of the elbow in a female pitcher. *J Fam Pract* 43 (5) : 489-493.

Wilmore, J.H., and D.L.Costill. 1994. *Physiology of sport and exercise*. Champaign, IL : Human Kinetics.

Wilson, R.L., and L.D.McGinty. 1993. Common hand and wrist injuries in basketball players. *Clin Spts Med* 12 (2) : 265-291.

Wood, J.B., R.A.Klassen, and H.A.Peterson. 1995. Osteochondritis dissecans of the femoral head in children and adolescents : A report of 17 cases. *J Ped Orthop* 15 (3) : 313-316.

3章

スポーツに参加する前のメディカルチェック

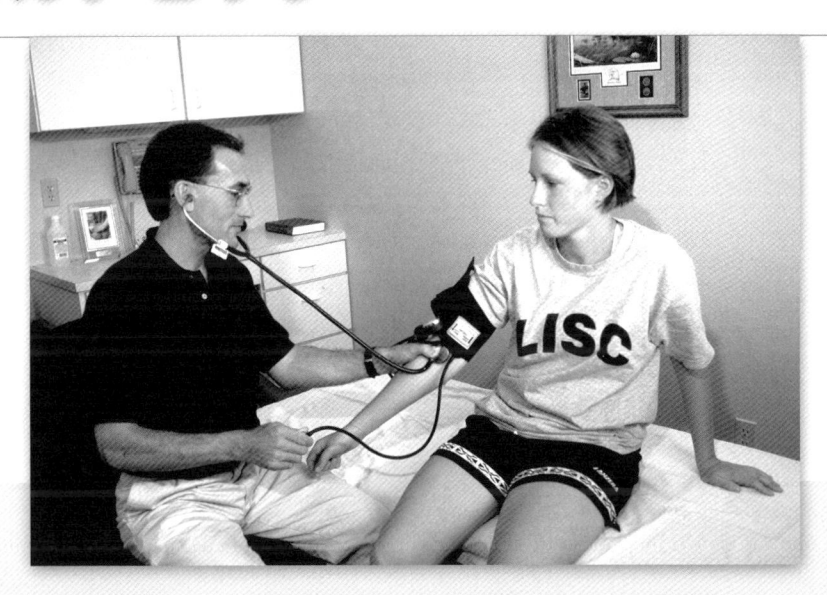

● 本章の目的 ●

本章を読むことで，

1. 競技スポーツやフィットネスプログラムに参加しようとしている人たちに対して，参加前のメディカルチェックを行うことの重要性を詳しく説明することができるようになる。
2. 現在の健康状態に関する情報が，アスリートや運動を積極的に行っている人たちへの医学的ケアにとっていかに大切なものであるかを詳しく述べることができるようになる。
3. チームのメディカルチェックを行う際に用いられる主な2つの方法を提示し，それぞれの持つ長所と短所を説明することができるようになる。
4. どのような検査項目がメディカルチェックで必要とされるかを説明できるようになる。さらに，検査を実施する際に必要とされる医学チームの構成要員を明確に示すことができるようになる。
5. 集団に対するメディカルチェックと個人に対するそれを比較して，相違点を指摘できるようになる。
6. 集団でのメディカルチェックを行うにあたって問題となり得る点を示し，それらの状況をコントロールする方法をあげることができるようになる。

奨学金を学校からもらっている大学生のホセは，夏に自動車事故に巻き込まれ，腰椎の椎間板ヘルニアを抱えることになってしまった。スポーツに参加する前のメディカルチェック（Preparticipation Physical Examination）で医師からけがに関する質問をされたにもかかわらず，ホセは腰のけがについて申告するのを忘れていた。事故後，彼は安静にするようにしてきたので，腰の状態も日常生活で体を動かす範囲ではほとんど問題はなくなっていた。
　「ラッキー！誰も僕の腰のけがに関して触れてこなかったし，言わなければいけない状態にならないかぎりは口を開かないようにしよう」とホセは心の中で考えていた。そして腰の問題点は特に診られることもなく，医師はホセのメディカルチェックシートにサインした。
　次の日，アメリカンフットボールの初練習でオフシーズン中のコンディショニングのできを確認するために新入生以外の選手に対して運動能力テスト（シャトルラン，垂直跳び，ベンチプレス，スクワット）が行われた。すべてのテストに参加しないかぎり，チームの練習に加われないことになっていた。
　ホセは腰に少し辛さを感じながらもほかの多くの選手と同じようにシャトルランテストをこなした。彼自身，オフの間の3週間で体を鍛えていなかったことを考えれば，結果は非常に満足のいくものであった。次の垂直跳びの途中でズキンと刺すような痛みが腰に走ったものの，そのままテストを続けることを選んだ。最後のジャンプの際に，思いっきりジャンプをしなければならず，その時点であらためて自分の腰の状態が100％でないことを認識した。
　選手たちがこの夏の出来事についてお喋りをしている時，
　「いいか，私がフットボールのコーチにすべてのテストの結果を渡すまでは，練習を開始できないことを肝に銘じておくように」とストレングスコーチが大声で叫んだ。
　「もうちょっとだ。たかがストレングスのテスト。終わったら腰の治療を受けに行けばいいんだ」とホセは心の中で思っていた。彼の腰は徐々に凝り固まってきていて，ついにスクワットのテストで最後の挙上をしようとした時，突然腰に抜けるような感覚が走り，足から崩れ落ちた。結果としてホセはテストをすべて終えることができなかっただけではなく，練習に参加することもできず，シーズンの大半を棒に振ることになってしまった。

これから運動を始めようとする人たちに関しては，彼らが運動を始める日までの健康状態を知っておくことが大切である。上記のシナリオで，なぜ医師はホセの腰の状態を見極められなかったのか。腰のけがが再発してしまった時点では，誰に彼の腰の治療を行う責任が発生するのか。奨学金をもらいながらスポーツを行う学生アスリートのようなケースにおいて，このような事故を未然に防ぐためにはどのようにメディカルチェックの内容を変更する必要があるのか。

受傷のリスクを未然に抑えることがメディカルチェックの方針を立てる上での目標と言える（図3.1）。アスリートが競技参加不可能な問題を抱えていることは誰も知りたくはないであろう。しかし，潜在的なリスクを確かめないまま競技参加を許可されたために生じ得る深刻なけがや永続的な障害の可能性を許すよりも，既知の問題に取り組んでいくほうが最終的にはより良い選択と言える。

アスリートのメディカルチェックを行うにあたって考慮に入れなければならないのは，どのスポーツを行うつもりなのかということである。

言うまでもなく，あるスポーツにとっては問題にはならなくとも，ほかのスポーツでは大きな問題になるという健康状態が存在し得る。例えば，脊柱管狭窄症（脊髄の通る穴が狭くなる状態）は，水泳を行うにあたっては問題にはならないかもしれないが，アメリカンフットボールのようなコンタクトのあるスポーツにおいては競技参加が制限させられる可能性がある。アメリカ小児科学会（The American Academy of Pediatrics）は，競技参加にあたっての相対的な危険度を判断するための手助けとして，コンタクトの程度に基づいてスポーツを分類している（表3.1）。

図3.1
激しい運動を始める前にはメディカルチェックを受ける必要がある。

表3.1　コンタクトの程度によるスポーツの分類（アメリカ小児科学会，2001）

コンタクト（接触型）スポーツ／コリジョン（衝突型）スポーツ
バスケットボール，ボクシング[a]，飛び込み，フィールドホッケー，アメリカンフットボール（タックル），アイスホッケー[b]，ラクロス，格闘技，ロデオ，ラグビー，スキージャンプ，サッカー，チームハンドボール，水球，レスリング
コンタクトの限られたスポーツ
スキー（クロスカントリー，滑降，水上），ウィンドサーフィン，サーフィン，急流でのカヌーまたはカヤック，フィールド競技（走り高跳び，棒高跳び），スケート（アイス，インライン，ローラー），フラッグフットボール，アルティメットフリスビー，ハンドボール，乗馬，室内ホッケー，自転車，スケートボード，スノーボード[e]，チアリーディング，野球，ソフトボール，体操，スカッシュ，ラケットボール，バレーボール，フェンシング
コンタクトのないスポーツ
アーチェリー，バドミントン，ボディービルディング，静水域でのカヌーまたはカヤック，フィールド競技（円盤投げ，やり投げ，砲丸投げ），カーリング，ダンス（バレエ，モダン，ジャズ）[c]，ゴルフ，オリエンテーリング[d]，パワーリフティング，重量挙げ，スキューバダイビング，射撃，縄跳び，ボート，ヨット，水泳，卓球，テニス，トラック競技，競歩，ランニング

a　アメリカ小児科学会が参加を勧めないスポーツ。
b　アメリカ小児科学会はけがの発生を少なくするために15歳以下のアイスホッケー選手に対して体を使って相手の動きを止める行為を制限するように推奨している。
c　分類の提示がされて以来，ダンスはさらにバレエ，モダン，ジャズに分類されるようになった。
d　競争者たちが地図やコンパスを使いながら見知らぬ地域の中で道を見つけて進む競技。
e　分類の提示がされて以来，スノーボードも追加されている。

1. 参加前のメディカルチェックで必要不可欠な要素

　全米大学対抗競技連盟（National Collegiate Athletic Association; NCAA）は，メディカルチェックに関してすべての団体が手本とできるようにガイドラインを作成している。また，高校生アスリートに対しては州ごとにメディカルチェックを行うに際しての方針を確立している。

　これらNCAAや州ごとによる規則は，小学校や中学校から始まる学校間で行われるスポーツの初級から大学の最終学年に至るまで，アスリートに対して一定のケアが行われることを保障するために制定されている。多くの州がすべての学生アスリートに対して毎年1回のメディカルチェックを義務付けている。これは学生アスリートが競技参加にあたって各学年ですべてのメディカルチェックを通過しなければならないことを意味する。具体的には，アスリートは特定の大学における競技参加の初年度では，必ずフルスケールのメディカルチェックを受ける。そして2年目以降は，本人か本人の家族，そしてチームの医療スタッフが提出する既往歴シートを基に略式のメディカルチェックを受けるよう義務付けられている。

　競技チームに所属したり，アスレティックジムや何らかの激しい運動を行おうと思っている人は，運動を始める前にメディカルチェックを受けるべきである。学校スポーツに所属しているアスリートは，現在の健康状態を証明するものとして署名付きの学校のメディカルチェック用紙のコピーを提出する。例えば，全米ユーススポーツプログラム（National Youth Sports Program；NYSP）は，多くの大都市に住む若い人たち向けの体系づけられたレクリエーションプログラムを設けている。中学校のスポーツチームに所属し，さらにNYSPに参加したいと思う人はユーススポーツプログラムを行うのに要求されるメディカルチェックの条件を満たすために，中学校でのメディカルチェックの結果のコピーを提出しても差し支えない。もしも，中高年対象の水泳チームを担当していて，47歳の男性がかかりつけ医からの最近のメディカルチェックのコピーが提出された場合，どのように対処すればよいのか？激しい身体活動を制限する理由がないことを証明するものとして，このメディカルチェックの結果を認めてもよいのか？このメディカルチェックでどのような項目が含まれていたのか確かめる必要はないのか？

　集団の中で組織化された身体活動に参加するすべての人が，激しい運動は危険性を伴わないのかを確認するためにメディカルチェックを受けることは重要である。競技レベルにかかわらず，身体的障害を持つ人と同様に身体に問題がない人も健康状態をチェックしておくべきである。チェック項目は多岐にわたるが，いくつかの欠かすことのできない項目が含まれていなければならない（表3.2）。それぞれの項目に関してこの章の中で解説を行う。メディカルチェクを始める前に，医師が診察するのに加え，管理作業のためにいくつかの情報を提出することが義務付けられている。

NCAAガイドライン：医学的評価，予防接種，および既往歴

◇ 参加前の医学的評価

　大学における競技スポーツへの参加にあたっては，学生アスリートには医学的評価が義務付けられるべきである。この最初に行われる評価では総合的な過去の健康状態，疾病予防管理センターによって定められている予防接種の記録，そして整形外科的評価を含めたメディカルチェックの項目が含まれているべきである。2回目以降は年1回ごとに最新の健康状態をチェックすればよい。最新の健康状態によって保証されていないかぎり，メディカルチェックには信頼に値するだけの証明能力がないと言える。

　アメリカ心臓協会は1996年に大学の学生アスリートに対して2年ごとに心臓血管系の検査を受けるべきであると推奨していたが，その後変更している。新しい改訂では大学での競技スポーツ参加に際して学生アスリートに義務付けられているメディカルチェックの中に，心臓血管系の検査も行うことを推奨している（1998）。また，2年目以降は毎年，メディカルチェックの更新と血圧を調べるべきであるとしている。もしも重大な変化や異常が認められる場合には，追加で正式な心臓血管系の検査を行う必要がある。

◇ 医療記録

　学生アスリートは自分の健康状態の変化について，チームの健康を管理する人に知らせる責任があり，加えて，大学での競技生活中，学生アスリートの医療記録は維持・管理される必要がある。以下は医療記録として残されるべき情報の内容である。

(1) けが，病気，妊娠，そして手術などに関する記録。加えてそれらがシーズン中に起こったものか，オフシーズン中のものかについての詳細。
(2) 診察，治療，またはリハビリテーションのための医師への紹介状とそれに対する回答，意見など。
(3) その後のケアと競技参加のための許可に関する詳細。
(4) 入学時における総合的健康状態の記録と質問事項，そしてその後毎年行う最新の健康状態に関する質問事項の結果。なお，過去の健康状態の記録は最低限以下のことに関して触れている必要がある。
- ◆ 慢性疾患，最近起こった急性疾患，過去の入院歴または手術歴
- ◆ 薬，食べ物，虫に噛まれたり刺されたりすることによる過敏症を含めたアレルギー
- ◆ 定期的に服用している薬　　　　◆ 最近の体調
- ◆ 過去そして現在における筋骨格系の問題　◆ 過去に起こった脳震盪あるいは意識の喪失
- ◆ 運動に起因する失神または意識を失いそうなったことがあるかどうか
- ◆ 運動誘発性の気管支けいれんが起こった際に伴う症状
- ◆ 左右1対ある臓器の機能の喪失（目，腎臓，睾丸など）
- ◆ 暑さに関連して起こった疾患の記録　　◆ 心臓病の既往歴と症状
- ◆ 非外傷性もしくはマルファン症候群による突然死が50歳未満の家族の中で起こったことがあるか
- ◆ 過去の月経　　　　　　　　　　◆ 結核病原菌に曝露された可能性があるかどうか

(5) 予防接種　　学生アスリートに対して推奨される予防接種
- ◆ 麻疹（はしか），耳下腺炎（おたふくかぜ），風疹
- ◆ B型肝炎　　　　　　　　◆ ジフテリアと破傷風

(6) 医療情報を他者に公開することへの学生アスリートによる同意書。ここでは，医療情報を公開しても構わないとする相手を明確にしておく必要がある。また同意書には医療情報のすべてもしくはその一部だけが公開され得るということも明記されているべきである。

◇ メモ

　アスレティック・トレーニングの中で発生する記録は医療記録であり，その機密性と内容においては州法とアメリカ合衆国法の対象でもある。それぞれの機関がそれぞれの州において医療記録の機密性と内容に関して，適切な法律専門家から意見を得るべきである。専門家の意見に基づいて明確に記されたガイドラインに沿って，アスレティック・トレーニングルームにおける記録や情報が発生し，管理され，そして公開される過程が確認されなければならない。そして，トレーニングルーム内の記録にアクセス可能なすべての人はそれらのガイドラインを熟知しているべきであり，学生アスリートのプライバシーを維持するための役割に関して説明されているべきである。

> **NCAAガイドライン：医学的評価，予防接種，および既往歴**
>
> ◇ **フォローアップ検査もしくは競技生活終了に関わる検査**
>
> 　妊娠，または競技シーズン中に重大な問題を抱えていた学生アスリートに対して，特定のスポーツへの参加を再開する前に，競技することが可能であることを証明するためのフォローアップ検査が設けられるべきである。特に，学生アスリートが夏休みのために学校を離れる前に問題が起こってしまった場合には直接的に関係してくる。運動を再開できるかどうかの許可の決断は，チームドクターまたは代理となる医師のみに与えられる責任である。また，学生アスリートが競技生活を終了するにあたっても，最終の検査が行われることが好ましい。

2. 健康状態に関する情報

　参加前メディカルチェックを行う上での最初のステップは，個人の情報を医療情報データベースに登録することである。患者の法律上の名前，誕生日，そして何らかの身分を証明する番号（学籍番号，運転免許証番号など）は，医療情報と2回目以降の検査結果を適切に記録するためには不可欠な情報である。この段階で収集されるべき情報としては次のようなものがある。

- スポーツ参加に際して要求される可能性のある法的書類への署名。アスリートが未成年の場合，通常，メディカルチェックの前もしくはその場で両親もしくは保護者の署名が得られていなければならない。
- 住所と電話番号。
- 緊急時の連絡先：緊急時，事故，またはほかの医学的問題が起こった際に通知すべき人物の名前と電話番号。
- 健康保険に関する情報。
- 健康状態に関する情報。

　個人の健康状態は，過去の医療情報からも推察できるので，診察を行っている医師が何らかの特別な検査が必要かどうかを判断するために不可欠な情報である。メディカルチェックの際の簡単な質問票を受付で回収することで，医療情報を収集できる（質問用紙の例は「健康状態に関する質問票」と「PAR-Q & Youテスト」を

表3.2　参加前のメディカルチェックに必要不可欠な項目

検査の分類	検査項目	検査の目的
身体測定	身長，体重，体脂肪	データ採集，将来的参照のための基準の収集
心臓血管系検査	血圧，心拍数，心電図，運動負荷心電図	安静時とストレス時の心臓の健康状態，心臓病
視覚検査	視力検査，追跡視力検査	視力と矯正の必要性
血液検査	すべての血球算定，ヘモグロビン／ヘマトクリット	急性の問題や感染，貧血症の発見
40歳以上の高齢者対象の検査	体脂肪に関するデータ	コレステロール値の評価
黒人選手対象の検査	鎌状赤血球	鎌状赤血球の有無
尿検査	検尿と検査評価	尿たんぱく，糖，潜血，感染，または他の問題
耳，鼻と咽喉の検査	耳鏡などの特殊器具を用いた臨床評価	内耳，鼓膜，鼻中隔の位置，ポリープ，扁桃腺の健康状態の評価
心肺機能の検査	臨床評価	心臓と肺の健康状態，大動脈の異常，喘息など
内科的検査	臨床評価	ヘルニアのチェック，臓器系の評価
整形外科的検査	臨床評価	関節弛緩性や他の骨と関節の検査
神経学的検査	臨床評価，脳波図	神経系の評価と脳波の観察
歯科検診	臨床評価	虫歯，ブリッジまたは他の装具の記録
柔軟性の測定	目的に沿った様々な項目	研究，基準データのため

参照のこと)。

　検査プロセスの第一歩は過去の健康状態に関する情報を得ることであり，そして，その情報が追加の検査を行わずとも選手の抱える医学的問題点の発見を助けるものであることに異議を唱える医療専門家は皆無であろう。検査の最も重要な側面として，過去の健康状態に関する質問票は，メディカルチェックのプロセスの1つとして取り組まれ，印刷される前にその内容が熟考，見直しされるべきである。

　既往歴に関する質問事項はメディカルチェックを受ける本人，または18歳未満の場合，親あるいは法律上の保護者によって回答されるべきである。質問内容は，あまり余分な言葉を付け足さずとも必要な情報が引き出せるようなものでなければならない。例えば「今まで足首に重度の捻挫をしたことがありますか」と尋ねるのではなく，「今まで足首のけがのために練習や試合に出られなかったことがありますか」と問うべきである。

　質問事項には次のようなものが含まれる。
- 医学的な理由からスポーツへの参加を避けるように勧められたことがありますか。もしそうであれば，それはどのような理由でしたか。
- 最近の12カ月の間に入院もしくは医師の治療を受けなければいけなかったことはありましたか。また，生まれてから現在までそのようなことはありましたか。もしもそうであれば，それはどのよう理由でしたか。
- 手術を受けたことがありますか。もしもそうであれば，どのような理由で手術を受けましたか。また手術のできるだけ正確な日時を記入してください。
- 予防接種を受けたり小児期の病気にかかったりしたことがありますか。もしもそうであれば，何の接種あるいは病気で，それはおおよそいつのことですか。
- 今までにひきつけや発作を起こしたことがありますか。もしもそうであれば，それらを引き起こす原因はわかっていますか。またそれはいつ起こりましたか。
- 心臓病の既往歴がある家族はいますか。また，突然死した家族はいますか。もしもそうであれば，誰が，何歳で心臓病と診断されたか，あるいは突然死しましたか。
- 息切れ，失神や胸（心臓）が苦しくなった経験がありますか。もしもそうであれば，その時の症状と最近起こったおおよその日付を書いてください。
- 今までに意識を喪失したことがありますか。もしそうであれば，意識喪失が起こる前にあった出来事の特徴を述べてください。またどのような治療を受けましたか。
- 今までに骨折もしくは関節の脱臼をしたことがありますか。もしもそうであれば，その内容を詳しく書いてください。
- 何かの薬を定期的に服用していますか。もしもそうであれば，薬品名と理由を書いてください。
- じん麻疹，喘息，または蜂に刺された時のアレルギーがありますか。もしもそうであれば，それはどんなアレルギーですか。
- 今まで頻繁に胸の痛みや動悸を経験したことがありますか。もしもそうであれば，前回起こった時のおおよその日付とその頻度に関して書いてください。
- 最近，過度の疲労を経験したことがありますか。もしもそうであれば，いつ疲れを感じ始めたか，もしくはどれくらいその症状を抱えていますか。
- めまいがしたことがありますか。もしもそうであれば，どのような状況で起きましたか。

　既往歴の中で得られるすべての情報はメディカルチェック中，あるいはその後も必要であれば検討，評価されなければならない。既往歴の中で得られる些細な情報も評価プロセスにおいてメディカルチェックの残りの部分と同じくらい重要なものと言える。

健康状態に関する質問票

回答に関する説明

それぞれの質問に対して正確に記入すること．この質問票をあなたの希望先に提出する場合は，すべての情報は内密に処理されます．

Part 1：個人に関する情報

1. 学籍番号（運転免許証番号など）_____　　日付_____

2. 氏名_____

3. 住所_____　　電話番号（自宅）_____

   _____　　電話番号（職場）_____

4. 緊急時連絡の医師名（EI）_____　　電話番号_____

   住所_____

5. 緊急時連絡先
   （いつでも連絡可能）（EI）_____　　電話番号_____

6. 性別（RF）：　女　　男

7. 生年月日（RF）：西暦_____年_____月_____日

8. 週の労働時間：　20時間未満　　20〜40時間　　41〜60時間　　60時間以上

9. 仕事の25％以上の時間を費やすものに○をつけなさい（SLA）．

   　　机での作業　　物を持ち上げたり運んだりする　　立つ　　歩く　　運転する

Part 2：既往歴

10. 家族の中で50歳未満で心臓発作で亡くなった人がいれば○をつけなさい（RF）．

    　　父親　　母親　　兄弟　　姉妹　　祖父母

11. 最後に受診したメディカルチェックや健康診断の日付：_____年

    最後に受けた体力テストの日付：_____年

12. 今までに手術を受けたことがある部位や器官を下記から選んで○をつけなさい（複数可）．

    脊柱（SLA）　　心臓（MC）　　腎臓（SLA）　　眼（SLA）
    関節（SLA）　　首（MC）　　耳（SLA）
    ヘルニア（MC）　　肺（SLA）　　ほかの部位や器官_____

13. 医師または医療専門家に診断・治療を受けたことのあるものを下記から選んで○をつけなさい。

　　アルコール中毒症（SEP）　　　糖尿病（SEP）　　　　　　腎臓疾患（MC）
　　貧血，鎌状赤血球（SEP）　　　肺気腫（SEP）　　　　　　精神障害（SEP）
　　貧血，ほか（SEP）　　　　　　癲癇（SEP）　　　　　　　首の挫傷（SLA）
　　喘息（SEP）　　　　　　　　　眼の障害（SLA）　　　　　肥満（RF）
　　背部の挫傷（SLA）　　　　　　痛風（SLA）　　　　　　　静脈炎（MC）
　　出血性疾患（SEP）　　　　　　失聴（SLA）　　　　　　　リウマチ性関節炎（SLA）
　　慢性気管支炎（SEP）　　　　　心臓疾患（MC）　　　　　　心臓発作（MC）
　　癌（SEP）　　　　　　　　　　高血圧（RF）　　　　　　　甲状腺機能障害（SEP）
　　肝硬変（MC）　　　　　　　　低血糖症（SEP）　　　　　　潰瘍（SEP）
　　脳震盪（MC）　　　　　　　　高脂血症（RF）
　　先天的欠損（SEP）　　　　　　感染性単球増加症（MC）　　ほかの疾患＿＿＿＿＿＿＿＿＿＿＿＿

14. 6カ月以内に摂取したすべての薬に○をつけなさい。

　　血液溶剤（MC）　　　　　　　癲癇薬（SEP）　　　　　　　ニトログリセリン（MC）
　　糖尿病薬（SEP）　　　　　　　抗不整脈薬（MC）
　　強心薬（MC）　　　　　　　　高血圧薬（MC）
　　利尿剤（MC）　　　　　　　　インスリン（MC）　　　　　ほかの薬＿＿＿＿＿＿＿＿＿＿＿＿

15. 頻繁に起こるすべての身体的症状は医学的に注意を払わなければならないものとなります。
　　下記にあるそれぞれの症状がどれくらいの頻度で起こるかを1～5の中から選んで○をつけなさい。
　　1＝まったく，2＝まれに，3＝時々，4＝頻繁に，5＝非常に頻繁に

　　(a) 吐血（MC g）　　　　　　　　　1　2　3　4　5
　　(b) 腹痛（MC）　　　　　　　　　　1　2　3　4　5
　　(c) 腰痛（MC）　　　　　　　　　　1　2　3　4　5
　　(d) 脚の痛み（MC）　　　　　　　　1　2　3　4　5
　　(e) 腕あるいは肩の痛み（MC）　　　1　2　3　4　5
　　(f) 胸の痛み（RF, MC）　　　　　　1　2　3　4　5
　　(g) 関節の腫れ（MC）　　　　　　　1　2　3　4　5
　　(h) 失神（MC）　　　　　　　　　　1　2　3　4　5
　　(i) めまい（MC）　　　　　　　　　1　2　3　4　5
　　(j) 軽度の運動での息切れ（MC）　　1　2　3　4　5
　　(k) 安静時心拍数の上昇（MC）　　　1　2　3　4　5
　　(l) 通常の運動に伴う異常な疲労　　1　2　3　4　5

Part 3．健康に関係する習慣

16. 煙草を吸いますか（RF）。　　　　　　はい　　いいえ

17. 煙草を吸うと答えた人は1日に何本吸いますか（RF）。
　　煙草：40本以上　20～39本　10～19本　1～9本
　　葉巻またはパイプのみ：5本以上または1回以上の吸入　　5本未満または吸入はしない

18. 定期的に運動を行っていますか（RF）。　はい　　いいえ

19. 30分間の中程度の運動を週何日行っていますか。

    0   1   2   3   4   5   6   7   日／週

20. 少なくとも20分間の激しい運動を週何日行なっていますか。

    0   1   2   3   4   5   6   7   日／週

21. 4マイル（約6.4km）を元気よく疲れずに歩けますか。　　　　　　　はい　　いいえ

22. 中程度のペースで楽に3マイル（約4.8km）をジョギングできますか。　　はい　　いいえ

23. 現在の体重：＿＿＿＿＿kg　　1年前の体重：＿＿＿＿＿kg　　21歳時の体重：＿＿＿＿＿kg

Part 4．健康に関する意識

24. Part3は冠動脈疾患を起こしやすい生活習慣を表していますが，あなた自身の生活習慣を主観的に表現すると下記のどれに一致しますか。一致する番号に○をつけなさい（RF）。

    1＝まったく一致していない　　2＝一致していない　　3＝あまり一致していない
    4＝少しだけ一致している　　5＝ある程度一致している　　6＝非常に一致している

    私は短気で，時間への意識が強く，そして攻撃的な性格です。

    1　　2　　3　　4　　5　　6

25. この質問票で問われていない内容で，体力テストや運動を行う上で問題となり得るものがあれば下の空欄に書いてください。

質問票で使われている略号は質問票の情報を評価する上で助けとなる。

  EI　　＝　緊急時に必要となる情報：緊急時にすぐに利用できるものでなければならない。
  MC　　＝　必要となる医学的クリアランス：医師の許可がなければ運動を開始することはできない。
  SEP　　＝　必要となる特殊な緊急時の手順：1人で運動を行わせてはいけない。
            運動を一緒に行う者が緊急時に何をするべきか把握していることを確認しなければならない。
  RF　　＝　冠動脈性心疾患の危険因子（教材の配布またはワークショップが行われる必要がある）。
  SLA　　＝　特別な運動あるいは制限つきで運動が処方される必要がある。
            特定の運動を加えるか除く必要があるかもしれない。
  OTHER　＝　資料作りあるいは研究を行う上で役立つ可能性のある個人情報。
  （記号化されていない）

HowleyとFranks（1997）より転載

Physical Activity Readiness
Questionnaire – PAR-Q
(2002年改訂)

PAR-Q & YOU

(15－69歳の人への質問票)
定期的な運動は楽しめるものであり，同時に健康的なものです。今日，定期的に運動を行う人の数は増えています。多くの人々にとって活発な運動は安全に行えるものですが，さらに活発な運動を始める前に医師によるチェックを受ける必要のある人もいます。

現時点よりも運動を活発に行おうとする場合，下記のボックス内にある7つ質問に答えてから始めるようにしてください。もしも，15～69歳に該当する場合，運動を始める前に医師にチェックを受ける必要があるかどうかをこのPAR-Qテストが判断してくれます。69歳以上でかつ今までに活発な運動を行ってこなかった場合は，初めから医師のチェックを受けてください。

質問に答える際は，常識範囲で答えてください。質問を慎重に読んで，正直に1つずつ，「はい」か「いいえ」で答えてください。

はい	いいえ	
□	□	1. 今までに，「心臓に問題があるので許可された運動以外は行ってはいけない」と医師に言われたことがありますか。
□	□	2. 運動中に胸の痛みを感じたことがありますか。
□	□	3. 過去1カ月の間に胸の痛みを感じたことがありますか。
□	□	4. めまいがしてふらついたり，意識を失ったりしたことがありますか。
□	□	5. 運動量を増やすことによって悪化する恐れのある骨や関節の問題（例：脊椎，膝関節，股関節）がありますか。
□	□	6. 現在，医師から血圧や心臓のための処方薬（例：利尿剤）を出されていますか。
□	□	7. そのほか，運動を避けるべき理由はありますか。

もしも上記の質問のうち1つでも「はい」と答えた場合

激しい身体活動を始める前，あるいは体力テストを受ける前に電話または直接医師に相談する必要があります。医師にPAR-Qテストを受けたことを話して，どの質問に「はい」と答えたかを伝えてください。
- ゆっくりと徐々に準備を行っているかぎり，希望する運動はどれでも行えるかもしれません。もしくは安全な運動のみが行えるという制限が必要な場合もあります。参加を希望する運動に関しては医師と相談し，医師のアドバイスに従ってください。
- 地域で行われているプログラムの中でどれが安全で，あなたに有用なものであるかを探し出してください。

すべての質問に「いいえ」と答えた場合

もしすべてのPAR Qテストの質問に正直に「いいえ」と答えた場合には，以下のように言えます。
- ゆっくりと徐々に準備をすることで，さらに激しい運動に参加できます。これは最も安全で簡単な方法と言えます。
- 体力テストに参加できます。あなたが活発な生活を送るための最善のプランを立てるには，基礎となる体力レベルを測定することは非常に優れた方法です。また血圧の測定を行っておくことを強く勧めます。もしも血圧値が144/94mmHg以上の場合，さらに激しい運動を行う前に医師に相談してください。

- 風邪や発熱のような一時的な疾患のために気分が良くない場合は，体調が回復するまで待つようにしてください。
- もしも妊娠しているか，その可能性がある場合は，激しい運動を始める前に医師と相談してください。

注意事項：もしも健康状態が変わって上記の質問のいずれかへの回答が「はい」となる場合は，運動か健康管理の専門家に運動プログラムの変更を行う必要があるか相談をしてください。

PAR-Qテスト使用における注意点：The Canadian Society for Exercise Physiology, Health Canadaおよびそれらの代理人は，運動を処方する者には責任がないことと，この質問票に回答した後，運動を始める前に医師に相談することを強調している。

回答内容の変更は認められません。質問票全体に回答した場合にはPAR-Qテストをコピーしておくことが望ましい。

注意：運動プログラムまたは体力テストに参加する前にPAR-Qテストを受ける場合は，以下の欄は法律上あるいは管理上の目的に使うことが可能です。

"私はこの質問票を読み，内容を理解した上で回答しました。すべての質問は私が納得した上で回答を行いました。"

氏名署名＿＿＿＿＿＿＿＿＿＿＿＿＿＿＿＿＿＿＿＿＿＿＿　日付＿＿＿＿＿＿＿＿＿＿＿＿＿＿＿＿＿
親または保護者の署名
（回答者が未成年者の場合）＿＿＿＿＿＿＿＿＿＿＿＿＿＿＿＿＿　立会人＿＿＿＿＿＿＿＿＿＿＿＿＿＿＿＿＿

メモ：運動参加の可否はテストに回答した日から最長で12カ月間有効であり，もしも健康状態が変わって上記の質問のいずれかへの回答が「はい」となる場合は無効となります。

Canadian Society for Exercise Physiology　　　　　　　　　　　　　　　　　　　　資料提供：Health Canada

3. 参加前のメディカルチェックに含まれる内容

表3.2にあるようにアスリートのメディカルチェックは，心臓，肺，腹部，筋骨格系，耳鼻咽喉，視力など体の主な機能すべてについて，身体測定や検査室での検査と同様に行われるべきである。

> **安静時心拍数の正常値**
> - 新生児：100-160拍/分
> - 小児（10歳以上）と成人：60-100拍/分
> - 小児（1-10歳）：70-120拍/分
> - トレーニングを積んだアスリート：40-60拍/分

1 身長と体重

スポーツに関わっているかどうかとは関係なく，身長と体重の測定はあらゆるメディカルチェックの一部として行われ，この情報は見過ごされがちな健康状態を見つけ出す手掛かりとなり得る。さらにはアスリートの身長と体重の情報は，統計上の変化を浮き彫りにするのに役立つ。この統計上の変化は，いくつかの種類のけがを解釈する時の手助けとなる。腰部の痛みを訴えているクロスカントリーのチームに所属する3年生のサラのケースを例に考えてみる。彼女のメディカルチェックの結果を見てみると，彼女の体重は今よりも10.4kgも軽かったことがわかった。この体重変化は腰部の痛みと関係があるのではと考えられる。過去の記録がなければ，このような手掛かりが見過ごされてしまっていたかもしれない。

2 血圧と心拍数

血圧の上昇（高血圧）あるいは心拍数の上昇は，アスリートが抱える現在の医学的コンディションへの1つの警告と捉えることができる。もしもメディカルチェックで測定された血圧値が正常値（10代と若年の成人の正常値120/80mmHg）よりも高かった場合，高血圧の原因となり得る薬と同様に体重の変化も評価に加えられるべきである。一般成人においては140/90mmHg未満が正常値であり，160/100mmHg以上が高すぎると考えられる。メディカルチェックで血圧の上昇が見られた場合には，最初に測定した血圧が患者のメディカルチェックへの不安から生じたものではないことを保証するために，再度測定する必要がある。測定が正確なものであったことを保証するために，2～3日の間，1日の中の様々な時間でくり返し測定し直されなければならない。また，検査の信頼性を保証するためには，同じ医療専門家がすべての測定を行うことが大切である。3～5回分の測定結果が集められた後，血圧値はかなり安定してくるのでその安定した値が評価に使われるべきである（表3.3）。

説明のつかない血圧の上昇は，ステロイドの副作用の1つが高血圧であることからアナボリックステロイドの使用を疑う要因になる。もしも血圧の測定をくり返し行っても血圧が上昇したままである場合は，体重や外見の変化や競技能力の向上などもその後の評価の中に組み込まれるべきである。通常，ステロイドの使用の疑いは様々な徴候が見られた際に強くなる。

3 血液検査

血液検査は必ずしも必要なわけではない。健康状態にある場合には，血液検査の結果がそれほど重要な情報とはなり得ないかもしれない。しかし，もしも問題を抱えた状態にある時は，

表3.3 血圧の範囲

分類		収縮期血圧 (mmHg)	拡張期血圧 (mmHg)	追跡調査の推奨時期
最適値※		120未満　かつ	80未満	2年以内に必要
正常値		130未満　かつ	85未満	2年以内に必要
正常高値血圧		130-139　または	85-89	1年以内に必要
高血圧	第一段階（軽度）	140-159　または	90-99	2ヵ月以内に確認
	第二段階（中度）	160-179　または	100-109	1ヵ月以内に再検査
	第三段階（重度）	180以上　または	110以上	その場で追跡検査，または臨床的状況によっては1週間以内

※通常，低い値の場合，臨床的に重要性があれば再検査の必要性がある。

既往歴からは通常見られない症状や疑がわしい情報を説明する手助けとして，医師が血液検査を行う。新しく競技に参加することになるアスリートに対してメディカルチェックを行う場合には，全血球計算，ヘモグロビンとヘマトクリットのいずれか，もしくはその両方を行うのが通常である。

酸素を細胞に運ぶ赤血球は鉄分によって明るい赤色のヘモグロビンを含んでいる。体内にある60〜70％の鉄分は，血液中のヘモグロビンに含まれている。血液における赤血球の割合をヘマトクリットと呼ぶ。

新しく競技に参加をする人は，最低限として鉄欠乏性貧血をチェックするためにヘモグロビンとヘマトクリットの評価を行うべきである。新しくクラブあるいはチームに加わる人を評価するのに加えて，女性アスリートと持久系スポーツのアスリートは鉄不足である可能性が高いことから，毎年検査を行うことが望ましい。過去何年かにわたって地元のランニングクラブに加わっていた31歳の男性ジョンを例にとってみる。最近の2年間に彼は，10キロの短い距離のレースからより長い距離のマラソンや100マイル（160キロ）のウルトラマラソンを走ることに興味が移っていた。昨年走ったウルトラマラソンで良い成績を残せたことで，今年に備えるために走る距離を増やしていた。ランニングクラブのメディカルチェックで，昨年は腱の問題を抱えていたことと通常のトレーニングで疲れを感じていたことを医師に話した。ジョンは腱の問題が直接疲れにつながっていると自分に言い聞かせていた。

医師はジョンの血液の酸素運搬能力を評価するために，ヘモグロビン／ヘマトクリット値を含めた全血球検査を実施した。その結果，ヘモグロビン／ヘマトクリット値は，ジョンの年齢と性別では若干標準以下で，進行性の鉄欠乏性貧血であることがわかった。医師は検査結果につながり得るジョンの生活のほかの部分に焦点を当てると，彼が過去2年間野菜だけを食べてきたことと非ステロイド系抗炎薬を断続的に1年半の間服用してきたことがわかった。非ステロイド系抗炎薬と野菜だけの食事が血液の問題に影響を及ぼしてきた可能性がある。医師はジョンにいくつかの食事に関する助言を与えた上で，4カ月後（赤血球の寿命は120日であるため，それ以下の日数の場合変化が見られない可能性がある）にもう一度血液検査を行うために会いに来るように勧めた。彼は今までやってきたトレーニングの量を減らさなければならないという辛さと同時に，自分がやってきたことが健康を危険にさらしていたという複雑な心境

でメディカルチェックの場を離れた。

　黒人の中には鎌状赤血球貧血を持っている人がいるため，黒人対象の特別な血液検査として鎌状赤血球検査を行うのは重要なことである。鎌状赤血球は，その形状のために毛細血管を通過しにくい。鎌状赤血球貧血を持つアスリートは激しい運動中に合併症を起こす危険性があるので，周到な監視を行う必要がある。またアスリートに対する教育やカウンセリングは，本人に現状を理解させるために重要な役割を果している。

4 尿検査

　メディカルチェックでは，無作為に行われる薬物検査のためだけでなく，いくつかの医学的健康状態を検出するために尿検査を行う。もしも尿検査が薬物検査のために行われる場合には，その理由がアスリートに知らされなければならない。またその場合，法的な承諾が得られていなければならない。しかし，慣例項目として医学的評価のために行われる尿検査では法的許可を得る必要はない。尿検査の結果によって尿管感染症，脱水症，糖尿病，あるいは腎臓の病気を明らかにすることができる。尿管感染症は尿中の過剰な白血球の数とそのタイプから見つけ出せる。尿の比重は体内の水分レベルを示しており，もしも十分な水分が体内にない場合は，暑熱耐性が低いことを示している。尿中の糖レベルが80～120mg/100mlまで高くなっている場合は，糖尿病が疑われる。尿中に赤血球が見つかった場合，腎臓疾患の可能性があるため追加の検査が必要である。

5 視力

　視力の変化は，競技能力に影響する。短時間でかつ簡潔に行える視力検査によって精密検査の必要性が見い出せる場合もある。視力検査では，受診者は決められた距離から表を読まなければならない。また検査が行われる場所は十分に明るくなければならない。

6 一般的な医療検査

　一般的な医療検査には歯，心臓，肺，腹部，骨盤部，耳・鼻・咽喉と筋骨格の検査が含まれる。経験豊かな医師によってこれらの検査は行われなければならないので，一般医の代わりにしばしば専門医が行う。

　これらの分野の評価を行う理由として，問題の発見だけでなく，アスリートの標準値のデータの作成も含まれる。例えば，停留睾丸である若いアスリートがまだ健康状態に異常は見られないとしても，練習または競技中にそ径部を強く打ってしまった場合，停留睾丸が見つかっていなければ大きな問題の原因になり得る。

7 ほかの検査

　行われるべきいくつかの特別な検査を**表3.4**に示した。ただし，これらの検査だけに限られるものではない。もしもメディカルチェックで専門医の協力が得られない場合でも，どのような医師であってもすべての評価分野において検査を行うことは可能である。

8 糖尿病を対象とした特別な検査

　糖尿病を抱えた人にメディカルチェックを行う際には，抱えている疾病を分類するために追加の医療検査を行う必要性があり得る。また，疾病の種類によってより深い臨床評価が必要であるかもしれない。最も大切なことは，ほかのすべてのメディカルチェックが完了するまでは精密検査（血液検査や尿検査）は控えるべきである。臨床での評価は必要な特定の精密検査を医師が決定する手助けとなる。身体的変化の見

られる個人が対象のメディカルチェックでは，その個人が参加し得るイベントや活動を考慮することが大切である。スポーツが特別な危険を伴わない場合，アスリートのスポーツ参加を制限する理由はない。

表3.4 特別な検査

検査	専門家の分野と特定の検査目的
	検眼士または眼科医
眼の検査	視力の評価をする，眼鏡またはコンタクトレンズの使用をする，黄疸の有無を確認するために強膜を検査する
視神経円板と網膜の検査 （検査環境が整っている場合は）	正常でない全ての所見の有無を確認する
	耳鼻咽喉の専門家
耳の検査	急性または慢性の感染症，鼓膜の損傷，または聴力の完全喪失の有無を確認する
鼻の検査	持久力に影響する可能性のある変形の有無の評価をする
	整形外科医
皮膚の検査	感染症，過去の手術や外傷の傷跡，黄疸と紫斑病の確認をする（すべての検査者が行う）
首の検査	可動域と首の動作に伴う痛みの確認をする
脊椎の検査	可動域と脊柱の異常な彎曲の確認をする
四肢の検査	異常な可動性や不可動性，変形，不安定性，筋力の低下または筋の萎縮，手術後の瘢痕，静脈瘤の確認をする
神経学的検査	バランスと協調性の評価と正常でない反射の有無を確認する
	心臓病の専門医または一般医
胸部の外形検査	脊柱側彎症のような胸部緊縮の原因となる状態の確認をする
肺の聴診や打診	気道閉塞，喘息または異常な浮腫（鬱血）の徴候を確認する
心臓の検査	運動前・後の心音に混じる雑音，顕著なリズムと速度の乱れの確認をする
	一般外科医または一般医
腹部の検査	肝腫，脾腫，または臓器の異常な肥大を確認する
睾丸の検査	両睾丸の有無，異常な肥大あるいは形態，またはヘルニアの確認をする
身体的成熟度の評価	正常な成長と発達の確認をする

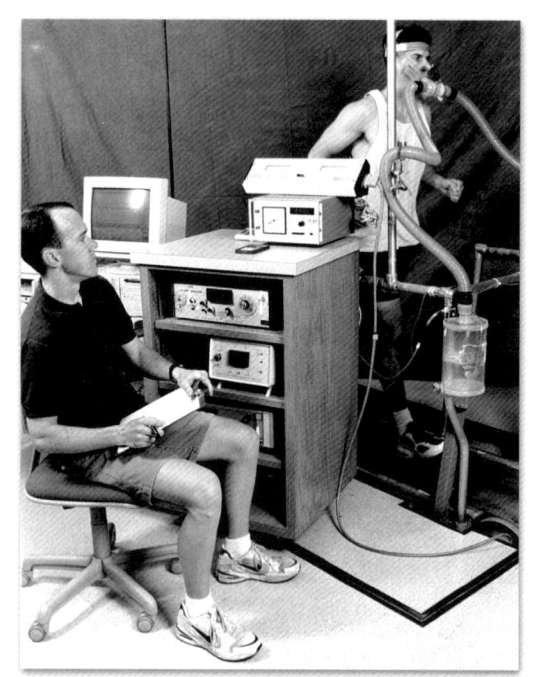

図3.2
漸増運動負荷テストは心肺機能を評価するために踏み台，固定式自転車エルゴメーターやトレッドミルを利用して行われる。

図3.3
長座体前屈テストは柔軟性を評価する上で役立つ。

4. フィットネステストやパフォーマンステスト

　あるチームはメディカルチェックの一部としてフィットネステストやパフォーマンステストを行っている。また，運動処方のための基準として使うためにこれらのテストを使うこともある。どのような内容のテストを実施するかは実施側が決めるが，高齢者アスリートには特別な注意を払う必要がある。アメリカスポーツ医学会（American College of Sports Medicine）は，すべての40歳以上の男性と50歳以上の女性に対して，高強度の運動に参加する前に漸増運動負荷テストによる評価を受けることを推奨している（図3.2）。また，このテストは心臓病のリスクを背負っているすべての個人が，参加にあたって受けるべきものであるとしている。代表的なフットネステストの内容は「フィットネス評価表」に示した。

　ハムストリングスや下背部の柔軟性評価のための長座体前屈テスト（図3.3）のように，より負担の少ないテスト項目などは検査の中に取り組みやすい一方で，心臓血管系の体力評価（漸増運動負荷テスト）はメディカルチェックのほかの項目が終了した後，別の日程で行うように予定を立てるべきである。メディカルチェックを受ける各個人が使える時間を基に，実施するテストの数や種類を決めるとよい。メディカルチェック中にあわただしくフィットネステストを受けたいと思う人はいないはずである。

　アメリカ家庭医学会（American Academy of Family Physicians）に興味があれば，www.aafp.orgにアクセスするとよい。

　フィットネステストに関してはアメリカスポーツ医学会のウェブサイトwww.acsm.orgを参照のこと。

フィットネス評価表

日付 _____ 年 _____ 月 _____ 日

氏　名 _____

住　所 _____ 電話番号 _____

医師名 _____

Ｉ．身体に関する一般的情報
1. 年齢 _____
2. 性別 _____
3. 危険性の分類 _____
4. 身長 _____ cm
5. 体重 _____ kg
6. 安静時心拍数 _____
7. 安静時血圧 _____
8. 予測最大心拍数 _____
9. 服用している薬 _____
10. 運動歴 _____

Ⅱ．心臓血管系の評価
1. 安静時心拍数（仰臥位） _____
2. 安静時血圧（仰臥位） _____
3. 安静時血圧（座位） _____
4. 予測心拍数　　最大 _____
　　　　　　　　90% _____
　　　　　　　　80% _____
　　　　　　　　70% _____
5. 過換気心拍数 _____
　　　プロトコル _____
　　　器　　具 _____
　　　最大心拍数 _____
　　　最 大 血 圧 ____ / ____
　　　最 大 MET _____

ステージ	時間	スピード	回転数	強度	心拍数	血圧	二重積	STセグメント	コメント
		1							
1		2							
		3							
		1							
2		2							
		3							
		1							
3		2							
		3							
		1							
4		2							
		3							
		1							
5		2							
		3							
R		1							
e		3							
s		6							
t		9							

Ⅲ．肺気量
1. 肺活量 _____ / _____ %予測
2. 努力性肺活量 _____ / _____ %予測

Ⅳ．柔軟性
1. 長座体前屈 _____ cm

Ⅴ．筋力と筋持久力
1. 握力　　右 _____ kg
　　　　　左 _____ kg
2. 上体起こし／腹筋 _____ 回 _____ 時
3. _____

Ⅵ．身体組成
A　皮脂厚測定（キャリパー法）　　1　　2　　平均
1. 胸部
2. 肩甲骨下角部
3. 腸骨棘上部
4. 臍
5. 上腕三頭筋
6. 大腿前部

B　体脂肪
1. 体脂肪率 _____ %
2. 脂肪体重 _____ kg
3. 除脂肪体重 _____ kg
4. 理想体脂肪率 _____ %
5. 理想体重 _____ kg

C　周囲径
1. 首 _____
2. 肩 _____
3. 胸 _____
4. ウエスト _____
5. 腰 _____
6. 大腿　R _____ L _____
7. 下腿　R _____ L _____
8. 上腕　R _____ L _____
9. 前腕　R _____ L _____

Ⅶ．血液化学成分
1. コレステロール _____
2. Chol. / HDL _____
3. LDL / HDL _____
4. トリグリセリド _____
5. グルコース _____
6. ヘマトクリット _____

5. メディカルチェックの結果

　メディカルチェックの結果は，医師が希望する運動への参加を許可，より正確に言えば，制限し得る理由がないことを証明するのに役立つものである。ただし，ある運動への参加を許可されたからといって，自動的により負荷の高い種目やスポーツにも参加できると決め込んでしまわないように慎重になるべきである。生まれつき二分脊椎症（椎骨が脊髄の周りを完全に囲んでいない状態）を抱えているジェイソンを例にとって考えてみる。彼のケースでは二分脊椎症が，下半身の筋力低下の原因となっている。ジェイソンは歩いたり短い距離であれば走ったりできたが，筋の協調性の低下のためすぐに疲れてしまう。かかりつけの医師は，彼が地元のボウリングに参加するために評価を行い，その結果，彼の参加を制限し得る理由は見当たらないという書類にサインをした。シーズン終了後，ジェイソンは彼の両親に障害を持ったアスリートのサッカーリーグに参加できるかどうかを相談した。ボウリングチームではジェイソンは活躍していたので両親はリーグへの参加を許可した。彼は非常に喜んだものの，それもぬか喜びだった。というのもコーチがジュニアサッカー対象のメディカルチェックを受診するまではプレーを許可しなかったからだった。「申し訳ないが，ボウリングをプレーするために受けたメディカルチェックを受け入れるわけにはいかないのだよ。サッカーはまったく違うスポーツなのだから。」同時に，ジェイソンが恐れたとおり，残念ながらサッカーをプレーする許可を医師から得ることはできなかった。

　ボウリングへの参加は身体的に可能であったのに，なぜ彼はサッカーをプレーすることは許されなかったのか。その答えはメディカルチェックの目的に関係している。つまり最も難しい決断であるスポーツ参加への許可を出すか否かである。メディカルチェックのプロジェクトチーム（Smithら 1997）はスポーツ参加の条件を，①無制限の許可，②追加評価あるいはリハビリテーションを完了した後の許可，③いくつかのスポーツ，あるいは極端な場合ではあらゆるスポーツにおいて許可しない，の3つに分類している。表3.5は一般的な健康状態におけるスポーツ参加の許可条件を示している。

　すべてのメディカルチェックの問診票には，参加しようとしているスポーツや運動に関して

表3.5　スポーツへの参加制限となり得る医学的問題

問題	参加の許可・不許可	判定
高血圧	許可	血圧を数日間モニターする。もしも血圧が安定しなければ，精密検査に送られる。
前十字靱帯欠損	再評価のため先送り	基礎的な筋力を作り，関節の安定性を総合的に測定する。
椎間板障害	再評価のため先送り	椎間板の状態をみるためMRI（磁気共鳴影像法）を基に診断を受けた上で，評価とトレーニングのためにリハビリに送られる。
鎌状赤血球貧血	不許可	スポーツ参加に伴う高い危険性についてカウンセリングを行う。代わりとなる役割（マネージャーなど）に就くことを促す。
左右1対ある臓器の欠損	制限つきの許可	残った健康な臓器に傷害の危険性がまったく生じないスポーツにのみ参加が許可されなければならない。少しでも危険性が伴う場合は，法律弁護士の下，スポーツ参加について同意書を作成しなければならない。
糖尿病	許可	アスリートに関わるスタッフと学生は糖尿病急症の前兆に関して教育されていなければならない。またアスリートは血糖値をしっかりとチェックされている必要がある。

明記されていなければならない。そして，本人と指導者は出された許可がメディカルチェックに明記されたスポーツや運動にしか適用されないことを認識しなければならない。

ほとんどの医師と医療団体は安全に行えるスポーツを探すようにアスリートを促すか，ある一定のレベルでスポーツを行うために必要とされるリハビリテーションや医療サポートについて助言するであろう。

1 医師への照会

スポーツや運動が制限つきで許可されるすべてのケースにおいて，制限する基となる理由を十分に評価する必要がある。これには監督下でのみ許可される活動への参加のケースも含まれる。医療関係者に照会するだけでなく，その際には予約の手助けも行うべきである。通常，それまでに行われていた評価や治療の内容に関しての通知を照会先の医療関係者が受け取ることになる。アスリートの医療情報の大切な部分であるこの情報は，取得，検討，解釈され，個人の医療記録として保持されるべきものである。医師が個人の経過を追うために，しばしば同じ専門医によって追跡評価が行われることもある。

2 監督下で許可される身体活動

アスリートの中には現時点では運動を制限されていて，運動を行うためには監督下に置かれる必要性がある医学的条件を抱えている者もいる。そのような場合，医師が医療関係者や対応できる技術を持っている専門家の監督下という条件の下で，指定された運動あるいはスポーツへの参加を許可することもある。これはコーチあるいはほかの監督者がいないスポーツへの参加は許可されないことを純粋に示している。喘息，気管支炎，糖尿病，癲癇，出血性疾患，大腸炎，ほかの治療可能な疾患の場合，監督者が常についていることを要求される可能性がある。

3 参加の許可が出せないケース

通常，特定のスポーツへの参加は許可できないと判断する責任を持つのはチームドクターである。前記したように，もしも参加が適していないと考えられる場合，参加のために何らかの手段がないか探し出すよう努力するべきである。発行されているガイドライン（Smithら1997）によれば，いかなる運動への参加も許可され得ない医学的条件としてあげられるのは，心筋炎（心臓の炎症）と発熱（一時的な参加の不許可）の2つだけである。不必要にスポーツへの参加を制限したくはないものの，アスリートの健康状態を守る責任のある医師にとってはスポーツ参加の完全禁止を決定しなければならない責務は非常に辛いものとなる。

スポーツ参加の許可が得られないということは，つまり参加には特別なリスクが伴うということを意味している。ある健康状態が参加の制限を必要とするかどうかを決定する際，医師は以下の問題と向き合うことになる。

- 問題のリスクを増やすことになるのか。
- 安全性を危険な状態にさらすことになるのか。
- 薬，装具，防具の使用，あるいは特別なリハビリテーションを行うことで安全に参加させられないものか。
- 治療が行われている間，制限つきでの参加が許可できないか。
- もし許可が出せない場合，どのような運動であれば安全なのか。

アスリートの競技参加に関する決定はチームドクター，ほかの医療専門家，チーム関係者（アスレティック・トレーナー，コーチ，代理人），そして本人あるいは家族の間で同意の上で行われるべきである。

6. 障害を持ったアスリートに対して考慮すべき事柄

スポーツ医学ハンドブック（Sports Medicine Handbook, NCAA発行 2003-2004）では，これに限られるわけではないが，障害を持つと考えられる大学生アスリートとして次の例をあげている。
① 車いすを使用している者（図3.4）
② 聴力，視力障害者，あるいは四肢が欠けている者
③ 左右1対ある器官のうち片方だけしか持たない者
④ 日常生活の行動を大きく制限し得る行動的，情緒的，精神的な障害を持つ者

左右1対ある臓器のうち片方だけしか持たず，かつ競技参加を希望するアスリートは医療専門家が同意した上で，NCAAによる次の要因が考慮され，アスリートに問題がないと考えられる場合に競技参加が可能となる。
① 残っている臓器の良否と機能
② 残っている臓器へのダメージの可能性
③ 保護装具の性能

図3.4
高い競技レベルの車椅子バスケットボールゲームでプレーをしているアスリート。

それぞれのケースは別々のものであるので，競技参加の禁止につながる明確な原理がすべてのスポーツ活動を対象に示されることはあり得ない。しかし，もしも競技への参加がアスリート自身あるいはチームメイトの健康を危険にさらすものでないのであれば，すべての学生アスリートに競技参加の機会が与えられるべきであるとするのは道理に合っていると言える。

7. メディカルチェックの管理

スポーツやフィットネスにも様々なレベルがあるようにメディカルチェックにも多くの異なった方法がある。しかし，すべてのメディカルチェックにおいて同じ結果が導き出されるべきである。さもなければ個人の競技参加を妨げる理由など存在し得ない。メディカルチェックを行う際の2つの主な方法として，個人別と集団で行われるものがあげられる。

1 個人別のメディカルチェック

通常，メディカルチェックを受けるようにという要請はあるものの，限られた予算しか持たないチームでは各個人でメディカルチェックを受けるよう求めることがしばしばある（「競技参加前のメディカルチェック」を参照）。この方法は高校や中学校のレベルでは一般的に使われている（図3.5）。それぞれのかかりつけの医師の下でメディカルチェックを受けさせる利点は，医師がアスリートとその家族をよく把握していることである。本人とその家族の過去の医療情報を把握している医師は，ほかの方法では発見できないかもしれない問題に関しても疑問を抱いて報告してくるかもしれない。また本人をよく知る医師であれば，繊細な問題についても相談を受けることができる上，競技に対する

熱意をよく理解してくれるかもしれない。おそらく最良のメディカルチェックは，スポーツにおける身体的要求に関して熟知していて，かつ一般医学と同様に整形外科の分野においても熟練しているかかりつけの医師によって行われるものである。

医療過誤の保険にかかるコスト上昇のため，医療費は急上昇してきている。通常，整形外科医は医療過誤の保険に年間約5万ドル（約500万円）を払っている。もちろん，それ以上を払う人もいれば，それ未満の人もいるが，すべての医療提供者は医療におけるミスが起こった時に自らを金銭的な面で守るためにこの種の保険に入っており，その結果として消費者（患者）の支払うコストが増える。事実，多くの家庭は昔のようにかかりつけの医師から医療を受けるのではなく，むしろ大きな保険維持機構（Health Maintenance Organizations；HMOs）に加入し，緊急の治療が必要な時だけHMOsのメンバーである医師を訪れて，毎回違う医師に診てもらうのが今日では一般的である。今日の医療システムにおいては，家族全体とその過去のすべての医療情報を把握しているかかりつけの医師というのは例外的な存在なのかもしれない。家族と深く関わったり，頻繁に行われるべき健康診断が欠けているということがよりいっそうメディカルチェックの重要性を高めている。

アスリートと家族の医療歴に関する情報の不足に加えて，HMOsメンバーの医師では視力検査，身体組成測定，あるいは柔軟性測定のようなメディカルチェックができない場合もある。このような場合，コーチやチーム内で教育を受けた人が非医学的な部分の評価を行うことになる。

2 集団メディカルチェック

大人数を同時に調べなければならない時，集団メディカルチェックは効果的な方法と言える。集団メディカルチェックでは，メディカルチェックを完了するためにアスリートが通り抜けなければならない多くのステーションに医療専門家を配置する。チームや学校が相談役として多くの医師を雇っている場合，この人たちを集団メディカルチェックの医学的評価を行う医師として活用するのが合理的である。

集団メディカルチェックには多くの医師やほかの医療専門家が関わるので，各担当は全体の一部分だけを担当することになる。それによって各担当者はより多くの検査を効率的に行えるので，検査時間を短縮できる。さらには同じ医師がチーム全員を診るので，検査の信頼性が高まる。もしも幸運にもある年からある年にわたって同じ医療専門家に診てもらえれば，何年にもわたってアスリートにとっては継続的かつ優れた一貫性のある検査と医療が受けられるという利点がある。

集団メディカルチェックの実施によって，チームのアスレティック・トレーナーは関係する医師と面識が持てることに加え，チーム内で同じ検査を受けていることを確認できる付加的な利点が生じる。メディカルチェックを管理する上で細心の注意を払いながらも，大きなグループのメディカルチェックを行う際にはよく問題が発生する。事前に綿密な計画を立てるこ

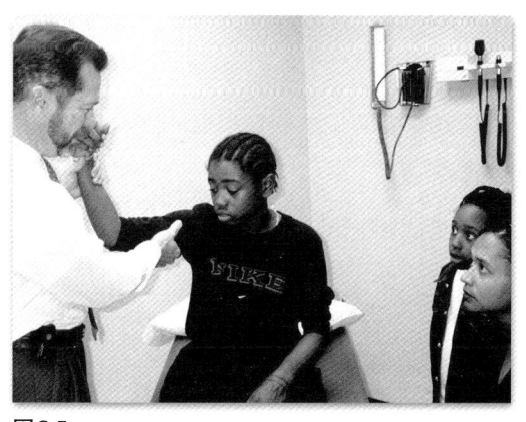

図3.5
多くの中学校や高校では，生徒自身が責任を持ってメディカルチェックを受けるように求めている。

とで疑わしい問題点を最小限に抑えられる。

　学校の体育館を例に取ると，集団メディカルチェック中に検査から検査にスムーズに移動できるように各ステーションを設置する必要がある。集団メディカルチェックを行う際には必要とされるスペース，用具・器具，人員に関して事前に計画を立てなければならない。各ステーションには特有の注意点がある。例えば，血圧検査のステーションでは検査を行う者が音を聞き取りやすいようにできるだけ静かな環境でなければならない。もしもこのステーションが人の集まっている周辺にあれば，雑音が強くなり血圧検査が正確に行われないかもしれない。体育館での設置に関しては下記の例を参照のこと。

> 📖　メディカルチェックの計画を立て，実施する過程に関する情報をさらに得るためには，Athletic Training Education SeriesのManagement Strategies in Athletic Training, 第3版を参照のこと。

📖 学校の体育館での集団メディカルチェック

ステーション1 受付	生徒や学生が用紙を受け取り，指定の場所で記入を行う。この際，コンピューターを利用して行うことも可能である。
ステーション2 身長と体重	生徒や学生の手伝い（訓練を受けている）が測定を行い，記録用紙に記入する。またスポーツ情報の担当者は広報のために記録を行う。
ステーション3 視力・眼検査	7メートル以上の長さの十分に明るい場所が必要である。医師は視力検査を監督し，さらに個別に眼の検査を行う。
ステーション4 精密検査（尿検査と血液検査）と予防接種	生徒・学生は検査のためにトイレに向かう。看護師が必要とされる予防接種を行う。静脈採血を行える医療従事者が血液と尿のサンプルを採る。
ステーション5 耳鼻咽喉	医師が耳，鼻，咽喉の評価を行う。通常，テーピングテーブルのような小さいテーブルに座らせて行う。
ステーション6 腹部検査	医師が腹部と骨盤部の評価を行う。腹部検査を行うステーションでは特にプライバシーが守られるように設定されるべきである。
ステーション7 整形外科的検査	整形外科的検査は時間を必要とすることがあるため，骨と関節の評価の際にはアスレティック・トレーナーが整形外科医の補助を行うこともある。
ステーション8 血圧と心臓・肺の評価	この2つの評価は静かな環境で行う必要がある。血圧と脈拍の測定には数名の検者が必要である一方，心臓と肺の検査を行うには1人か2人程度の医師が必要なだけである。
ステーション9 医師による総括	通常，チームの医療を担当している医師がチェックアウトを行う義務がある。競技参加の許可を出す前に集められたすべての記録をこの医師が見直さなければならない。

競技参加前のメディカルチェック

◆質問表　　　　　　　　　　　　　　　　　　　　　　　　　　　　　　　　　　　　　　　日付＿＿＿＿＿＿＿＿

氏名＿＿＿＿＿＿＿＿＿＿＿＿＿＿　性別＿＿＿＿＿＿　年齢＿＿＿＿＿＿　生年月日＿＿＿＿＿＿＿＿

学年＿＿＿＿＿＿＿＿＿＿＿＿＿＿　スポーツ＿＿＿＿＿＿＿＿＿＿＿＿＿＿＿＿＿＿＿＿＿＿＿＿

担当医師＿＿＿＿＿＿＿＿＿＿＿＿　住所（医師）＿＿＿＿＿＿＿＿＿＿＿　電話（医師）＿＿＿＿＿＿

◆下記の質問で回答が「はい」の場合は，下に詳細を述べてください。　　　　　　　　　　　　　　はい　いいえ

1. 今までに入院をしたことがありますか。 …………………………………………………………… □　□
   今までに手術を受けたことがありますか。 ………………………………………………………… □　□
2. 現在，何らかの薬を服用していますか。 …………………………………………………………… □　□
3. 何かアレルギーを持っていますか（薬，蜂やほかの虫刺され）。 ……………………………… □　□
4. 運動中または運動後に失神したことがありますか。 ……………………………………………… □　□
   運動中または運動後にめまいがしたことがありますか。 ………………………………………… □　□
   運動中または運動後に胸部に痛みを感じたことがありますか。 ………………………………… □　□
   運動中にほかの人たちよりも早く疲れを感じますか。 …………………………………………… □　□
   今までに高血圧症になったことがありますか。 …………………………………………………… □　□
   今までに心雑音があると言われたことがありますか。 …………………………………………… □　□
   今までに動悸または不整脈になったことがありますか。 ………………………………………… □　□
   家族の中に誰か50歳未満で心臓病死または突然死をした人がいますか。 ……………………… □　□
5. 皮膚に何か問題がありますか。 ……………………………………………………………………… □　□
6. 今までに頭部に傷害を負ったことがありますか。 ………………………………………………… □　□
   今までに気絶または意識を失ったことがありますか。 …………………………………………… □　□
   今までに発作を起こしたことがありますか。 ……………………………………………………… □　□
   今までにバーナー症候群になったことがありますか。 …………………………………………… □　□
7. 今までに熱けいれんまたは筋けいれんを起こしたことがありますか。 ………………………… □　□
   今までに暑い環境の中でめまいがしたり意識がなくなったことがありますか。 ……………… □　□
8. 身体活動中に呼吸が苦しくなったり，咳き込んだりしますか。 ………………………………… □　□
9. 運動のために特別な用具を使用しますか（パッド，装具，ネックロール，マウスガード，アイガードなど）。 … □　□
10. 眼または視力に何か障害はありますか。 …………………………………………………………… □　□
    眼鏡，コンタクトレンズ，または眼の保護用のアイガードを装着しますか。 ………………… □　□
11. 今までに捻挫，脱臼，骨折，くり返し起こる腫れあるいは骨や関節に
    ほかの問題を起こしたことがありますか。 ………………………………………………………… □　□
    □ 頭　　□ 肩　　□ 大腿　　□ 首　　□ 肘　　□ 膝　　□ 胸
    □ 前腕　□ 下腿　□ 背中　　□ 手首　□ 足首　□ 股関節　□ 手　　□ 足
12. ほかの医学的問題点はありますか（感染性単球増加症や糖尿病など）。 ……………………… □　□
13. 最後の検査以降，何らかの医学的問題を抱えたことがありますか。 …………………………… □　□
14. 最後に破傷風の予防接種を受けたのはいつですか。＿＿＿＿＿＿＿＿＿＿＿＿＿＿＿＿＿＿

    麻疹の予防接種を受けたのはいつですか。＿＿＿＿＿＿＿＿＿＿＿＿＿＿＿＿＿＿＿＿＿＿

15. 初潮はいつでしたか。＿＿＿＿＿＿＿＿＿＿＿＿＿＿＿＿＿＿＿＿＿＿＿＿＿＿＿＿＿＿＿

    閉経はいつでしたか。＿＿＿＿＿＿＿＿＿＿＿＿＿＿＿＿＿＿＿＿＿＿＿＿＿＿＿＿＿＿＿

    昨年，一番長い月経の間で空いた期間はどれくらいですか。＿＿＿＿＿＿＿＿＿＿＿＿＿＿

上記の質問のうち回答が「はい」の場合には，以下の空欄に詳細を述べてください。＿＿＿＿＿＿＿

＿＿
＿＿

以上の通り，上記の質問に対する私の回答は事実に相違ありません。

日付＿＿＿＿＿＿＿＿＿＿＿　競技者署名＿＿＿＿＿＿＿＿＿＿＿＿＿＿＿＿＿＿＿＿＿＿＿＿

親または保護者署名＿＿＿＿＿＿＿＿＿＿＿＿＿＿＿＿＿＿＿＿＿＿＿＿＿＿＿＿＿＿＿＿＿＿

競技参加前のメディカルチェック

◇身体検査　　　　　　　　　　　　　　　　　　　　　　　　　　　　　　　日付＿＿＿＿＿＿＿＿

氏名＿＿＿＿＿＿＿＿＿＿＿＿＿＿＿＿　性別＿＿＿＿＿　年齢＿＿＿＿＿　生年月日＿＿＿＿＿＿＿

身長＿＿＿＿cm		体重＿＿＿＿kg		血圧＿＿＿		心拍数＿＿＿
視力 右＿＿＿		左＿＿＿		矯正 Y　N		瞳孔＿＿＿

	正常	正常ではない所見				イニシャル
心肺系						
脈拍						
心臓						
肺						
タナー段階（性成熟度）	1	2	3	4	5	
皮膚						
腹部						
生殖器						
筋骨格						
首						
肩						
肘						
手首						
手						
脊柱						
膝						
足首						
足						
他の部位や器官						

スポーツ参加の可否
　　A　参加全面許可
　　B　評価とリハビリテーションの後，右記のスポーツ参加許可：＿＿＿＿＿＿＿＿＿＿＿＿＿＿＿
　　C　参加不可　　衝突型スポーツ
　　　　　　　　　　接触型スポーツ
　　　　　　　　　　非接触型スポーツ　　激しい身体活動　　中程度の身体活動　　軽度の身体活動
　　　　　理由：＿＿＿＿＿＿＿＿＿＿＿＿＿＿＿＿＿＿＿＿＿＿＿＿＿＿＿＿＿＿＿＿＿＿＿

判定：＿＿＿

医師名＿＿＿＿＿＿＿＿＿＿＿＿＿＿＿＿＿＿＿＿　　　日付＿＿＿＿＿＿＿＿＿＿

住所＿＿＿＿＿＿＿＿＿＿＿＿＿＿＿＿＿＿＿＿＿＿　電話番号＿＿＿＿＿＿＿＿＿

署名（医師）＿＿＿＿＿＿＿＿＿＿＿＿＿＿＿＿＿＿＿＿＿＿＿＿

競技参加前のメディカルチェック

◇検査　　　　　　　　　　　　　　　　　　　　　　　　　　　　氏名＿＿＿＿＿＿＿＿＿＿

＊1．血圧＿＿＿＿＿＿　体重＿＿＿＿＿＿＿kg　身長＿＿＿＿＿＿＿cm　視力：(右)＿＿＿＿＿　(左)＿＿＿＿＿

＊2．心臓血管系検査　　□正常　　□異常　　コメント：
　　　心雑音　□Y　□N　説明

＊3．筋骨格系検査　　異常な場合：関節弛緩性，筋力低下，不安定性，可動域の低下の記録
　　　膝関節　□正常　□異常　　足関節　□正常　□異常　　肩関節　□正常　□異常
　　　(ほかの整形外科的疾患　首，足，側彎症など)　□正常　□異常

　4．追加検査　(既往歴がある場合)　コメント：
　　　耳鼻咽喉　□正常　□異常　　胸部　□正常　□異常　　腹部　□正常　□異常
　　　性器　　　□正常　□異常　　皮膚　□正常　□異常

＊評価
　5．A．□ 異常所見なし　　B．□ ほか

＊判定
　6．A．□ 制限なし　B．□ 特定のスポーツへの参加制限　C．□ 決定の延期（例：リハビリ，再評価，医師への相談，精密検査）

＊再検査
　7．A．□ 年一回と一週間以上競技参加を制限する障害の後　　B．□ そのほか

上記の学生への検査を行い，学校間で行われるスポーツへの参加を制限し得る身体的問題が（ある　ない）ことを証明致します。

あなたは米国内での医師免許を保有していますか。　□ はい　　□ いいえ

署名：＿＿＿＿＿＿＿＿＿＿＿＿　電話番号：＿＿＿＿＿＿＿＿＿＿＿＿＿＿＿＿＿＿＿＿＿＿＿＿
住所：＿＿＿＿＿＿＿＿＿＿＿＿　日付：＿＿＿＿＿＿＿＿＿＿＿＿＿＿＿＿＿＿＿＿＿＿＿＿

競技参加禁止の理由を述べてください。
＿＿＿

(以下は医師と両親からの許可が得られるまで競技参加禁止となる問題：急性感染症，明らかな成長遅延，糖尿病，黄疸，深刻な視覚または聴覚の障害，心肺不全症，先天的心臓病または高血圧，肝臓または脾臓の肥大，ヘルニア，機能障害を伴った筋骨格系の変形，けいれんまたは脳震盪の既往歴，腎臓，目，睾丸，卵巣の欠損など)

＊必須項目
American Academy of Family Physicians and Preparticipation Physical Evaluation Task Force 1996 より McGraw-Hill 社からの許可を得て転載

Q&A

Q1 スポーツチームのアスリートやフィットネスプログラムを始めようとしている人に対するメディカルチェックの重要性を述べなさい。

A1 メディカルチェックは，これから取り組もうとしているスポーツあるいは運動を行う上で必要な個人の医学的状態を評価するものである。運動を行わない人の健康状態ではなく，活発な運動中に健康に危害が及ぼされ得るものに評価の焦点を当てているという点で，メディカルチェックは年1回行われる通常の健康診断とは異なっている。

Q2 現在の健康状態に関する知識がアスリートあるいは活発に運動を行う人への医療を行う上でどのように生かされるのか述べなさい。

A2 実際に何らかの問題が発生する前に，現在の健康状態を明らかにすることで，安全に運動に取り組むための治療や準備を行うことができる。例えば，小さなヘルニアと診断されていれば，運動への参加は許可されるものの重い重量を扱うウエイトトレーニングは制限されるかもしれない。潜在的な危険性がさらにあるのかを知ることで，もしも症状が増した場合に備えてアスリート自身あるいはスタッフが注意を払い続けることができる。

Q3 スポーツチームを対象にメディカルチェックを行うために使われる主な2つの方法を述べ，それぞれの長所と短所をあげなさい。

A3 個人が検査を受ければチームや学校の経費を軽減でき，かつ医師が本人と家族の健康状態や治療歴に関して熟知しているかもしれない。一方では，医師が本人を知らない可能性や検査の質が一定に保たれない可能性が起こり得る。同じ医師たちによってすべてのアスリートがチェックされる集団検査では，一回のセッションですべての検査を終了できるため時間を削減できる一方，大きなグループを管理しなければならないという欠点があげられる。例として，騒音がしたり，人々の注意が散漫になったり，混乱したりするかもしれない。また，疑わしい検査結果に対する継続的検査が難しいことやプライバシーの低下，あるいは個別に相談する機会が減るなどの短所がある。

Q4 メディカルチェックで行われる必要のある検査の種類をあげ，集団検査の中でそれらを実施するのに必要となる医療チームの構成を明確に述べなさい。

A4 管理スタッフやほかのスタッフメンバーは管理用の書類と問診票を担当する。地元の緊急医療専門家，救急医，看護師または看護学生，そしてアスレティック・トレーナーまたは学生トレーナーが血圧と心拍数の測定を担当するのが通常である。看護師あるいは外科医が血液検査と尿検査のためのサンプルを採る。アスレティック・トレーナーまたは学生トレーナーは身長，体重，身体組成の測定を行う。検眼士あるいは検眼の訓練を受けたスタッフが視力検査を行う。整形外科医とアスレティック・トレーナーが整形外科的評価を担当する。一般外科医あるいはほかの医師，オステオパシー医が腹部と骨盤周辺の検査を行う。耳鼻咽喉の専門家，医師，またはオステオパシー医が耳，鼻，咽喉の検査を行う。心臓病専門医，ほかの医師，またはオステオパシー医によって心臓と肺の検査が行われる。追加または自由選択の検査としては歯科医による歯科検査と運動生理学専門家あるいはほかの専門スタッフによって行われる心電図検査があげられる。

Q5 集団検査を実施する上での問題点をあげ，解決策を述べなさい。

A5 問題点とその解決策として以下のようなものがあげられる。
- 騒音レベルによっては検査の妨げになる：雑音が重大な問題になり得る検査が行われる場所の周辺には，人が集まらないようにステーションを配置するようにする。
- 検査を受ける者がどこに行けばよいのかわからなくなってしまうことがある：検査を受ける人の流れをコントロールして，次のステーションへの行き方を指示できるように案内係を配置する。
- 些細な所見は多くの数字の中で見落とされてしまいがちである：検査用紙にあるすべての所見のリストを作る。チームを担当している公認アスレティック・トレーナーに適切に検査を終了させることと，検査後のフォローアップを行うように指示する。
- ステーションの配置によっては，検査待ちの人が目に入るために検者にプレッシャーがかかることがある：できるかぎりプライバシーが守られるようにステーションを配置して，状況をコントロールするためにスタッフに監視させる。
- 数多くの対象者を評価する必要があるため，個別のカウンセリングを行うことができない：医師が検査終了後に患者と話をするための時間を設ける。

質問について考え，調べ，議論してまとめなさい。

① 高校におけるアスレティック・トレーナーの立場で考えた場合，学校で行うアスリート向けのメディカルチェックの持つ利点と欠点について説明しなさい。

② あなたは1,000人の高校生アスリートと5人の学生トレーナーを抱える高校のヘッドアスレティック・トレーナーである。チームドクターとしては1人の整形外科医がいる。彼の診療所で働く2人の看護師と一般医でもある彼の妻がメディカルチェックを助けに来ることに同意してくれている。学校はメディカルチェックのための予算として1万5千円を提示している。メディカルチェックを行うにあたって，アスレティックトレーニングルーム，標準サイズの体育館，標準サイズの2つの教室を含む学校の東側の棟全体を無制限に使用できる許可を学校から得ている。また，あなたのルームメイト，学校保健室の看護師1人，そしてコーチ3人がその日に助けに来てくれることになっている。さらには，同じ地域で働く公認アスレティック・トレーナー1人を当日雇うことも決まっている。この条件で，当日にどのようにメディカルチェックを実施するかについて概要を書きなさい。なおメディカルチェックでは受付，身長・体重，眼検査・視力検査，腹部検査，整形外科的検査，血圧，心肺系検査，およびチェックアウトに関するステーションを設置する必要がある。また以下に関しても明確にしておく必要がある。
　　a. 誰をそれぞれのステーションに配置するのか，そしてなぜそうするのかを明確に述べなさい。それと同様に，どこにどのステーションを配置するのか，そしてその理由を述べなさい。また，当日助けてくれるほかのスタッフのそれぞれのステーションにおける役割についても簡潔に述べなさい。
　　b. メディカルチェックにどれくらいの時間をかけるのか予測しなさい。
　　c. 仕事中の休憩の取り方，ステーションをどのように移動して行けばよいかについての生徒への指示の仕方，すべての生徒がすべてのステーションを終了したことをどのように確認するかについて述べなさい。

③ メディカルチェックを成功させる上で解決しておく必要のあるほかの問題点は以下のようになる。上記の質問2のシナリオに基づいて下記の問題点に関して考察しなさい。
　　a. 働いている人たちに対して食事やスナックを提供するのか。するのであればいくらかかるのか。
　　b. 医師，看護師，雇ったアスレティック・トレーナーがそれぞれメディカルチェックで必要となる器具の一部を持ってくると仮定した時，ほかにどのような器具をあなた自身で用意する必要があるか。そしてその器具を用意するのにいくらかかるか。
　　c. 働いている人の中でどの人にいくら払うのかを考えなさい（メディカルチェックのための費用は1万5千円に限られている）。
　　d. 各ステーションで働く人それぞれが特定の役割を持っている。どのようにそれぞれの人に情報を伝達するのかを考えなさい。
　　e. メディカルチェック前の会議を開くのかどうか（メディカルチェックの当日あるいはメディカルチェックの行われる数週間前）。
　　f. 生徒に検査時間を指定するのかどうか。もしそうするのであれば，どのような手段で生徒にその情報を伝えるのか。
　　g. 学校で行うメディカルチェックに参加する生徒に対して料金を課すのか。もしそうであれば，いくらに設定するのか。また料金を課すことをどのようにして正当化するのか述べなさい。

④ 高校や大学を問わずすべてのレベルにおけるアスリートに対して自分でメディカルチェックを受けさせることの長所と短所を述べなさい。

⑤ 次頁に記した「連絡事項」の内容を参考にして次の質問に答えなさい。
　　a. メディカルチェック中に問題となり得る事項をあげなさい。
　　b. 上（a.）であげた事項がなぜ問題となり得るのか説明しなさい。
　　c. 次頁の「連絡事項」の内容で変更するとすれば何を変更するか，そしてそれはなぜかを述べなさい。

⑥ 問診票で質問しておきたい事項をできるだけ多くあげなさい。またあげられた様々な事項の重要性に関して説明しなさい。

⑦ メディカルチェックを計画・運営・管理するにあたって，アスリートが書き込んでメディカルチェックに持参する必要のある用紙に関していくつか考慮しなければならないことがある。事前に渡す書類の中に何の用紙を入れる必要があるか，そしてそれはなぜかを述べなさい。

「連絡事項」

すべてのスタッフと学生トレーナー　各位

ヘッドアスレティック・トレーナー
ペリー・エディンガー

全国ユーススポーツプログラムへ参加する前のメディカルチェックについて

標記メディカルチェックを体育棟にて行います。午前7時30分に3つのチームが集合するので，その時間までに各自，検査の準備をした上で待機するようにしてください。下の表は各ステーションの設置場所を示しています。体育棟には，一階には3つの体育館と女子と男子の更衣室，地下にはトイレ，そして二階には6つ教室があります（偶数の番号は廊下の左側，奇数は右側にあります）。

ステーション番号	検査/ステーションでの役割	配置場所	ステーション番号	検査/ステーションでの役割	配置場所
1	受付	体育館1	7	心臓と肺の検査	教室203
2	身長・体重測定	更衣室	8	整形外科的検査	教室205
3	視力検査	体育館2	9	血圧・脈拍測定	教室206
4	柔軟性の測定	体育館3	10	健康保険の書類提出	教室204
5	尿検査	更衣室	11	医師による総括	教室202
6	耳，鼻，咽喉の検査	教室201			

【引用文献】

American Heart Association. 1996. Cardiovascular preparticipation screening of competitive athletes. *Circulation* 94：850-856.

American Heart Association. 1998. Cardiovascular preparticipation screening of competitive athletes：Addendum. *Circulation* 97：2294.

National Collegiate Athletic Association. 2003-2004. *NCAA sports medicine handbook 2003-04*. Indianapolis：National Collegiate Athletic Association. http://ncaa.org/library/sports_sciences/sports_med_handbook/2003-04/index.html (accessed June 15, 2004).

Smith, D.M., J.R. Kovan, B.S.E.Rich, and S. Tanner. 1997. *Preparticipation physical evaluation*, 2nd ed. Minneapolis：McGraw-Hill.

【参考文献】

American Academy of Pediatrics Committee on Sports Medicine and Committee on School Health. 1989. Policy statement：Organized athletics for preadolescent children (RE9165). *Pediatrics* 84 (3).

Bratton, R.L. 1997. Preparticipation screening of children for sports. Current recommendations. *Spts Med* 24 (5)：300-307.

Cook, L.G., M.Collins, W.W.Williams, D.Rodgers, and A.L.Baughman. 1993. Prematriculation immunization requirements of American colleges and universities. *J Am College Health* 42：91-98.

Fields, K.B. 1994. Clearing athletes for participation in sports：The North Carolina Medical Society Sports Medicine Committee's recommended examination. *NC Med J* 55 (4)：116-121.

Gardner, P., and W.Schaffner. 1993. Immunization of adults. *New Eng J Med* 328 (17)：1252-1258.

Glover, D.W., and B.J.Maron. 1998. Profile of preparticipation cardiovascular screening for high school athletes. *JAMA* 279 (22)：1817-1819.

Hepatitis B virus：A comprehensive strategy for eliminating transmission in the United States through universal childhood vaccinations：Recommendations of the Immunization Practices Advisory Committee. 1991. *Morbid Mortal Wkly Rpt* 40：W-131.

Kibler, W.B. 1990. *The sports preparticipation fitness examination*. Champaign, IL：Human Kinetics.

Maron, B.J., and J.H.Mitchell. 1994. 26th Bethesda Conference：Recommendations for determining eligibility for competition in athletes with cardiovascular abnormalities. *J Am Coll Cardiol* 24 (4)：845-899.

Maron, B.J., J.Shirani, L.C.Poliac, et al. 1996. Sudden death in young competitive athletes：Clinical, demographic, and pathological profiles. *JAMA* 276 (3)：199-204.

Maron, B.J., L.C.Poliac, J.A.Kaplan, and F.O.Mueller. 1995. Blunt impact to the chest leading to sudden death from cardiac arrest during sports activities. *N Eng J Med* 333 (6)：337-342.

Maron, B.J., P.D.Thompson, J.C.Puffer, et al. 1996. Cardiovascular preparticipation screening of competitive athletes. *Am Heart Assoc* 94 (4)：850-856.

McKeag, D.B. 1996. Ugh! Sports physicals [editorial]. *Phys Sptsmed* 24 (8)：33.

Myers, A., and T.Sickles. 1998. Preparticipation sports examination. *Prim Care* 25 (1)：225-236.

Peterson, B. 1991. Pre-season examinations：Organizing this most vital part of any athletic program. *The first aider*. Garner, KS：Cramer Corporation.

Sanders, B., and W.C.Nemeth. 1996. Preparticipation physical examinations. *J Orthop Spts Phys Ther* 23 (2)：149-163.

Sarpinato, L. 1996. Clearing athletes for sports participation. *Hosp Pract* 31 (4)：120-122.

Tanner, S.M. 1994. Preparticipation examination targeted for the female athlete. *Clin Spts Med* 13 (2)：337-353.

26th Bethesda Conference. Recommendations for determining eligibility for competition in athletes with cardiovascular abnormalities. 1994. *Med Sci Spts Exerc* 26 (10,Suppl.)：S223-S283.

4章

スポーツのコンディショニングとストレングス・トレーニング

● 本章の目的 ●

本章を読むことで,
1. どのようなフィットネステスト種目が必要なのかを選別できるようになる。
2. プレシーズン期,インシーズン期,ポストシーズン期,トレーニング期などの様々な時期においてフィットネステストを行う理論的根拠を説明できるようになる。
3. ウエイトリフティングの1回最大挙上テストを実施する方法を説明できるようになる。
4. 「無酸素性運動」と「有酸素性運動」をエネルギーシステムに関連して定義し,それぞれ様々な運動種目と関係づけて説明できるようになる。
5. 等張性,等尺性,等速性運動を定義でき,それぞれの例をあげられるようになる。
6. 短縮性・伸張性収縮の2つの筋収縮様式について比較し,説明できるようになる。
7. 運動処方を作成する際に考慮すべき要素を説明できるようになる。
8. オーバーロードの原則を定義し,ストレングス＆コンディショニングにどのように応用できるか説明できるようになる。

「ホイットニー。ゴルフが今よりも上手になるように，ウエイト・トレーニングプログラムを作ってくれないか？」ある時，ジムでトレーニングしていた男性が尋ねてきた。

「もしよければ，ぼくもそれに一緒に入れてくれないか？」近くでトレーニングしていたほかの男性も大きな声をかけてきた。

このような要望は，アスレティック・トレーナーにとって決して珍しいことではないが，ふつう，彼のような人からリクエストがあるのは珍しいことである。というのは，ホイットニーは大学卒業後，運動好きなアクティブな中高年の多い地域にあるスポーツ施設で働いていて，彼女の担当する人たちは，一般に考える以上に高齢で，最も若い人で63歳であった。

ホイットニーは申し込みを喜んで引き受けた。彼女は高齢のアスリートのトレーニングに関しては，クラブ内のプロのフィットネスインストラクターや理学療法士の誰よりも慣れていると感じていたし，競技レベルのアスリートと働いたことのある自分の経験は，高齢者アスリートが抱えている精神的な問題や彼らの高いモチベーションを理解するためにきっと役立つと考えた。

ホイットニーは，大学院に通っている間もこのジムに勤務しており，すぐに高齢者からの理解と賞賛を得た。特に，大学院での「生涯運動」という授業では熱心に勉強したので，学生アスリートから高齢者アスリートへ理論を応用することは難しいことではなかった。学生アスリートと同じように，高齢者アスリートは高いモチベーションを持っていることにすぐ気づいたホイットニーは，頑張りすぎる彼らを抑えなければならないほどであった。

ホイットニーはどんなアスリートにも使うトレーニングコンセプトを応用し，あらゆる体力レベル，競技種目，そして個人の身体能力に対応して運動プログラムを作成した。彼女が作成した理論的かつ段階的に強度が増加するプログラムを実行して，年齢別ゴルフトーナメントで優勝したり，高齢者野球リーグで85歳のキャッチャーがチームの準優勝の原動力になったり，90歳の女性が股関節骨折後，ボウリングができるようになっていた。

彼女の同僚がなぜ高齢者の人々から気に入られているのかを尋ねた際に，ホイットニーは「原則は同じです，私はただ普通のアスリートと同じように接して，彼らの体が耐えられるだけのチャレンジをしてもらっているだけよ。彼らは皆，ほかの若い人たちと同じくらいスポーツをしたがっているの。時には，スポーツが彼らにとって人生の中のすべてなのよ。だから，彼らのために私のできる限りの時間と思いやりをかけているの」と答えている。

近年，ストレングス＆コンディショニングの分野は非常に成長してきている。この分野はかつてコーチの責任業務の1つであった。しかし，ストレングス＆コンディショニング・スペシャリストの活躍により，シーズン中はもちろんオフシーズン中のコンディショニングにいっそうの注意を払うなど，コーチの責任や業務を軽減させるのに役立っている。

不幸にも，いくつかの学校やチームは，選手のために適切なストレングス＆コンディショニング・プログラムを施すのに，コーチにまだ頼っている。業務規約等にかかわらず，アスリートと働く人々は必要な際にこの分野についてアドバイスができるよう，ストレングス・トレーニングの様々な側面について知っておくべきである。

加えて，高校生のように，体力がまだ十分でないのに本格的なトレーニングを始めたばかりのアスリートと働く機会があるかもしれない。また，別の職場では，適切なウォームアップ，適度な運動，良いストレッチ・プログラムへ注意を払う一方，80歳の高齢者が自分の体力の限界にチャレンジするかもしれない。ウォーキングやランニング・プログラムに関係するいくつかの傷病は，この年代に特有のものである。心肺機能の低下により，めまいやわき腹の激痛を訴えるかもしれない。また，荷重がかかる関節に生じる整形外科的な問題は，高齢者アスリートの骨密度の低下や関節炎の様々な症状と関係するかもしれない。このようなタイプの問題はすべて，注意深い計画とエクササイズ種目の選択によって容易に予防できる。

この章では，コンディショニング・プログラムにおける個人の進歩状況を評価する方法と個別のウエイト・トレーニングプログラムを作成する出発点を決定するために行う個人テストの方法について記述する。そのほかにも，トレーニングで使用されるプログラム，テクニック，器具，そして一般的なコンディショニング・プログラムで見落としがちな柔軟性について解説していく。

1. フィットネステストの手順

コンディショニング・プログラムを始めるには，フィットネス（体力）の「基礎レベル」についての知識が必要である。もしも基礎レベルがわからなければ，ストレングス＆コンディショニング・プログラムを始めるにあたって，どこからスタートすべきかわからないはずである。ウエイトラックを見つめ，どうしたらいいか途方にくれるであろう。このように不安になる様子は，フィットネステストがいかに重要かを表している。フィットネステストにより，どの筋群に，またはどのようなエネルギー産生力に強化が必要なのかを検証できる。身体組成に加え，筋の機能（筋力，持久力，パワー），心肺機能，スピード，アジリティが一般的に用いられるテストである（表4.1）。

フィットネステストは以下のような順番で実施される。

1 スポーツに参加する前のテスト

シーズン前のフィットネステストでは，身体の弱い部分を判別するためやインシーズン中のコンディショニング・プログラムを設定するために，体力レベルを評価する目的で実施される。

あるアスリートの持久力レベルをチームメイトと比較することは非常に有意義である。例えば，スタミナ面で劣っていると判断できれば，長時間のトレーニングや大会期間中でのスタミナを改善するため，持久力トレーニングを取り入れることが考えられる。

テストから得た知識・情報により，安全で効果的なトレーニングが可能になり，参加者の運動レベルに合ったトレーニング・プログラムをデザインすることができる。

表4.1 様々なフィットネステスト

フィットネステスト	目的	説明	利点・欠点	コメント
時間または距離指定ランニング・テスト	心肺機能持久力	時間（9，10，12分）や距離（1500m，2000m）を使用した様々な方法がある。	利点：簡易・安価で，大人数を同時にテスト可能。欠点：参加者のモチベーションの影響を受ける。	すべての年齢や体力別グループに適用できる。大人には長め（10分）の時間設定。子どもには短い時間もしくは短い距離を設定する。
ハーバードステップテスト	心肺機能持久力	高さ50cmのステップ台を1分間30回のペースで，5分または疲労困憊まで昇降する。疲労困憊（＝15秒ペースを維持できない）になったら，昇降を終了し座り，30秒間心拍数を計測する。計測は昇降終了後，1，2，3分後とする。	利点：シンプルで簡易。欠点：メトロノームやリズム用カセットテープが必要。	点数計算：〔100×昇降時間（秒）〕÷2×回復期の心拍数の合計。優：＞90，良：80-89，普通：65-79，低：55-64，悪：＜55
一回最大挙上テスト	等張性筋力	設定した重量を1回リフトする。適切にリフトできた場合，より重い重量を設定する。最大挙上重量がわかるまで，継続する。	利点：器具は通常用意されている。欠点：特定のリフト方法に限定される。	シーズン前と後の筋力測定に非常に適している。
垂直跳び	筋パワー	壁近くに位置し，手を上方に最大限伸ばしたポイントで壁にタッチしてマークする。そのマークを記録する。その位置からジャンプして最高位で壁にタッチする。3回行い記録する。最初のマークとジャンプした最高位の差を記録する。	利点：シンプルで簡易。欠点：コーディネーション能力が低い人は，記録が低い。	スコアは，ジャンプした高さを示す数値にすぎないが，「パワー」に換算することが可能である。
立ち幅跳び	筋パワー	ラインより後方に，両足をそろえて立つ。腕の振りや脚の推進力を最大に利用し，できるだけ遠くへ跳ぶ。着地は両足。	利点：シンプルで短時間で行うことができる。欠点：高齢者やけがを持つ人には，負担が大きい。	跳躍距離を記録する。
プッシュアップ・テスト	筋持久力	テスト作成側が指定する方法のプッシュアップを規定時間内（60秒，2分）に行う。	利点：器具は必要ない。欠点：上肢の筋力がない人はテストができない。	規定通りに正確にプッシュアップした数をカウントする。
腹筋持久力テスト	筋持久力	テスト作成側が指定する方法のシットアップを規定時間内（20～60秒，2分）に行う。	利点：器具は必要ない。欠点：腰部に障害を持つ人はテストを控える。	規定が守られるようテスト側はシットアップ方法を標準化しなければならない。シットアップした数の合計を記録する。
スプリント・テスト	スピード	規定の距離を走る。通常，10，20，30m。	利点：短時間でシンプル。欠点：ウォームアップが必要。参加者のモチベーションの影響を受ける。	参加者が専門とする種目や運動に直接関連する距離を設定すること。個別のグループに適合した基準値を設定できる。

2 インシーズン期のテスト

インシーズン期や強化期間中のテストは，プレシーズン期やポストシーズン期と異なり，必ず行われるというわけではない。コーチが自分の強化プログラムの有効性を判別するため，オフシーズン中のトレーニング・プログラムの中間期にテストが行われるのである（図4.1）。インシーズン中にテストをする場合は，この期間で十分に強化できずに弱くなってしまった部分を見極めるために行われる。特に競技中によく行う動作とは異なるリフト動作に関わる筋力の

低下は，インシーズン中に顕著に見られる。インシーズン中のウエイト・プログラムによってこのような問題を軽減させることは非常に理にかなっている。ただし，長期のインシーズン中のトレーニングやコンディショニング量の増加は，選手への身体的な負担が増え，決して良い結果を生まない。コーチの多くは，選手にインシーズン中もウエイトを継続するよう要求するが，競技に最も適した種目に限定するべきである。コーチにとっては，インシーズン中にテストを行うことで個別のウエイト・プログラムの立案が可能になる。1人で活動する選手やあまり組織的に運営されていないチームやクラブに所属する選手は，競技参加前に行ったフィットネステストを一連のプログラムの中でくり返すことで，同様の効果を得ることが可能である。このように定期的にテストをすることで，体力目標に向かって前進しているかチェックができ，現在のプログラムを変更すべきか，またいつ変更すべきかの判断ができる。

ウルトラマラソンに参加したジョン（第3章参照）がトレーニングの量を減らさなければならなくなったことを思い出してみよう。100マイル（160km）ランに初めて挑戦するのに適切なコンディションだったかを，彼はどうしたら知ることができたかを考えてみよう。もしも，定期的にフィットネステストを受けていなければ，日々のランニング量や走行距離の長くなる週末のランニング・トレーニングが，実際に効果があるのか，それとも逆効果なのかがわからないであろう。能力を超えてトレーニングをしてしまい，オーバートレーニングになることはあり得ることである。定期的にジョンが心肺機能テストを受けていれば，どのようなトレーニング・プログラムが彼にとって最も効果的かがわかったはずである。

3 ポストシーズン期のテスト

ポストシーズンにフィットネステストを行うことで，オフシーズン中に起こる身体の変化を比較するための基礎数値を，コーチやアスリート自身が把握することができる。これらのデータにより，オフシーズン中の強化プログラムで改善すべきトレーニング目標をより明確にすることができる。1年に2種目以上のスポーツをするアスリートは，競技特性に合ったオフシーズン・プログラムを行うことはできないかもしれない。したがって，この場合は，ポストシーズンの評価は非常に重要になる。シーズン直後の体力評価を行ったアスリートほど，オフシーズン中のコンディショニング・プログラムで達成すべき目標をより深く理解することができる。

> サーキット・トレーニング，トレーニングテクニック，柔軟性，傷害予防，安全性，特別な考慮が必要な対象，女性特有の問題等については，National Strength and Conditioning Association（NSCA）ウェブサイト（www.nsca-lift.org）を参照のこと。このサイトでは，NSCAの公式ジャーナルStrength and Conditioning Journalのすべての記事やコラムの文献一覧を見ることができる。

図4.1
定期的にテストを行うことで，トレーニングの効果を検証できる。

2. フィットネステストの内容

スポーツでは特殊な身体活動が要求される。異なる競技には異なるレベルでのパフォーマンスが必要になる。しかし、一般にどのような競技のフィットネステストも、心肺機能、アジリティ、スピードはもちろん、筋の機能（筋力・筋持久力・パワー）を含んでいる。これらのパラメーターを検証すると、傷害予防に関係するパラメーターであると気づくだろう。アスレティック・トレーナー、コンディショニング・スペシャリストにとって、フィットネステストの結果を知ることでアスリートの弱点が見え、共同作業で準備ができる。このようにして、けがの防止に一歩近づける。これらのストレングス＆コンディショニングのパラメーターに加え、柔軟性、体組成、身長／体重の測定は、シーズン前のメディカルチェックやフィットネステスト項目に含むべきである。これらパラメーターがいかに重要であるかを次に説明する。

1 筋の機能

筋力とは、筋がある抵抗を克服する能力である。ある動作での筋活動を理解するためには、解剖学の深い知識が必要である。また、筋力とは、ある速度である動作をなす際に筋が発揮する最大力であるとも言える。レスリング、フットボール、体操競技で筋力が必要なことは明白だが、水泳や陸上競技をスピード競技として捉え、筋力の必要性は少ないと感じる人がいる。しかし、コーチたちは、すべての競技種目で筋力は必要であり、筋力測定データは非常に有効であることを知っているはずである。

筋持久力とは、筋が連続運動をどれだけできるかという能力である。クロスカントリーのようなスポーツ、陸上競技のある種目やほとんどの水泳種目は、かなりの割合で心肺系と筋持久系の両方の持久力を要求される。ほかの例で言うとテニスでは、バックハンドスィングやオーバーヘッドサーブを何度も力強く打てる能力が持久力である。サイクリングやローイングでは、同じ運動パターンを継続的に行うため、弱い筋やコンディションの悪い筋に障害を起こす可能性がある。

パワーは、仕事率とも言われる。パワーと聞くとどれだけ速く挙上運動をできるかと考えるかもしれない。しかし、パワーの定義はそれほど単純ではない。パワーは物理学の言葉であり、ある一定時間における仕事量と定義される。物理学ではこれをまた別に、「力×動かした距離」と置き換える。つまり、「筋パワー＝可動域内（通常垂直方向）で挙上された重量（力）÷挙上に必要な時間」とも言える。同じ距離を同じ重量でより短い時間に挙上できるようになったり、同じ距離を同じ時間でより重い重量を挙上できるようになったりすると、パワーがついたと言える。ストレングス＆コンディショニング・スペシャリストが筋パワーを評価する方法に、クリーン＆ジャーク（図4.2）といった種目がある。クリーンでは、一連の動作で重量をフロアから胸の高さまで挙上する。この種目は、重量のあるバー（力）を（床から胸の高さの）大きな可動域で短時間に挙上する。すなわち、パワーである。例えば、50kgを挙上する際に、床から胸までが1.5mで、かかった時間が1秒だとすると、パワー＝50kg×1.5m＝75kg m/秒である。

多くの競技は、パワーを必要とする。例えば、ジャンプ動作は、ある可動域内（踏み切るまでの瞬間）で体（＝重り）を動かす必要があり、非常に素早い動作で行われる。ジャンプ動作は、パワー強化の種目を組み入れたコンディショニング・プログラムで向上する。

❖ 筋力の評価

筋力の評価をする際には、まず基礎測定が必

要である。通常これは，最大一回挙上重量（1RM）の測定で行われる。もし，競技に特有な筋活動の測定が必要であれば，それらの筋や筋群が動員される種目の1RMを測定種目に選ぶとよい。以前から，ベンチプレスは上肢の筋力評価に，レッグプレスやスクワットは下肢の筋力評価に利用されている（図4.3）。

最大挙上回数はアスリートがある重さで挙げられる1セットの最大回数のことを言う。一方，1RMはあるウエイト種目の一回の試技によって挙げられた最大重量のことである。最初の試技は，予想する1RMの50％の重量で行う。その後，予想最大重量の75％，90％，100％と続く。一回の挙上が可能であれば重量を追加し，挙上ができなくなるまで行う。残念ながら，1RMの重量が確定するまでに多くの試技を行えば，それだけ筋疲労も大きくなる。つまり，1RMは最後に挙上できた最大重量ということを単に示すことになる。したがって，十分な休息を取った後に試技を行い，そのつど適切な重量調整をするのが賢明であろう。

そのほかの筋力テストでは，筋活動様式の様々な要素を組み合わせることもできる。例えば，50kgでベンチプレスが何回可能か測るテストがある。筋疲労の評価をするこのようなテストは，筋持久力テストと考えられる。もしも，このテストを，どれくらいの重量でベンチプレス10回可能かというように変化させた場合，目的はより筋力の測定になる。しかし，もしもスタートの重量が軽すぎて10回以上挙上した場合，これは持久力のテストになる。つまり，どのくらいの重量を挙上できるかは筋力測定になり，何回挙上できるかは持久力の測定になる。

❖ 筋持久力とパワーの評価

筋持久力は，1回の筋力発揮とは異なるエネルギー源を使うので，筋力テストとは別に評価しなければならない。また，筋持久力テストでは，ある筋群の競技特性を評価することが可能である。一般的なシットアップや時間制限プッシュアップを持久力テストとして行うことも可能である。例えば，あなたがクロスカントリー選手の脚の筋持久力を評価したい場合にはスクワットを選ぶかもしれない。なぜなら，関節運動の組み合わせが走行時の脚の動きに似ているからである。選手は，設定された重さ（比較的軽量，例えば，10～20kg）でスクワット動作を可能なかぎりの回数を行う。このテストによりほかの選手との比較ができ，また，シーズン

図4.2
クリーン＆ジャークによってパワーを評価できる。

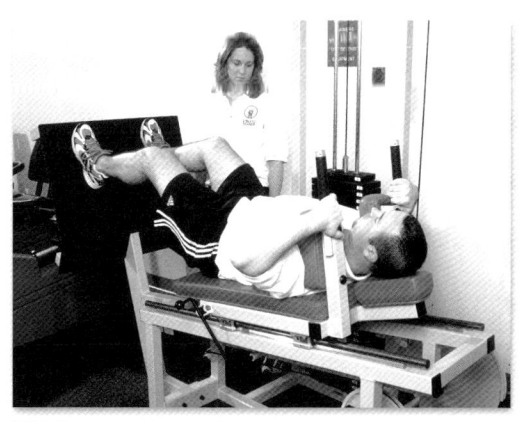

図4.3
レッグプレスやスクワットによって下肢の筋力を評価できる。

中にウエイト・プログラムの進展具合を知るため個人評価の基準値として使用できる。

筋持久力テストの中で最も一般的なものは，シットアップテストである。制限時間（通常60秒）内に，膝曲げシットアップを行う。足部の固定の有無などの正確な姿勢については，テストされる選手の能力との関係で決定される。ただし，テスト方法の一貫性は必ず保持しなければならない。

パワーは垂直跳びに代表されるように，どれだけ短時間に最大力を発揮できるかという能力を測ることで評価できる。

2 心肺機能（有酸素性能力）

有酸素性能力は，運動中にどれだけ酸素を取り入れてエネルギーを産生できるかという能力を意味し，運動中に酸素消費を必要とするほとんどのスポーツに関係する。エアロビックすなわち「酸素を必要とする」とは，簡単に言うと，酸素に依存するエネルギー源を使用することである。

これに対して，無酸素性すなわち「酸素を必要としない」能力は，非常に短時間な運動で発揮される。短時間で行われるスプリントのような運動は，無酸素性運動と言える。つまり，このような運動は，酸素を必要としないエネルギー源を使う。爆発的な動作を必要とする多くのスポーツは，無酸素性と有酸素性システムの両方が利用される。例えば，バスケットボールの速攻は典型的な無酸素性運動であり，一方，ハーフコート内にボールが動いているオフェンスやディフェンスの間は有酸素的な局面になる。

❖ 有酸素性能力の評価

有酸素性能力は，精巧な機器などは必要なく，走行時間を計ることで測定できる。よく行われるテストの1つに12分間走があるが，これは有酸素性能力を測るために用いられる標準テストである（訳注：日本では新体力テストの「20mシャトルラン」が一般的に行われている）。

❖ 無酸素性能力の評価

無酸素性（酸素を必要としないエネルギー産生）システムの能力は，垂直跳びやシャトルラン（図4.4）のような爆発的な運動を行うことで測定できる。これら2つの種目とも短時間であり，通常無酸素的に行われる。シャトルランは，競技中の無酸素性能力の要求度を再現するように考えられている。試技者は，2本のラインの間（約18m間）を素早く往復するよう要求される。ラインへのタッチの回数は，競技特性によって決定される。また，初回の試技の後，多くの場合パフォーマンスが改善されるので，テストは3回試技をして最も速いものを正式記録とする。

3 アジリティとスピード

アジリティとはスタート，ストップ，方向転換ができる能力であり，ほとんどのスポーツにおいてアジリティを評価することは意義のあることである。動作の急激な方向チェンジは，アジリティの要素を含んでいる。一方，スピードは方向転換の能力に決定されず，ある設定された距離の移動に必要な時間を意味する。

❖ アジリティの評価

アジリティテストを行うにあたり重要な要素は，健康上の問題を持っていないことと適切なシューズを使用することである。アジリティテストでは，急速な減速，方向転換，そして，次のラインまで全力疾走することが要求される。つまり，足関節や膝関節に問題がある人は，まったく問題のない人と同じようなパフォーマンスは望めない。このテストは特殊であるため，テストを行う前に動きのパターンをまず覚える必要がある。アジリティテストは優れたコーディ

ネーション能力やスピードが要求されるように見えるが，どんなレベルの参加者も十分な時間を与えられれば行うことは可能である。アジリティテストを行う上で非常に重要な点は，同じレベルの相手と自分を比較することである。テニスチームのテスト結果を同じ年齢のアメリカンフットボールのラインの選手と比較することが無駄なように，障害を持った選手とそうでない選手の結果を比較することはまったく意味のないことである。

ほかにも多くのアジリティテストが，競技特性を考慮して考案されている。競技に求められる要素や参加者のスキルによって，多種多様なテスト種目がある。目的がそれぞれ異なったテストとして，Tテストとエグレン・サイドステップテストを紹介する。Tテストでは，T字に4つのコーンを設置する（図4.5）。試技者は，T字の底のコーン①からスタートし，前向きにコーン②へ向かって10ヤード（9m）走る。右手でそのコーンの底をタッチし，5ヤード（4.6m）左にあるコーン③へ向かってシャッフルで進む。コーン③もタッチした後，右へシャッフルで戻り（コーン②を通り過ぎ），10ヤード（9m）進み，コーン④を右手でタッチする。再びシャッフルで中央のコーン②へ戻り左手でタッチし，スタートポジションにバックペダルで戻る。時間は，試技者がスタートポジションを離れた瞬間から，コーン①に戻ってくるまでを測定する。

エグレン・サイドステップテストは横12フィート（約3.6m）と縦3フィート（0.9m）の中で測定される（図4.6）。試技者は中央のラインから6フィート（1.8m）離れた最も左外側に位置するラインまでサイドステップし，すぐに反対方向に向かい，中央のコーンを通り過ぎ，（12フィート〔3.6m〕離れた）最も右にあるラインまでサイドステップする。サイドステップで10秒間どれだけ多くラインにタッチできるかを測定する。ラインへのタッチを1ポイントとして計算し，3フィート（0.9m）の区分けで，1区切り1/4ポイントとして計算する。

アジリティテストを行う際，もしもあなたがテストの5〜6番目の順番で，自分の試技の前に他人のテストを見ることができた場合，学習効果があることを考慮するべきである。アジリティテストは，この学習効果を利用するとよい。

図4.4
シャトルランはある種のスポーツでの動きに似ており，無酸素性能力を評価するテストとしても利用できる。

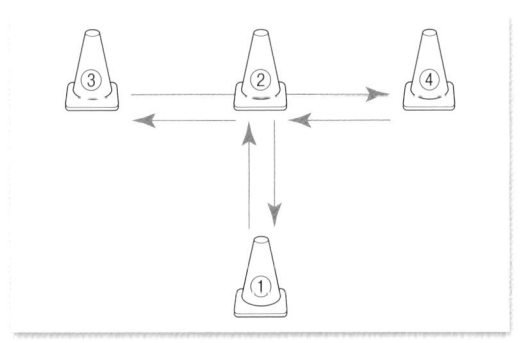

図4.5
Tーテストはアジリティを評価できるので，バスケットボール，バレーボール，そのほかのシャッフルな動きのあるスポーツに最適である。

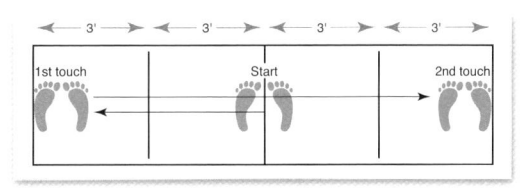

図4.6
エグレン・サイドステップテスト

つまり，通常 3 回以上の試技を行い，その最も良い結果を記録する。また，検者側はテスト方法を変更することも可能で，サイドステップのほかにクロスオーバーステップや競技に関連したフットワークで行うこともできる。

❖ スピードの評価

スピードテストにはランニングがあり，それは競技特性に合った距離で行われるべきである。多くのスポーツでは，ある姿勢や位置へスプリントするような一瞬の爆発的な動きが含まれる。そのような競技では，40ヤード（36.3m）か100ヤード（91m）ダッシュのタイムを測定することが多い。短距離のスプリントでは，急なストップをせずにすむように減速のためのスペースを確保しておく。

4 柔軟性

極度に体を後ろに反らせた体操選手や，ハムストリングストレッチをして自分の頭を膝につけているアメリカンフットボールの選手を想像すると，このような選手たちは柔軟性が高いと評価される。柔軟性にはいくつかの解剖学的要素が関係しており，関節の構造，筋のサイズ，靭帯と腱の構造，年齢，性別が影響する。また，柔軟性はトレーニングの結果でもあり，これらの要素をひとつひとつここで確認する。

❖ 柔軟性と関節構造

関節面の構造が可動域を決定する。肩や股関節に代表される球関節は，大きな可動域を持つ。このタイプの関節運動には，屈曲／伸展，内転／外転，内旋／外旋（図4.7），水平屈曲／水平伸展があり，「ぶん回し」という複合運動もある。

球関節ではない場合はぶん回し運動や2つ以上の運動面で関節運動することはできない。肘関節は，Stedman's Concise Medical Dictionary（1994）によると「蝶番関節と定義される一軸関節であり，ある骨の広い横長の円筒型の凸面に，もう一方の骨の形状に応じた形の凹面が適合し，一運動面の運動が可能な関節」である。すなわち，肘関節は屈曲・伸展しかできない。肘関節で行われているように見える回旋運動は，実は前腕にある関節で行われている。関節を形成する表面の構造が，どのような運動が可能かを決定するので，それぞれの関節がどのような可動域を持っているのかを図で示すことができる。

❖ 筋サイズの柔軟性への影響

筋肉隆々の人は，あまりにも筋サイズが大き

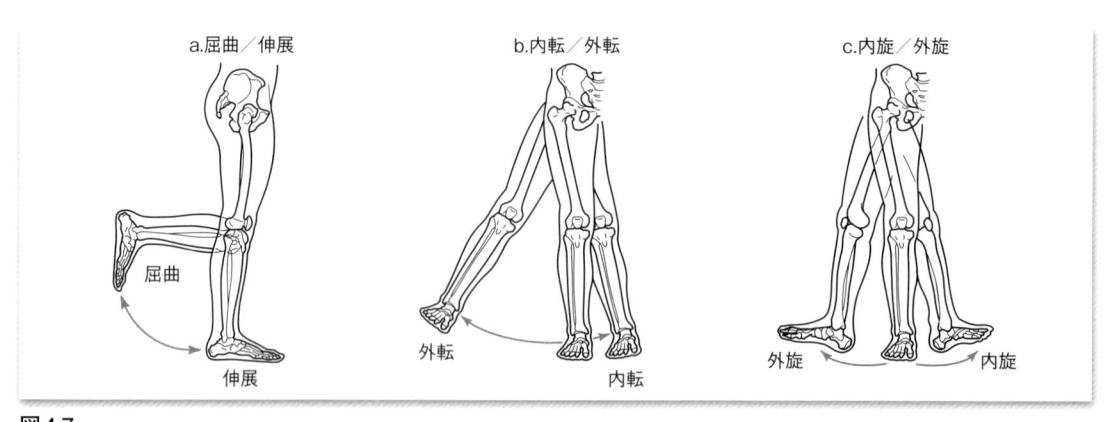

図4.7
膝関節と股関節の動き　a.屈曲／伸展　b.内転／外転　c.内旋／外旋

いため，両腕を自分の体側に着ける（肩関節内転）ことができないように見える。実際に筋サイズは可動域を制限する。例えば，肘関節を屈曲させ，上腕二頭筋の力こぶを作り，利き腕とその反対側の腕の可動域を比較するとよい。また，自分の肘関節の屈曲角度と，異なる体格，筋力，性別の人のそれを比較するのも興味深い。

関節周辺の筋は大きく発達するので，可動域は減少する。筋サイズが大きくなり過ぎて，体が固く動けそうもない人々を多く見かける。ある人の体が固く見える場合，過剰な筋肥大が可動域制限の理由である可能性がある。このような場合は，トレーニングをした筋をしっかりストレッチすることと，反対の筋群（拮抗筋）をしっかり鍛えることで筋肥大による可動域への影響を最小限にできる。トレーニングを行った後にストレッチをすることで，その筋が短くなったり機能しなくなったりすることを防ぐ。ストレッチ・プログラムは，強化トレーニング・プログラムの一部として常になくてはならない。主働筋（運動を起こしている筋）の強化とともに，拮抗筋の強化も行うことは，関節へかかる力のバランスをとり，片方の筋だけが過度に固くなることを防ぐ。上腕二頭筋（主働筋）を収縮させて肘を屈曲し，上腕二頭筋を意識している場合，反対側の筋つまり上腕三頭筋（拮抗筋）はリラックスしていなければならない。もしも，上腕二頭筋だけを意識的にトレーニングし，上腕三頭筋をまったく無視していた場合，それは上腕二頭筋の強化と上腕三頭筋のストレッチをくり返しているばかりになる。これでは，肘関節が固くなり完全に伸展できなくなる。したがって，よくデザインされたレジスタンス・トレーニングでは，主働筋と拮抗筋の両方のトレーニング種目を行い，よりバランスの取れた筋力アップを図ることができる。このようにして，「レジスタンス・トレーニングは可動域を失わせる」という誤解を解いていくべきである。その方法とは，①使った筋を伸ばすストレッチ・プログラムを常に入れること，②すべての強化プログラムで常に主働筋群と拮抗筋群を鍛えることである。

❖ 靭帯と腱組成の柔軟性への影響

結合組織はコラーゲンとエラスチンの組み合わせで構成されている。ある人は靭帯や腱の弾力性がほかの人よりも優れているように見える。靭帯の弾力性を調べる簡単なテスト方法として，手関節を屈曲させ他動的に親指を手首の方に曲げてくるというテストがある（行う際には十分注意すること。力を入れ過ぎないこと。ゆっくり押すこと）。手首に簡単に親指がつく人は，結合組織（靭帯と腱）に大きな弾力性があることを示す。

❖ 年齢と性別の柔軟性への影響

一般的に女性は同年齢で同じような体格の男性よりも柔軟性が優れていると考えられるが，この男女の差は絶対なものではない。柔軟性を問われる競技を行う人は，性別にかかわらず柔軟性が増す。同様に，年齢を重ねると同時に柔軟性は低下していく。ただし，ストレッチを継続することで，年齢による低下を遅らせることができたり，実際に年齢の影響とは逆の結果を出したりすることもある。活動的な人はあまり運動をしない人と比較して高い柔軟性を持つと言える。

❖ 柔軟性の評価

柔軟性の評価は，体力テストの重要なプログラムの1つである。ある関節での可動域の低下は，障害の原因になることがある。例えば，ランニング中は，足が次のステップを踏むためハムストリングは伸ばされなければならないが，もしも，ハムストリングが短縮していたり，伸張される能力が低下したりしていると，激しいランニング・トレーニングによって筋はダメージを受ける。ハムストリングの柔軟性評価は，体力テ

ストの中でも最も標準的な柔軟性テストである。

ハムストリング柔軟性テストである長座体前屈テストは，膝伸展位で脚を前に伸ばして床に座った状態で行う。まず，シューズを脱いで，測定用メジャーが付いたボックスに足をぴったり着ける。試技者は，ゆっくりできるだけ前方へ手を伸ばし，最もストレッチした地点で2秒間保持する。ボックスの端から指先までの距離をメジャーで測る。ボックスを越えればプラス，端まで届かなければマイナスで評価する（表4.2）。これを2回行い，3回の試技の中のベストスコアを記録する。

ある特定の部位の柔軟性を評価するためにテストを工夫して行うこともできる。その際に重要な点は，ほかの関節を固定させるような姿勢を取らせて相対的な柔軟性を測定する。例えば，大胸筋の柔軟性を測定する場合は，ベッド上に仰臥位（背を下にして寝る）姿勢を取り測定する（図4.8）。後頭部で両手を組み，肩の力を抜き肘がベッドに向かうよう下方へ動かす。肘がベッドに着けば異常なしと判断できる。肘がベッドに着かない場合，大胸筋のタイトネス陽性と判断し，肘とベッドとの距離を実測して記録をしておく。

5 身長，体重，身体組成

身長と体重の測定は，ボディサイズを測定するという意味の人体計測学と時に同義に使われる。身長，体重に関する身体的データは，そのアスリートに適したポジションを決定する際の参考に通常コーチが利用する。体力テストのような測定とは関係がないようであるが，体重測定はアスリートの体力レベルに直接関係すると主張する人もいる。135kgだったフットボール選手が，夏休みが終わって160kgになってチームへ戻ってきたことを想像してみよう。競技レベルに関係なく，多くの人にとって自身の身長と体重を知ることは非常に意味のあることである。ある人にとって，自分の身長に適した体重を維持することは難しいことではないが，アスリートは体重増加（アメリカンフットボールのラインマン）や減量（体操選手）を求められる。自分の意思で体重増加や減量をする場合は，計画的に行うべきであり，予期せぬ体重の変化は医療的措置が必要な徴候かもしれない。急激な体重の変化は，医師へ報告すべきである。また，身長と体重は，医師の診察や体力テストの時には必ず記録すべきである。

ストレングストレーニングの結果として筋量が増加する場合，通常は体重の変化が同時に起こる。したがって，身体組成の測定はより重要になる。身体組成は，体内の除脂肪組織との関係で脂肪量と密接に関わる。高すぎる体脂肪率は，理想的なパフォーマンスを妨げる。また，肥満は心臓疾患，高血圧，糖尿病，関節炎などと関連している。

身体組成の測定方法には，皮脂厚測定法（キャ

表4.2　長座体前屈の評価（成人用）

評価	男性	女性
非常に良い	43～27cm	53～76cm
良い	15～42cm	28～52cm
普通	0～14cm	1～27cm
やや悪い	-20～-1cm	-18～0cm
悪い	-48～-21cm	-36～-19cm
非常に悪い	<-49cm	<-37cm

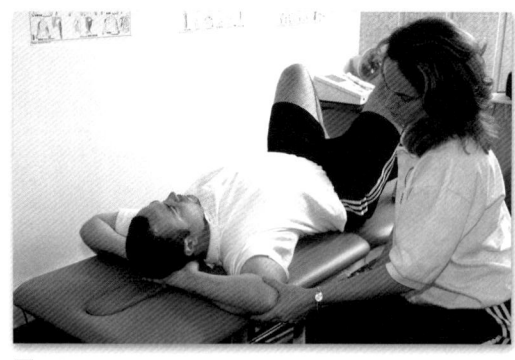

図4.8
大胸筋の柔軟性のテスト

リパー），体格指数（Body Mass Index；BMI），水中体重法，インピーダンス法を使用する方法があるが最も一般的な方法は，皮脂厚測定法（図4.9）である。この方法を採用した場合，テストの信頼性を最大限にするため，訓練を受けた測定者が1人ですべての対象者を測定すべきである。皮脂厚測定法では特殊なスキンキャリパーで指定部位の皮脂厚を測定し，この値を計算式にあてはめて体脂肪率を求める。求めた体脂肪率の正確性は測定者の熟練度に大きく依存する。平均的な健康な成人男性の脂肪率は12〜18％であり，成人女性のそれは14〜20％である。表4.3は年齢と性別を基にした最適脂肪率を表している。この数値は一般的にスポーツ生理学の分野でも受け入れられており，様々な医療機関や研究グループで使用されている平均値と類似した値となっている。

水中体重法は，全体脂肪量を評価する方法として確立しているが，すべての年齢，性別，人種背景に対して信頼性があるわけではない。水中体重法では，まず肺容量が測定され，水中に入り体重を測定する。肺容量と水中体重が特殊な式で計算され，体脂肪率が算出される。

インピーダンス法は通電パッドを手首，足首，足部に付けて使用する。脂肪は電気を通しにくいという性質を基に，通電パッドから流れる電気の流量の変化を測定する。体脂肪を測定するこの方法は，その測定のスピードと再現性の高さから，今後間もなくアスリートの身体組成を測定する主たる方法になってくると考えられる。

3. 運動処方

筋力，持久力，柔軟性を向上させる最も優れたトレーニングについて議論がよくあることを聞いてもさほど驚かないだろう。それぞれのトレーニング種目は，非常に特殊性があったり，1つの運動パターンで一関節に負荷をかけるものであったり，大きな筋群を最大限に強化するものであったりする。運動処方をする際にいくつか留意すべき点がある。それは，ニーズ分析の結果，目標設定（短期・長期・計画立案時の制限），運動計画そのものである。

1 ニーズ分析

トレーニングやコンディショニング・プログラムの立案に入る前に，ニーズ分析をしておか

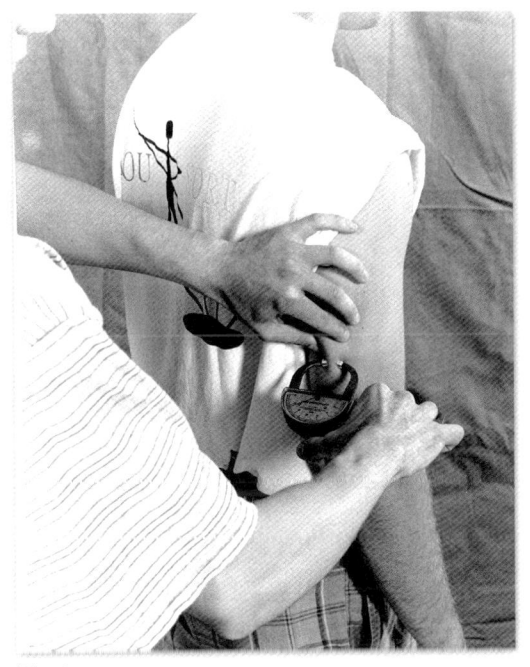

図4.9
キャリパーを用いた皮脂厚測定法による身体組成の評価。体脂肪率とともに除脂肪体重も算出できる。

表4.3　理想的な身体組成

年齢	体脂肪率（％）男性	体脂肪率（％）女性
<20	15	19
20〜29	16	20
30〜39	17	21
40〜49	19	23
50〜59	19	23
60〜	20	24

なければならない（図4.10）。対象が若い人なのか高齢者なのか，初心者なのかシーズン中のアスリートなのか，などプログラムの複数の目的について留意することは非常に有意義なことである。目的を確立していくには，その対象者の現在の体力レベルはもちろんのこと，競技種目に求められる体力を考慮しなければならない。プログラムの目的を明確にする際，FleckとKraemer（1997）の提唱する次の質問事項を参考にするとよい。

①どの筋群をコンディショニングすべきか？
②どのエネルギー産生システム（有酸素性，無酸素性）をトレーニングすべきか？
③どの筋収縮様式（短縮性，伸張性，等尺性；図4.11）を利用すべきか？
④その競技の典型的な傷害部位はどこか？そのアスリートの既往歴はどうか？

✤ 筋群

どの筋群を強化すべきか決定する時には，2つの要素が重要になる。それは競技自体が要求する動きの特性と個人の能力である。生理学と競技や技術の運動力学を深く理解することは，運動処方をする上での基盤になる。もしも，その競技や求められる技術に精通していれば，その分析は比較的容易である。しかし，そうでなければ常にだれかの助けが必要である。コーチは，一般にその競技で何が要求されるかについては，最も知識の深い存在である。練習のビデオは，競技テクニックの参考書同様に，ある特定のスキルで使われる筋群の分析に非常に役立つ。競技スキルのバイオメカニクス的評価は，競技に必要な筋群に直接関係する。多くの場合，競技に必要な筋群を調べる際には，ニーズ分析の4番目の質問から始めればよく，そうすればどのように筋が動くか理解することもできる。

✤ エネルギー産生システム

競技中のエネルギー産生システムの分析は，あなたが考えているほど明確にはできない。多くのスポーツでは，長い試合時間の中に瞬間的な動きがある。例えば，バスケットボールは，ボールを奪った瞬間に相手ゴールに向かってドライブし，その後すぐにディフェンスのため自コートに全力で戻らなければならないといった瞬間的な動きが多くある。全体的に見れば，この行ったり来たりする運動は明らかに有酸素性運動であるが，プレー中の多くの瞬間的な動きは無酸素性運動である。このようなエネルギー産生システムの組み合わせを発見したら，コンディショニング・プログラムの中にその両方を組み入れることが賢明である。

✤ 筋収縮様式

どのタイプの筋収縮様式を強化すべきか？前述したように，強化する筋群を選ぶ際に留意した点を考慮すれば筋の収縮様式を理解できるし，競技スキルの分析をすることで筋がどのように動くべきかがわかるだろう。陸上競技短距離走のスタートやジャンプ動作では，大腿四頭筋は短縮性収縮と伸張性収縮の能力を求められるので，この能力が低いと多くのスポーツスキルにとって致命的になる。

図4.10
コンディショニング・プログラムで何を強化するかを検討することをニーズ分析という。

ニーズ分析
運動動作
● 特定の筋
● 関節角度
● 筋収縮様式
● 求められる負荷
使われる代謝機能
● ATP-PC系
● 乳酸系
● 有酸素系
傷害防止
● 予想される最も典型的な傷害部位
● 以前の傷害部位

等尺性筋収縮はどのようなものであるかを理解する際に，別のことも考慮しなければならない。ただ，この動きは視覚的に捉えやすい。等尺性収縮は，動かないで静止状態を維持するような運動時に必要とされる収縮様式である。例えば，体操選手は数秒間姿勢を保つことができれば追加点をもらえる。関節の動きがないこの筋収縮のタイプを等尺性筋収縮という。等尺性筋収縮に関わる特別な筋力トレーニング方法も，スキル向上のためには必要であり，運動処方の中に含まれるべきである。

❖ 外傷・障害の発生パターン

チームの外傷・障害の発生データを整理し理解することで，コンディショニング・プログラムの弱点を確認できる。コーチやほかのメディカルスタッフと一緒にチェックし，過去数シーズンのけがの傾向を把握することが重要である。チームの全体的な外傷・障害傾向に加え，個人の傷害歴も把握すべきである。コンディショニング・プログラムの参加者に既往歴があれば，参加前に医師の許可を取る必要がある。

2 目標設定

目標設定は，運動処方の中でも重要な意味を持つ。目的やゴールのないプログラムは長続きしないのが常である。もしも，トレーニング過程の段階で成功体験があると，プログラムの途中でもアスリートのモチベーションを維持向上させやすい。したがって，目標達成によって成功と言えるので，目標設定が成功の鍵となる。すべてのプログラム参加者が長期の目標設定をするように確認しなければならない。長期的目標の設定は，目標達成の方法を明確化するために必要であり，それにより短期的目標が設定しやすくなる。

❖ 短期的目標

アスリートに関して必要な分析を行った後，強化プログラムの短期的目標を設定する（図4.12）。この目標には，即時的（1日）な目標と短期間（1カ月）の目標があるが，これらの短期的目標は，長期的目標と関連を持たなければならない。例えば，もしもあなたの長期的目標が大学の学位を取得することならば，1日の目標（授業へ出席する，課題を提出する）とその学期の目標（テストや研究課題でAを取る，学期の成績でAを取る）を達成することは，大学学位取得という長期的目標を達成することにつながる。もしも，短期的目標を見失った場合，長期的目標を達成することは非常に困難なものになるだろう。

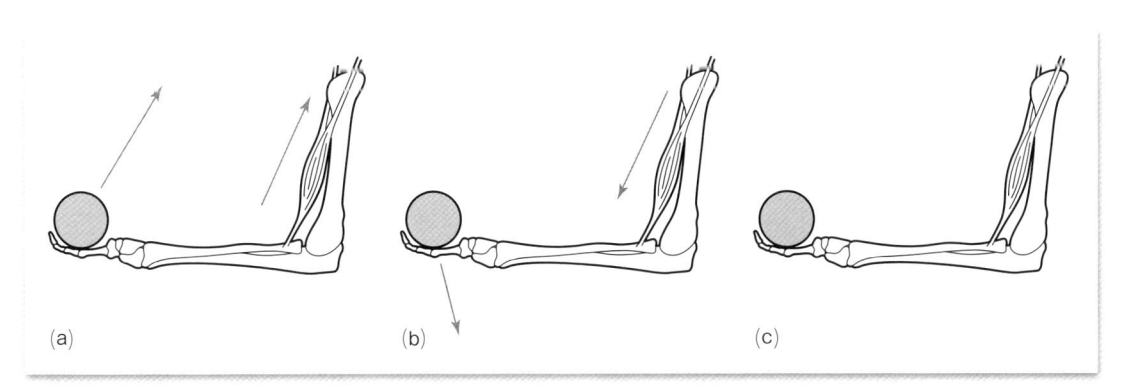

図4.11
(a) 短縮性収縮では，筋は短縮する；(b) 伸張性収縮では，筋はコントロールされながら伸張する。；(c) 等尺性収縮では，関節の動きはない。

❖ 長期的目標

どんな人でもトレーニング・プログラムの個人目標を設定しなければならない。他人の望む結果に対して本人はまったく興味を持っていないのに，それに対して本人に時間やエネルギーを費やせと求めることはまったくフェアではない。例えば，大学学位取得に興味もないのに両親のために学位を取得しようとしているのであれば，それは長く困難な挑戦になるだろう。自分自身の目標設定に責任を持っている場合，その人のモチベーションは高く維持される傾向にある。

多くの人は長期的目標での成功を望むが，目標としてそれが意味を持つためにも，何が成功なのか明確に定義しなければならない。プログラムへ参加する長期目標は何なのかを個人個人に明確にさせることは非常に重要である。プログラムを通して本人が期待する成果を達成できるよう参加者にはサポートが必要である。チームスポーツのアスリートがポジションに適した目標を設定する場合，トレーニング・プログラムの目的は身体面での準備であり，そのポジションのスキル上達は個人の責任においてなされなければならないことを理解させるべきである。正しいコンディショニング・プログラムによって，スポーツ特有の技術を正確に行うための筋力や筋持久力をつけ，練習を着実に行うための心肺機能を向上させることができる。しかし，正しいサインプレーをするとか，正しいタイミングでボールを打つということは，コンディショニング・プログラムが責任を負うところではない。測定可能で，コンディショニング・プログラムの効果が直接関係するトレーニング目標を，選手自身が設定できるようサポートをすることがあなたの責務である。測定可能な長期的目標の例として，シーズン終了時に身体測定のある数値を改善させる，練習後毎回測定する100m走で設定タイムよりも速く走る，強化プログラム終了時の垂直とびの数値を上げる等がある。各スポーツのシーズンの時期によって，長期目標が達成できるようサポートをする様々な強化プランが考えられるだろう。

❖ 計画に対する制限

コンディショニング・プログラムの作成にあたっては，常に障壁がつきものである。例えば，時間の制約，施設や用具の利用制限，移動の困難さ，そのほか多くの障壁がある。不幸にも，いかにアスリートがトレーニングに積極的であっても，これらの問題を安全に避けることはできない。もしも，何か問題があったとしても，1日の目標，週間目標，月間目標を達成できるように，可能なかぎり代替案を用意しておくべきである。

まず，頻繁に起こる問題の1つで「遠距離から参加すること」の解決策に，コミュニケーショ

図4.12
短期的目標は日々の到達目標としても設定できる。

ンと奨励制度がある。インターネットを利用することで，参加者への追加料金なしで日々の進展ノートの交換やプログラム変更ができるし，アスリートのモチベーションも上げられる。もし，インターネットへのアクセスができない場合，数日ごとか少なくとも週間ペースで，何らかの方法で情報交換を行わなければならない。そのほか，参加者の熱意に関する問題として，退屈さがある。懸賞金システムのような刺激的な要素をプログラムに組み込まなければ，参加者の口から「なぜプログラムに参加しなければいけないのか」など多くの言い訳を聞くことになるだろう。参加者の目線に立つと，プログラムがより魅力的になる方法が見えてくる。

最後に，マネージメントで頻繁に言われる言葉で，「人は自分が創造するものに協力的である」とある。参加者は目標設定や運動プログラムの作成段階から関わるべきである。その結果，プログラムの成功に対して責任を持つようになる。「意志あるところに道は拓ける」ということわざはモチベーションの高い参加者のモットーになる。あなたのやるべきことは，その意志を作る手助けをすることである。

3 エクササイズの計画

数多くの強化方法があり，それぞれ特有のメリットがある。個人のニーズ，固有の運動や競技で求められる動きの分析，プログラム目標の設定，トレーニング用具の種類や利便性が確立した後，エクササイズ計画や運動処方の作成に移ることができる。次に，様々なテクニックに関連する2つの基本的な考え（トレーニングの量と種目の順序について説明する。

- トレーニング量：トレーニング量は簡単に言えば，1回のエクササイズや，1週間もしくは1年間に費やした仕事量を意味する。トレーニング量を測るには，行われた総反復回数や総重量を計算する。もしも筋肥大を目標としているのであれば，多くの場合，プログラムが進行すればトレーニング量は増加する。

- 種目の順序：ストレングス・プログラムの2つの標準的デザインでは，種目をどの順序で行うかということに注目している。すなわち，ステーション・アプローチとサーキット・アプローチである。ステーション・アプローチでは，ある種目のセット数すべてを終えてから，次の種目に移行する。このように種目の順序を決める方法を，別名水平トレーニング法と言い，これに対してサーキット・トレーニングを垂直トレーニング法と言う。

- ステーション・アプローチ：ステーション・アプローチのコンセプトは，ある1つの筋に対する過負荷を最大限まで行い，次の種目に移る。この方法は，その筋群に非常に強い負荷を集中的にかけているように見えるが，セット間の休息時間次第で，反復回数を重ねる意味を失ってしまうかもしれない。

- サーキット・トレーニング：サーキット・トレーニングの種目順序は，ステーション・アプローチのように次の種目に移る前にある1つの種目に集中するという方法とは異なる。例えば，ベンチプレスを1セット行った直後，素早くバイセプス・カール1セットを行う。その直後にトライセプス・エクステンションへ移り，また次の別種目に移るといったように，指定された種目すべてを行うまで継続する。すべての種目を一通り行った後，最初の種目へ戻り2セット目（2巡目）を始め，サーキットを再び開始し，決められた回数のサーキットを回る。

サーキット・トレーニング法を広めたスポーツ科学者の意図は，疲労困憊を回避する能力を最大限にすることであった。サーキット・トレーニング法のコンセプトは，疲労困憊近くまである1つの筋群に負荷をかけ，（上昇した心拍数を下げずに）すぐに次の種目へ移り，別の筋群に負荷をかける。つまり，最初の種目の筋群は

次の種目の間は休むことになるが，心肺機能への負荷はずっと継続することになる。

4. ストレングス・トレーニング・プログラムを作成する

運動処方を作成する時には，すべてのプログラムに次の2点の基本的要素を組み込まなければならない。それは，負荷方法とオーバーロードである。最小限の運動器具であっても，筋に対して負荷をかけることができる。ダンベルウエイト，ウエイトマシーン，ゴムバンドなどは，適切な負荷を与えることが可能である。負荷をかける方法には様々な形式がある。一方で，オーバーロードの意味は1つしかない。それは，筋へのストレスや負荷は，筋が慣れている量・強度より大きくなくてはならないということである。

トレーニング・プログラムの作成にあたって考慮すべき主要な要素は，運動強度，ピリオダイゼーション，漸進的オーバーロード，レストピリオドとトレーニング頻度である。これらの要素は，プログラムの進行中や実施者がトレーニングに適応してきた際に，変化を加えるなどの操作ができる。

1 運動強度

実施される運動の強度は1RM方法を使用して測定される。この章で紹介したように，1RMは簡単に測定可能である。この1RMを使い，プログラムで設定するウエイト量を決定する。

強度は1RMに対する割合で表される。一般的に，1セットで使われる最低強度は，1RMの60〜65%である。例えば，レッグプレスの1RMが25kgの場合，トレーニングで使用する最低強度は約15.5kgである。もしも，低強度（例えば1.5kg）で平均的なレップ数（10〜15回）のレッグプレスを行ったとしても，トレーニング効果は間違いなくゼロであろう。ここにはオーバーロードの原則がなければならない。漸進的オーバーロードをプログラムに組み込むには，1セットの強度を常に考慮しなければならない。

運動強度を決定する一般的分類方法には2つある。筋肥大法（ボディビルディング法）と，高強度トレーニング（HIT）法もしくは神経法である。それぞれに，特異的な生理学的効果があり，どの方法を選択するかは，運動や競技スキル，アスリートの身体的特徴によって決定される。

❖ 筋肥大法

筋肥大トレーニングの目的は，筋量を増加させる（筋肥大を起こす）ことである。筋肥大とは，1本1本の筋線維のサイズが大きくなり，筋容量が全体的に増えることを言う。プログラムでは，1セット8〜12回，重量（強度）は1RMの65〜80%で行う。

❖ 高強度トレーニング（HIT）法

HIT法では，強度は100% 1RMまで使用することもある。HIT法の目的は，筋線維のサイズを大きくするよりは，動員される筋線維を増加させることにある。すなわち負荷が大きいほどより多くの筋線維がその運動をするために動員される。HIT法では，使用される重量は85〜100% 1RMであり，1セット1〜4回で行われる。

筋肥大法，HIT法のいずれにおいても，強化されるに従って強度は変化していく。一般的に，設定された最大回数を達成した場合，重量は増加させる。HIT法の場合，設定された重量を4回以上挙上できたら，重りを上げる。同じ考え方で筋肥大法を行うと，12回以上挙上できたら負荷を増加させることになる。

2 ピリオダイゼーション

オフシーズンにシーズン中とは異なる強化プログラムを行うように，月や週ペースでトレー

ニング量や強度を変化させることが大変有効である。この周期をピリオダイゼーションという。ピリオダイゼーションとは，筋力やパワーを理想的に獲得するため，エクササイズ種目，強度，トレーニング量を漸進的に変化させることである。プログラムの中で，同じ筋群をトレーニングするにあたって方法の異なるエクササイズを数種目選択したり，手の位置や足の置き方を変え繊細かつ安全なバリエーションを加えるだけで，強さを獲得できることもある。競技シーズンの周期の中で，全体的強化から個別的強化へ無理なく推移しながら，様々なエクササイズ種目を組み合わせることをピリオダイゼーションという。

多様なピリオダイゼーション・プログラムがあるが，それらすべてには筋肥大トレーニング，筋力トレーニング，パワー・筋持久力・筋回復力の強化要素が組み込まれている必要がある。一般的に筋肥大トレーニングでは，1RMの65〜80％の重量で，1セット8〜12回，3〜6セット行う。ピリオダイゼーション・テクニックでの筋力強化トレーニングでは，1RMの85〜120％の重量で，1セット1〜6回を3〜6セット行う。筋持久力トレーニングでは，1RMの15〜60％の重量で，10〜30回程度の高回数を1〜3セット行う。

それぞれ違いはあるが，すべてのピリオダイゼーション・プログラムは，インシーズン用やオフシーズン用プログラムに強化要素を導入するタイミングを計画しなければならない。例えば，オフシーズン期は，筋肥大と高強度トレーニングを行い，インシーズン期は高強度を避けるのである。

3 漸進的オーバーロード

漸進的オーバーロードとは，筋力や持久力の改善に伴って筋にかける負荷を徐々に増加させることを言う。例えば，バイセプス・カールを10kgで楽に10回挙げられるようになれば，反復回数か重量を増やす。つまり，12.5kgで同じ反復回数もしくは10kgで反復回数を増やして行う。

4 休息とトレーニング頻度

種目間やセット間の休息と同様に，次のトレーニング・セッションまでの休息はプログラムの重要な構成要素である。ここでは，レストピリオドを連続するセット間の休息時間とし，トレーニング頻度とは次のトレーニング・セッションまでの時間と定義する。

❖ レストピリオド

セット間のレストピリオドは，トレーニング量と種目の順番に影響を受け，トレーニングをする者の要求や目標にも影響を及ぼす。筋力アップ目的の高負荷（1RM負荷）トレーニングでは，筋肥大目的のトレーニングより長めのレストピリオドが必要である。1RMの重量を挙げることで絶対的な強さを獲得しようとしているアスリートにとって，3〜5分のレストピリオドは決して長すぎない。一方，30〜60秒のレストピリオドが，筋肥大目的には適切である。

種目の順序がサーキット・トレーニングのように一連の流れでデザインされたトレーニングでは，レストピリオドは1種目のエクササイズに要する時間とおよそ同じ時間で設定される。この1：1の比率によって，強さと有酸素性持久力の両方を獲得できるが，同時にアスリートに吐き気をもよおさせるかもしれない。高齢者も

表4.4　目的別のトレーニング方法

目的	セット	反復回数	強度（％max）
筋肥大	3〜6	8〜12	65〜80
筋力	3〜6	1〜6	85〜120
筋持久力	1〜3	10〜<30	15〜60
回復	3〜6	8〜20	15〜60

しくは病気やほかの問題でトレーニングに制限のある人ではより長いレストピリオドでサーキットトレーニング・プログラムを行うとよいかもしれない。その後，体力レベルが上がれば回復力も向上するので，比率が1：1になるまでレストピリオドを徐々に減少させていく。また，アスリートのコンディションが良ければ良いほど，セット間のレストピリオドは短くてよい。

パワーリフティングとウエイトリフティング

　パワーリフティングとウエイトリフティングは，実際に競技スポーツとして分類される。つまり，パワーリフティングは2004年アテネオリンピックでの夏季五輪委員会で提案され，オリンピック競技種目として認識されるようになった。ウエイトリフティングは1920年以来，常にオリンピック競技種目になっている。パワーリフティングは，スクワット（図4.13），ベンチプレス（図4.14），デッドリフトの3つの種目で構成されている。一方，ウエイトリフティングは，現在，クリーン＆ジャーク（図4.15）とスナッチの2種目で構成される。

　パワーリフティングやウエイトリフティングの種目は，他競技の強化プログラムに組み込まれることが多くなっている。「パワー」という言葉は，事実に即した科学的な意味で解釈すると，混乱の原因になってしまう。ご存知の通り，全種目のリフティング方法には，パワーが関わっている。物理学上，パワーとは時間と仕事量の関係で成り立っている。表4.5を参照し，物理学の仕事とパワーの定義を確認して欲しい。

　ストレングス・トレーニングで，力・距離・速度が含まれるすべてのウエイトリフティングは，パワートレーニングと定義される。このことが，物理学でのパワーの意味と一般的なパワーの意味の間で大きな食い違いを生じさせている。同時にこのことが，レジスタンス・トレーニングのほかの形式と比較されてパワーリフティングを論じる際に混乱を招いている。大きな違いは，どんな運動が行われるかである。ウエイトリフティング種目の運動は，スピード要素を伴った大きな関節可動域が必要とされるため，パワー向上のための運動と考えられる（名称は違うように受け取られるが）。クリーン＆ジャークとスナッチは，ウエイトリフティング競技の2種目である。この2種目の運動は脊柱と下肢に高負荷のかかる種目のため，医療従事者はこの種目の健康上の問題について継続して審議している。一方，ストレングス・コーチは，適切なテクニックが守られれば医師たちの不安は軽減すると感じている。アスリートが自分の力量以上の重量を扱おうとする際，不適切なテクニックになりがちで，膝や脊柱，もしくは両方に問題が起こりやすい。したがって，実施の際には最大の注意を払うべきである。

図4.14 フリーウエイトを用いたベンチプレス

表4.5　物理学用語の定義

パワー ＝ 仕事量／時間
　　　　（仕事量＝力×距離）

パワー ＝ 力×速度
　　　　（速度＝距離／時間）

図4.13　スクワット

図4.15　クリーン＆ジャーク

❖ **トレーニング頻度**

包括的なトレーニング・プログラムの作成の際，トレーニング頻度はいくつかの原則に基づいて計画されるべきである。ただし，トレーニング頻度は，非常に個人的な要素が強い。

- 従来より，ウエイト・トレーニングは2日に1回のペースで（トレーニング日の間に1日休養日を入れる）行われてきた。これは，次のトレーニング前に前回のトレーニングからの回復が十分できるようにという意図である。
- トレーニング・プログラムの初期では，多くの人が筋肉痛を経験する。これは，伸張性収縮で筋を酷使するからであろう。通常，この筋肉痛はプログラム開始の2週後には和らいでくるが，それまでは，トレーニング回数はやや少なめで十分かもしれない。もしも，トレーニング種目がアイソキネティック・マシーンなどの短縮性収縮しか含まない場合，トレーニング後の筋肉痛は大きな問題ではなくなり，トレーニング回数は増やせるであろう。
- 多関節運動が含まれるトレーニングを行った場合，単関節運動のみを行った場合よりも長い回復時間が必要となる。
- 最大挙上重量（1RM）やそれに近い重量で多関節のトレーニングを行った場合，次の高負荷トレーニングを行う前に長めの回復時間が必要である。
- 低いトレーニング量のセッションを，高いセッションの間に行うことで，トレーニング回数を増やすことが可能である。
- 長期間（何年も）定期的にウエイト・トレーニングを行ってきた人は，トレーニング経験のあまりない人よりも，トレーニング頻度を多くできる。

個人のトレーニング背景や短期的目標等を考慮し，それぞれのセッションの間に適切なレストピリオドを配したトレーニング頻度を計画しなくてはいけない。

5.ストレングス&コンディショニングによる傷害の予防

多くのけががシーズンの始めに起こる。これは長期間のオフシーズンが原因としてあり，アスリート自身が心肺機能のコンディショニングや筋状態を良好に維持するための努力をしなかったためである。ストレングス&コンディショニング・スペシャリストは，アスリートの身体的条件や競技条件に合うようなオフシーズン・プログラムの作成やトレーニング施設や器具へのアクセス等の環境を整備することでアスリートのコンディショニングレベルが必要以上に落ちることを防ぐことができる。

1 コーチング

各スポーツの競技団体では，スポーツ傷害と関係の深い競技特有のテクニックについて言及している。その例として，フットボールのタックルでの「スピアリング」がある。多くのコーチがかつてこの方法を正しいタックルテクニックとして教えていた。しかし，頭頂部から当たるスピアリングタックルで頚部傷害が増えたため，コーチング方法が変えられた。今日，どんなフットボールのコーチも，タックルの時は頭部をしっかり上げることを強調している。ポスターやほかの広告方法で，フットボールの適切な頭頚部の位置を紹介しており，ルールでもスピアリングタックルを禁止している。

もちろんコーチング方法は個人や競技種目で様々であるが，全米スポーツ・体育協会やアメリカ保健・体育・レクリエーション・ダンス連盟など多くの団体，教育機関，医療機関，法組織が集まり，全米アスレティック・コーチスタンダード（National Standards for Athletic Coaches；AAHPERD 1995）を設立した。このアメリカ内基準は，管理者，コーチ，アスリート，その

ほか多くの人々に，コーチングする際に習得すべきスキルや知識を普及するために公開されている。　コーチのための国内基準は，8つの学習領域に37の基準がある。それぞれの基準は5レベルの適性検査によって区別されている。**表4.6に学習領域を表記した。**

　基準設定によって，コーチを目指す人は若い国内アスリートの育成に関わりながら，様々な面について技術的に優れた適正な指導者になっていく。また，このようなプログラムのおかげで，保護者が子どもに強い影響がある人物（コーチ）に，より深い信頼感を持てるようになる。

2 スキルレベルの均等化

　スキルレベルの高い選手が，低レベルの選手と一緒にバスケットボールの試合をすると，誰かがけがをしやすいということは広く知られている。技術の高い選手はボディコントロールに優れバランス能力があるため，衝突やけがを避けることができる。しかし，チームスポーツを始めたばかりの選手は，ルールやポジショニングなどの動きについての理解が浅いので，それを補ったりチーム全体のレベルを維持したりするために，レベルの高い選手が余計に動くことになり，結果として受傷のリスクが高くなる。また，技術力のある選手はボディコントロールに優れているが，レベル違いの選手が自分の能力の限界に挑戦して受傷することがある。バスケットボールのようなボディコントロールが関係するけがを避けるには，スキルレベルの同じ選手をチームにそろえることが好ましい。

　特定選手の動きに周囲の選手が影響され問題が起こるチームスポーツの例をあげたが，運動スキルレベルが低いことで傷害が起こる例を次に紹介する。運動スキルレベルの低い低年齢のアスリートに発生する傾向にある傷害の多くは，打撲，捻挫，肉離れである。これらは，衝撃吸収やプレーをする際の正しい姿勢づくりに失敗した際に起こる。ただ，低いスキルレベルの若いアスリートでも順応性がある体をしていれば，順応性がない選手と比較して傷害発生は少なくなる。子どもが転倒したのを見て顔をしかめるようなことがあっても，その子がすぐに立ち上がりプレーを再開するのを何度も見てきているだろう。

図4.16
熟練したコーチングとトレーニング方法によって，アスリートは健康を保ち，けがをしないで練習を行うことができる。

　競技スポーツのコーチングに関する情報を得るには，National Standards for Athletic Coaches（全米アスレティック・コーチスタンダード）を検索するとよい。

3 力学的ストレスのコントロール

　オーバーユースは水泳や陸上競技のようなスポーツで最も一般的な障害原因である。この問題は，受傷した関節に機能不全があるとより複雑になる。足部機能は最も障害の多い箇所の1つで，運動力学的な欠陥があると，負荷に耐えられなくなった組織に生理的な破綻を生じさせてしまう。足部に問題があるアスリートは，異常な歩行周期のまま競技に参加しているかもしれない。また，病的なストレスの継続は，異常

なキネティックチェーンをもたらすのでどこか別の部位に故障を生じさせることもある（例：左足関節捻挫による右膝関節痛）。

4 外力と外傷・障害の発生

外傷・障害を発生させる要因の1つは外力であるが，外力をコントロールすることは非常に困難である。例えば，バレーのスパイクの後の着地でバランスを崩しながらも問題なく着地できるとしても，他人の足の上に着地した場合，受傷は避けられない。

これまでに，外傷・障害予防における足関節や膝関節装具の効果を調査する研究が行われてきた。しかし，残念ながら関節固定方法は万能ではないため，完全に膝や足関節の問題を予防する方法はない。ある種の外傷・障害は予防不可能である。したがって，我々にできることは，コントロールできる要素に十分な注意を払うことである。

5 負荷のコントロール

外傷・障害のリスクのうち，実際にアスリートの身体にかかる負荷をコントロールするのは容易である。病気をしているアスリートは持久力が低下しているため，トレーニングすべきではない。多くのアスリートは無理をして頑張ったり，時にコーチ側もアスリートにそれを強制したりする。しかし，そのような状況では，アスリートはトレーニングを続けるべきではない。加えて，トレーニングを管理しているコーチやアスレティック・トレーナーは疲労の徴候に敏感でなければならない。タフさを身につけるために，疲労の中でもトレーニングすることは有効かもしれない。しかし,病気をしている，または体力的・精神的ストレスから回復してきているアスリートが，疲労の中でトレーニングを無理して行うことはコンディショニング面で非常に有害である。

表4.6 コーチに必要な8つの学習分野

学習分野	推薦される大学のコース
傷害：予防，ケア，管理	アスレティック・トレーニング
トレーニング，コンディショニング，栄養	体育学／コンディショニング
コーチング心理学	栄養学
技術，戦術，戦略	スポーツ心理学
教育と管理運営	各種目のスポーツコーチング学
成長，発展，学習	体育学／管理
リスク・マネージメント	児童心理学／人間発達学
職業的準備と発展	体育学／マネージメント

Q&A

Q1 体力テストのどのようなデータがアスレティック・トレーナーにとって必要か示しなさい。

A1 アスリートの体力レベルは，トレーニング期のパフォーマンス・レベルについて重要な指標になる。低負荷のトレーニング知識は，トレーニング期におけるけがの予防に役立つ。また，個人の体力についての情報は，アスレティック・トレーナーがプログラムを作成する際に，より良い状態になるようサポートをするため非常に重要である。

Q2 トレーニング期やプレシーズン期，インシーズン期，ポストシーズン期など様々な時期に体力テストを行う理由を論じなさい。

A2 参加前の体力テストは，その結果がすべてのトレーニング・プログラムの基準になる。体力テストの情報があれば，トレーニング・プログラムの開始前に個人の体力指標を設定でき，安全に参加ができるようそのアスリートに必要な特別事項を判別できる。競技シーズン後の評価は，オフシーズン中の目的を設定したり，トレーニング・プログラムの成果を判断したりする上で非常に役立つ。

Q3 ウエイト種目で1RMを測定する方法を説明しなさい。

A3 あるウエイト種目の1RMを設定する際には，まず個人的に適切な重量を推測し，重量を設定する。その人がウエイトを挙げることができなかった場合，1回挙上できるまで重量を下げる。最初に設定した重量が容易に挙上できるようであれば，挙上できなくなるまで重量を段階的に追加する。最終的に挙上可能であった重量を記録する。

Q4 エネルギー産生システムに関連させ「有酸素性システム」と「無酸素性システム」を定義し，様々な運動と関連づけなさい。

A4 有酸素性エネルギー産生システムの働きは酸素が利用できるかどうかで左右されるが，無酸素性エネルギー産生システムは酸素なしで機能する。すべての運動は有酸素性と無酸素性システムの組み合わせで成り立つ。1分以下の運動では無酸素性エネルギー産生が可能な限り利用される。1分で終了する運動は，両方のエネルギー産生システムが同じ程度利用される。運動時間が増加するにつれ，有酸素性エネルギー供給に徐々に移行していく。ほとんどのスプリント種目では無酸素性システムが利用され，長時間の運動では有酸素性システムからのエネルギーが利用される。多くのスポーツは，2つのシステムの組み合わせである。つまり，低負荷の運動の後にスプリントや高強度運動が行われる。

Q5 運動処方を作成する際に考慮すべき要素を論じなさい。

A5 運動処方を作成する際には，いくつかの要素が必須になる。それは，例えば，ニーズ分析の結果，(短・長期的目標，計画に対する制限が含まれる) 目標設定，トレーニング計画である。競技特性や個人の能力，参加者のニーズについての情報は，運動処方の目的を設定する際に非常に大切である。1日，週間，月間目標を設定する際は，参加者とアスレティック・トレーナーの共同作業でなければならない。目的や参加者からの情報があって初めて，長期の目標が設定できる。運動処方を作成していく際には，小さな問題が後で大きな問題にならないように，本人が積極的に計画作成に関わる必要がある。

Q6 オーバーロードの原則を定義し，これをどのようにストレングス＆コンディショニングに応用するか説明しなさい。

A6 筋力と筋持久力の改善は，身体に負荷がかかった時に起こる。オーバーロード，つまり慣れた負荷以上の負荷を筋や身体にかけることで，成長や発達を促す。ストレングス・トレーニングのオーバーロードは，具体的に挙上する重量，反復回数，行う種目数が増加することである。ウエイト・トレーニングプログラムの進展は，競技成績やパフォーマンスの向上にとって必須である。心肺機能トレーニングでも同じ原則が適応される。過負荷をうまく利用するキーポイントは，測定可能なトレーニング種目を使うことである。パフォーマンスの主観的な変化は計量化が困難である。つまり，再現することが困難で，オーバーロードの基礎数値として使うことが難しいのである。

> 質問について考え，調べ，議論してまとめなさい。

① 筋機能は，3つのカテゴリーに分類される。つまり，筋力，筋持久力，パワーである。それぞれのカテゴリーで，アスリートをテストすることの利点は何であろうか。各カテゴリー別で，プレシーズン期，インシーズン期，ポストシーズン期にテストを行うとしたら，どのように行うか述べなさい。

② 柔軟性は，いくつかの解剖的構造（関節構造・筋サイズ・靭帯や腱の組織構造）の組み合わせで決定される。135kgの大学フットボール選手のラインマンと，5歳から体操をしている女子体操選手と比較し，柔軟性の役割がどのように異なるかを述べなさい。競技歴がどのような影響を及ぼすかも答えに含むこと。

③ 身体組成の測定方法について論じなさい。
それぞれのプラス点とマイナス点も述べること。

④ あなたは地方の高校でアスレティック・トレーナーとして働いている。学校事務局がアメリカンフットボールチームの新しいヘッドコーチを雇用した。そのコーチは，プロと大学でのすばらしい経歴を持っている。昼食時にあなたの高校のチームでの練習計画を話し合い，あなたの専門的な意見を聞きたいとのこと。以下に示す新コーチのトレーニング計画の3つの部門について批評しなさい。計画通りに行う箇所と変更する箇所を示しなさい。また，自分の答えの理由を必ず述べなさい。関わる選手の年齢，成熟度を考慮すること。（例：アスリートやその保護者は，チームの課題に関心を持つか？週間の練習回数・頻度に関連するリスクはあるか？それぞれの部分，もしくは全体的なことで，必要な点が抜け落ちていないか？）
- 練習時間：月～金　朝6～8時。月～木　15～18時。金曜日夜　試合。
土曜日　10～13時　ビデオ分析と1時間のウエイト・トレーニング。
- 朝練習について：毎朝（6～7時），ウォームアップ後，ランニング・グループはランニング／スプリント・トレーニングを陸上用トラックで行う。ほかのグループは週3回のペースで中レベルの心肺機能トレーニングを行う。後半の1時間は，両方のグループがウエイト・トレーニングを行う。
- 午後の練習について：ウォームアップ　15時～15時30分。ストレッチ　15時30分～15時45分。ドリル／コンディショニング　15時45分～17時45分。チームミーティング　17時45分～18時。

⑤ あなたの高校の体操部，バスケットボール部，アメリカンフットボール部のコーチがそれぞれのウエイト・トレーニングプログラムを変更したいと考えている。彼らがあなたに，等尺性，等張性，等速性の筋収縮について違いを質問した。また，彼らは，それぞれのプラス点やマイナス点について，各部の部員に合ったトレーニング方法はどの方法なのかなど意見を求めた。あなたはどのように答えるか。競技の違いやポジションの違いでふさわしい方法を選ぶか？それぞれの方法についての定義を説明し，あなたの推奨するトレーニング方法についての根拠を述べなさい。

> 質問について考え，調べ，議論してまとめなさい。

⑥ あなたが就職を希望するトレーニング施設の見学をしている時に，ウエイト・トレーニングルームに以下のような特徴があることに気づいた。
- 10 〜 100kgのフリーウエイト器具
- 新ブランドのトレッドミル1台
- 新ブランドのステーショナリーバイク（固定式自転車）1台
- 主に下肢トレーニング用のユニバーサルマシン（レッグエクステンション，ハムストリングカール，レッグプレス）
- 現在使用されていないスペース（ベンチプレス用ベンチが4台収まるくらいのスペース）

面接での質問で，現在のウエイトルームについての自分の意見と，新しい器具5台を購入できる場合にどのような変更をするか考えを聞かれた。現在のウエイトルームについてあなたの好む点・好まない点をあげなさい。新しく購入する器具とは別に寄付してもらう器具をあなたの答えに含むこと。ウエイト・トレーニング，プライオメトリック，心肺機能トレーニング，柔軟性トレーニング等の各方法を含めたトレーニング処方を考慮し答えなさい。4章でのストレングス＆コンディショニングで得た知識と関連づけて器具選択の根拠を述べなさい。男女のすべてのスポーツチームがこのウエイトルームを使用することを忘れないこと。

⑦ ラクロスチームのコーチが新人選手のパフォーマンスの傾向に気づいた。アジリティ能力に優れた選手が少なく，よく転倒する選手が多いので，リアクションタイムとアジリティを改善させる方法についてあなたの意見を求めた。どのような方法を選択するか？そしてその根拠を述べなさい。トレーニングとしてあなたの考える例を3つあげなさい。

【引用文献】

American Alliance for Health, Physical Education, Recreation and Dance. 1995. *AAHPERD national standards for athletic coaches*. Reston, VA : American Alliance for Health, Physical Education, Recreation and Dance.

AAHPERD. 1980. *Health Related Fitness Test and Test Manual*. Reston, VA : American Alliance for Health, Physical Education, Recreation and Dance.

American College of Sports Medicine. 1990. ACSM position statement : The recommended quantity and quality of exercise for developing and maintaining cardiorespiratory and muscular fitness in healthy adults. *Med Sci Spts Exerc* 22 : 265-274.

Cooper, K.H. 1968. A means of assessing maximal oxygen uptake. FAMA 203 : 201-204.

Fleck, S.J., and W.J. Kraemer. 1997. *Designing resistance training programs*. Champaign, IL : Human Kinetics.

Hettinger, R. 1961. *Physiology of strength training*. Springfield, IL : Charles C Thomas.

Stedman's concise medical dictionary, 2nd ed. 1994. McDonough, J.T., ed. Baltimore : Williams & Wilkins.

【参考文献】

Baechle, T., ed. 1994. *Essentials of strength training and conditioning*. Chanpaign, IL : Human Kinetics.

Bompa, T.O., and L.J. Comacchia. 1998. *Serious strength training*. Champaign, IL : Human Kinetics.

Bryant, C.X., and J.A. Peterson. 1998. Accuracy of fitness test. *Fit Mgmt Mag* 14（12）: 52-54.

Caill, B.R., and E.H. Griffith. 1978. Effects of preseason conditioning on the incidence and severity of high school football knee injuries. *Am J Spts Med* 6（4）: 180-184.

Chu, D.A. 1992. *Jumping into plyometrics*. Champaign, IL : Human Kinetics.

Chu, D.A. 1996. *Explosive power. and strength : Complex training for maximum results*. Champaign, IL : Human Kinetics.

Dinitiman, G.B., R.D. Ward, and T. Tellez. 1997. *Sport speed*. Champaign, IL : Human Kinetics.

Durstine, J.L., ed. 1997. *ACSM's exercise management for persons with chronic disease*. Champaign, IL : Human Kinetics.

Heywood, V.H. 1997. *Advanced fitness assessment and exercise prescription*. Champaign, IL : Human Kinetics.

Kenneth, W.L., R.H. Humphrery, and C.X. Bryant. 1995. *ACSM's guidelines for exercise testing and prescription*, 5th ed. Philadelphia : Lippincott, Williams & Wilkins.

McArdle, W.D., et al. 1972. Reliability and interrelationships between maximal oxygen uptake, physical work capacity and step test scores in college women. *Med Sci Spts* 4 : 182-186.

Steinberg, J. 1996. Women and weightlifting. *First Aider* 66（2）: 6-8.

Zatsiorsky, V.M. 1995. *Science and practice of strength training*. Champaign, IL : Human Kinetcis.

5章

アスレティック・トレーニングにおける薬の使用

● 本章の目的 ●

本章を読むことで，
1. 薬を一般名と商品名に分けて定義し，それぞれの例をあげることができるようになる。
2. なぜ薬が非処方薬，処方薬，規制薬物に分類されているのかを説明できるようになる。
3. 薬を投与する方法が明確になる。
4. 作動薬と拮抗薬が定義できるようになる。
5. 様々な情報の中から特定の薬の情報を検索し，活用することができるようになる。
6. USOC（アメリカオリンピック委員会）やNCAA（全米大学対抗競技連盟）の禁止薬物リストに関する情報を検索できるようになる。
7. 炎症過程において薬がどのように影響を及ぼすのかを説明できるようになる。
8. 抗炎症薬に共通の副作用と，それを軽減させる方法を述べることができるようになる。
9. 鎮痛薬の効果とスポーツ参加への使用の限界に関して議論できるようになる。
10. 真菌性感染症に対する薬物療法について述べることができるようになる。
11. 下剤の誤った使用方法に関して説明することができるようになる。

大学チームの水泳選手であるケイリンは割れるような頭の痛みで目が覚めた。１時限目の授業の終了後に彼女は，アスレティック・トレーニングルームに向かい，もしもそこにチームドクターがいたら助けてもらおうと考えていた。トレーニングルームにはアスレティック・トレーナー学科の２年生であるダニエルがいたが，ほかのすべてのトレーナーとチームドクターはミーティング中であった。ケイリンの次の授業は15分後から開始であったが，チームドクターがオフィスに戻るまでどのくらいの時間がかかるのか見当もつかなかった。

　「どうかしたの？」ダニエルはケイリンに尋ねた。

　「頭が割れそうなほど痛いのよ。チームドクターに診てもらいたいんだけど，そんなに長くここにはいられないのよ。」

　「タイレノール（アメリカで市販されているアセトアミノフェン系解熱・鎮痛薬）ならあるよ。いる？」

　「ううん，いらない。この種類の頭の痛みの場合，私にはもっと強い薬が必要なの。」ケイリンは頭をこすりながら説明した。「ドクターはダーボセット（Darvocet；鎮痛薬の一種）を私にくれるの。そして私にとってはそれが一番なのよ。」

　「そうだ，ジュリーのトレーニングバックの中で少しだけダーボセットをみたことがあるぞ。ちょっと見てくる。」ダニエルは思い出したように言った。

　トレーナーズキットの中に薬は小さな袋に入れてきちんと整理されている。ダニエルはダーボセットを見つけ，バックの中から取り出した。

　「それよ！それをちょうだい！」彼女は自分の体調不良を改善させるためにそれを欲しがった。

　「どうもありがとう，ダニエル。これで私は良くなるわ。それに次の授業にも集中できる。じゃあね。」ケイリンはそう言ってさっそくその薬を飲んだ。

このシナリオは問題のない行動のように見えるが，違法である。どこのアスレティック・トレーニングルームでも起こり得る事態であり，何度もくり返されてきた事実でもある。調剤の処方をすることができるのは，資格のある医師の直接の監督がある時のみである。過去の処方箋を用いたり，処方箋のない薬を学生選手に渡したりすることは，学部や大学全体を巻き込んだ，とてもお金のかかる訴訟問題に発展しかねない。

1. 薬理学の理解

薬はほかのどの治療法よりも効果があることを知っておくのは，基礎薬理学を学ぶ上で重要なことである。どのような薬がどのような問題に対して使用され，それがどのように作用するのかといった知識があれば，アスレティック・トレーナーは薬剤師や医師とより良く情報交換ができる。

この章では，スポーツの世界における薬の使用に焦点を当てる。この情報を包括的に理解することで，アスレティック・トレーナーは選手に薬を処方したり投薬したりすることができないことを知ることになる。またこの情報によって薬による治療がどのようなものであるか，そしてどのように，またなぜ薬に効果があるのかを知ることができる。

2. 薬の名前と分類

薬には非常に多くの種類の名前があるので，アスレティック・トレーナーは混乱するかもしれない。どの薬にもその化学名，一般名，そして商品名が付けられている。通常長くて難しい化学名は，化合物の化学的構造を基にしている。薬の一般名は，通常短く，化学名に由来するものである。そして，商品名は製造業者が化合物に名前を付けたものである。いくつかの業者がまったく同一の一般名の薬に異なる商品名を付けることはよくあるので注意が必要である。例えば，イブプロフェンは鎮痛薬の一般名であり，商品名としては Advil, Nuprin, Motrin, Rufen などが知られている（訳注：日本では，イブ，バファリン，ノーシンピュアなどが商品名としてある）。

薬を理解する上で非常に重要なことは，薬の分類を知ることである。医薬品には一般的に2つの分類がある。非処方薬および処方薬である。

1 非処方薬（市販薬）

非処方薬（以下，市販薬）は店頭で誰でも直接購入が可能である。市販薬は一般的に小さな問題に対して使われる。これらの薬は推奨用量摂取時の副作用に関して安全性が確認されたものとはいえ，市販薬を個人で使用する際は十分に注意しなければならない。推奨用量を守り，使用する前に薬剤師や医師のチェックを受けるべきである（図5.1）。さらに，個人で複数の市販薬を使用する場合には予期しない重大な副作用が起こる可能性に注意しなければならない。

図5.1 アスレティック・トレーナーは，選手が市販薬を使用する前に，医師や薬剤師の意見を聞いたり，定められた服用方法を守ることを確認する必要がある。

2 処方薬

処方薬を受け取るためには医師の処方箋が必要になる。医師はその薬が患者の病気や体調に必要かどうかを決める。また，医師は患者がほかの薬を使用していないかどうかを聞き，薬の使用方法について説明する。処方された薬に関しては薬剤師が効用と副作用と使用上の注意を説明することになる。

処方薬は乱用の可能性に応じてさらに分類されている。悪用や乱用の恐れのある薬は規制薬物として，その程度に応じてⅠ～Ⅴ段階に分けられている（分類Ⅰ～Ⅴ）。分類Ⅰの薬は乱用の恐れの最も高い薬で，非常に限られた患者にのみ使用が許可されている。分類Ⅱ～Ⅳの薬は乱用の恐れは限られており，分類Ⅴは乱用の恐れが最も低い薬である。表5.1に分類されている規制薬物の例を示した。

このような分類は処方上，調剤上，そして新規に処方するためのルールである。もちろん患者は処方箋がないと規制薬物を手に入れることができない。これらのルールは適切な患者に適切な薬を処方し，規制薬物の誤った処方や使用を防止するために必要なものである。もしもチームドクターがこれら規制薬物を持っている場合は，二重に鍵のついた場所で厳密に管理し，安全に対して配慮する必要がある。

表5.1 規制薬物の分類一覧表

分類	分類要件	薬物
Ⅰ	A：乱用の危険性が高い薬物	アヘン
	B：医療現場において治療目的で使用されない薬物	アヘン誘導体
	C：医療機関の管理下においても十分に安全に使用できる証拠がない薬物	幻覚誘発剤
Ⅱ	A：乱用の危険性が高い薬物	アヘン剤（メタドンなど）
	B：医療現場において治療目的で使用されているがその用法が厳しく制限されている薬物	塩酸メタンフェタミン
	C：乱用によって重度の心理的・肉体的な依存症が生じる薬物	
Ⅲ	A：分類Ⅰ・Ⅱよりも乱用の可能性が低い薬物	興奮剤 抑制剤 ナロルフィン 麻薬 アナボリックステロイド
	B：医療現場において治療目的で使用されている薬物	
	C：乱用によって軽度から中程度の肉体的な依存症が生じるか，あるいは重度の心理的な依存症が生じる薬物	
Ⅳ	A：分類Ⅲよりも乱用の可能性が低い薬物	バルビタール メプロバメート メチルフェノバルビタール フェノバルビタール
	B：医療現場において治療目的で使用されている薬物	
	C：分類Ⅲよりも軽度な心理的・肉体的な依存症が生じる薬物	
Ⅴ	A：分類Ⅳよりも乱用の可能性が低い薬物	100mℓもしくは100gあたり200mg以下のコデイン 100mℓもしくは100gあたり100mg以下のアヘン
	B：医療現場において治療目的で使用されている薬物	
	C：分類Ⅳよりも軽度な心理的・肉体的な依存症が生じる薬物	

3. 薬の研究

　薬理学は薬の科学である。研究者は主に薬物療法学と毒物学の２つの分野で研究を行っている。もしもこれら２つの分野のルーツを知りたければ，治療法から中毒に至るまで薬に関する歴史を垣間見ることになる。処方薬は推奨用量以上に摂取すると中毒性の影響が出現する。この中毒は通常は致命的ではないが（ただし使用料によっては生死に関わる場合もある），価値があるわけでもなく，望ましくない効果が出るのでもちろん治療にはならない。毒物学と薬物療法学では研究の切り口が異なるので，ある薬に関してその治療上の効果と望ましくない効果を本章で論議するには限界がある。

1　薬物動態学

　「Pharmacokinetics」という用語から想像できるように，薬物動態学は，薬がどのように作用するかを研究する学問分野である。薬物動態は吸収，分布，代謝，および排出の４つに分類することができる。ここではこれらの基礎を簡潔に学ぶことで特効薬についてよく理解することができるであろう。

　薬の吸収の前に，薬を体内に投与する必要がある。投与の方法には，経腸および経腸でないものがある。経腸投与では，消化器系を通して体内に投与されるので，栄養もしくは経腸と呼ばれる。経腸投与の方法には，口腔，舌下，直腸の経路がある。一方，経腸投与でない方法は，消化器系以外の経路からの投与になるので，腸管外投与（非経口）とも呼ばれる。この方法は薬を直接目的とする器官に必要量を予測して投与する際に使用される。この方法には吸入，注射，局所，および経皮投与がある。

❖ 薬の吸収

　吸収とは，細胞膜内外の薬の行き来のことである。細胞膜内外の薬の行き来は，拡散もしくは輸送によって行われる（図5.2）。一般的に小さな化合物は容易に細胞膜を透過するため，広く分布することが可能である。さらに薬が脂溶性のものならば，脂肪を分解，もしくは脂肪と結合することによってさらに組織に到達しやすく，広く分布することになる。

　もしも透過性の膜によって膜内外の化学的濃度に差がある場合，化学物質は高濃度の区画から低濃度の区画へと移動する。これは受動拡散と呼ばれ，物質が細胞膜を透過する方法の１つである。「受動」の意味通り，物質の移動にはエネルギーは必要ない。物質の移動は，膜によって仕切られた２つの異なる区画の圧力（浸透圧）の差によって生じる。

　細胞間の拡散は，消化器系外への投与（神経系や筋系）ではなく，薬が消化器系を通して投与された場合に起きる。拡散は細胞と細胞の間で起きる。この空隙は血液脳関門のように一種の関所の役目を果たし，薬の通過を可能にするか，

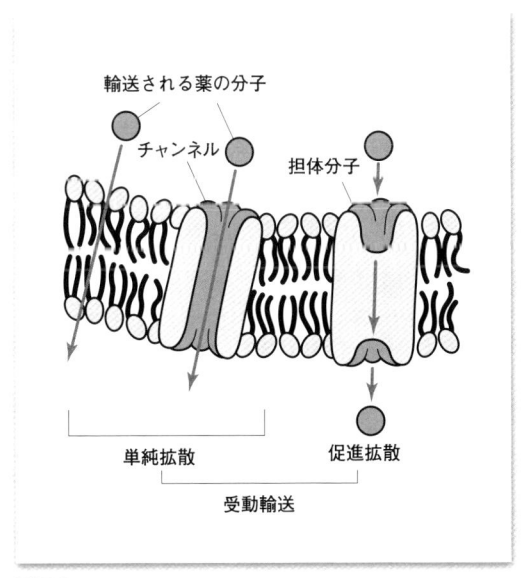

図5.2
薬は単純拡散あるいは促進拡散によって細胞膜を通過して吸収される。

通過を妨げるかのどちらかである。脳の毛細血管壁は水溶性物質に対する障壁となっているが，脂溶性物質にとっては透過性がある。このことは，ある種類の薬が中枢神経系に対してかなり早急に効果がある理由の1つである（麻酔薬）。

一般的に脂溶性の薬はほとんどの組織に対して効果があり，特に中枢神経系に対して早く影響を及ぼす可能性がある。

❖ 薬の分布

一度薬が吸収されると，循環器系の働きにより薬は身体中に分布していく。循環器系による薬の分布のことを生体利用効率（bioavailability）といい，血流によって運ばれた薬を百分率で表現する。一度薬が循環器系に乗ると，薬の効果が必要な標的とする部位に到達するように広がっていく。さらに薬は細胞膜と組織の壁を透過し，目的の対象へと到達する。

❖ 薬の形質転換と排出

基本的に薬は形質転換により水溶性の物質になり，肝臓や尿路から排出される。その過程，つまり物質が大便もしくは尿中に排出されるかどうかは複雑であり，患者の生理機能による。薬が腎臓を通過する場合は尿中に，一方，肝臓を通過する場合は大便へと排出される。尿の酸性度は薬の排出率に影響し，食習慣，薬，もしくは腎臓の病気によって変化し得るものである。これは中毒や薬の過剰摂取に対する治療に関して非常に重要な概念となる。尿の酸性度は患者がほかの薬（例えば重炭酸ナトリウムのような胃の制酸薬や塩化アンモニウム様の酸など）を与えられた時にも変化するので，中毒性の薬の排出の速度を上げることにもつながる。腎臓や肝臓，肺，消化管はこれら薬の水溶性物質への形質転換や排出準備の過程すべてに関わっている。

脂溶性薬の有効性は肝臓にて水溶性に変化すると異なるものになる。肝臓で水溶性に変化する時にさらに強力になる薬や，効果を得るために肝臓で変化する必要のある薬がある。また，排出されるまで代謝されずに原型を保つ薬もある。さらにほかの物質へと変化し，治療効果や中毒効果を持つものもある。

アスピリンは治療効果を発揮するために変化する必要のある薬でプロドラッグと呼ばれている。アメリカにおいては，肝臓で変化してより効果を発揮する薬や，より中毒生が強くなる筋弛緩剤のような薬が市販されているが，悪用されることも多い。このような複雑な代謝的特徴を持つ薬についてはさらなる研究が必要である。

体内に取り込まれた薬の濃度が50％にまで減少するのに必要な時間を薬物半減期と呼ぶ。薬物半減期の知識は薬をどのように投与すべきかを考える際に非常に重要なものである。

2 薬物力学：薬はどのように効くのか

薬物力学（pharmacodynamics）という言葉を分解すると「pharmaco」と「dynamics」に分けられる。dynamicsはギリシャ語の「dynamikos」で「powerful」を意味する。したがって，薬物力学は身体における薬の力（power），および薬の及ぼす効果に関する学問である。薬は細胞の外側にある特定のレセプター（受容体）に結合することで働く。薬がレセプターに結合すると，それが細胞過程の誘因となり薬の治療効果が発現していく（図5.3）。

例えば，あなたが毒ツタ（漆）の群生に足を踏み入れてしまった場合，痒みやじん麻疹などのアレルギー反応を引き起こすだろう。そこであなたは局所的に抗ヒスタミン系の「ベネドリルクリーム」を使用する。それによりヒスタミン反応（アレルギー反応）が抑制され，痒みやじん麻疹から素早く逃れることができる。その理由はベネドリル（ジフェンヒドラミン）がアレルギー反応を起こした組織の細胞のレセプターと結合し，その結果，細胞の機能が抑制さ

れるからである。

3 薬の3つの効果

特定の薬がなぜ，どのようにして作用するかということを理解するためには，薬の望まざる効果に関して考えなければならない。薬の望まざる効果には副作用，アレルギー反応，そして薬物間相互作用がある。

❖ 薬の副作用

薬は望んだ治療とは異なる効果を生み出すことがよくある。薬の副作用は十分に予測が可能であり，ほとんどの患者は副作用に簡単に耐えることができる。薬はアメリカ食品医薬品局（Food and Drug Administration；FDA）で試験され，一般的な副作用について記録される。もしも薬が安全であると承認されれば，製薬会社は法に基づき薬の副作用を外装に記載するか製品の中に明記しなくてはならない。しかし，記載されているものとは異なる，予期できない，または個人に特異的な副作用が出現することがある。覚えておかなければならないのは，製品の中身を確認し，もしも副作用に関してわからないことがあれば薬剤師に相談することである。また，薬を使用することによって，アスリートたちに薬の望まない効果が出現することもあるということをあらかじめ勉強しておくことである。

❖ 薬物アレルギー

薬は治療薬でも診断用薬でも共通して，服用量が増加すれば望ましくない反応が増加する。アメリカでは，このような望ましくない反応が年間1〜2万件発生している。薬の副作用は医原性の病気に共通のものであると考えられており，入院患者の30％以上でこのような反応が発現する（図5.4）。これらの反応は，中毒性とアレルギー性の2つのカテゴリーに分けられる。望まない効果，薬の過剰投与，薬物間相互作用を含むほとんどの副作用は中毒性のものである。アレルギー性の反応は全反応の6〜

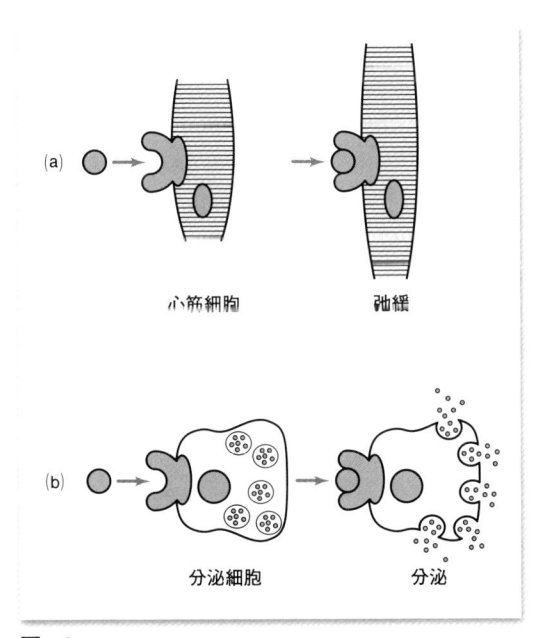

図5.3
細胞膜にある特異的な標的受容体と結合することによって薬効を発揮する薬もある（Albertsら 1993）。

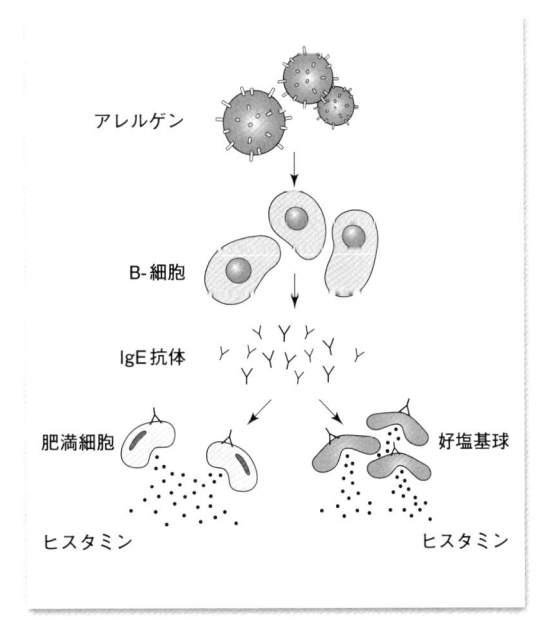

図5.4
アレルギー反応のメカニズム

10％程度であるが，これによって非常に深刻な状態となり，10,000人に1人の確率で死亡すると報告されている。

　薬を投与されることにより，期待された効果と異なる反応があった場合，患者は薬に対するアレルギーを持っていると考えられる。例えば，Zomaxといわれる製品が市場で短期間に爆発的に売れたが，多くの人がこのアスピリン様の薬を服用することで痒みやじん麻疹といったアレルギー反応を発現した。アナフィラキシー反応を含む重度のアレルギー反応には，気管支けいれん，低血圧症，ショック症状などがあり，すぐに治療しないと死に至る。薬を使用することによってどのようなアレルギーが起こり得るのかを予測するために，スポーツ参加の前に既往歴や投薬などに関して調査し，できるかぎり詳しい個人カルテを作成することが重要である。アレルギー反応は薬の副作用とは異なる。副作用は投薬により大多数の人に起こり得るものであるが，アレルギー反応は限定的であり，この場合は薬の使用は禁忌となる。

❖ 薬物間相互作用

　薬物間相互作用も薬の効果を理解する上で非常に重要な要素である。薬物間相互作用とは，2つの薬物の間での相互作用のことである。これは，薬の代謝がほかの薬によって促進（薬の効果の複合，相乗作用）あるいは抑制（薬の効果が消去）されることを示す。例えば，薬を服用する場合は，アルコールを摂取してはならない。なぜならば，アルコールは薬の副作用を増加させる薬となり得るからである。いくつかの抗生物質は，特定の女性の経口避妊薬の効果を減少させる。促進効果は薬の効果だけでなく副作用も促進する。一方，抑制効果は薬の効果を減少，もしくは消失させるものである。

4 薬に関する情報源

　薬物受容体と薬の促進効果や抑制効果の関係は，実際には薬の解説書にまとめられている以上にとても複雑である。薬のことを専門的に学ぶ学生は，薬の効果の範囲や薬物間相互作用の及ぶ細胞に関して詳しく学ぶが，私たちの目的は，なぜ薬を投与すると効果があるのかを理解することである。

❖ アメリカオリンピック委員会禁止薬物リスト

　非常に広範囲の薬物がアスリートにとって危険な効果を持つものであったり，スポーツにとって不公正なものとなる。スポーツ団体はこれらの薬物の使用を段階的に規制している。NCAAやUSOCはそれぞれで禁止薬物リストを持っている。さらに両組織はアスリートに対する薬物試験に関する方針も明らかにしている。さらにその方針では，薬物試験の頻度や陽性試験の分岐に関しても明記されている。

　薬の処方や分配はアスレティック・トレー

> NCAAの禁止薬物に関しては「Banned Drug List NCAA」で検索・入手できる。また，アスリートや興味を持った誰もがNational Center for Drug Free Sport部門のResource Exchange Center（www.drugfreesport.com）にアクセスすることで禁止薬物の情報を探すことができる。ここでは，ダイエット用のサプリメントを含む禁止薬物の名前や情報を得ることができる。

表5.2　薬の処方量で使用される省略形

省略形	ラテン語	意味
bid	bis in die	1日2回
tid	ter in die	1日3回
qid	quarter in die	1日4回

ナーの活動の範囲外であるが、すべての健康管理に携わる者は、アスリートに使用される薬の共通の分類法に基づいてその効果と副作用を知っておくべきである。あなた自身が服用している薬に関しても、その用量などについて一度しっかりと確認をしておいたほうがよい。また医学では1日あたりの量が略語で表記される。表5.2に投薬で使用される共通の略語を示した。

4. 薬物試験の方針と手順

前述のように、すべてのアスリートやそれらが所属するチームを傘下におく組織（USOC, NCAA, NFLなど）はそれぞれ独自の薬物試験の方針を作成している。

一般的に、薬物試験は尿検査によって施行される。尿は同性の観察下で排尿、採取される。学生アスリートは試験に関する十分な説明を受け、その直後に試験場に送り届けられる。排尿後、尿検体は包装され、識別された上で分析機関へと送られる。アスリートが排尿できない場合は、試験場に残り、尿意を催すまで提供された飲料を摂取する。試験場で提供されるすべての飲料は個々に容器に入れられており、カフェインは入っていない。

陽性であると判断された場合は指定されたチーム当局に報告され、適切な制裁措置が課される。これらの制裁措置は、グループや学校、チーム、リーグが所属する組織の薬物試験の方針によって異なっている。

NCAAでは、アスリートは選手権大会だけでなく年間を通して無作為に試験される。大会におけるテストでは通常、最初か最後のトーナメントの試合が終了した後に試験が行われる。アスリートは試合後に案内人と会うが、この案内人はこの時からアスリートと常に一緒にいることになる。アスリートは案内人から薬物試験場に出頭する旨の説明を受け、NCAAの薬物試験用の試験管にサインをする。薬物試験が終了した時点で尿検体は分析され、陽性反応があった場合は協議会、コーチ、学校の責任者に報告される。さらに、選手権大会で得られた薬物試験の結果が陽性の場合、協議会のルールに違反することになり、たとえその試合で勝利したとしてもその結果は剥奪され、次の365日間試合に参加する資格も剥奪されることになるので、個人だけでなくチームに対しても大きな打撃となる。

5. 薬の知識はアスリートのコンディショニングに有益である

アスレティック・トレーナーにとって、解剖学ほどには深く薬のことを理解する必要はないが、関与するアスリートが使用するであろう薬に関する知識は有益である。ここでは、使用している薬の作用に応じた一般的な分類を説明する。薬がどのように投与されるのかということや副作用について詳細に理解することで、薬に関する情報が有益なものとなる。またここではそのほかとして、薬物動態学（吸収、分布、代謝、排出）、薬物力学、薬物間相互作用など医師の理解する範囲の中でアスレティック・トレーナーに必要な部分を解説する。

1 炎症と薬物療法

アスレティック・トレーナーは、外傷やオーバーユースの結果、「炎症」というものに向き合うことになる。炎症は組織の損傷に伴う血管反応である。この血管反応によって損傷部位に隣接した組織に、それ以上損傷が広がるのを防いでいる。加えて、炎症反応の過程によって損傷細胞の残屑を処理し、次の修復段階に移行する（図5.5）。組織損傷が起きた場合、傷ついた

組織は炎症部位として活性化する。そこでは短時間で血管収縮が起こり，それ以上の出血を防ぐ。この直後に化学伝達物質（ヒスタミン，ブラジキニン，トロンボキサン，ロイコトリエン，プロスタグランジン）が放出され，その部位の血管が拡張する。この血管拡張に伴い，血管壁の透過性が増加し，白血球が損傷部位に侵入する。さらにこの膜透過性の増加に伴い，損傷部位への細胞液の流入が増加し，局所的な浮腫（腫脹）が引き起こされる。

抗炎症薬に分類される薬はこの過程を阻止，もしくは抑制することが可能である。抗炎症薬は非ステロイド系とステロイド系に分類され，非ステロイド系はサリチル酸塩と非サリチル酸塩に分類される。

❖ 非ステロイド系抗炎症薬：サリチル酸塩

世界的に，アスピリンやほかのサリチル酸塩系の薬は，痛み，熱，炎症の治療に最もよく使用される。アスピリンはサリチル酸塩の主な薬であり，世の中に紹介された最初の非ステロイド系抗炎症薬（NSAID）で，ほかのNSAIDとよく比較される。アスピリンはプロドラッグであり，その構成要素が代謝によって分解されるまでは不活性のままである。アスピリンの場合，その化学的な分解過程は肝臓で行われる。

ほかの薬と最も異なるアスピリンの特徴は，血小板（血中の小さな細胞で血液凝固に関与）と結合し，血小板とトロンボキサンの凝結を効果的に抑制することである。血小板の寿命は少なくとも7日（8〜10日）であるため，アス

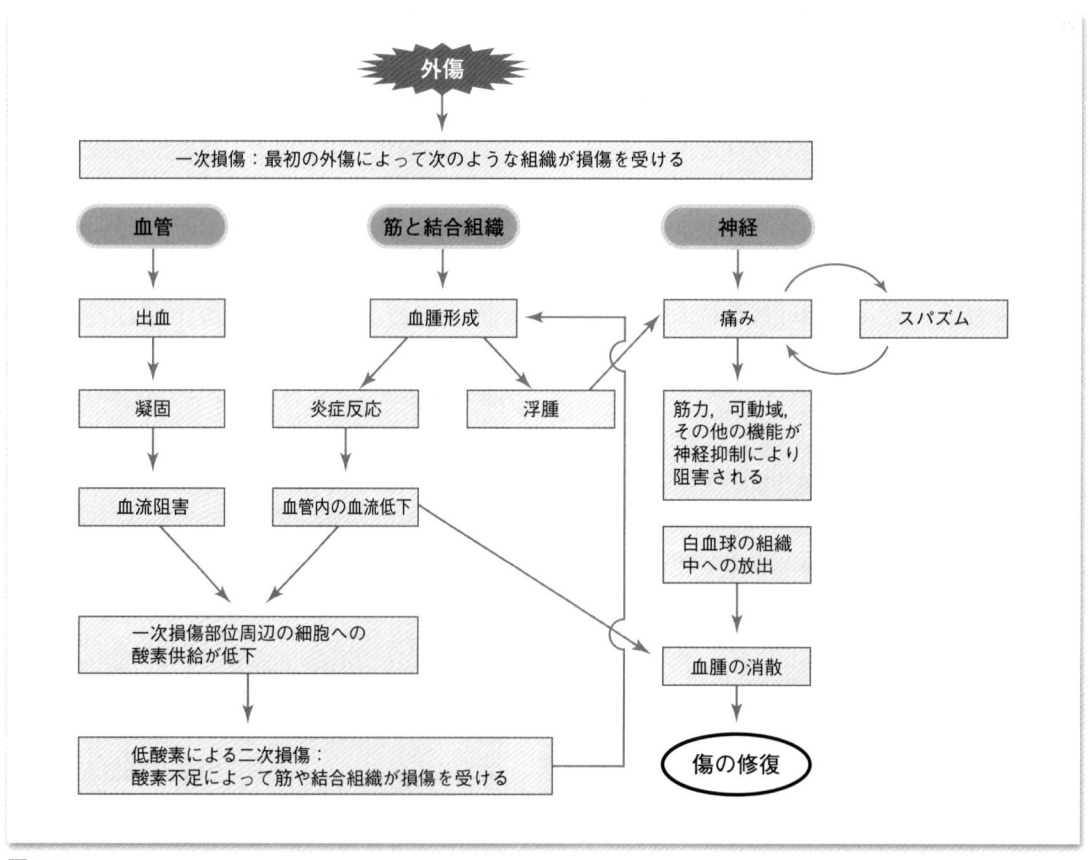

図5.5
外傷に対する炎症反応

ピリンの抗凝結剤としての効果は，服用停止後もおおよそ1週間から10日は続くことになる。

もしもアスピリンが患者の腸管粘膜にとって強力すぎるならばサリチル酸塩を緩衝するほかの薬を用いる。アスピリンを緩衝するために使用される制酸薬は胃酸を中和し，胃の不快感を減少させる。そのほかの錠剤を被覆する添加物は薬の効果が消失する速度を緩やかにし，アスピリンの効果出現を緩やかにする。アスピリンにカフェインが加えられた薬であるエキセドリンやミグレリンは頭痛薬として市場で定番の薬である。加えられたカフェインの働きは，頭痛の増加によって拡張した血管を収縮させると同時に気持ちを高めるものである。

市場にある様々な種類のアスピリン製品は，胃の不快感なしに痛みに対して効果的であるという宣伝文句で販売されている。こうした市販薬を購入する際には，記載されている宣伝文句を見る前に，その製品の有効性を十分に判断するべきである。

投薬の経路

アスピリン薬は経口薬がほとんどである。この腸溶性の薬は錠剤，カプセル，チュアブル錠，チューインガム，液体などの形で投与される。顎の骨を骨折したアスリートのことを考えてみよう。彼にとっては錠剤やカプセルなどの形でのサリチル酸塩投与は望ましくなく（特に顎がワイヤーで閉じられている場合），液体による投薬が最も適切な選択となる。

ほかの腸溶性の薬には坐薬がある。坐薬の形でのサリチル酸塩の投与は，アスリートが嘔吐をするために経口摂取できない場合に選択される。

サリチル酸塩の副作用

前述のとおり，アスピリンは血小板と結合する。これも考えようによっては薬の副作用である。高齢者には，アスピリンは脳や心臓における血液凝固を減少させるために血液を薄める目的でよく使用され，この場合にはアスピリンが血小板と結合することは副作用ではなく，望ましい効果と捉えることができる。しかし子どもや運動を行う者にとって血液が薄まることは問題になりかねない。出血を伴う外傷ではアスピリンは血小板の働きを減少させてしまうため，出血が長引くことになる。したがって，捻挫や挫傷や出血が激しいけがの場合，アスピリンの投薬は賢明な判断であるとは言えない。

胃腸の損傷と同様に胃腸の炎症はアスピリンが原因の問題として認識されている。この胃腸への影響は薬による胃粘膜の炎症に起因するもの，もしくは胃酸から胃を防御するプロスタグランジンの抑制に起因するものである。アスピリンを摂取した時，胃腸の炎症よりも難しい問題を持つアスリートもいる。特に胃潰瘍の病歴がある者は最も大きく影響を受ける。コーティングされた薬は，小腸に薬が届くまで薬の溶解を遅延させる。腸溶性コーティングと呼ばれるこのコーティングは，薬の溶解を遅延させるだけでなく，薬の治療効果も遅延させることになる。また十二指腸（小腸の最初の部分）の炎症も起こり得る。タブレットの緩衝効果もまた胃粘膜に対する薬の酸の影響を鈍らせる。食事とともにアスピリンを摂取することもまた酸の影響を緩衝するが，これは薬の望ましい効果を大きく遅らせることになる。最近では，胃潰瘍の病歴がある患者には注意が必要で，二次薬とともにアスピリンによる治療と組み合わせ，胃の炎症を防ぐことを考える必要があると報告されている。この2剤併用療法はすべての患者に必要なものではないかもしれないが，胃が敏感な患者に対しては唯一の選択肢となるだろう。

めったにないが肝臓や腎臓障害では，潜在疾患がある患者やNSAIDを使用している患者に対して長期間もしくは大量に薬を投与することがある。アスピリン中毒として知られるアスピリンの過剰投与は10〜30gの投与で引き起こされるが，この数字は患者によって大きく変化

する。過剰投与によって頭痛，耳鳴，難聴，精神錯乱，胃腸炎症がよく起こる。子どもに対する投与量を大人に対するそれと同じにする場合は，子どもは大人よりもアスピリンの過剰投与に対して脆弱であることに注意する必要がある。

まれではあるが，アスピリンもライ症候群との関連性が指摘されている。ライ症候群は子どもや10代の若者に発症するもので，水疱瘡やインフルエンザにかかった後に発症することがある。ライ症候群の症状と関連して，高熱，嘔吐感，肝機能障害，注意力の低下が急速に進行し，しばしば幻覚症状が現れ，けいれん，昏睡，そして死に至る可能性がある。アスピリンとライ症候群の関連性は必ずしも明確ではないが，子どもや10代の若者の熱の治療にアスピリンやほかのNSAIDを使用しないことが推奨される。

可能性としては小さいものの，アスピリンの不寛容や過感受性が発現する人もいる。これらの個人にはアスピリン投与後数時間以内に，気管支けいれん，じん麻疹，鼻炎（鼻粘膜の炎症）といったアレルギー反応が出る。これらの人々は心血管系のショックに至る可能性があるので，いかなるNSAIDの使用も禁忌である。

アスピリンやいくつかのNSAIDは，軟骨，腱，靱帯，骨などの回復に関与するという報告があるが，これらの報告はいまだ十分に検討されたとは言えず，さらなる研究が必要であろう。

アスレティック・トレーナーとの関わり

アスピリンやほかのサリチル酸塩をアスリートに使用する際の主な注意事項は，血液凝固メカニズムへの影響である。運動中のけがには出血がつきものである。もしも受傷時にサリチル酸塩系の薬を使用した場合，さらに出血が大きくなるであろう。

そのほかの注意事項は，サリチル酸塩薬を使用することによる胃の炎症である。もしも練習やゲームの直後にサリチル酸塩薬を摂取しなくてはならない場合は，食事による自然な緩衝が望めないので，胃に不調が生じる可能性が高くなる。

アスリートに対して抗炎症薬を勧める前に，痛みの程度とほかの治療方法の有無に関して十分に検討するのが賢明である。

❖ 非ステロイド系抗炎症薬：非サリチル酸塩

すべてのNSAIDは炎症のコントロールの能力があるのと同様に，痛みの軽減，解熱作用，抗炎症作用という特性を備えている。NSAIDがその効果を発揮するには，薬とその投薬量に依存しており，実際，NSAIDの過剰投与が起こっている。ほとんどのNSAIDはその化学的類似性によって群分けされている。

炎症治療は1990年代後半に特に進歩した。この時期に，炎症の原因となる主な化学物質であるプロスタグランジンをターゲットとした薬として，COX-2抑制薬が注目・開発された。体内で産生されるプロスタグランジンにはCOX-1とCOX-2の2つのタイプがある。COX-1プロスタグランジンは，胃やそのほかの組織で産生され，消化管粘膜を守ると考えられており，それゆえに胃の不快感を防止するように働く。一方，COX-2プロスタグランジンは炎症過程の反応で産生される。典型的なNSAIDはCOX-1とCOX-2の両方に影響を及ぼす一方で，COX-2抑制薬と呼ばれる新しいNSAIDはCOX-1の抑制なしに炎症過程を抑制する。

市場にはたくさんのNSAIDが出回っているが，どの薬を処方するかに関しては難しいところがある。その様々な種類のNSAIDの臨床的な差異はほとんどないが，フマル酸化合物を含むNSAIDでは副作用や有害反応があったという報告もある。したがって，どのNSAIDの治療効果も基本的には臨床的な反応によって評価されている。一般的に，あるNSAIDの使用によって何も改善がみられなかった場合，医師はほかのNSAIDを処方することになる。薬に対する患者の反応がない場合，効果的な薬を探し

当てるまでに何種類かの薬を処方することは珍しいことではない。どのNSAIDも炎症過程の一部に効果をもたらすようになっているので，その薬理作用は似かよっている。スポーツ医学の専門家は様々なNSAIDに関する情報をいつでも手に入れられるように準備しておくべきである。以下に示した「非ステロイド系抗炎症薬のグループ分け」には，NSAIDの分類と一般名が記載されている。

シクロオキシゲナーゼ抑制薬としての薬の評価に関してはさらに差がある。COX-2抑制薬には胃の不快感を引き起こす傾向はほとんどなく，それゆえ，消化器に不必要な影響を及ぼすことなく抗炎症作用を発揮する。今後，スポーツに関係する抗炎症薬としてはCOX-2抑制薬がNSAIDとして選択されることになるだろう。

以上のような医師の処方が必要なNSAIDとは別に，処方箋なしで手に入るNSAIDとしてイブプロフェングループ（商品名：Advil, Motrin, Nuprin），ケトプロフェングループ（商品名：Orudis, Actron），ナプロキセングループ（商品名：Aleve, Naprosyn）の薬がある。

投与

NSAIDは一般的に経口投与され，その形態には錠剤，カプセル剤，液体がある。いくつかの抗炎症薬は眼に対して使われる点眼薬である。Toradolのように，最初に筋肉注射され，その後経口投与されるNSAIDもある。

抗炎症薬の副作用

サリチル酸塩と同様に，COX-1抑制型のNSAIDは，消化器の不快感，悪寒，嘔吐感をもたらすことがある。このような副作用はCOX-2抑制薬の使用によって実質的に排除される。また，もしも胃腸障害が問題ならば，食事や液体を大量に摂取することでその症状を減少させることができる。

いくつかのNSAIDは，前頭部頭痛，めまい，精神錯乱などの中枢神経系への影響によっても分類される。

フェニルブタゾンというNSAIDは，これらの副作用が半数程度の患者にしか出なかったと報告されている（Myceckら 2000）。再生不良性貧血がこの薬の最も重要で深刻な副作用である。ほかの副作用に関してはほかのNSAIDと同様である。

アスレティック・トレーナーとの関わり

アスリートにとって「炎症」は最も頻繁に接する問題であるため，抗炎症薬の使用は日常的であろう。その点を考慮しても，アスレティック・トレーナーにとってNSAIDを使用した際の副

非ステロイド系抗炎症薬のグループ分け

分類	一般名
酢酸系	ジクロフェナク エトドラク インドメタシン スリンダク トルメチン エノール酸 オキシフェンブタゾン フェニルブタゾン ピロキシカム
フェナム酸系	メクロフェナム酸 メフェナム酸
プロピオン酸系	フェノプロフェン イブプロフェン ケトプロフェン ナプロキセン サプロフェン
カルボキシル酸系	アスピリン コライン サリチル酸塩 マグネシウムサリチル酸塩 サリチルアミド サルサレート ナトリウムサリチル酸塩
COX-2抑制薬系	セレコキシブ ロフェコキシブ メロキシカム バルデコキシブ

作用を理解することと，副作用の状況を処方した医師に報告することは非常に重要である。アスリートがけがに対して様々な治療を行っている時，その徴候や症状を再評価することは必要であるし，それに応じて治療方法や物理療法の計画などを変更する可能性も考えるべきである。

アスリート自身も，NSAIDを食事とともに使用することや，処方の方針を理解することが重要であると認識すべきである。薬の使用に関する指針を誤ると，薬の副作用がしばしば発生することをあらかじめ知らされるべきである。

❖ ステロイド系抗炎症薬：コルチコステロイド

興味深いことに副腎ステロイド（コルチコステロイド）は，1930年代に科学者たちが通常の副腎機能と同じ効果のある化合物を合成させようとしている時に発見されたものである。すべての効果が再現されたわけではないが，この研究は1949年の関節炎患者に対してステロイドコルチゾン（グルココルチコイド；糖質コルチコイド）を投与した際に症状が劇的に軽減するのが観察されるまで続いた。コルチゾンとコルチコトロフィンは抗炎症薬として高い評価を得ていたが，1953年にさらなる研究によって体液の維持や電解質バランスの調整に関与するミネラルコルチコイド（電解質コルチコイド）が副腎により産生されることが明らかとなり，アルドステロンという名前の薬が生まれた。

副腎ステロイドは，関節リウマチに対して非常に有効であることが確認されているが，明らかに副作用がある。この副作用の数と重大さのために，ステロイド投与の量は厳しく管理されている。医学会においては，ステロイドの投与は，NSAIDで効果が認められない場合や早急な結果が求められているような特別な事例に対してのみ行っている。しかも，副作用を最小限に抑えるために投与量は段階的に減らされ，投与期間も5日から1週間である。

副腎ステロイドにはグルココルチコイドとミネラルコルチコイドの2つの種類がある。ミネラルコルチコイドは副腎ホルモン産生不全の患者に共通して使用される。一方，グルココルチコイドは劇的な抗炎症作用があるため，アスリートに対して最もよく使用される薬である。炎症症状のある患者に対する効果は組織の熱感の減少，紅斑の減少，炎症のコントロール，および局所痛の減少である。またグルココルチコイドはいくつかの喘息のような病気に対して免疫応答を抑制する効果もある。

炎症過程に対するグルココルチコイドの作用はマクロファージと白血球の機能を抑制するとともに，プロスタグランジンとロイコトリエンの産生を抑制することである。どちらの機能も炎症反応を効果的に抑制する。

アスリートに対して共通に使用されるグルココルチコイドには，コルチゾン，ハイドロコルチゾン，メチルプレドニゾロンがあり，これらの薬はその作用持続期間によって選択される。

グルココルチコイドの副作用

グルココルチコイドの副作用の中でも，この薬の関節および関節周辺への注射はきわめて重大である。グルココルチコイドはどのような組織とも同化しようとするので，腱断裂を起こすこともまれではない。

アスレティック・トレーナーとの関わり

アスレティック・トレーナーはグルココルチコイドを処方することはできないが，グルココルチコイドの効果や副作用については理解しておく必要がある。もしも選手が，「医師が十分な説明もなしにステロイド治療をした」と報告してきても驚かないように準備しておくべきである。それはアナボリックステロイド（筋肉増強剤）とグルココルチコイド（抗炎症薬）との違いを選手に教育するための良い機会となる。

ほとんどの場合，副腎ステロイドは関節周囲か関節内に用いる。トレーナーは注射した部位，

ステロイドの強さ，患者の反応を記録しておかなくてはならない。すべての治療の事実を証明するためにも，選手が個人でコルチゾンの注射を受けた時に必ず医師に意見を求めるようにすべきである。

グルココルチコイドが処方されたことがわかったら，選手のカルテに詳細な記録を残しておくことが大切であり，特に，グルココルチコイド使用と軟部組織（例えば筋や腱）の損傷との関連性が疑われるような時にこの記録が重要な証拠となる。

2 痛みと鎮痛薬

痛みはスポーツ医学に関わる者にとって共通した悩みである。痛みは急性・慢性の炎症，手術後のような医原性（治療によって引き起こされる）によって発生するが，結局，鎮痛効果を得るには痛みの原因を取り除かなければならない。

もしも痛みの原因が炎症であるならば，抗炎症薬は痛みに対して効果を示し，同時に炎症を軽減させるだろう。しかし，基本的に，痛みは損傷部位の動きを抑制することで治癒過程を進めようとする自然の生体反応であることを忘れてはならない。有害刺激による痛みの発生とその生理的過程を図5.6に示した。

生命維持やリハビリテーションのための投薬と，けがを負いながらも競技生活を続けているアスリートへの投薬はおのずと異なることを理解しなければならない。さらに，痛みは生体が発する警告であることを忘れてはならない。通常，痛みが出ると過度の運動を継続しないようにするものである。したがって，この警告を鎮痛薬を使用することにより覆い隠すことは危険である（厳密に言えば禁忌であるかもしれない）。加えてすべてのアスリート，コーチ，スポーツ医学の専門家は鎮痛薬の誤った使用に関連する危険性を知っておくべきである。ゲームや競技会に参加しないこともアスリートの健康にとって重要であろう。

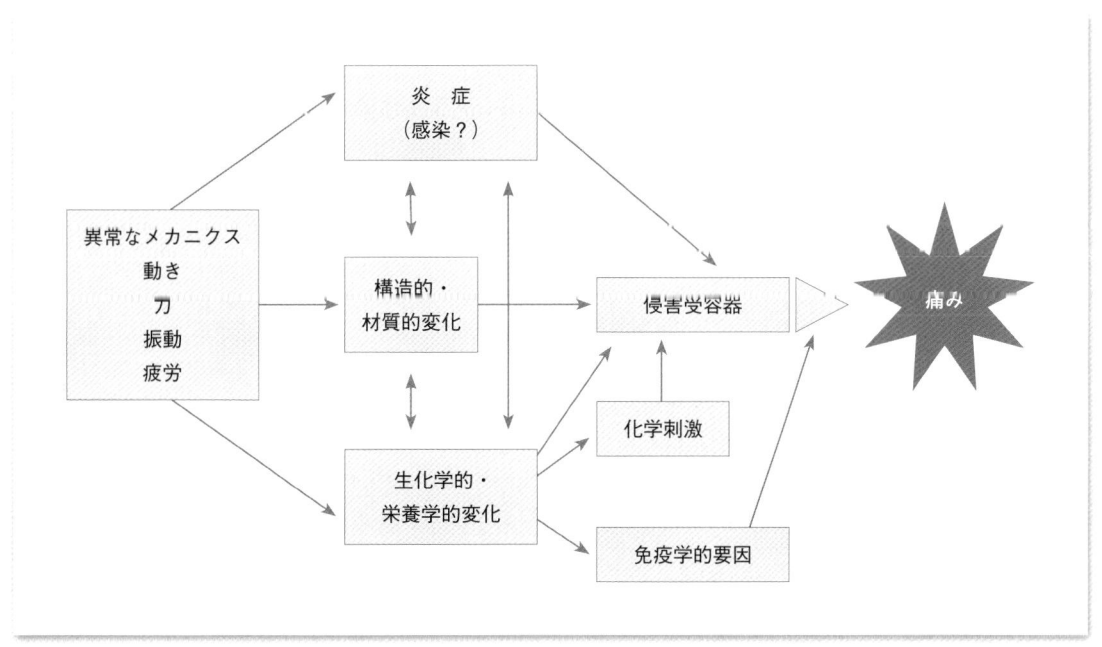

図5.6
痛みの発生メカニズム（模式図）（White 1989 を改変）

薬局やスーパーマーケットで扱われている市販薬から高度に調整された処方薬，そして手術に使われる麻酔薬まで多種多様な鎮痛薬が使われているが，軽度の頭痛に必要な鎮痛薬と再建術後の痛みに対して処方される鎮痛薬の違いは知っておくべきである。医師は副作用と常習性が最小限となるような薬物でもって痛みを管理すべきである。

次に，2つの主なタイプの鎮痛薬（麻薬性鎮痛薬と非麻薬性鎮痛薬）に関して解説する。

❖ 麻薬性鎮痛薬

麻薬性鎮痛薬と非麻薬性鎮痛薬はいずれも痛みに対して使用される非常に強力な鎮痛薬である。なかでも，麻薬性鎮痛薬は術後や重大な組織損傷に伴う激しい痛みを緩和する。

麻薬性鎮痛薬の使用はスポーツのけがに対しては限定的である。オピオイド属の麻薬性鎮痛薬は，中枢神経系に作用することと，侵害受容器の機能を抑制することによって激しい痛みを劇的に軽減する。しかし，オピオイド属の鎮痛薬には悪い側面もある。この薬は麻薬常用癖へ移行する恐れがあるが，通常は使用期間が短いために急性期の炎症性外傷の治療時にはあまり考慮する必要はない。一方で麻薬性鎮痛薬の長期にわたる使用は，薬物依存の危険性を増加させるため，避けるべきである。90年代中盤に非常に有名なプロフットボールリーグのスターが，シーズン中に常習的に鎮痛薬を使用していることが公になったが，このことで多くのアスリートや専門家が鎮痛薬の使用に関して慎重になった。確かに，痛みさえなくなれば医療機関に通わなくてもすむし，特に損傷部位を気にすることなくゲームに参加できるが，それでは問題は解決しないばかりか深刻さを深めるだけである。

鎮痛薬の中でもモルヒネ，コデイン，ヘロインの3つが特効薬として私たちに関連している。ヘロインはスポーツ医学で使われることはないのでここでは議論しない。モルヒネは緩やかな痛みの緩和に使われるか，もしくはほかの鎮痛薬と一緒に処方される。コデインは術後の激しい痛みの制御のための経口鎮痛薬として選択される。

内因性オピオイドは一般的にエンドルフィンとして知られ，生体内において産生されるオピオイド属であり，エンドルフィン，ダイノルフィン，エンケファリンの3つのグループに分類される。内因性オピオイドは脳内で産生され，中枢神経系および末梢神経系にある特定の受容体に直接作用して痛みを制御する。しかし内因性オピオイドは外因性オピオイドほどの効力はない。モルヒネ，コデイン，ヘロインのような外因性オピオイドは自然（植物）由来であるか，半合成（植物と化学合成）であるか，合成（化学合成）のいずれかである。

オピオイドの効果をもたらす受容体は，その発見以来詳細に研究されてきた。そして，受容体は1つではなくほかにもあることが明らかにされてきたが，さらに多くの受容体があることが予想される。受容体がなければオピオイドの効果は発揮できないが，一方，副作用もまた特定の受容体によるものである。

❖ 非麻薬性鎮痛薬

一般的に非麻薬性鎮痛薬はNSAIDと同様の薬であり，鎮痛と抗炎症の2つの効果がある。サリチル酸塩，イブプロフェン，アセトアミノフェンは市販薬でも最も頻繁に出てくる名前である。サリチル酸塩とイブプロフェンの製品はNSAIDであるが，アセトアミノフェンは麻薬性でもNSAIDでもない。

サリチル酸塩の鎮痛作用も抗炎症作用も，ほかのNSAIDと同様に，プロスタグランジンの産生抑制によるものだと考えられている。アスピリンもまた炎症過程における媒介物質の作用や合成を抑制する働きを持っている。

サリチル酸塩の解熱効果は局所におけるほかの作用よりも，視床下部におけるプロスタグラ

ンジンの産生抑制によるものである。アスピリンもまた皮膚の血流を増加させることで発汗させ，熱を放散させる。

抗炎症薬でない鎮痛薬としてアセトアミノフェン（Tylenol，Datril，Pamplin，Panadol）がある。アセトアミノフェンは末梢組織において弱いプロスタグランジンの抑制作用を持つ。その効果はアスピリンの解熱・鎮痛作用と同様のものである。しかし炎症の抑制にはまったく作用しない。患者がアスピリンに対してアレルギー反応がある場合やサリチル酸塩に対して耐性がない場合にアセトアミノフェンが鎮痛薬として選択される。ウイルス性の風邪にかかった子どもには，アスピリン製品の使用に関連したライ症候群の危険性を避けるためにアセトアミノフェンが処方される。

アセトアミノフェンは慢性的な痛みに対して非常に有用な薬で，市販薬の錠剤やカプセル，液体の形で325〜500ｍｇ含まれる。ヨーロッパではパラセタモルはアセトアミノフェンと同様のもので簡単に手に入れることができる。液体のアセトアミノフェンもまた便利で，顎や口腔の手術など口腔のけがに対して非常に有用である。

麻薬性の薬の能力を高めるためにもアセトアミノフェンが使用される。TylenolⅢおよびTylenolⅣのような麻薬性の薬とアセトアミノフェンを組み合わせた薬は，骨折，脱臼，手術に伴う厳しい痛みの治療にしばしば利用される。コデインのような麻薬性の薬にアセトアミノフェンを加えることで厳しい痛みを伴う患者に対してすばらしい鎮痛効果をもたらす。コデインに付加されたアセトアミノフェン（TylenolⅢおよびTylenolⅣ）は厳密に管理されるべき鎮痛薬である。

鎮痛薬の投与

鎮痛薬は，患者を苦しめる痛みが様々な場面で生じるために，様々な形で投与される。

鎮痛薬の使用で最も多いのは経口によるもので，ピル，カプセル，液状が最も多く，また経皮的に投与するイオン泳動法や特別なパッチ療法，筋内注射，静脈注射などがある。術後に患者が機器を用いて鎮痛剤を投与される場面に出くわすことがあるかもしれない。これは鎮痛のために麻薬性鎮痛薬を機器を用いて少量ずつ投与するもので，薬の過剰投与を防ぐのに役立っている。

鎮痛薬の副作用

オピオイド薬の副作用には眠気，めまい，視力障害，吐き気，嘔吐，便秘がある。明らかなように，オピオイド薬に溺れると身体的にも心理的にも危険である。質問紙によっても身体的な依存症を明らかにすることができるので，薬を長期で利用していなくても，依存症の症状が出現した場合には薬の使用を中止する。初期症状としては不安感や神経質になり抑鬱症状が現れ，次に，発汗や吐き気，嘔吐を含む依存症の身体的サインが出現する。筋の震えやけいれんもまた麻薬性薬の使用中止を判断する症状である。使用を中止することで発生する症状はおおよそ36時間から5日間続く。その後，麻薬性薬の注射を強く望むなど，患者は薬に対して強い心理的依存症を呈する。心理的依存症は一年間程度続き，副作用と薬使用中止の非常に難しい状態を経験することになる。

先に述べたように，アスピリンは血小板の機能を抑制する。しかし薬投与後36時間程度で身体の血液凝固機能は通常の状態に回復する。そのほかのサリチル酸塩は血小板に対しては最小限の影響しかない。またアセトアミノフェンは血小板には影響を与えない。

胃腸の炎症はNSAIDやサリチル酸塩を使用した場合の多くに共通して生じる問題であるが，COX-2抑制薬（「非ステロイド系抗炎症薬のグループ分け」参照）ではその問題はあまり生じない。アスピリン，もしくは緩衝化アスピ

リン薬はおおよそ同様の吸収率を示す。しかし出血の出現率は，緩衝化アスピリン薬よりも純粋なアスピリンのほうが高く，胃腸粘膜障害は純粋なアスピリンや緩衝化アスピリン薬よりもコーティングされたアスピリンのほうが少ない。びらん性胃炎や消化性潰瘍の患者では，症状を悪くさせる可能性があるのでサリチル酸塩は避けるべきである。

サリチル酸塩による治療に伴う耳鳴りや聴力の減少は，投与量の削減や投与中止により，24～48時間程度で回復に向かう。

アスレティック・トレーナーとの関わり

痛みに対して使用する鎮痛薬の種類に関して理解しておくことは非常に重要である。しかし，アスレティック・トレーナーは薬を処方してはならない。そしてアスレティック・トレーナーは，鎮痛薬の種類や術後にどのような手順で処方されるかなど，選手を理解し納得させるように説明できるようになっておくべきである。さらに，痛みの治療に関しての様々な代替案を理解することで，軽微な痛みに対して市販の鎮痛薬を賢く選択するための有益な情報を選手に与えることができる。

3 麻酔薬：全身麻酔と局所麻酔

術者が必要な手順で手術を行うためにも，患者が鎮静状態にあることと，筋肉が完全に弛緩していることの両方が必要であることは明白であり，それは全身麻酔薬によって成し遂げられる。麻酔学そのものは広範囲で非常に複雑なためこの本の範疇を超えてしまうので，ここでは簡単に麻酔薬の組み合わせ，作用，また麻酔からの覚醒に関して説明しておこう。麻酔薬は手術中の患者を意識不明，健忘状態，筋弛緩状態にするために複数の経路によって鎮静化させる。また，複数の薬を組み合わせることによって麻酔状態にして維持する。

医師は全身麻酔よりも局所麻酔を選択する場合もある。局所麻酔は神経ブロックによりその部位の運動機能と感覚機能の両方を麻痺させる。したがって，運動機能だけを麻痺させたい場合でも，分娩やいくつかの神経系の手術の患者（感覚神経が切断されてはいるが，運動機能が無傷で維持されている場合）ではうまくいかない。局所麻酔はスポーツ医学では頻繁に使用されており，小手術や開放創の縫合は局所麻酔下で行われる。局所麻酔は影響が必要な部位だけに十分な麻酔効果をもたらす。歯科においては局所麻酔はまさに局所的な痛みを減少させるが，この麻酔は感覚神経に対して劇的に効果があるだけでなく，麻酔を打たれた患者は顔面筋麻痺を起こした顔で帰宅することとなる。

局所麻酔薬は，必要な作用持続時間によって選択される。プロカイン（商品名：Novocain）およびクロロプロカインの作用持続時間は短く，リドカイン（Xylocaine等），メピバカイン（Carbocaine, Isocaine），プリロカイン（Citanest）は中程度の作用持続時間である。さらに，テトラカイン（Pontcaine），ブピバカイン（Marcaine），エチドカイン（Duranest）の作用持続時間は長期である（**表** 5.3）。

表皮剥離に対する治療では，露出された神経終末の働きを抑えるために有効な薬がいくつかある。市販されているものも含め，ベンゾカイン，ヌパーカイン，キシロカイン（軟膏，クリーム，ゼリー，液体などの形態）などの局所薬がそれである。

麻酔薬の投与

全身麻酔は一般的には吸入もしくは点滴で投与され，局所麻酔薬は注射か局所薬（イオン泳動や皮膚塗布薬）で投与される。

麻酔薬の副作用

麻酔薬の副作用に関する知識（**表**5.4）は，手術に先立って行われる様々な検査の理由を理

解するために大切である。麻酔科医には手術中に患者を鎮静させておく義務がある。しばしば見落とされがちな麻酔科医の役割は，手術中の安全性と快適な鎮静状態を保持するにあたって絶対に不可欠である。麻酔薬の副作用は実に様々であるが，それらは完全に理解されているため，手術中に発生する問題を回避するための方法があらかじめ定められている。主な副作用には，心血管系への影響（低血圧，不整脈），胃内圧上昇，眼窩内圧上昇，術後の筋痛，ヒスタミン反応（かゆみ，じん麻疹）などがある。

アスレティック・トレーナーとの関わり

特別な訓練なしにあなたが麻酔薬の投与を目にすることはないから安心してよいが，手術担当医の観察をする場合や，手術中の患者の状態を観察する際には麻酔薬に関して理解しておくことは非常に大切である。

多くの大学やプロのアスレティック施設では，チームドクターが少なくとも2つの注射可能な局所麻酔剤を保持している。1つは短期持続麻酔薬のキシロカイン，もう1つは長期持続薬のマルカインである。このような条件の中でアスレティック・トレーナーはチームドクターがアスリートに注射を行うための場所を確保する必要があるかもしれない。また，チームドクターから持続時間が短いものと長いもののどちらを使うべきかを相談された時のために，どのような種類の麻酔薬をドクターが持参しているのかをあらかじめ確認しておくことも重要である。血管収縮薬（エピネフリン）を併用すると，局所麻酔薬の吸収が遅延するため，麻酔の持続時間が延長することになる。

4 中枢性筋弛緩薬

様々な種類の化合物が局所のけがに伴う筋のスパズム（局所的なけいれん）を減少させる可能性を持っている。化合物（商品名）としては，カリソプロドール（Soma），クロルゾキサゾン（Parafon Forte；クロルゾキサゾンとアセトミノフェン），サイクロベンザプリンハイドロクロライド（Flexeril），ジアゼパム（Valium），メトカルバモール（Robaxin），オルフェナドリン（Norgesic；アスピリンとカフェインの配合されたオルフェナドリン）などがある。

筋スパズムの治療には，疼痛を抑える鎮痛薬とともに筋弛緩薬が投与される。筋弛緩薬のタイプによってはいまだにその作用メカニズムが解明されていないものもあるが，一言で言えば，

表5.3　局所麻酔薬の薬物動態特性

麻酔薬	麻酔の効果速度	作用持続期間
ノボカイン	速い	短い
キシロカイン カーボカイン, イソカイン シタネスト	遅い	中程度
マルカイン ポントカイン デュラネスト	速い	長い

表5.4　手術で用いられる筋弛緩薬

薬剤	主な効果	副作用
脱分極剤（サクシニールコリン）	線維束性攣縮に続く骨格筋麻痺 呼吸筋を含むすべての骨格筋に作用する	心不整脈 心停止の可能性を含む高カリウム血症 眼球内圧の上昇 胃内圧の上昇および嘔吐の可能性 術後の筋痛
非脱分極剤（ツボクラリン）	小さい筋の麻痺に始まり，呼吸筋の麻痺に終わる骨格筋麻痺	低血圧症

筋弛緩薬の効果は鎮静である。すべての薬には中枢神経系抑制作用がある程度あるし，化合物の作用は特定の骨格筋に対して現れるわけではない。

筋弛緩薬の投与

ほとんどの筋弛緩薬は経口か注射によって投与される。

筋弛緩薬の副作用

筋弛緩薬の鎮静作用により，この種の薬の主要な副作用は倦怠感を伴う眠気である。吐き気，めまい，運動失調，頭痛などが筋弛緩薬の使用に伴って現れるかもしれない。筋弛緩薬の中枢性の作用を理由に学生アスリートに対してはこの薬を処方しない医師もいる。筋スパズムはアスリートの快適な眠りを妨げるものであるから，就寝時に筋弛緩薬を飲むようにと処方する医師がいるかもしれない。

アスレティック・トレーナーとの関わり

筋弛緩薬の効果を理解することでそれを必要とするアスリートに適切なアドバイスができるようになる。筋弛緩薬の鎮静作用は決して考えられているような特別なものではないが，スポーツでのけがに伴う局所的な筋スパズムを軽減させる。筋弛緩薬には強い鎮静作用があるので，日中に使用すると日常生活に支障を来す恐れがあることを心にとめておいて欲しい。理学療法の効果と一般的な薬の作用を比べれば，できるだけ理学療法によって筋スパズムを取り除くように努力させることが大切である。

6. 整形外科系ではない薬

整形外科系ではない薬には際限がなく，誰もが遭遇する様々な医学的問題に対して様々な薬が使用される。ここまでは整形外科系の薬について解説してきたが，これからはそれ以外の問題で使用する薬を上気道の問題に用いる薬，感染症に用いる薬，そして消化器の問題に用いる薬に分類して説明を進める。

1 上気道の問題に用いる薬

残念なことに，風邪症候群はとても粘り強く，症状（鼻水，鼻づまり，喉の痛みなど）や治療法にかかわらず，よくなるまでには1週間ほどかかる。風邪薬に共通して可能なのは症状を和らげるかコントロールすることである。鼻づまりや鼻水といった症状を和らげるために2つのタイプ（充血除去薬と抗ヒスタミン薬）の薬が使用されている。持続性の咳は，日常生活でもスポーツ活動でも問題を引き起こす。咳反射の抑制には特にコデインのようなオピオイド薬を使うのが一般的であるが，これらはアスリートの緊張感を喪失させたり眠気を催させるので，好ましい薬とは言えない。4つの主な非麻薬性の薬（充血除去薬，抗ヒスタミン薬，鎮咳薬，去痰薬）は上気道炎やアレルギーに関連した鼻づまりや咳（もしくはその両方）に対して処方される。

❖ 充血除去薬

充血除去薬は鼻汁の有無によらず鼻腔のうっ血に使用される。アレルギーや風邪はしばしば季節性であり，また国や地域性も関係する。充血除去薬は α-1-アドレナリン作動薬であり，これらの症状に対して作用する。

ほかの一般的な充血除去薬としては偽エフェドリン，エフェドリン，エピネフリン，オキシメタゾリンがある。

充血除去薬の投与

α-1-アドレナリン作動薬は経口投与されるか，もしくは鼻粘膜に噴霧器を通して投与される。

充血除去薬の副作用

充血除去薬の主要な副作用は，頭痛，めまい，緊張感，悪心，心血管障害であり，これらの症状は常習的に使用を続けることにより発生する。充血除去薬の投与によって通常は疲労感などは現れないし，α-1-アドレナリン作動薬の使用により高い覚醒状態がもたらされることもある。

アスレティック・トレーナーとの関わり

アメリカにおいてはアスレティック・トレーナーが市販薬を処方することは法的に許されるとは言え，もしも充血除去薬を処方することがあれば，処方した薬と処方後の様子を記録しておくことが重要である。もしかしたら，充血除去薬で高い覚醒状態が得られることを知ったアスリートが，頻繁にこの薬を欲しがるようになるかもしれない。そのようなアスリートは別々の健康管理スタッフに会いに行き，何とかして薬を得ようとするであろう。もしも同一の薬を複数回処方したらそれはかなり危険なことであり，状況を悪化させることになる。

❖ 抗ヒスタミン薬

抗ヒスタミン薬はスポーツ医学では多量に使用される。この薬は花粉症によるアレルギー反応に対してのみならず，二次的な効果である鎮静作用とその穏やかな効き目を利用して寝付きの悪いアスリートに対してもしばしば使用される。

多くの抗ヒスタミン薬は多かれ少なかれある程度の鎮静作用を持っており，それ自体が副作用でもあるため，副作用の強さがこの薬の使用量を決定することになる。より新しい抗ヒスタミン薬は血液脳関門を通過しないので鎮静作用も少ないが，粘膜血管の乾燥や充血軽減に対して強い効果を発揮する。また，抗ヒスタミン薬は睡眠導入を助ける働きもあることを覚えておいて欲しい。前に述べたように，これは抗ヒスタミン薬の副作用であるが，この作用がとても強いためにこの薬の二次的な効果がうたい文句となって販売されているものもある。一言で言うならば，抗ヒスタミン薬は2つの薬が1つになったような薬であり，鎮静効果はむしろ望ましくない作用であると認識して欲しい。

抗ヒスタミン薬の投与

抗ヒスタミン薬は通常は錠剤か液状にて経口投与される。

抗ヒスタミン薬の副作用

抗ヒスタミン薬はしばしば睡眠導入の目的で使用されるが，これはこの薬の本来の効果ではなく，むしろ副作用と言える。したがって，上気道の問題を議論する際にはこの薬が眠気を誘う副作用を持っていることを考慮に入れるべきである。

眠気以外には，口内乾燥，運動機能の減少，胸苦しさ，めまい，血圧変動が抗ヒスタミン薬の副作用である。

アスレティック・トレーナーとの関わり

アスリートに抗ヒスタミン薬を市販薬で購入させる場合は，服用によって眠気が起きることを慎重に説明しなければならない。もしも，勉強や運転やほかの危険なことをする必要がある場合には，抗ヒスタミン薬の服用についてはさらに慎重にならなければならない。

❖ 鎮咳薬（咳止め薬）

鎮咳薬は咳を鎮める目的で使用されるがその作用は短時間しか続かない。オピオイド薬は別として，どの鎮咳薬を使うかは医師や薬剤師の好みによって変わる。通常は本人か親が咳を鎮める薬を探そうと努力することになるが，どの薬を選べばよいかを決めるのはかなり難しい。

鎮咳薬の投与

ほとんどの場合，鎮咳薬は経口による投与である。咳止めシロップ，糖衣錠剤，および錠剤

などが咳を鎮めるためによく使用される。

鎮咳薬の副作用

鎮咳薬は眠気や倦怠感を引き起こすこともあれば，情動不安や緊張感を引き起こすこともある。また数週間の使用により便秘症状を引き起こすこともある。

アスレティック・トレーナーとの関わり

ほとんどのアスリートが去痰薬，鎮咳薬，充血除去薬といった咳に対する薬と風邪に対する薬の違いに気づいていない。アスリートに鎮咳薬に関する情報を与えることは，彼ら自身が症状に応じて適切な薬を選択するのに非常に役立つ。もしも，アスリートが一週間にわたって1日中咳をしているようであれば，一般に売られている市販薬を服用するよりも医師などの専門家に相談することが重要である。

❖ 去痰薬と粘液溶解薬

去痰薬と粘液溶解薬は薬理学的に同じグループに属するものであるが，その効果は異なる。粘液溶解薬は気管からの分泌物の粘性を低下させるが，一方，去痰薬は粘液の産生と排出を促進させる働きがある。一般的に，これらの薬は気管に詰まる濃い粘りのある分泌物が溜まるのを防ぐ目的で使用される。この薬の効果は家庭用の加湿器による効果と変わらないと感じている医師もいる。最近使用されている粘液溶解薬はアセチルシステインだけである。反対に，去痰薬には非常に沢山の種類がある。最もよく使われる去痰薬は，グアイフェネシンであり，市販薬で手に入れられる薬品として製造されている。グアイフェネシンの作用経路は明確になっていないが，FDA（アメリカ食品医薬品局）はその効果を認めている。

去痰薬と粘液溶解薬の投与

ほとんどの去痰薬と粘液溶解薬は経口で投与される。咳止めシロップは去痰薬に分類されている。

去痰薬と粘液溶解薬の副作用

これらの薬の主な副作用は胃腸障害である。さらに，空腹時にシロップを服用すると胃腸障害を悪化させる。そのほかの副作用としては不眠症，頭痛，めまい，皮膚発疹，呼吸障害があげられる。

アスレティック・トレーナーとの関わり

去痰薬と粘液溶解薬は，いずれも風邪の症状に対して特異的な利用価値を持っている。咳や充血の症状を和らげるためにどのような薬を処方すべきかを評価する場合は，どのようなタイプの咳をしているかに注意を払う必要がある。喀痰を伴う咳や，肺からの痰の移動を促すように聞こえる咳に対しては去痰薬や粘液溶解剤の使用が有効である。しかし，乾いているように聞こえる耳障りでかすれた咳の場合は，これらの薬が有効であるとは言い難い。

❖ 気管支拡張薬（βアドレナリン作動薬）

市場には非常にたくさんの気管支拡張薬が出回っている。喘息患者が個人で使用する場合はコンパクトな吸入器を使用する（図5.7）。気管支拡張薬は多くの場合，βアドレナリン作動薬であり，気道の平滑筋を弛緩させることで気道を拡張させる。アルブテロールは最も一般的な薬であり，アスリートの健康管理に使用される。アルブテロール薬にはプロベンチルとベントリン（吸入器）の2つの商品がある。薬の効果は吸入後5〜15分で現れ，3〜6時間持続する。

吸入器の使用は喘息患者であることを示すが，粘液で気道が閉塞された時に吸入器を使用させる医師もいる。吸入器の中に薬が入っており，噴霧によって薬を直接気道組織に吹きかけるため，副作用を最小限に抑えることができる。喘息患者に対してはその症状によって気管支狭

窄を緩和させるための気管支拡張薬と一緒に抗炎症薬が処方されることもある。

喘息患者には様々なタイプがある。運動時にのみ気管支狭窄を引き起こす者（運動誘発性気管支狭窄）もいれば，常に気道が狭窄する者もいる。喘息患者は環境の変化と風邪の影響を大きく受ける。深刻な喘息患者や，緊急を要する患者の場合には，抗炎症薬（コルチゾン）も投与され，十分に気道を拡張させるとともに気管支の炎症を抑制する。アズマコートやフロベントのような製品は，気管の筋を弛緩させ，気管狭窄を防ぐためのステロイド薬である。これらの薬は学生アスリートやオリンピック競技の禁止薬物リストに名を連ねているため，アスリートが使用する場合は法的に問題がないかを十分に考慮する必要がある。

気管支拡張薬の投与

ほとんどの薬は吸入器を用いて一定量投与されるように作られている。吸入器では薬の入った小型の缶から一定量の薬が噴霧される。重度の呼吸器障害に対しては，治療用のネブライザーに薬を混ぜて噴霧し使用される。噴霧後10分程度で薬の効果が気管支に対して現れるようになっている。

気管支拡張薬の副作用

吸入器によるこの薬の最も重大な副作用は，心臓への影響である。呼吸器治療の後，患者はしばしば鼓動が速くなったりほかの心臓への問題を経験する。吸入器による治療は中枢神経系にも作用し，患者を神経質にさせる副作用もある。気管支拡張薬の長期にわたる使用により咽頭部に炎症を生じることがあるが，これは噴霧された薬が咽頭部にかかった場合に生じる。

アスレティック・トレーナーとの関わり

気管支拡張薬を使用するにあたっては，手と呼吸の協調が最も大切である。吸入にあたって，まずは最大限に息を吐き出し，そのタイミングで薬を噴霧させる。噴霧のタイミングが良くても噴霧時に手が動いてしまい，薬が咽頭にかかってしまう失敗がしばしば生じる。時折，アスリートが正しい吸入方法をしているかを医師によってチェックしてもらうとよい。

2 感染症と抗生物質

感染症に関して話をする時は，まずなぜ感染症が起こるのかを自分自身に問うべきである。小さな予防策の積み重ねがすべてであり，薬の使用は避けるほうがよい。すべての開放創は温かい水と石鹸で清潔にすべきであるというルールはよくできている。刺激物やバクテリア（細菌）が傷やそのほかの組織に浸入すると，感染症が発生し，痛みなどの症状が現れる。その際には何らかの薬が必要になるかもしれない。

感染症の治療のための薬を使用する場合には，薬の名前を参考にするとよい。すなわち，その薬がどんな症状や問題に効くのかは，薬の名前の接頭語である「anti-；抗−」に続く単語（例えばanti-bacterials；抗細菌薬，anti-fungals；抗真菌薬）を拾えばおおよそその性質を知ることができる。抗生物質はその名の通り組織や細胞を殺すための薬である。したがって，ここで

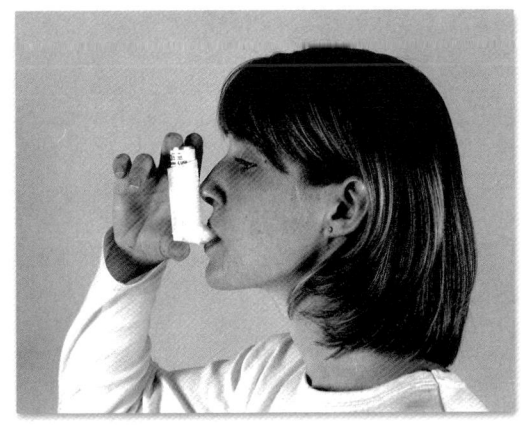

図5.7　喘息症状の治療のための薬を投与する吸入器

は抗生物質というよりむしろその効果が特定できる抗細菌薬もしくは抗真菌薬について解説をする。

❖ 抗細菌薬

抗細菌薬は開放性の傷の洗浄後に塗り薬として使用される。この場合の抗細菌薬は感染の予防を目的としたものであるが、浅い傷であれば感染を治療する効果も期待できる。感染に対する医学的な処置は、まずは感染部の組織を培養して細菌を特定し、その細菌に効果のある薬を用いることである。とはいえ、薬に対して耐性を持った細菌もいるので、必ずしも薬による治療が効果的であるとは限らない。傷が浅く、まだ感染が広がっていないようであれば、市販の薬で一応対応できる。

市販されている抗細菌薬は、抗細菌のための薬とほかの薬が混合したタイプの薬として販売されており、ネオスポリン、ポリスポリン、バチタラシンなどの似たような名前が付いている。

人工芝による擦過創の手当では、擦過による火傷の手当も含めて傷を洗浄することが最も大切である。しかし擦過創では神経終末が多く露出しているために刺激に対して過敏になっており、いきなり傷口を洗浄することは困難である。そこで、洗浄と抗細菌薬塗布の前に局所麻酔薬の軟膏を塗布し、その上を滅菌ガーゼなどでカバーし、練習やゲームを続けるとよい。こうすることで皮膚が痛み刺激に対して鈍感になって練習やゲームを継続できるとともに、その後の洗浄（シャワーで洗浄できる）と抗細菌薬塗布が楽にできる。この時に使われる局所麻酔薬は痔の治療のために開発されたもので抗細菌作用と麻酔作用の両方の効果を持っている。

感染した組織如何にかかわらず、抗細菌薬は細菌の細胞壁や機能を抑制するタイプ（ペニシリン、セファロスポリン）、細菌のタンパク質合成を抑制するタイプ（アミノグリコサイド、エリスロマイシン、テトラサイクリン）、そして細菌のDNA/RNA機能を抑制するタイプ（サルファニラミド）に分類される。

抗細菌薬の投与

スポーツ現場では塗布剤のかたちで抗細菌薬を使用するが、全身性の感染では薬は医師によって経口投与されるか重度の場合は注射によって投与される。

抗細菌薬の副作用

医療の専門家は、患者に抗細菌薬を過剰投与することによる薬への耐性の増加に関して警告を発している。抗細菌薬はほかに下痢、吐き気、嘔吐、発疹、注射部位の炎症および発作などの副作用を持っている。

アスレティック・トレーナーとの関わり

アスレティック・トレーナーは局所的な浅い傷に対して抗細菌薬を経皮的に用いるが、薬の投与によっては、全身性のアレルギーを引き起こすことがまれにある。このような反応は注意書きには書かれていないので突然に起こってしまう。芝生による擦過創を伴う火傷のような傷には、基本的には傷口の洗浄と抗細菌薬の塗布が絶対に必要である。

❖ 抗真菌薬

真菌感染症と細菌感染症の症状はよく似ているが、抗細菌薬は真菌感染に対して効果がないし、細菌感染に対して抗真菌薬を使用しても意味がない。主な抗真菌薬の働きは、真菌の細胞膜の機能を破壊するものである。健康な人では、真菌による感染は起こらないが、免疫系に問題のある人では感染が広がる。

爪床下（足指の爪は特に真菌の感染を受けやすい）などの執拗な感染症に対しては経口の抗真菌薬が使用されるが、服用は運動の前に行うようアドバイスされる。その理由は、抗真菌薬は発汗を通して爪床に広がって効果を現すから

で，汗をかくことで治療効果が上がる。不幸なことに，これらの爪床の感染症はとても頑固であり，数カ月にわたって抗真菌薬の使用を続ける努力が必要になる。

股間や足，そして手のような湿気の多い部位における真菌性感染症に悩む人は多い。衛生管理を徹底することと，真菌性感染症予防に関する教育が必要である。管理とはすなわちその部位をできる限り乾燥状態に保つこと，影響のある部位周辺では清潔な衣類のみを着用すること，そしてもしも必要ならば，抗真菌薬を使用することである。

感染部位への抗真菌薬の塗布は1日2，3回行い，それを2～3週間続けるとこの問題はコントロールできるので，その後はパウダー状の薬に変更する。残念なことに多くの患者がいきなりパウダー状の抗真菌薬を用いて個人で治療しようとするが，それでは真菌の感染拡大に対してほとんど効果はない。抗真菌薬には市販されているものもあれば，医師の処方が必要なものもある。また，コルチコステロイドが入った薬もあり，これは抗真菌薬単独の薬よりも迅速な効果がある。

抗真菌薬の処方

抗真菌薬の投与は経口かあるいは経皮（クリーム，軟膏，パウダー）で行い，皮下感染や全身性真菌症には経口投与が，また，皮膚感染には経皮投与の方法が用いられる。

抗真菌薬の副作用

経皮的に使用する抗真菌薬には副作用はないが，経口薬の場合は頭痛，精神的変化，肝臓障害，また光過敏性などの副作用がある。

アスレティック・トレーナーとの関わり

真菌性感染が疑われたらまずは皮膚と爪床を注意深く観察し，医師による診断と治療を受けるようにする。市販薬の使用は勧められない。

特に感染が爪下の場合や広範囲に広がっている場合は必ず医師の治療を受けるべきである。アスレティック・トレーナーが治療方法に関する医師からの指示を補足して説明することで，より良い治療効果が期待できる。

3 消化器系の問題に対する薬

アスリートであろうとなかろうと，消化器系の問題は多くの人が抱えており，常にストレスの原因となっている。日常的に下痢や胃のむかつきを訴えたり，遠征や合宿での食事の変化で便秘や軟便あるいは下痢を引き起こすこともある。アスリートが自分の抱えている問題をきちんと報告し，相談さえしていれば，消化器系の問題は管理できるものである。

✤ 下痢止め薬

下痢止め薬はオピオイド薬（ロモチル，イモジウム）および非オピオイド薬（ドンナゲル）の2つに分類されるが，いずれも消化管を移動する食物の動きを緩慢にすることで効果を発揮する。しかし，下痢止め薬は腸管の働きを低下させることが知られている。さらに，もしも下痢が感染症に関連するものであったとしたら，その結果，感染は急速に拡大し，最悪の場合には腸管破裂による二次的感染が生じる。下痢の原因を明らかにできないまま薬を使用することは避けるべきである。

下痢止め薬の投与

下痢止め薬は経口薬として液状，錠剤，カプセルなどの形で服用される。

下痢止め薬の副作用

腸管の機能低下のほかに，長期間の使用によって便秘を引き起こすことがよくある。また，オピオイド系の下痢止め薬では，ほかのオピオイド薬と同様に，眠気，めまいなどの副作用を

引き起こす。

アスレティック・トレーナーとの関わり

ほとんどの場合，アスリートは下痢に関して報告したがらない。したがって，もしも彼らがあなたに下痢であることを打ち明けてきたら，体調が深刻であるとまずは考えることが大切である。下痢に対する治療と予防措置を理解するだけでなく，下痢の後遺症に関しても理解することが重要である。下痢によって過度に水分が失われると直ちに脱水状態に陥るため，下痢状態のアスリートには電解質と水分を十分に摂取するようアドバイスを与えるべきである。

下剤

若年者や健常者には無関係な問題であるが，便秘は競技生活における大きな問題となり得る。便秘には主に膨張性下剤と腸管刺激剤の2つの製品が用いられる。

膨張性下剤（メタムシル，高浸透圧剤）は下部消化管の水分を吸収し，腸管を引き伸ばして蠕動を刺激する。この製品のほとんどには腸管の働きを整えるために食物繊維が含まれている。一方，腸管刺激剤は腸粘膜や内臓神経を刺激するように働く。

下剤の投与

膨張性下剤は液体の形で経口投与され，腸管刺激剤は坐薬や浣腸などの形で直腸内投与される。

下剤を使用した際の副作用

経口投与系の下剤による副作用には，腸満感と腸けいれんがある。また，便秘に引き続き下痢になることがある。ほかには，吐き気，鼓腸（腹にガスがたまること），そして強い喉の渇きなどが副作用として報告されている。坐薬で投与した場合は，肛門付近の違和感，出血，灼熱感，痒み，そして痛みなどが生じることがある。

アスレティック・トレーナーとの関わり

残念なことに下剤は使用法を誤るタイプの薬である。アスレティック・トレーナーは，体操選手とレスラーが体重を減少させるために腸管をきれいにしようと下剤を使用しているかどうかを調べなければならない。この薬は身体の正常な生理機能を阻害するので，誤った使用法は危険である。大腸において老廃物から水分が吸収されるが，腸管刺激剤によって大腸が刺激されると水分吸収が阻害される。もしもレスリング場のような暑熱環境下で練習を行っていた場合には，下剤の誤った使用により脱水症状になる危険性が高まる。このような薬では在庫管理と分配手順の両方を厳しくチェックする必要があり，そうすることで薬の誤った使用を簡単に発見できるであろう。

制吐薬

嘔吐は，競技前の不安や乗り物酔いによって生じる。これに対処するための制吐薬としてはジメンヒドリナート（ドラマミン）やメクリジン（アンチバート，ボナイン）が一般的である。そのほかの制酸薬や吸着薬も胃粘膜を補修したり嘔吐の原因である刺激を減少させる。

制吐薬の投与

化学療法が原因となる嘔吐を除いて，嘔吐は経口によって投与される。

制吐薬の副作用

典型的な制吐薬の服用によって，競技中に起きて欲しくない眠気や頭痛などが起きやすくなる。

アスレティック・トレーナーとの関わり

不安だけではなく，妊娠初期，熱疲労，虫垂炎，食中毒，頭部外傷などでも嘔吐を引き起こす。したがって，嘔吐の原因を正しく評価することが，頻繁に嘔吐をくり返す選手への対処方

法である。

❖ 制酸薬

　食習慣によっては胃に不快感を催す選手もいる。このために用いられる薬は基本的には胃の酸性度を中和することで，不快感を取り除いている。制酸薬は炭酸塩か水酸化物と，アルミニウム，マグネシウム，カルシウムの組み合わせによって構成されており，これらは胃酸の水素イオン濃度を調節する働きを持つ。

　胃潰瘍や過敏性腸症候群では胃酸の分泌を抑制する薬が必要になるかもしれない。これらの薬には，タガメット，ペプシッド，ザンタックなどがある。

制酸薬の投与

　制酸薬は一般的にはチュアブル（かみ砕くタイプ）錠であり，これは処方箋なしで手軽に使用することができる。そのほか，水に溶ける粉末や錠剤，液体，チューイングガムなどの形で経口投与される。過敏性腸症候群に対する薬は錠剤や液体が一般的であるが，重症例には注射で静脈内投与される。

制酸薬の副作用

　制酸薬の副作用はほとんどないが，もしも大量に，もしくは長期にわたって投与された場合は，味覚の変化，軽度の便秘や下痢，喉の渇き，胃けいれん，白色便などの副作用が起きる。タガメット，ペプシッド，ザンタックなどでは，このような副作用に加え，頭痛，めまい，下痢，吐き気，嘔吐などが生じることもある。

アスレティック・トレーナーとの関わり

　制酸薬は誤った食習慣によって引き起こされる腹部の不快感を取り除こうと使用される。健康管理の専門家は，正しい食事の取り方を指導し，選手が応急処置的な制酸薬の使用に頼らないように教育をすべきである。十分な根拠があるわけではないが，制酸薬の慢性的な使用は腎結石の可能性を高めるといわれていることからも，制酸薬の服用は避けるようにすべきである。

Q&A

Q1 一般名薬と商品名薬を定義し，例をあげなさい。

A1 薬は一般名薬と商品名薬に分けることができる。一般名薬の名称は基本的にはその薬の化学名に由来し，短くて単純である。一方，商品名薬は，一般名薬と同じ成分が用いられていたとしても，メーカーによって独自に命名された薬である。例えば，アセトアミノフェンは一般名薬であるが，タイレノールはアセトアミノフェンを主成分とする薬の商品名である。したがって，商品名薬は製薬会社の数だけ存在することになる。

Q2 なぜ薬は非処方薬，処方薬，規制薬物に分類されるのか。

A2 非処方薬（市販薬）は商品棚から誰でも簡単に得ることができる。この薬を説明書通りに服用することは，ほとんどの人にとって問題はない。しかし，市販薬は小さな問題に対してのみ効果的である。処方薬は医師によって処方される強い薬である。副作用を避けるため，処方をする医師は患者に対してアレルギーの有無やそのほかの薬を使用しているかどうかの聞き取りをする。処方薬は医師の許可を得てのみ入手することができる。規制薬物は乱用の可能性が非常に高い薬である。5種類の規制薬物には処方，調剤，服用延長に関してルールがある。これらの薬は施設の定められた保管場所で管理されなければならず，すべての規制薬物の調剤に関しては詳細な記録を残すべき責任がある。

Q3 薬の投与方法を説明しなさい

A3 薬は消化器官を通して投与される。すなわち薬は口腔，舌下，直腸から投与され，吸収された後に消化器へと搬送される。そのほか，消化管を通さない投与の方法としては注射（静脈内，関節内，筋内）による方法，局所の皮膚への塗布，吸入，および経皮吸収によるものがある。

Q4 薬に関する様々な情報をどのようにして得るのかを説明しなさい。

A4 基本的には薬剤師に尋ねることで特定の薬に関する情報を得ることができるし，現在では様々な本やホームページからでも情報が得られる。

Q5 どのようにしてUSOCやNCAAの禁止薬物リストの情報を入手するかを説明しなさい。

A5 様々な薬の使用方針に関する情報は各運営組織から得ることができる。例えば，どんな薬がオリンピック選手に禁止されているのかを知るためには，USOC（訳注：日本ではJOC）に連絡をとり，禁止薬物リストを要求すればよい。大学生の選手が禁止薬物リストを参照したい場合にはNCAA（訳注：日本では各競技団体）に問い合わせる。インターネットはこれらの情報を得るためのきわめて優れたツールである。

Q6 薬がどのように炎症過程に影響を及ぼすかについて説明しなさい。

A6 プロスタグランジンおよびトロンボキサンは痛み，炎症，発熱，過剰な血液凝固を促進させる物質とされている。プロスタグランジンは食物から摂取されるアラキドン酸から合成・産生され，この過程はシクロオキシナーゼ経路と呼ばれる。非ステロイド系抗炎症薬はこのシクロオキシナーゼ経路を阻害するように作用する。その結果，プロスタグランジンの産生に影響を与え，炎症，痛み，熱感，および過剰な血液凝固が抑制される。

Q7 抗炎症薬の一般的な副作用，および副作用を軽減させるための方法を説明しなさい。

A7 非ステロイド系抗炎症薬の主な副作用は，胃の不快感である。薬によっては胃粘膜への刺激や粘膜からの出血が少ないものもあるが，副作用を最小限にするためには，非ステロイド系抗炎症薬を食物や牛乳と一緒に摂取することである。制酸剤を非ステロイド系抗炎症薬と一緒に摂取することで胃の不快感が軽減できるとも言われているが，これには科学的根拠はない。抗炎症薬を空腹時に服用しないことである。

Q8 鎮痛薬の効果とこれをアスリートへ投与する際の制限に関して説明しなさい。

A8 鎮痛薬の効果は，シクロオキシナーゼ経路を阻害することにより効果的にプロスタグランジンの産生を阻害する抗炎症薬と同様の機序によるものである。アスリートに鎮痛薬を使用しない主な理由は，痛みというものが通常は組織の器質的な破壊の合図であり，鎮痛薬によって痛みがなければ，アスリートは組織を破壊し続けることになるからである。

Q9 真菌性感染症の薬による治療について説明しなさい。

A9 真菌性感染症は，皮膚表面もしくは皮下の問題である。皮下に問題がある真菌性感染症は，皮膚表面の感染に効果のある一般的な市販薬の抗真菌薬では治療できない。また，全身性の真菌性感染症は経口による抗真菌薬によってのみ治療される。さらに，皮膚表面の真菌性感染症はほとんどの粉末状の市販薬の抗真菌薬には耐性を示すので，真菌を根絶するためには抗真菌クリームや軟膏を使用するように教育することが重要である。

Q10 下剤の誤った使用方法を説明しなさい

A10 残念なことに，下剤によって体重を減少させることができるが，これは明らかに誤った下剤の使用方法であり，深刻な健康上の問題を引き起こすので避けるべきである。

質問について考え，調べ，議論してまとめなさい。

① ソフトボールコーチが，タムズ（胸やけ用の薬）を分けて欲しいと，アスレティック・トレーニングルームに来た。あなたは彼が時折この制酸薬を欲しがることに気づいてはいたが，どの程度頻繁にこれを服用しているかを彼に尋ねたことはない。このコーチが制酸薬を使用することに対してあなたはどのようにアプローチすべきかを考えなさい。

② 肩関節のインピンジメント症状がある水泳選手をあなたが調べ，肩関節周囲の筋のバランスをとるために，いくつかのエクササイズを処方した。その選手は医師の診察も受けている。医師は，あなたが与えたエクササイズはとても重要だが，同時に抗炎症薬の使用を開始するべきだと診断した。あなたはその選手が過去に胃の不調を訴えていたのを知っている。あなたはこの選手の抗炎症薬の使用に関して何を助言できるか述べなさい。

③ 高校の体育主任があなたに，運動部選手に対する薬物検査のプログラムを作成するように要求した。プログラムでは，いつ，誰がテストを受けるのかについては無作為抽出による方法をとり，プログラム開発と運営に関する費用は心配しないでよいという条件である。あなたの高校の運動部選手に対する理想的な薬物検査プログラムをデザインしなさい。

④ 足関節捻挫後の筋力訓練を行っている女子サッカー選手が，バッグを放り投げた時に，いくつかの瓶がバッグからこぼれ落ちたことにあなたは気づいた。それが何だか心配になって，あなたは彼女にそれらの瓶に何が入っているのかを尋ねた。彼女は3つの瓶をあなたに示しながら，それぞれにバイエルアスピリン（Bayer aspirin），タイレノール（Tylenol），オルディス（Orudis）が入っていることを説明した。あなたが彼女にそれらすべての薬を服用しているのか，またそれぞれどれくらいの量を服用するのかを尋ねたところ，彼女は，薬の服用は日によって異なると答えた。現役のサッカー選手がこれらの薬を適切に使用する方法について，また，この選手の足関節の炎症と痛みを抑制するためにはどの薬が最も有効であるかについて説明しなさい。

⑤ あなたの大学の陸上競技部の選手何人かが禁止薬物の情報について知る方法を尋ねてきた。その理由として，彼らが禁止薬物を使用しているのでないかとヘッド・トレーナーに疑われたくないからだと説明した。また，競技大会へ出場できなくなるような行為を自分たちはしていないことを確認したいとも言っている。彼らに対してあなたはどのような助言ができるか述べなさい。

【引用文献】
Mycek, M.K, R.A. Harvey, and P.C. Champe. 2000. *Pharmacology : Lippincott's Illustrated Reviews*. Baltimore : Lippincott, Williams and Wilkins.

【参考文献】
Colgan, M. 1993. *Optimum sports nutrition*. New York : Advanced Research Press.
Colgan, M. 1996. *Hormonal health*. Vancouver : Apple.
Faigenbaum, A.D., L.D. Zaichkowsky, D.E. Gardner, and L.J. Micheli. 1998. Anabolic steroid use by male and female middle school students. *Pediarics* 101（5）: E6.
Kochakian, C.D. 1990. Metabolites of testosterone : Significance in the vital economy. *Steroids* 55 : 92-97.
Kochakian, C.D., and J.R. Murlin. 1936. The relationship of synthetic male hormone androstenedione to the protein and energy metabolism of castrated dogs and the protein metabolism of a normal dog. *Am J Physiol* 117 : 642-657.
Mahesh, V.B., and R.B. Greenblatt. 1962. The in-vio conversion of dehydroepiandrosterone and androstenedione to testosterone in the human. *Acta Endocrinol* 41 : 400-406.
Stryer, L. 1981. *Biochemistry*, 2nd ed. New York : Freeman.
Yarasheski, K.E., J.A. Campbell, K.Smith, M.J. Rennie, J.O. Hollosky, and D.M. Bier. 1992. Effect of growth hormone and resistance exercise on muscle growth in young men. *Am J Physiol* 262 : E261-E267.
Yesalis, C.E., ed. 1993. *Anabolic steroids in sport and exercise*. Champaign, IL : Human Kinetics.

6章

環境に関する問題

● 本章の目的 ●

本章を読むことで，
1. 過度に上昇した体温を下げるために使われる4つの冷却方法の具体例を提示できるようになる。
2. 高温多湿の環境で運動をする危険性を減らすためにとるべき手段がわかるようになる。
3. 温度と湿度を測定する3つの方法について説明できるようになる。
4. 熱疲労に関連する主な症状をあげることができるようになる。
5. 極度に寒い環境の中で運動をすることに伴う主な2つの問題をあげ，それらを避ける方法を説明できるようになる。
6. 風の冷却効果が寒い環境の中で運動をする人に及ぼす影響を説明できるようになる。
7. 激しい雷雨の中での運動で注意しなければならないいくつかの要素をあげることができるようになる。
8. 安全確保のために競技場を調べる際に気をつけるべき点をあげることができるようになる。

ジェイクは仕事のスケジュールが許すかぎり，できるだけランニングをして楽しんだ。仕事が終わると彼はランニングウェアに着替えて，ニューヨークのロチェスター市郊外にある彼のオフィスの近くの川沿いのコースをよく走った。ジェイクはフィラデルフィアの生まれで，テンプル大学に進んだ。ジェイクがそのコースでよく見かけたランナーのポールもフィラデルフィアの出身であった。ある日，ポールが7月4日に行われる20キロレースのために練習を始めたと言った。1999年の7月4日にフィラデルフィアの真ん中で始まった独立記念日レースに出場するのはすばらしいことだと考え，ジェイクもそのレースに参加しなくてはと思った。

　「7月4日か。準備するには3週間とちょっとしかないな」ジェイクは考えた。「月曜日に自分のトレーニングプログラムを始めるぞ！」とジェイクは心に決め，長距離レースのためのトレーニングプログラムを調べることに週末を費やした。彼はすぐに，レースのためには距離を延ばさなければならないこと，より長い時間を走らなければならないことがわかった。

　ジェイクは毎晩自分の作ったトレーニングプログラムに没頭した。距離を延ばしたし，すべてがうまくいっていると感じ始めた。フィラデルフィア行きの飛行機を7月3日に決め，その晩は大学の友人のところに泊まることにした。レースは正午に自由の鐘のところで始まることになっていた。すべてがうまくいっていた。

　いよいよきたぞ，大勢のランナーの真ん中で彼は思った。「走者のみなさん，位置について…」みんながスタートした。

　彼は5キロ地点までは順調に走り，「あと15キロだ。まだたった4分の1だな」と考えていた。中間地点までに彼は本当に疲れ始めていた。彼が走る間，空気が体の周りにまとわりついてきているようで，「なんだ，やけに湿度が高いな」とつぶやいた。コースの給水所ごとに水を取ろうとしたが，飲む以上にこぼしながら，カップを道路に投げ捨て「なんだよ，走りながらだとうまく水が飲めないな。」と思った。

　15キロ地点までには，彼は苦境に立たされていた。「おい，がんばれ！」だんだん自分に腹が立ってきていた。ふくらはぎは固くなり始め，腰は痛くなり始めた。「あと5キロだ。気合い入れろ。」と自分にけしかけた。

　ジェイクが次に気づいた時は，救急隊員が彼の上に立っており，腕に点滴をつけていて体中に冷たい布がかぶせられていた。

「なんだ？」頭を起こそうとした。

「落ち着いて，大丈夫ですよ。」隊員の1人が言った。「あなたは熱射病にかかったようです。あなたはこのあたりから来たのですか？」

「いえ，ニューヨーク州の北部のほうからです。」ジェイクがふらふらしながら答えた。

「今日は気温と湿度が一段と高いので，たくさんの人が同じように苦しんでいますよ。」その隊員がジェイクの血圧を計りながらいった。「今は落ち着いてきていますね。危険は脱したと思います。」

隊員たちはジェイクが起き上がるのを助けようとしたが，また気を失いそうになった。

「がんばって」ジェイクの反応を見ながら隊員が言った。「あなたはかなり脱水しています。我々が今水分を体に戻していますからね。すぐ気分が良くなりますよ。」

「ありがとう。僕はどこで気を失ったのかな？」ジェイクはレースを終えたことを覚えていなかったので尋ねてみた。

「あなたはゴールしましたよ。でもまさにここで倒れたのです。」隊員がゴールラインをちょうど越えたところを指しながら言った。「熱射病になるまでずっと熱疲労のまま走ったようですね。あなたの体温はとても高いですよ。最後の数キロはほとんど覚えていないかもしれませんね。」

「ああ，昨日の晩がいけなかったのでしょうね。」ジェイクの友人たちはやっと彼を見つけた時そう言った。彼は救急隊員たちが使った水でできた水たまりに座ったままでいた。

「遅くまでつき合わせて悪かったな。」友人がすまなそうに言った。「それでもよく走ったよな。」

「おそらく彼は走るべきではなかったでしょうけどね。みなさん，ジェイクを救急病院に連れて行って詳しく検査をしてもらってください。これが医者に渡す書類です。」隊員はそういって，なおも苦しんでいるほかのランナーたちを助けに行った。「じゃあ，お気をつけて。」

ジェイクは，今回はラッキーだった。ニューヨークに戻る機内でしたことといえば，水を飲むことと救急隊員たちがいてくれてどんなにラッキーだったかと考えることだけであった。フィラデルフィアの環境がニューヨーク州北部のものとはまったく違うなどと，彼は考えもしなかったのである。

この章では，私たちが変えることはできないが効果的に対応することができる環境についての諸問題について述べる。冒頭のストーリーで見たように，気候はスポーツに多大な影響を与える環境問題の1つである。

環境について語る時は，気温と湿度についてのみ触れるのではなく，嵐のような状況についても触れるべきである。自然環境以上に，コートや競技場，施設のある場所の環境が安全なスポーツ参加への脅威になるかもしれないのである。

1. 体温調節と熱交換

人は体の内外で熱を知覚できる。人体は体温を一定に保つためかなり効率的な機能を有しているが，小さな変化は察知しないようになっている。皮膚にある感覚器官のおかげで体外のほうが体内よりも敏感に温度変化を感知できる。

外が寒い時に屋外で走ったりトレーニングしたりする際に，暑いと感じるのは良いことであるが，真夏の暑さはいずれにしても歓迎できるものではない。実際，気温が21～26℃かそれ以上の時，体が産生する熱（代謝熱）は体内の温度調節能力に大きな負荷をかけることになる。平常な体温は36.5℃であるが，もしも平常体温（平常とは人が病気でないことを意味する）が37.2℃であれば，やや高いと誤解されるかもしれない。誰でも自分の平常な体温があり，1日のうちで上下に変動しようとも，36.5℃が人間の一般的な平常体温であることを示しているし，平常の範囲は36.0～37.5℃である。

1 深部体温と基礎代謝

深部体温，すなわち体内の温度は脳内の視床下部によって調節されている（**図6.1**）。深部体温は熱の産生（体を温めること）や熱の放散（体を冷ますこと）によって影響を受ける。深部体温は大変に精密であるため，平常の深部体温から少しでも変化すると直ちに調節機能が働いてこれを元に戻そうとする。

体内には基礎代謝と運動による代謝の2つの主要な熱源がある。基礎代謝とは安静時のカロリー消費のことである。カロリー消費はエネルギーであるため，生命を維持するために必要な平常体温でのエネルギーの最低量を表している。一方，運動から生まれる熱（熱は代謝の副産物である）が運動代謝である。活発な運動による大きな代謝は，フィットネスレベルによるが，基礎代謝による熱量の15～18倍もの熱量を生み出すことがある。また，体は外部からの熱，例えば太陽や火，温かい飲み物などから吸収することもできる。加えて，必要以上の熱を吸収してしまうこともあり，この場合もしも余分な熱を放散できなければ，熱射病になることもあれば死に至ることすらある。

2 病気の際の深部体温の変化

健康な人は体温を十分に調節することができるが，熱がある時は深部体温の設定点は変化する。この変化によって体温の許容範囲は変化し，特に熱が上がった時などでは寒いと訴えることもある。簡単に説明すると，設定点の変化によって体が実際の気温より低く感じてしまったり，寒いと感じてしまったりするのである。これは深部体温が設定点以下であるために起こる。体は熱を産生し蓄えるので，深部体温は上昇する。しかしすぐにこの設定点の変化のため深部体温は許容できる範囲を超えて上昇してしまう。深部体温が設定点を超えたレベルのままでいると，今度は暑すぎると感じる。この繊細なバランスはコントロール可能な範囲内ではあるが，許容範囲は変化する。

3 体温の変化

　周囲の環境が暑かろうが寒かろうが，あなたの体は平常体温を保とうとする。このために，体は4つのメカニズムを利用する。その4つとは，汗腺（皮膚を湿らせたままにして冷却を助ける），血管の平滑筋（必要なだけ収縮したり弛緩したりして皮膚への血流をコントロールする），骨格筋（収縮して身体を震わせることによって熱を産生する），そして内分泌系（これらの器官で作り出されたホルモンが代謝率を増加させる）である。また同時に，これら4つのメカニズムが，体温が安全な範囲内におさまるように効果的に調節しているのである。

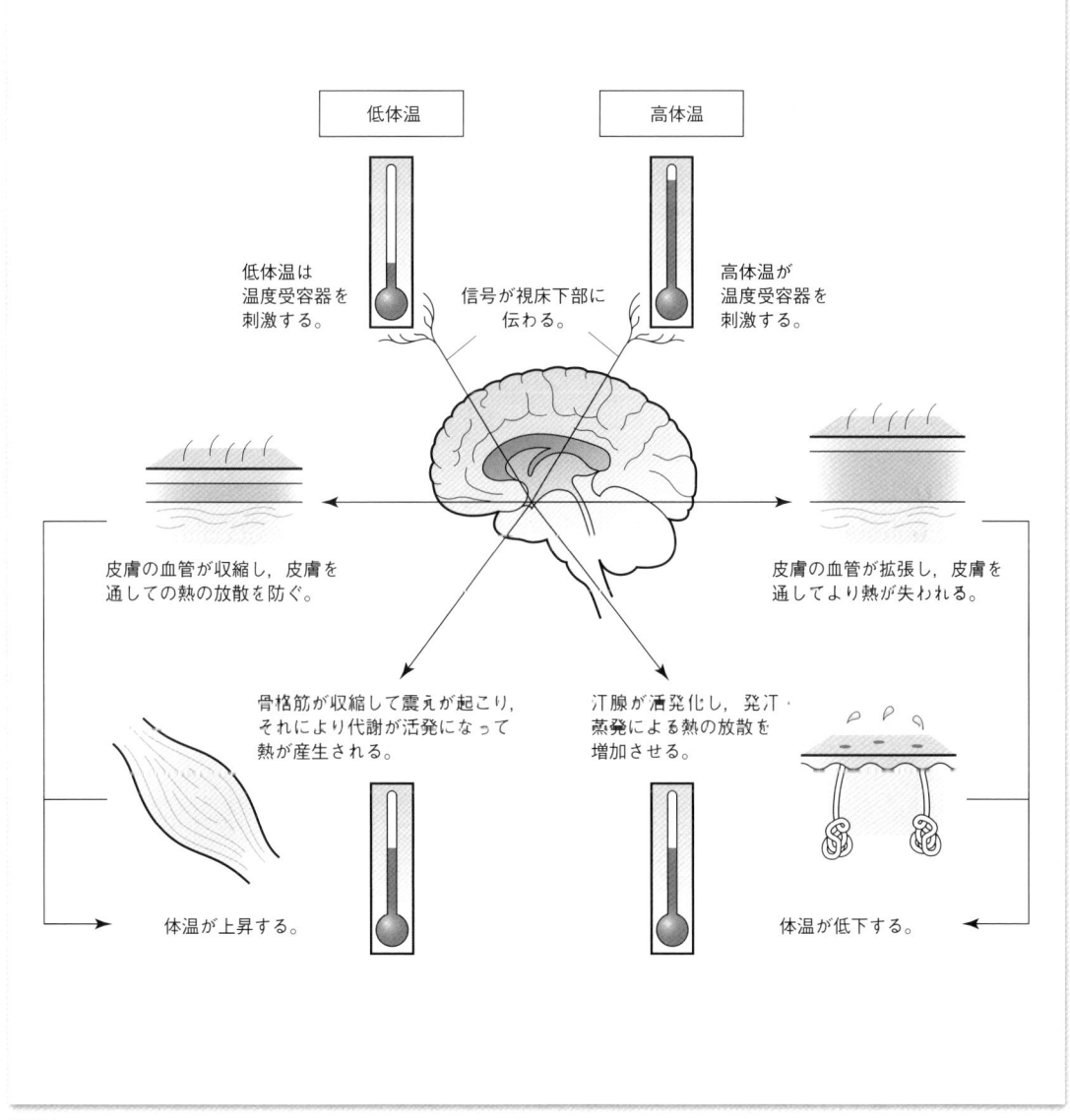

図6.1
体温調節に関わる視床下部の働き（Wilmore and Costill 1994 を改変）

2. 高温環境での運動に対する生理学的応答

高温環境で運動をする時には，体は体内の温度を常にコントロールしようとしている。運動のエネルギーを生み出すためにグリコーゲンを燃焼し，その過程で熱が産生される。高温環境での運動を続けると，心拍数の増加，エネルギーレベルの低下，そして発汗の増加などの適応が生じる。

1 心拍数の増加

心臓血管系は筋にパフォーマンスを維持するための血液を十分供給するために働いている。もしも暑い環境下にいる場合は，心臓血管系は付加的な働きを強いられる。すなわち体を冷却するために血液を皮膚のほうへ送る仕事が負荷される。しかし，血液は同時に2つの場所へ行くことができないため，心臓血管系は，心臓へ戻る血液の量を減らす調節を行うことになる。そうなると，一回拍出量（1回の拍動で心臓から押し出される血液量）が少なくなるため，心臓はより多く拍動しなければならなくなる。この心拍数の増加は運動中の正常な反応であるが，これは高温環境で運動する時により大きくなる（図6.2）。しかし残念なことに，心臓血管系が代償できる量にも限度がある。

2 エネルギーレベルの低下

高温環境で運動する時，心拍数は増加し，酸素の必要量も同様に増加する。このことは，血液の目的が酸素を運搬することだとわかると至極当然であるように思える。この酸素必要量の増加は酸素消費と呼ばれ，酸素消費量が増加すると，筋はより多くのグリコーゲンを使いより多くの乳酸を産生する。筋グリコーゲンが使われて乳酸が蓄積するにつれて，より疲労感をおぼえ始める。すなわち，エネルギーレベルの低下が始まることになる。

3 血液量の低下を招く発汗の増加

視床下部は発汗の程度をコントロールしている。血液の温度が上昇すると，視床下部に信号が送られて発汗を増やすメカニズムが始動する（交感神経系を通して行われる，図6.3）。高温環境で動く時には，体表面積1平方メートルあたり，1時間に1リットル以上もの汗を失うことがある。これは普通の体格の人（50～75キログラム）で1時間あたり1.5～2.5リットルもの汗を失うことに相当する。この発汗によって運動1時間ごとに体重の2～4％を失うことになる。水分が体から失われるにつれて，血液も水分を失う。血液はおよそ80％が水なので，血液中の水分の喪失は血液量そのものの低下を引き起こす。

体温調節は誰にとっても大切な機能である

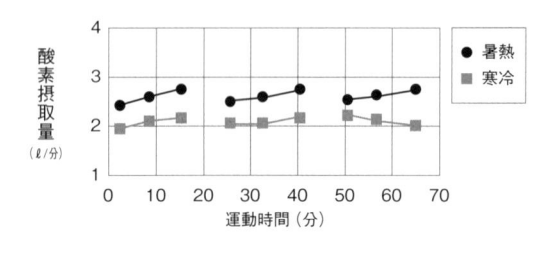

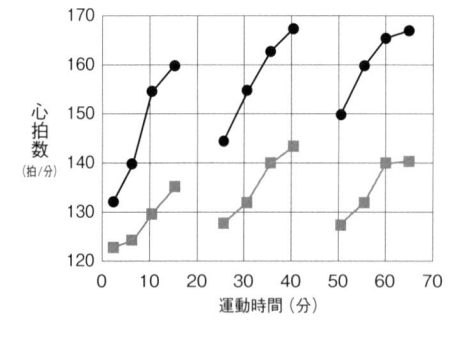

図6.2
暑熱（気温40℃，湿度15％）と寒冷（9℃と55％）の環境下における運動中の酸素摂取量と心拍数応答（Finkら 1975）

が，運動中ではその重要性が増す。体温調節，特に冷却のメカニズムと水分補給は身体活動を無事に行う上でなくてはならないものである。

3. 冷却のメカニズム

運動中は体内で熱が産生されるので，この内部の熱は周囲に移されなければならない。さもなければ体内に熱がこもり危険なレベルにまで達してしまう。通常の状況ではこの熱をどうにかすることができるが，極限の状況ではベストコンディションのアスリートでさえコントロールできないかもしれない。体は図6.4，6.5に示されるような4つの方法（伝導，対流，蒸発，輻射）で体を冷却しようとする。

1 伝導

体から周囲の環境に熱を移す方法としての伝導は2つの段階を踏む。まずは体の深部から表面に熱を移動させる。血液が筋内を移動する時に，伝導によってより温かい筋から血液に熱は移され，血液の温度が上昇する。温められた血液は体表面に運ばれて，そこで熱が皮膚に移される。周囲への熱伝導の次の段階は，熱が放散されるためには皮膚表面と冷たい物体が接触しなければならない。暑い夏の日の犬を観察することでこの話がわかるかもしれない。犬は地中に穴を掘り，より冷たい地面に横たわったり，家の中では手足を広げてタイルでできた床に寝そべったりして，伝導による冷却効果を最大限にしようとするだろう。もしも，空気が皮膚に接する部分が皮膚の温度よりも高ければ，逆に熱が皮膚に移されて皮膚が温まる。熱は温かいところからより冷たいところへ移るのである（熱力学の第2原則）。

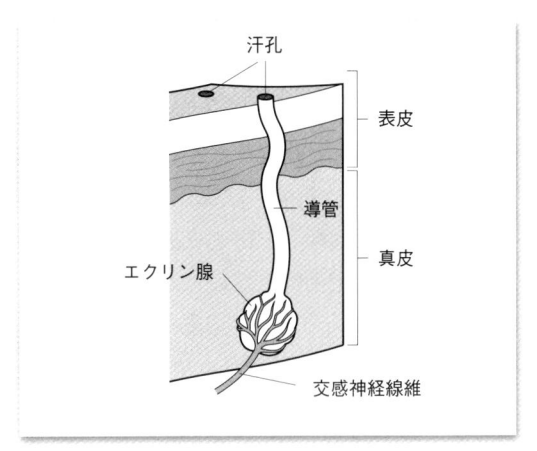

図6.3
交感神経に支配されている汗腺の解剖図

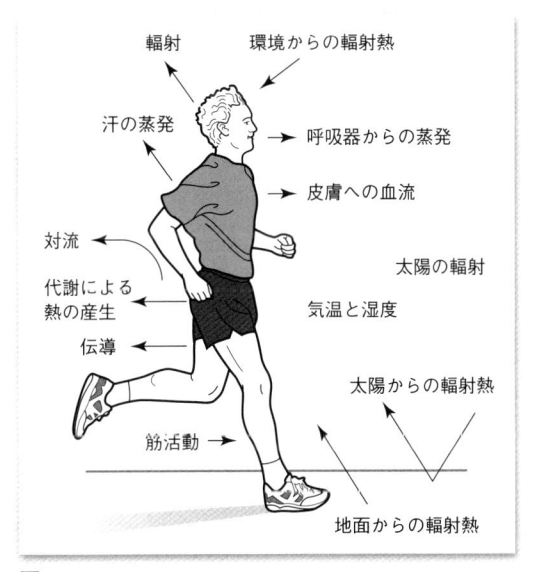

図6.4
通常の熱移動の方法

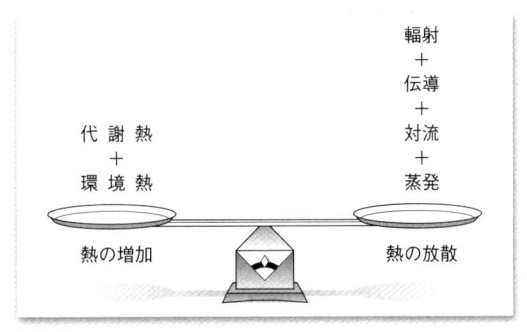

図6.5
熱の上昇と放散の方法（Wilmore and Costill 2004を改変）

2 対流

　対流は体表面と接している細胞の動きに依存するため伝導よりも複雑である。自然の対流は直接体と接している空気が温まる時に起こる。空気は温まると膨張し，比重が下がる。比重が下がるにつれて空気は上昇し，より冷たい空気によって入れ換えられ，この過程は循環する。対流は温度の差からではなく，風が体を過ぎて流れるため大気にかかる外からの圧力の差で生じる。もしもアスリートが風が吹く暑い日に外にいるとしたら，体を流れる空気の動きは対流を引き起こし，体表の空気は温められて上昇し，そこに新しい空気が入り込む。反対に，もしも風がなければ，自分が動かなければ対流による熱の放散は止まる。対流による熱の放散は輻射の効果と合わさることが多く，自然の環境での運動を考える場合（図6.6），実際には対流だけで冷却が起こるわけでないことは注意すべきである。実際，運動中では，全体的な熱の放散にとって対流はごく一部しか貢献していない。

3 蒸発

　蒸発は皮膚と外気との間，また呼吸器官と外部環境との間で起こる。蒸発による熱の放散は周囲に熱を逃がす主要な方法である。我々は運動やシャワーの後では皮膚が湿っているが，これがどれくらい速く乾くかは蒸発の程度に比例し，また同様に外部に移された熱や冷却効果の程度に関係する。多湿環境では皮膚がいつまでも湿っているのに気がつくであろう。これは蒸発の程度が低いことによるものである。大気の水蒸気圧と気温によって蒸発の程度を推測することができる。運動をする時は，温度と湿度に常に注意を払い，それらがどのように体の熱に対する反応メカニズムと関わっているのかを考えるべきである。もしも空気がかなり湿っていたら（高湿度），もはや蒸発によって効果的に体を冷却することはできない。

4 輻射

　輻射は電磁波による熱エネルギーの交換である。輻射による熱の放散は外部環境と体表面の

図6.6　対流

図6.7
気温と湿度に適応しなければならない。

温度差によるが，効果的に輻射可能な場所にも依存する。体の一部分，例えば脇の下や指の間では熱はほかの体表面に輻射し，全体的な熱の放散にはなんら貢献しない。完全に直立した状態でも，すべての体表面の75％だけが輻射に利用可能なのである。輻射は，言葉の本当の意味において，物体（人間）の温度と外部の温度に大きな差を必要とする。輻射は実際には外部への熱の放散というよりもむしろ，外部環境からの熱の吸収の意味で使われる。例えば，人が直射日光の下で運動するとしたら，かなりの熱が輻射によって体内に移されてしまうであろう。

4. 外部の熱に対する適応

冷却メカニズムに加えて，馴化と水分摂取という要素が高温環境に適応して運動を行う能力に影響を与えている。予防的な方法に注意を向ければ，熱中症の予防は簡単なように思われる（図6.7）。

1 馴化

トレーニング強度が増加するにつれて熱や湿度に徐々に体が適応するようにトレーニングプログラムを計画することで，体がその環境に慣れてくる。これは馴化（表6.1）と呼ばれる。もしも，馴化する時間がなかったなら，運動強度の急激な増加と環境の急激な変化に体が対応しきれなくなり，結果として熱中症にかかってしまうことになるであろう。

察しがつくかもしれないが，気温が体温に近いか超えている時，体を積極的に冷やさなければパフォーマンスは低下してしまう。運動中の冷却は様々な方法によってなされるが，運動のレベルや周囲の湿度にも左右される。もしも気温が体温より高ければ，伝導や対流による冷却は不可能であるため，冷却は蒸発に頼らなければならない。もしも湿度が高い場合は蒸発による冷却能力も低下するので，結果として深部体温は危険なレベルに達してしまう。幸いなことに，高温多湿の中での運動に慣れる時間が十分に与えられた時は，この環境への馴化が起こる。

高校や大学の競技連盟は，アメリカンフットボールのチームに対して，すべての防具をつけて練習に参加する前に，特定の気候の中での運動に慣れさせるように規定を設けている。なぜならば，フットボールやはかのコンタクトスポーツでは，緩衝用の分厚いパッドが，熱を逃がす能力をさらに低下させるように働くからである。

高温環境に馴化する際の手順

- 気温が27～32℃で湿度が70％以下の場合は，熱中症にかかりやすい選手を監視する。
- 気温が27～32℃で湿度が70％以上の場合は，1時間ごとに10分の休憩をとる。ときどき濡れた衣服を交換する。
- 気温が32～38℃で湿度が70％以下の場合は，1時間ごとに10分の休憩をとる。ときどき濡れた衣服を交換する。
- 気温が32～38℃で湿度が70％以上の場合は，短い練習を夕方か早朝に計画する。Tシャツと短いパンツのみ着用とする。

表6.1　高温環境に馴化する際の手順

時間への配慮	水分摂取
慣れるには通常2，3週間はかかる。 第1週目は早朝か夕方遅くに運動する。 真昼の運動に向けて徐々に時間を変更する。 とても暑い日，あるいは暑くて湿度の高い日には，その日の早朝か夜にのみ運動をする。	毎日少なくとも3ℓの水を飲む。 激しい運動の最中は15分ごとに250mℓの冷たい水を飲む。

トレーニングの場所と実際の大会開催地の環境を同じにしようとする動きが世界中で活発になっている。実際に競技するところの気候と同じ環境でトレーニングを積まなければ，激しい競技における体温調節がうまくいかない可能性がある。涼しい気候で育った高校生が，もしも暑い気候の大学に入学して35℃の気温の中でフットボールを始めたとしたら，いつも以上に練習がきついということがわかるだろうし，場合によっては熱中症にかかってしまう。

2 水分摂取

　暑さによる問題の危険性を下げる方法の1つは，水分を十分に摂取することである（図6.8）。運動によって水分喪失が増大するので，水分の再補給が必須となる。コーチは運動中に選手が頻繁に水分を摂取できるように協力しなければならない。また，選手は水分の必要性に関して教育されるべきであるし，練習や試合の最中にも頻繁に水分をとるように奨励されるべきである。時折休んでたくさんの水を一気にがぶがぶ飲むよりも，少量の水をより頻繁に飲むことによって水による腸満感を感じなくてすむ。覚えておかなければならないのは，のどが渇いた感じというのは体が実際に水分を必要としていることを示す良いサインではないということである。通常は，体が水分を必要とするようになったかなり後でのどの渇きを感じる。また，一般的には体が本当に必要とする分量まで再補給できない。したがって，のどが渇いていない時でさえ，意識的に水分摂取をする努力が必要なのである。

3 体内の水分維持

　水分補給のための理想的なプランは，練習中に都合のよい場所で水（あるいは電解質入りのドリンク）を飲めるようにすることである。バスケットボールの練習用のプランでは，図6.9に示したように，給水所をセンターラインの両側の床と片方のゴール下に，参加しているメンバーの安全を確保するために十分な距離をとって設置している。このプランではドリルの最中に（エンドラインで）自分の順番を待っている選手が水分を摂れるようにしているし，セン

図6.8
トレーニングや試合中は少量の水分を頻繁に摂取することが大切である。

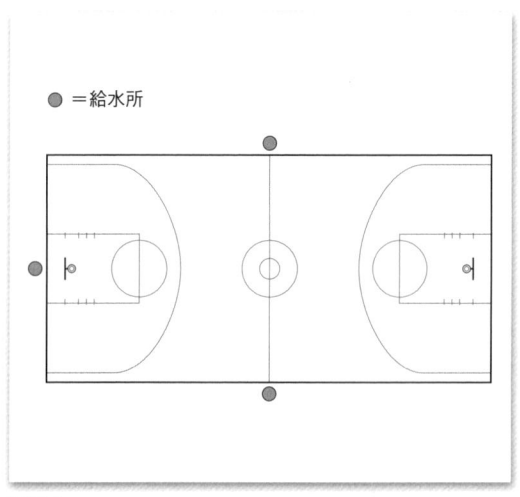

図6.9
バスケットボールでの給水所

ターラインで定期的に水分を補給できるように，また練習試合でも控えの選手が水分を自由に摂取できるようになっている。

高温多湿下での練習における休息の頻度と長さについてチームの方針を確立すべきである。休息中は，できれば涼しい場所で（外であれば日陰で）選手が座り，何杯かの水か電解質入りのドリンク，あるいはその両方を飲めるようにすべきである。また，蒸発によって冷却の効果が増すように霧吹きを使用したり，また伝導による効果をねらって冷却ベストを着せたりするチームもある。

❖ 体重による水分摂取のチェック

水分摂取の状況は，おおざっぱではあるが，体重を記録することでチェックできる。体重は運動の前後で測定・記録するが，いずれの測定も衣服などの条件を同じにしなければならない。練習が1日に2度ある時は，1回目で失われた体重は2回目の練習の前に補充されていなければならない。急激な体重の減少はもっぱら水分喪失によるものであり，これは耐暑熱能力に深刻な影響を与えることがある。ほんの少し（1〜2％）の水分不足でもパフォーマンスが低下するし，3％以上の水分喪失によって熱中症にかかる危険性はより高くなる。

アスレティック・トレーナーは練習やトレーニング中に多くの選手を観察することができるので，熱中症が今にも起こりそうだという様々な危険信号を見抜くことができるかもしれない。体重が過多の人はやせた人よりも暑さに弱い傾向にある。すべてのプレーに全力を出すような，ハードなトレーニングを好む選手はほかの選手よりも暑さによる問題を経験しやすいであろう。また，トレーニング中に水を飲むのが嫌いな選手は，熱けいれんなどの熱中症にかかる確率が高い。選手のタイプを観察し，練習ごとに体重を測定することによって水分補給がなされているかをチェックし，頻繁に冷たい水を飲むように促すことは，熱中症を防ぐ助けになる。全米アスレティック・トレーナーズ協会（NATA）は，選手の水分不足を予防することに関して，立場を明らかにするための意見書をまとめているので参考にするとよい（訳注：日本では㈶日本体育協会のホームページが参考になる）。

❖ 尿の色による水分摂取のチェック

全米研究評議会の水分摂取に関する提言は，1日に消費するカロリーに基づいて摂取する水分量を算出するものである。大人の女性で，1日に1,600〜2,200カロリーを消費する人はコップ6杯半〜9杯の水分を必要とする。男性で，1日2,200〜2,800カロリーを消費するならばコップ9〜12杯の水分を摂取するように勧められている。また，水分摂取が十分であるかどうかを簡単にチェックするための方法として，尿の色で識別する方法がある。うすい黄色または黄色の尿であれば十分に水分が足りているが，一方，濃い色は水分不足を表すことが研究により示されている。

5. 熱中症

すでに示したように，熱は伝導，輻射，対流，および蒸発の4つの方法で放散される。伝導，つまり自分より冷たい何かと直接接触することで熱が失われる方法は，暑い日には効果的ではない。暑い日の午後では実際には暑い環境から輻射によって反対に熱を取り込んでいるかもしれない。対流は自分の周りの空気の流れによって熱を逃がす方法である。しかし，もしも風がなければ，対流による熱の放散は自分が動いていなければ実際には無効である。したがって，このような環境では蒸発，つまり皮膚から汗が蒸発することでのみ熱が放散される。皮膚が暑

くなるにつれて毛穴が開き，汗が噴き出す。汗の蒸発が皮膚を冷やし，そして体表面近くの血管から熱が奪い去られていく。さらに冷やされた血液が循環して体の深部が適度な温度に保たれるわけである。汗は循環器系から由来するが，暑い気候の中で運動していると1時間で1リットルもの汗をかくことはよくある。この水分の喪失は長時間の運動では1時間あたり2.5リットルにも達することがある。また，汗は塩分すなわち体の機能の重要な物質を含んでいるため，実際には水分と電解質の両方の喪失が様々な問題の根元となっている。この様々な問題の総称が熱中症である。

1 熱失神と運動性低血圧

　血圧の低下は失神を起こすが，運動や暑さのために気を失う2つの状況が熱失神と運動性低血圧である。熱失神は，血液量が低下して十分な血液を脳に送ることができなくなると起こる。脳は常に酸素を必要としているが，酸素を運搬する血流がなければ必要な酸素を得ることができなくなるために失神が起きる。失神で倒れることによって脳が心臓と同じ高さになるので，脳がより多くの血液を得やすくなる。とはいえ，水分摂取によって血液量をできるだけ早く正常に戻さなければならない。

　失神する2番目の原因が運動による血圧低下である。これは下肢の大筋群をトレーニングしている時によく起こるが直ちに回復する。トレーニング筋は血液で充満しており，もしも脚の筋によるポンプ作用がなければ，血液は下肢に溜まってしまう。これが脳への血流量の低下をまねき，そして再び脳が心臓と同じ高さになるように失神して倒れてしまうのである。これは長距離レースのゴールラインでしばしば見受けられる。選手がレースを終わり，ゴールで止まった直後に倒れる。この失神はよく熱中症のためと言われることがあるが，実際には倒れた選手の体液量と深部体温は安全な範囲内のままである。

2 熱けいれん

　もしも運動中に熱の産生が放散より上まわっていたら，熱中症になりつつあるということである。熱中症の初期段階は熱けいれんと呼ばれる痛みを伴う骨格筋のけいれんである。このけいれんを経験するのは，ほとんどの場合は暑さに慣れておらずに多量の発汗をしている選手である。熱けいれんの原因は完全には理解されていないが，おそらく汗による水分の喪失だけでなく，体の水分レベルが低下した時のナトリウムとカリウムのアンバランスであると考えられている。けいれんしている筋を軽くマッサージすることで痛みをいくらか軽減できるかもしれないし，その筋を軽くストレッチすることと組み合わせると，筋はリラックスするかもしれない（図6.10）。もちろん飲水は欠かせない。熱けいれんはすでに十分に水分を摂取している人にはめったに起こらない。

　痛みとけいれんがなくなれば，必要であれば運動を続けてもよいが，休息をとるほうがよい。しばしば熱けいれんを経験する人は，症状が和らぐまで十分に休息をとるが，プレーに戻るとすぐにまたけいれんを起こしてしまう。

3 熱疲労

　適切な水分補給がなかったら，長時間の発汗によって熱を放散させる能力が低下する。熱の蓄積は熱疲労，すなわち頭痛，めまい，吐き気，速い呼吸，そして疲労が特徴的である症状や徴候を引き起こす（図6.11）。熱疲労にかかっている人は多量の汗をかくので，寒いと感じることがしばしばある。鳥肌がたったり，身震いするほど寒いと訴えたりするかもしれない。対処としては，屋外であれば日陰に，屋内であれば

より涼しい場所に選手を移し，さらに水分を与えることが第一である。また，電解質がバランスよく入っている飲み物を好む専門家もいるが，その飲み物は吸収率を高めるために水で3～4倍に薄めるほうがよい。最も吸収効率が高ければ，15分で150mlから250ml，1時間で1リットルの水分を体内の循環に戻せる。熱疲労は生理学的には有害ではないが，積極的に対処し，選手の深部体温が上昇しないように症状と徴候をチェックすべきである。

4 熱射病

熱射病は暑さに関連する問題の中で最も深刻なものであり，アメリカ国内で毎年およそ4,000人もの命を奪っている。熱射病は人体の熱調節システムが働かなくなった時に起きる。熱射病の症状の多くは熱疲労と同じであるが，しかしながら，特徴的な徴候として発汗の停止，意識の混乱，あるいは意識喪失がある。熱射病にかかっている人は意識が混乱していて自分で何もできないかもしれない。熱射病には典型的熱射病と運動性熱射病の2種類がある。

❖ **典型的熱射病**

典型的熱射病は，たいてい高齢者か病人，あるいはその両方に起こる。通常，温度と湿度が高い日が数日間続くと，熱の放散メカニズムが働かなくなるほどに脱水してしまう。それはまるで汗がなくなってしまい，皮膚が熱く，赤くなって，ひからびてしまうかのようである。患者は昏睡状態に陥り，もしも適切に対処されないと，通常は死に至る。

❖ **運動性熱射病**

多くの人が2番目の熱射病，すなわち運動性熱射病で倒れている。倒れる人はたいてい若年で，健康ではあるが，暑さに慣れていない。この場合，多量に汗をかいているが，放散する熱よりも産生する熱のほうが大きくなっている。主な徴候として，心理的機能に突然顕著な変化が現れる。つまり，意識の混乱，いらいら，闘争性，奇妙な妄想，つじつまの合わない発言などである。皮膚は乾いて熱く赤いが，汗でかなり湿っていることもある。急速な呼吸と脈拍がしばしば観察され，すぐにも失神してしまいそうである。この患者の命を救うためにはとにか

図6.10
熱けいれんは軽いマッサージと多量の水を飲み，休息すれば消える。

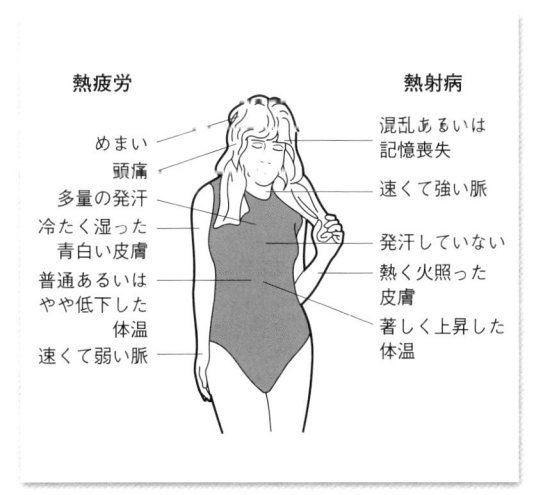

図6.11
熱疲労と熱射病の比較

く直ちに冷やすことである。最善の方法は，患者を氷が入った浴槽に浸すことである。もしも完全に体を浸すことができなければ，衣類を脱がし，濡れた布で体を覆い，アイスパックを首，そ径部，脇の下などの主要な動脈にあて，そして強く扇ぐことによって蒸発による熱の放散を促す。たとえ患者が回復しようとも，直ちに医療機関に搬送し，医師による診察を受けなければならない。深部体温が上昇しすぎると，体内の器官の機能不全が後遺症として残ることがある。

熱射病の疑いがあれば，徹底的に評価することが重要である。深部体温の測定は体内の熱の程度を知る方法であり，緊急時の評価手段として用いられるべきである。深部体温は直腸の温度を測定することによって正確に得られる（Binkleyらによる）。加えて，意識レベルや心理的状態を調べるため，頻繁に質問をすることは大変効果的である。

表6.2　熱中症の危険の因子

避けられるもの	水分不足（脱水） 馴化不足 アルコールの飲用 不適切なウエア
避けられる可能性があるもの	アンフェタミン， フェノチアジン， 抗コリン作用剤のような薬物の利用
避けられないもの	心臓血管系疾患 汗腺機能不全

高温環境の中で運動をする際の手順

- ゆったりとした軽めの衣服を着用する。
- 水分補給のために定期的に休息をとる。
- トレーニングの前，中，後で十分な量の水分を補給する。
- 体温を低下させる薬物を摂取していたり熱があったりする場合は運動を避ける。

5　熱中症の危険因子

運動中に熱中症になりやすい危険因子について熟知しておくことは非常に重要である。いくつかの因子のうちの1つがほかのものと結びついた時，熱中症の危険性は著しく増大する。危険因子を持つ人が高温環境で運動をする際には，熱によるストレスを避けるよう細心の注意が必要である（表6.2）。一連の運動プログラムの中で最適な調節がなされるよう，その人の限界を認識し，理解しておくことが重要である。

6. 熱中症の予防

熱中症は予防可能であるが，そのためには必要な段階を踏まなければならない。子ども，高齢者，肥満者は特に熱中症になる危険性が高い。しかし，絶好調のトップレベルの選手でさえ，もしも危険信号を見逃したならば熱中症で倒れてしまうことがある。

熱中症による問題を避けるためにいくつかのとるべき予防手段がある。まず，気温・湿度をチェックし練習を調節すること，練習前後での選手の体重の減少と水分補給を観察すること，そして選手に水分を摂取する良い習慣を身につけさせることである。さらに，激しいドリルや練習が始まる前に環境に馴化させることも必要である。もしもシーズンが始まる前に環境に馴化できていないと，熱中症の危険性はより大きなものとなる。ほかの気候風土から移ってきた人，過度に汗をかく傾向にある人，ずっと病気だったか，もしくはなんらかの理由で食事がよく摂れていない人には特に注意を払わなければならない。個人の限界を知ることは，練習，測定，ドリルなどよりもずっと重要である。この概念はあなたには理解してもらえるかもしれないが，選手やコーチにもこの考えを理解し同調

してもらうことも等しく重要である。

1 環境のチェック

図6.12のような携帯型温湿度計を使用して温度と湿度を計測することは，極端な気温や湿度の可能性のあるすべての練習や試合に先立ってとられるべき重要な手順である。試合会場で気温と湿度を実測することは，地元の気象台や天気予報から得られる数値を信じ込むよりはよほど効果的である。インターネット上で公開されている測定値を使用する場合も，何度かその場所で実測してみて，ネット上のデータが妥当であり信頼できることを確認してからにすべきである。例えば，競技場やその周辺の特殊な地形や地元の気象パターンなど，競技場に影響を与える特別な環境に常に注意しなければならない。自分が参加している周囲の環境を完全に理解することは賢明なことである。

2 相対湿度

運動に与える暑さの影響を知る別の方法として，相対湿度を用いる方法がある（図6.13）。見掛けの気温（apparent temperature）が高い時は，もしも体調が優れなかったり高温にまだ慣れていなかったりしたら，運動のプランは修正するほうがよい（表6.3）。

表6.4は気温と湿度から求めた見掛けの気温を示している。

3 体重低下のチェック

体重のチェックは水分摂取が適切に行われているかどうかを知る手段として広く利用されている。体重を練習の前後に計測することによってチェックするのは容易である。ただし，体重計測では常に同じ衣服を着用する（常に同じ条件で行う）べきである。練習中に失った体重は次の練習までに補われていなければならない。もしも，次の練習までに体重が戻らなければ，注意が必要である。この場合の注意というのは，単に水分を摂取させることから，暑さによる問題（けいれんや混乱など）の徴候を示したら練習時間を短縮することにまでわたる。

4 水分摂取の習慣を促す

水分摂取は熱中症を防ぐ上でかなり重要な要素であるが，一般的に栄養摂取の点からも重要

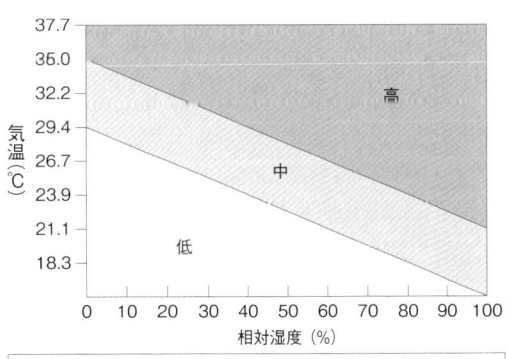

図6.12
携帯型温湿度計
（提供：Edward Orr, ATC）

図6.13
気温と湿度から求めた運動指数（NCAA 1999）

である。「最善の水分」に関してはいろいろな選択肢が存在する。つまり水かスポーツドリンクかということである。さらなる問題は，もしもスポーツドリンクのほうが良いなら，どのスポーツドリンクが良いのかということになる。水は最高の水分補給源であるが，体のナトリウムやカリウム（電解質）が枯渇している時は，それらも同時に補給されなければならない。低ナトリウム症と呼ばれる状況が起きるのは体内のナトリウムレベルが低下しすぎた時である。これは実際に水のみで水分補給をした結果であり，低ナトリウム（低塩）の食事をしていればなおさらである。

　スポーツドリンクは水分に加えて電解質の補給に気を使うならば当然の選択肢である。しかし，様々なスポーツドリンクの中から1つを選ぶことは至難の業である。そこで考慮に入れておくべき2つの重要な点は，ドリンクの中に含まれる糖分（CHO）と塩分の濃度である。NATAの水分補給の指針では以下のように述べられている。「運動前（運動開始2～3時間前）の水分摂取時に炭水化物を摂取すること，日常の食事でグリコーゲン貯蔵量を増やすこと。もしも運動強度が高いのであれば，炭水化物を運動の約30分前に摂取することも効果的である。運動中の水分補給用のドリンクには，もしも練習時間が45～50分以上長くなるか，あるいは強度が高い場合，炭水化物を含むこと。1分間で約1グラムの割合で摂取することによって糖の代謝が最適に保たれる。例えば，1時間の運動で糖濃度6％のドリンクを1リットル摂取するようにする。糖濃度が8％以上のドリンクでは糖は体内へより多く吸収されるが，半面，水分が胃の中からなくなるスピードと腸から吸収されるスピードを低下させる」（Casaら 2000）。

　スポーツドリンク中へのナトリウム添加はほとんどのスポーツ活動中には必要とはされないが，塩分を加えることでドリンクの味が良くなる。事実，もしもドリンクの味が良ければもっと飲むだろうと多くの選手が認めている。水分摂取の要は，選手が好んで十分に飲むことができるドリンクを探すことでもある。

　スポーツドリンクの差異をよりよく理解する

表6.3
見掛けの気温に対して推奨される運動プランの修正

見掛けの気温	運動プラン
32.2℃以下	活動の修正なし。
32.8～40.0℃	水分摂取のための休息を増やす。熱けいれんや熱疲労の兆候を示す選手を監視する。
40.5～53.9℃	高温環境にまだ馴化していなければ運動強度を下げる。熱中症の危険信号に注意する。
54.4℃以上	練習時間やトレーニング強度を変える。注意しながら運動する。熱中症の危険性が高い。

表6.4　見掛けの気温の早見表

相対湿度(%)	気温（℃）							
	23.9	26.7	29.4	32.2	35.0	37.8	40.6	43.3
0	20.6	22.8	25.6	28.3	30.6	32.8	35.0	43.3
10	21.1	23.9	26.7	29.4	32.2	35.0	37.8	37.2
20	22.2	25.0	27.8	30.6	33.9	37.8	40.6	40.6
30	22.8	25.6	28.9	32.2	35.6	40.6	45.0	44.4
40	23.3	26.1	30.0	33.9	38.3	45.0	50.6	50.6
50	23.9	27.2	31.1	35.6	41.7	50.6	57.2	58.3
60	24.4	27.8	32.2	37.8	45.6	57.2	65.0	65.6
70	25.0	29.4	33.9	41.1	51.1	65.0		
80	25.6	30.0	36.1	45.0	57.8			
90	26.1	31.1	38.9	50.0				
100	26.7	32.8	42.2					

見掛けの気温の求め方：現在の気温を表の上の行で探し，相対湿度を列で探してそれらの交点の数値が見掛けの気温である。

表6.5　スポーツドリンクにおける糖濃度

スポーツドリンク	糖濃度
オールスポート	8％（240ml中20g）
ゲータレード	6％（240ml中14g）
パワーエイド	8％（240ml中19g）

ためには，糖分の量を水分の量で割って糖濃度を求める必要がある。表6.5に3種類の一般的なスポーツドリンクにおける糖濃度を示す。

7. 熱中症の対処方法

たいていの人は運動強度が増すにつれてある程度の不快感を覚えることは普通であると思っている。とはいえ，これ以上がんばれないとか，なんらかの熱中症の症状に見舞われるまで，この不快感の程度を認識できないようだ。熱中症にかかる可能性のある現場に立ち会う場合は，適切な処置がとれるように熱中症の症状と徴候を理解しておかなければならない。適切な処置が行われなければ熱は体内に蓄積され続け，状況はすぐに軽度から重度に進んでしまうことを頭に入れておかなければならない。

1 熱けいれん

熱中症の典型的な最初の徴候は熱けいれんである。このけいれんは無視できないほどにひどいものであることがしばしばある。けいれんは実際に筋線維の一部を破壊し，何日も続くような筋肉痛を引き起こす。熱けいれんは高温環境に過度にさらされた時の症状であり，もしも適切な処置が講じられなければより深刻な問題を併発することになるという合図でもある。熱けいれんは一般的に脚や腹部に起こりやすい。ときどき選手は脚の筋がこわばったりけいれんを起こしたりしているにもかかわらず練習し続ける。選手はその感覚が深刻なものと認識せず，ただの疲労だとして見逃してしまうかもしれない。そのような場合は，選手がロッカールームに戻るか，もしくは空調の効いた部屋か車の中で座った時に，けいれんが増すかもしれない。

熱けいれんが疑われる時はすぐに処置を施すことが重要である。けいれんを起こしている場合はたいてい体内の水分量が不足しており，可能ならば水分や電解質を補給する。

けいれんを起こしている筋をほどよくストレッチすることによってけいれんやそれに伴う痛みを軽減することが可能である。この状況では極度の脱水状態にあるため，腸からの吸収によって（口から水分を摂取することによって）直ちに水分を体全体に補給することはできないかもしれない。したがって，医療専門家は水分を点滴によって補給しようと決断することもある。適切な処置が行われれば，けいれんを起こしている筋はリラックスするが，重度の場合は次の日に筋肉痛が起こる可能性は高い。

2 熱疲労

徴候がほとんどないにもかかわらず，より深刻な熱中症の段階にさしかかることがある。熱疲労は高温多湿の環境で労働や運動をしているどんな人にも起こり得る。熱疲労の危険な徴候には，多汗，青ざめた表情，筋けいれん，疲労感，倦怠感，めまい，頭痛，吐き気や嘔吐，そして意識消失などが含まれる。皮膚は冷たく湿っているかもしれない。心拍は速くて弱いし，呼吸は速くて浅い。もしも熱疲労が適切に処置されなければ熱射病に発展するおそれがある。症状が深刻であったり，心臓の問題や高血圧などを持っていたりするのであれば，直ちに医療機関での処置を受けるべきである。

熱疲労では体は正常に機能していないので直ちに体を冷却する必要がある。体を冷却する最も速い方法は，選手を冷たい水に浸すことである。もしもそれが不可能であれば，選手を涼しい場所に運び，衣服を緩め，皮膚が冷たい空気にさらされるようにすべきである。アイスパックをそ径部や脇の下に置くことで冷却を助けるようにする。体を扇いだり，冷たくしたタオルなどで拭いたりすることによっても体を冷却で

きる。熱けいれんと同じように，熱疲労のケースでも水分補給が必要である。ただし意識不明になると経口による水分補給ができないので医療機関に搬送する必要がある。また，脳に酸素を送るために脚を挙上し，四肢からの血液を心臓へ還流させるとよい。特に覚えておいてほしいのは，この問題は適切な処置を怠るとさらに悪化する可能性があるということである。

3 熱射病

熱射病は熱疲労の徴候が見逃された時に起こる。体は熱によって苦しめられ，内臓器官は機能を停止する。熱射病は生命を脅かすものであり，錯乱，意識喪失，熱くて赤い皮膚などの明らかな徴候が現れるので容易に認識できる（図6.14）。

熱射病はほかの熱中症ほど頻繁に発生するわけではないが，明らかに医療緊急事態である。苦しむ患者に対する適切な処置は，直ちに冷却し病院に搬送することである。冷たい水に体全体を浸している間に救急車を呼ぶこと。また，濡れた冷たいスポンジで体を拭きながら扇いで風を送る。さらに，濡れた冷たいタオルや氷嚢を主要な動脈（そ径部，脇の下，頸部）に当てながら，湿った皮膚に冷たい空気の流れを供給するためにできることはすべて実施し，熱の放散を促す。熱射病では意識レベルが低下するため，水を飲ませることはほとんど不可能である。気道が確保され脈拍があることを確認するためにもバイタルサインをチェックし続けることが重要である。経口によって体温を測定することで，救急車や病院での医療専門家に有益な情報を与えることができる。加えて，血圧を監視する必要があるし，もしも可能であれば，仰向けでの血圧と起立した直後の血圧の両方を記録しておくべきである。この血圧の比較によって寝た状態での血圧より立位での血圧のほうが低いかどうかを見ることができる。この血圧の減少は「起立性低血圧」と呼ばれ，選手の脱水状態を示すかもしれない。

最終的には運動をする人が自らの健康と安全に責任を負わなければならない。なぜならば，運動の最中に常に誰かが周りにいるとは限らないからである。本人，コーチ，親は熱ストレスの危険性と熱中症の症状や徴候について教育を受けるべきであり，深刻な問題を避けるために

図6.14
熱疲労やより深刻な熱射病を防ぐために定期的に休息と水分補給をすること。

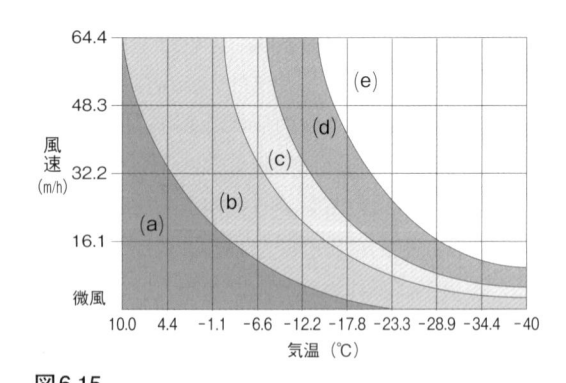

図6.15
(a)快適：一般的な注意が必要，(b)とても寒い：移動が不快になる，(c)凍てつくほど寒い：よく晴れた日であっても移動が不快になる，(d)活動の程度や日照の程度，皮膚の特徴や血行によっては人体組織の凍結が始まる，(e)生存のための努力を要する。寒気にさらされた人体は1分以内に凍結する。
(NCAA 1999)

用心深く賢明な手順を踏むよう教えられるべきである。不慣れな環境や温度に適応すること，トレーニングの長さや強度を調節すること，常に冷たい飲料水を準備すること，頻繁に飲料水を飲むことはすべて熱中症を予防するためにきわめて重要な実践課題である。水分摂取状況をチェックするためには，運動前後の体重を計測することと，尿の色をよく観察すること。そして，運動の前・中・後に十分に水分摂取をする健康的な習慣を身につけなければならない。

8. 寒冷環境

寒い中での運動は高温下での運動ほどは生理的な問題を起こさないが，寒冷環境はパフォーマンスに影響を及ぼす。摂氏15℃以下では反応時間が遅くなり，手先の器用さや触覚の繊細さが低下する。寒冷環境下では体温保持のために衣服を着るだけでなく，筋活動や交感神経系の働きによって熱産生が促される（図6.15）。

1 低体温症

低体温症は深部体温が異常に低くなった時に起こる。寒冷による悪影響を増加させる要因として，年齢，体調，薬物摂取などがあげられる。さらに，湿った状態は寒冷の影響を倍増する。これは運動中の発汗による湿気ではなく，靴がグラウンドの水たまりで濡れたような場合のことを意味する。濡れた靴が寒さにさらされると部分的に寒冷による問題の発生頻度が高まるかもしれない。

低体温症は局部的あるいは全身的であるかもしれないし，軽度から重度のものまである。深部体温は32〜35℃（通常は36.5℃）にまで低下するが，このような場合は過敏になったり，ぶるぶる震えたり，熱を生み出そうとして動き回るかもしれない。中程度の低体温症にかかっているか，ただ寒いのかを知る鍵となるのは心拍数と呼吸数の増加である。皮膚はやや赤いのが通常であるが，そのうちに青白くなっていくだろう。深部体温が32℃以下に下がると震えが止まり筋活動が低下する。まずは指先の小さな

熱疲労の症状と徴候

【初期の症状と徴候】
- めまい
- 筋けいれん
- 吐き気
- 多量の発汗
- 喉の渇き
- 虚脱感

【後に現れる症状と徴候】
- 冷たく湿った皮膚
- 拡散した瞳孔
- 頭痛
- 理性を失った行動
- 青白い皮膚
- 吐き気，嘔吐
- 意識喪失

熱中症への対処方法

【するべきこと】
- 暑い場所から涼しい場所へ移動させ，足を約30cm挙上させて寝かせる。
- 皮膚に冷たく湿った布（もしくは直接冷たい水）を当てる。体温を下げるために扇ぐ。患者の首，そ径部，脇の下に冷たい布や氷嚢を置く。もしも可能であれば，患者を冷たい水に浸す。
- 患者にスポーツ飲料か冷たい水を少しずつ飲ませる。15分ごとにコップ半分を与える。
- 筋けいれんの場合，その筋をやさしく，しかししっかりとマッサージする。ただし，マッサージのために水分補給が妨げられてはいけない。
- 患者がショック状態（紫がかった唇や爪，意識低下）を示したら，ショックのための応急処置を施す。もしもひきつけの発作を起こしたら，けがをさせないように保護しながら対応を行う。
- もしも意識を失ったら，意識不明のための応急処置を行う。
- 深刻な熱中症の場合は，医療専門家の助けが得られるまで冷却し続ける。

【してはいけないこと】
- 熱中症の深刻さを甘く見てはいけない。もしも患者が子どもや高齢者，あるいは負傷者であった場合は特に注意が必要である。
- 体温を下げるために用いられる薬（例えばアスピリン）を与えてはいけない。それらは効き目がないだけでなく，問題を悪化させるかもしれない。
- 塩の錠剤を与えてはいけない。
- ほかの問題（例えば高血圧）による合併症の可能性を見過ごしてはならない。
- アルコールやカフェインを含む飲料を与えてはならない。それらは体の温度調節機能を低下させる。
- 医療専門家の助けを呼ぶことを躊躇してはならない。

筋肉が止まり，深部体温がさらに低下するにつれて，すべての筋活動が停止する。深部体温が30℃にまで低下すると眠気を催して協調性がなくなり，最後に心機能が阻害される。

2 寒冷環境によるほかの問題

寒冷環境では通常は四肢，特に鼻や耳，手や足やつま先に問題が生じる。問題の程度に影響を及ぼす要因としては，寒冷にさらされる時間の長さ，複合的な気温と風の効果，既往歴，血流の低下，および濡れた着衣などがあげられる。

ほとんどのスポーツでは，試合中に露出した指などを隠すのに十分な時間がある。手袋で手を暖めるか市販のハンドウォーマーなどを使用すれば凍傷を防ぐには十分である。しかしながら，予防が不十分な時にはその状態を認識することが重要である。凍傷の徴候は局所が固くなり，青白く冷たい皮膚や，指先の感覚の低下である。アテローム性動脈硬化症やβ遮断剤を服用している人は，皮膚への血液の流れが低下しているため特に凍傷にかかりやすい。

体表面の寒冷傷害では，影響を受けた皮膚は青白くなり，皮膚を押した後でも元の色に戻らない。また，皮膚の感覚がなくなったり，暖め直している間にジンジンしたりするかもしれない。

深部に達する寒冷傷害はより深刻で，組織が実際に凍結した時に起こる。さほどひどくない深部の傷害を凍傷と呼ぶ。凍傷にかかった部位はダメージを受けるがそれほどではない。凍傷が治った後，皮膚は赤くて固いままで，冷たいものにはとても敏感になるであろう。深部の寒冷傷害はスポーツではまれで，予防しやすいはずである。寒冷環境で生じる問題を予防するためのガイドラインとケアの手順がNCAAより出されているので，ここに示した。覚えておくべきことは，人体の組織は寒冷によって簡単にダメージを受けるものであり，凍傷にかかった部位に触れる際には特に注意が必要であるということである。

3 風による冷却効果

寒さにさらされている人すべてに目を配り，寒冷傷害を避けるために予防策をとっておくことが必要である。常識を働かせて運動時に着る衣類を選択することによって，寒冷傷害は予防することができる。

極度に寒い中でスポーツに取り組む時，風によって低体温症の危険性が増大する。**表6.6**は風による冷却効果を示している。チャートを読むためには風速（地元のラジオ局や気象庁や空港で得られる）と気温を知る必要がある。例え

NCAAによる寒冷傷害予防のための注意事項

【重ね着をすること】
厚みのある服を1枚着るよりも，薄いものを重ね着するほうがよい。

【頭部を覆うこと】
人の熱放散のほぼ50％は頭部と頸部からのものである。

【手を守ること】
凍傷の危険性が少しでもある場合は手を覆うとよい。手袋よりミトン（親指だけ離れた二股手袋）のほうがより暖かい。

【乾いた状態でいること】
水は熱の放散を増大させる。皮膚の表面から水気をはじくようなものを使用するとよい。

【水分摂取を十分にすること】
脱水状態は体が熱をコントロールする能力を低下させてしまう。

【十分にウォームアップすること】
運動前には筋活動によって体の熱を産生するとよい。運動後にも暖かくした状態を保ち，徐々にクールダウンするとよい。

【体内に入る空気を温めること】
鼻や口の上をスカーフなどで覆い，極度の寒さに気道をさらすために起こる気道けいれんを防ぐ。

………… 寒冷傷害に対するケアの手順 …………
- 寒冷環境からできるだけ早く移動させる。
- 濡れたり動きを妨げたりするような衣服を脱がせる。
- 受傷部位を使わせないようにする。
- 傷害部位をさすったりマッサージしたりしない。

NCAA 1999年より抜粋

ば，風速7.7m/秒と気温−12℃の組み合わせは気温−29℃に等しい。風により冷却効果が増加し，寒い日をさらに寒く感じる日にしてしまう。

9. そのほかの気象条件

運動中の安全に対する脅威となる気象条件には雷雨がある。雷雨による激しい風によってちりや土埃が吹き飛ばされると目を痛めるかもしれない。雷を伴う嵐は致命傷になり得るほどの自然の脅威であり，大変に危険である。夏の嵐はとても速く移動し，落雷はチーム全体を危険にさらす。竜巻はたいてい激しい雷雨から生まれる。

1 落雷

フィールドは非常に広大で開けた場所である。そこでは最も近い建造物が避雷針であったり，クラブハウスや写真撮影用のスタンドであったりする。これらの背の高い，特に金属製の建造物はほかのものに比べて落雷の標的になりやすい。しかし，雷がそのような建造物に落ちたとしても，落雷によって付近の人が犠牲になる可能性がある。もしも雷雨が発生したら，チーム関係者はすべての金属製品から離れるようにすべきである。稲妻が光った後はたいてい雷鳴がとどろく。目に見えるものと耳に聞こえるものとの間の時差は光の速さと音の速さの差の結果として起こる。稲妻からの距離を測るのに簡単で実用的な方法は，稲妻と雷鳴の間の秒数を数えることである。この数字を5で割れば，雷がどれくらい離れているかおおよその距離（マイル）がわかるはずである。

嵐が移動する速度とその動く方向によっては，チームはフィールドから退避する必要がある。稲妻が去っても，その後30分経過するまではチームは屋根の下にいるべきである。チームは雷雨が発生した場合の練習や試合の延期に関する方針を作成すべきである。NCAAは会員である組織向けに雷雨発生時の運動に関するガイドラインを発表している。すべてのチームは，近づきつつある嵐を監視し，チームメンバーにいつ避難するかを知らせることに責任を持つ担当者をスタッフの中に置くべきである。覚えておいていただきたい。電気は金属（水のパイプを含むフィールド周辺のすべての金属物を考えていただきたい！）を伝導するかもしれないし，フィールドに落ちた雷の電気はそれらの経路から伝わってくるかもしれないのである。また，雷が同じところに2度は落ちないと思わないでいただきたい。落ちるのである。

表6.6 風による冷却効果；気温と風速＝体感温度

風速 (m/秒)	気温（℃）													
	4.4	1.7	−1.1	−3.9	−6.7	−9.4	−12.2	−15.0	−17.8	−20.6	−23.3	−26.1	−28.9	−31.7	−34.4
0	2.2	−1.1	−3.9	−7.2	−10.0	−13.3	−16.1	−18.9	−22.2	−25.0	−28.3	−31.1	−34.4	−37.2	−40.0
5.1	−3.3	−6.7	−10.6	−13.9	−17.2	−21.1	−24.4	−27.8	−31.7	−35.0	−38.3	−42.2	−45.6	−48.9	−52.8
7.7	−6.7	−10.6	−14.4	−18.3	−21.7	−25.6	−29.4	−33.3	−37.2	−41.1	−45.0	−48.9	−52.8	−56.7	−60.6
10.3	−8.9	−12.8	−16.7	−21.1	−25.0	−28.9	−33.3	−37.2	−41.1	−45.6	−49.4	−53.3	−57.8	−61.7	−65.6
12.9	−10.6	−14.4	−18.9	−22.8	−27.2	−31.7	−35.6	−40.0	−43.9	−48.3	−52.8	−56.7	−61.1	−65.0	−69.4
15.4	−11.7	−15.6	−20.0	−24.4	−28.9	−33.3	−37.2	−41.7	−46.1	−50.6	−54.4	−58.9	−63.3	−67.8	−72.2
18.0	−12.2	−16.7	−21.1	−25.6	−30.0	−34.4	−38.3	−42.8	−47.2	−51.7	−56.1	−60.6	−65.0	−69.4	−73.9
20.6	−12.8	−17.2	−21.7	−26.1	−30.6	−35.0	−39.4	−43.9	−48.3	−52.8	−57.2	−61.7	−66.1	−70.6	−75.0

まず上の列にある気温を見つけ，その行を該当する風速の列まで下る。その数値が体感温度になる。

🖱 全米稲妻安全研究所（www.lightningsafety.com）は独立した非営利団体で，コンサルティングや教育，研究を行う組織であり，稲妻による危険性を緩和するためのリスクマネージメントを主張している。

🖱 激しい嵐に関する情報は全米重大暴風研究所（www.nssl.noaa.gov）全米大洋大気局を通して得ることができる。

☝ 稲妻に対する安全のための意思決定順序

全米稲妻安全研究所は，すべての組織は落雷時の安全を確保するプランを準備して，すべての人にその中身を知らせるよう推奨している。簡単に言えば，落雷時の安全確保とは「リスクの高い状況を予測してリスクの低い場所に移動させること」である。安全を確保するプランはそれぞれの場所で特有のものがあってしかるべきであるが，基本的には常識的な原則に則っている。

1. 危険性を前もって警告する。
   - 「もしも見えたら逃げろ。もしも聞こえたらそこから離れろ」
   - テレビの気象チャンネル。全米大洋大気局（NOAA）気象ラジオを利用する。
   - 小型落雷探知機，施設外の気象情報サービスを利用する。
2. 活動を停止し人々に知らせる意思決定をする。
   - 30/30ルールでは，稲妻が約10キロ離れている場合は活動停止する。「稲妻から雷鳴まで」の時間を計る。稲妻までの距離は5秒では1.6キロ，10秒では3.2キロ，20秒で6.4キロ，30秒で10キロである。
   - 人々に無線やサイレン，ほかの手段で知らせる。
3. 安全な場所に避難させる。
   - 大きなビルや車両が最適である。
   - 危険な場所は金属や水のそば，木の下，丘の上，電気あるいは電子機器のそばである。
4. 危険性を再評価する。
   - 雷や稲妻が30分間見られなければ通常は安全である。ただし用心すること。
5. 人々に活動を再開するよう伝える。

全米落雷安全研究所（1999）

2 竜巻

竜巻は1年のうちの何カ月かはアメリカの特定地域の特徴となっている。例えば，「竜巻通り」（テキサス，オクラホマ，フロリダ，カンザス，ネブラスカ，ミズーリ州）に住む人々は激しい竜巻によって町が廃墟になることを知っている。竜巻は静止する場合もあるし，およそ時速113キロほどの速さで移動することもある。ほとんどの竜巻による被害は猛烈な風によって引き起こされるが，竜巻によるけがや死亡の原因は飛ばされてくる物体によるものである。竜巻が発達しそうだと思われる気配は，暗くてしばしば緑色がかった色に見える空，大きなヒョウ，ま

たは貨物列車のような轟音である。アメリカのどの地域に住んでいようと竜巻に遭う可能性はある。自分が住む地域に近づきつつある気象状況を知り，天気予報や外で見えるものに注意を払うべきである。チーム全体が悪天候の中にいる場合は特に注意すべきである。影響を受けるのはあなたではなく，選手や参加者なのである。

10. スポーツ参加に影響を与えるほかの環境要因

「環境」という言葉によってあなたは天候をイメージするかもしれないし，それが今まで我々が焦点を当てていたものである。確かに天候は私たちの環境の1つであるし，天候がスポーツに関連する死亡事故原因となっている。しかし天候だけが安全に対する脅威となる唯一の環境要因ではない。ほかにも重要なものには高度（海抜），施設や用具の特徴，あるいは感染症などがある。

1 高度

温度や湿度に馴化することと同じように高度に馴化することも重要である。いつものトレーニングや試合の場所を標高の高い場所（2,000m以上）へ移す際には，より薄い空気と酸素に馴化しなければならない。高度変更後すぐに見られる変化は心拍数と呼吸数の増加である。これは低酸素に打ち勝とうとして休息時でも最大下運動時でも起こる。この低酸素のために，体が順応するまでトップパフォーマンスを発揮することは不可能である。

新しい高度に馴化するには，赤血球が順応するための十分な時間が必要である。なぜならば，赤血球数が増えることで酸素運搬能力を再獲得するからである。すべての生理学的機能が高度に馴化するために必要とされる時間の長さは個人のフィットネスレベルに依存する。

高度の変化に直面した時は，一時的にパフォーマンスレベルが下がることを認識しなければならない。馴化するのに必要な時間はハイレベルなパフォーマンスを引き出すのに必要な時間なのである。

2 施設と用具

どんなスポーツ活動でも，決して安全で健康的ではないと考えられる環境条件の下で行われることがある。このような場合の潜在的リスクについてあらかじめ分析しておくことはとても賢明である。

❖ フィールド周囲の点検

ほとんどの学校や大学がキャンパス内の環境（危険性）を管理する責任のある部署を持っていることと思うが，すべての人が警戒心を持ち注意を怠らないことが重要である。フィールドの危険性を管理部署の施設責任者に報告することによって，危険物が取り除かれる。

フィールドの詳細な点検がすべての練習や試合に先立って行われるべきである。パッドで保護されていない壁，フェンス，プレーが行われるところに近い観客席などのような，安全なプレーの妨げになる障害物を前もって取り除いておくことによって，問題を避けることができるであろう。もしも，ゴールポストが選手と衝突しそうな場所にあるならば，最初の練習の前にパッドをポールに巻き付けておくべきである。地面の穴やスプリンクラーの散水口，ほかの障害物がないかどうかなど，フィールドをくまなく観察しなければならない。コート上に濡れている箇所がないかや，床面に問題がないかなどを確認しておく必要がある。フィールドを歩く際には注意深く辺りを見回り，目を光らせておくべきである。

❖ フィールドの危険物

できるかぎり危険のないフィールドをいつも準備するよう努力すべきである。練習や試合前にフィールドを歩くことは，コーチやアスレティック・トレーナーにとって潜在的な危険を認識する良い機会となる。チェックすべきものは支柱に掲揚台，建物の壁，フィールド上の障害物である。

選手が衝突してけがをする前にゴールポストや掲揚台，移動不可能なものすべては十分にパッドで保護する必要がある。建物の壁も危険を伴う種類の障害物である。時によっては，選手が壁に激突する前に止まるのに必要な距離に対して何の注意も払わずに建設されたフィールドやコートでスポーツが行われることがある。言うまでもなく壁を動かすことはできないが，安全に止まるための距離をとるために，コートのラインを変更することは可能かもしれない。エンドラインから壁までの距離を調節することが可能かどうかにかかわらず，全速力で走る選手が安全にスピードを緩めるのに妨げとなるような壁には，万が一衝突した時の衝撃を吸収するためのパッドを張らなければならない。

フィールドの表面そのものにも障害物となるものもあるかもしれない。地面の穴やスプリンクラーの散水口が一般的である。シーズン中は頻繁にフィールド全面とその周囲3メートルを注意深く見回らなければならない。スプリンクラーはフィールド表面と同じかそれ以下のレベルに設置すべきである。必要最低限のスプリンクラーで十分散水が可能になるように，フィールドそのものがデザインされるべきである。

❖ ほかの障害物

サイドラインやエンドラインに近すぎる壁が危険であるように，観客席やベンチ，そのほかイスなどがプレーエリアのすぐ近くに置かれているかもしれない。固定される構造物の設置に関しては，最終的な設置場所を決定する前に検討し，安全性に関して完璧に確認しなければならない。もしも必要であれば，練習や試合が始まる前に，移動可能なベンチ，テーブル，イスなどは安全性を評価して設置し直すべきである。

❖ 裏庭（バックヤード）

裏庭が公式な試合で使用されることはめったにないだろうが，多くの選手がそういった場所で練習をしている。裏庭は常識の範囲で作るだろうが，多くの裏庭がスポーツ傷害の発生場所になっている。障害物がある庭は，障害物を安全に避けながらでもできるような内容の練習にだけ使用するべきである。例えば，ガレージに取り付けられたバスケットボールのリングはレイアップをするには安全ではないかもしれない。もしもそこを利用するのであれば，ミニゲームではなくシューティング練習のためだけに利用を限定すべきである。

3 施設内や用具からの感染

環境の危険因子として施設や用具からの感染がある。この危険性が最も高いのはレスリング用マットである。選手とマットが直接的に触れるため，バクテリアや菌類が選手の皮膚からマットの表面に移るかもしれない。レスリング場は通常はそんなに涼しくはないので，バクテリアが繁殖するのにちょうどよい環境条件になっている。したがって，毎回の練習前後に殺菌消毒することをすべてのレスリングプログラムの第一の課題にすべきである。施設を正しく手入れすることによって，バクテリアや菌類の繁殖はコントロールされ，選手間でバクテリア，菌類，あるいはウィルスが感染する危険性は著しく低下するであろう。

レスリングマットのように「何かを共有する」ことで感染する皮膚炎もあるが，接触性皮膚炎のように自分1人だけ発症し，ほかのチームメンバーには広がらない皮膚炎もある。発疹やお

できやそのほかの皮膚炎は，皮膚が防具などと接触することによって出てくるかもしれない。この場合，「治療」のための最初のステップは原因を探して適切に対応することである。原因となっている用具を取り替えたり調整したりしないで皮膚炎だけ治療することは，ただ単に問題を長引かせるだけである。

　バクテリアが用具を媒介して広がっていく可能性をいかに低下させるかを，責任者が理解することが重要である。もしも用具が当たる皮膚に不快感が現れたら，バクテリアが寄生する危険性を減らすためにその用具をコントロールすべきである。時にはその用具を消毒するよりも廃棄するほうが効果的である。バクテリアが寄生したり皮膚に不快感が現れる用具としては，バスケットボールやバレーボールの膝パッド，サッカーのすね当て，アメリカンフットボールのヘルメットの中のパッドがあげられる。殺菌消毒すべき用具にはより大きくて費用のかかるものが含まれる。つまりアメリカンフットボールで使われるショルダーパッドやあらゆるスポーツで使われるシューズなどである。これらの用具は完全に殺菌消毒されるべきで，肌に直接着用すべきではない。皮膚を保護するためにパッドの下にTシャツを着て，靴を履く時は清潔な白のソックスを履くべきである。

　最後にコーチやアスレティック・トレーナーは，ユニバーサル・プレコーション（普遍的な予防策）が血液感染性の病原体感染の危険性を低下させる最良の手段であることを忘れてはならない。予防策のための行動をし，手袋を着用するというような適切な手順をとるために費やす時間は，ウィルスに感染した結果失われる時間に比べればはるかに小さなものである。

Q&A

Q1 体内の過剰な熱を下げるための4つの方法を具体例とともにあげなさい

A1 蒸発は水が温められて空気中に放散する時に起こる。汗が蒸発する際に熱を一緒に逃がすので冷却作用が起こる。伝導は温かい表面と冷たい表面が接触した時に起こる。犬が足を広げてキッチンの床で寝そべっている時のように，熱は温かい所からより冷たい場所に移動する。温かい物体（犬）が接したより冷たい物体（床）に向かって熱が移動するわけである。対流は周りの空気が温められた時に起こる。温かい空気は膨張して密度が低下するため，より軽くなって上昇するのである。温かい空気が上昇するとそこには冷たい空気が入れ換わって流れてくる。これはとても寒い日にプレーしているアメリカンフットボールの選手にまさに起こっていることである。その選手がヘルメットをとると温かい空気が選手の頭から昇っていくので，対流による気流が観察できる。輻射は直接触れていない熱源から起こる。熱源はその温度によって空気を温めるのである。これは太陽が輝いている時にたえず起こる。太陽の輻射エネルギーは私たちや私たちの周りにあるすべてのものを温める。

Q2 高温多湿の環境で運動する危険性を減じるためにとるべき手順を述べなさい。

A2 高温多湿に耐えられるようになるためには，まずは軽度から中程度の運動から始めて徐々に体を慣らし，十分な時間をかけて運動の強度を上げていく。もしもその日が異常に暑くて多湿であれば，休息の回数を増やすか運動の時間を短くする。あるいは休息回数を増やすとともに運動時間も短縮する必要があるかもしれない。体温を十分に下げるために多量に水分を摂取することが重要である。水分摂取の状況をチェックすることは，高温多湿の環境でトレーニングすることの悪影響を減らすためにはとても重要である。

Q3 運動をしようとする場所の温度と湿度を測定するための3つの方法をあげて説明しなさい。

A3 もしも器具が利用可能であれば，運動を行うその場所で測定すべきである。もしもそうでなければ，地元の気象予報サービスが出す気温や相対湿度を用いることができる。地域の中でも異なった場所では環境も異なるので，少しでも離れた場所からのデータであればその信頼性はさほど高くない。例えば，隣り合った空港とゴルフコースでは，位置的には近くても温度と湿度はかなり違ったものとなる。

Q4 熱疲労に伴う主な症状と徴候をあげなさい。

A4 熱疲労にかかっている人は脱水状態にある。しばしば頭痛，めまい，吐き気，速い呼吸や疲労感などの症状を呈している。たいていは多量に汗をかき，皮膚は冷たく青白い。

Q5 とても寒い環境での運動に伴う主な2つの問題をあげ，どのようにそれらの問題を避けることができるか説明しなさい。

A5 寒さにさらされることによって起こる主な2つの問題は低体温症と凍傷である。低体温症とは，深部体温の著しい低下であり，体全体に影響を与える。濡れた衣服や靴によってより速く熱が奪われてしまう。また，年齢，健康状態，薬物などの摂取なども影響を及ぼす。NCAAは厚手のものを1枚着用するよりは，薄手のものを重ね着することによって低温による害を最小限のものにするように推奨している。例えば，湿気が溜まらない素材のものを着ること，十分に水分を摂取すること，帽子を着用すること，十分にウォーミングアップをすること，手袋を着用すること，スカーフなどを鼻や口の上に巻いて吸気を温めることなどがあげられる。凍傷は冷却による障害であるが，外気にさらしている皮膚が影響を受ける。これは，体の一部分が外気にさらされている時間の長さや風による冷却効果，既往歴，血流の低下，濡れた衣服の着用などによって影響を受ける。凍傷のような冷却による障害を避けるために，どれくらい寒いのかを理解し，衣服や外にいる長さなどを調節すべきである。また，濡れた衣服を着ないようにすべきである。冷却による障害にかかった既往歴があったり，血流が低下したりしている場合は，長時間冷たい外気にさらされないようにするべきである。もしも長時間外にいなければならない場合は，防寒具を着用し，上述した注意を十分守るように特に注意が必要である。

Q6 風による冷却効果の概念とそれが寒冷環境での運動にどのような影響を及ぼすかを説明しなさい

A6 風による冷却効果とは風が低い気温と結びついた時の効果のことをいう。低い気温に風が加わるとさらに冷たく感じる。何を着るか，どれくらいの時間運動をするかを決める際に，もしも気温のことだけを考慮したならば，風が伴う環境であれば寒冷による問題を起こしやすくなるであろう。

Q7 外で運動をしている時に激しい雷雨に見舞われたとして，喚起すべき注意点を示しなさい。

A7 激しい雷雨はしばしば雷雨そのものに加え，ほかの注意すべき問題も含んでいる。まず，風は土ほこりを巻き上げるため，それが目に入ってしまうことである。特に，球技場内の土はほとんどいつも柔らかめに固めてあるため，突然の風に巻き上げられがちなので，そのようなフィールドにいる場合は注意が必要である。次に，雷雨は雷が近いことを示しており，雷は開かれた空間の中で高い位置にある金属製のものに引き寄せられる特徴を持っていることである。さらに，特にアメリカの一部では，竜巻の可能性がある。すべての雷雨が竜巻を伴うわけではないが，竜巻は常に雷雨のあとに発生することを頭に入れておいて欲しい。

Q8 フィールド環境の安全性を点検する際にチェックすべき項目をあげなさい。

A8 フィールドおよびその周囲の安全管理は，アスレティック・トレーナーの一連の仕事として実行されるべきである。問題が発生する可能性のあるところすべてに関して点検作業をすべきである。フィールドの表面を観察して危険な穴や飛び出したスプリンクラーの散水口がないか，フロアーに問題はないか，すべてのゴールポストや支柱がパッドで覆われているかなどを確認すべきである。さらに，すべてのベンチやほかの用具をサイドラインから確実に撤去しなくてはならない。もしも，何らかの用具や施設の一部がフィールドから飛び出してくる選手の動線上にあるならば，それらをパッドで保護して，どのように衝突したとしても安全であることを確認すべきである。

質問について考え，調べ，議論してまとめなさい。

① あなたはある学区内のすべての中学校の運動部を統括するために雇用された。その学区には5つの中学校があり，それぞれに男女のサッカー部，バスケットボール部，テニス部，陸上部，女子バレーボール部，そして男子アメリカンフットボール部がある。あなたの職務の1つはフィールドやコートを見直し，安全のための基準作りをすることである。まずは最寄りの中学校を訪れてフィールドやコートを評価し，今以上に安全性を向上させるためには何をすべきか要点をまとめなさい。

② あなたの高校の選手の1人がノースダコタ州（涼しい北部の州）にいる父親と一緒に夏を過ごすことになり，地元であるテキサス州（暑い南部の州）のヒューストンにはフットボールの練習の初日まで戻らない。この選手に関してまずは潜在的な問題を箇条書きにし，どのようにすればそれらの問題が発生しないかを議論しなさい。

③ あなたは小さな高校のコーチ兼アスレティック・トレーナーである。チームドクターはいないし，学校の看護師は木曜日しかいない。レスリングの選手が月曜日（今日は火曜日）から「体が熱くて寒い」と感じていると報告に来た。全体的にはとにかく気分がすぐれないといっているが，最も気になるのは寒気と熱だと言っている。この選手が練習に参加できるかどうかを評価するために必要な手順を論じなさい。なぜ選手が「寒気」を訴えているのかも説明しなさい。

④ あなたの大学のフットボールチームのディフェンスバックの選手はヘルメットをかぶる時に頭にバンダナをずっと巻いている。彼は練習の後半で熱けいれんを起こしたと訴えていて，それを防ぐには何をすべきか知りたいと言っている。熱けいれんが起こる一般的な理由を説明しなさい。また，そのバンダナを巻かないほうが良いと彼にアドバイスすべき理由は何かあるのか？これについて論じなさい。

⑤ あなたはシーズン前キャンプの間，大学のフットボール部で働いている。選手たちは日に2回練習をする。あなたは選手の水分摂取状況をチェックするためのシステムを構築するように求められている。これをどのように達成するか説明しなさい。またこの計画を実行するのに必要な担当者と議論しなさい。

⑥ 暑い中での激しいサッカーの練習のあと，ストライカーの選手が疲労困憊して，フィールドに横たわった。彼を助けようと近寄った時，彼のシャツが濡れているにもかかわらず彼自身は渇いていて，さわると皮膚が熱いのに気がついたので彼の体温が気になった。彼は黒人選手なので皮膚の色の変化が判別できないけれども熱は高そうだとあなたは感じている。彼を助けるために何ができるか説明しなさい。できるだけ具体的に説明しなさい（誰が彼を助けるとか，どのようにそれがなされるかなど）。

【引用文献】

Binkley, H.M., J Beckett, D.J. Casa, D.M. Kleiner, et al. 2002. National Athletic Trainers'Association position statement : Exertional heat illnesses. *J Athl Trng* 37（3）: 329-343.

Casa, D.J., L.E. Armstrong, S.K. Hillman, et al. 2000. National Athletic Trainers'Association Position statement : Fluid replacement for athletes. *J Athl Trng* 35（2）: 212-224.

National Lightning Safety Institute. 2004. Decision tree for personal lightning safety. www.lightningsafety.com/nlsi_pls/decision_tree_people.html (accessed June 15, 2004).

NCAA.2002.Guideline 2c : Prevention of heat illness. http : //ncaa.org/library/sports_sciences/sports_med_handbook/2003-04/index.html (accessed June 15, 2004).

Wilmore, J.H., and D.L. Costill. 2004. *Physiology of Sport and Exercise*, 3rd ed. Champaign, IL : Human Kinetics.

【参考文献】

Backer, H.D., and S. Collins. 1999. Use of a handheld, battery-operated chemistry analyzer for evaluation of heat-related symptoms in the backcountry of Grand Canyon National Park : A brief report. *Ann Emerg Med* 33（4）: 418-422.

Barrow, M.W., and K.A. Clark. 1998. Heat-related illnesses. *Am Fam Physician* 58（3）: 749-756, 759.

Bergeron, M.F., C.M. Maresh, L.E. Armstrong, J.F. Signorile, J.W. Castellani, R.W. Kenefick, K.E. LaGasse, and D.A. Riebe. 1995. Fluid-electrolyte balance associated with tennis match play in a hot environment. *Int J Spt Nutr* 5（3）: 180-193.

Eichner, E.R. 1998. Treatment of suspected heat illness. *Int J Spts Med Suppl* 2 : S150-S153.

Franklin, Q.J., and M. Compeggie. 1999. Splenic syndrome in sickle cell trait : Four case presentations and a review of the literature. *Mil Med* 164（3）: 230-233.

Hsieh, M., R. Roth, D.L. Davis, H. Larrabee, and C.W.Callaway. 2002. Hyponatremia in runners requiring on-site medical treatment at a single marathon. *Med Sci Spts Exerc* 34 : 185-189.

Maughan, R.J., and J.B. Leiper. 1999. Limitations to fluid replacement during exercise. *Cam J Appl Physiol* 24（2）: 173-187.

Murray, R. 1998. Rehydration strategies-balancing substrate, fluid, and electrolyte provision. *Int J Spts Med Suppl* 2 : S133-S135.

Noakes, T.D. 1998. Fluid and electrolyte disturbances in heat illness. *Int J Spts Med Suppl* 2 : S146-S149.

7章

スポーツ用防具の使用規則と法律

● 本章の目的 ●

本章を読むことで，
1. スポーツ用防具の製作に関する8つの項目について認識できるようになる。
2. スポーツ用防具を製作するにあたって用いる様々な種類の材料を成形する際の温熱の作用について説明できるようになる。
3. 任意機関の機能と，それらの機関がスポーツ用防具にどのような影響を及ぼしているかを説明できるようになる。
4. NOCSAEによるヘッドギアに関する規則の重要性と，着用者を規則によっていかに守るかについて説明できるようになる。
5. スポーツ用防具の改造によって生じる問題に関する法的責任について認識できるようになる。

大学2年の時にサッカー部で代表チームの選考テストを受けたチャールズは，限りなく代表チーム入りに近づいていた．ある日の練習中，足を踏み外して左のお尻を地面に叩きつけてしまった！幸いなことに骨折はしなかったが，その一方で最悪なことに打った箇所は少し触れただけでも痛みが激しく，チャールズは到底我慢できないだろうと考えていた．

　そのチームのアスレティック・トレーナーであったジルは，チャールズに痛みの激しい受傷部位にパッドを当ててみてはどうかと提案した．チャールズは，そのアイデアをまともじゃないと思った．お尻にパッドをつけて走れるのか…？

　「チャールズ，まずあなたのための特製パッドを製作するのよ．そしてあなたが練習着の下にはいているポリウレタン製のパンツに特別なポケットを縫いつけてそこに入れるの．」

　「わかったよ．でも，もしもそのパッドが良くなかったらつけないけど，それでもいいかい？」とチャールズは尋ねた．

　「もちろん．もしあなたが気に入らなかったら，良いプレーができるはずがないじゃない．私はあなたがこのチームの一員として，最高の条件を整えてもらいたいのよ．」ジルはこの困難な状況にある選手に対して，共感を持ってそう答えた．

　そしてパッドが製作され，チャールズはそれをつけてみた．

　「ねぇ，このパッド，打撲の部分にとてもいいよ！どうしてパッドの圧力による痛みを感じないんだい？」チャールズは疑問に思った．

　「ちょうど痛みのある部分に穴を開けたのよ．すべての圧力はパッドが吸収して，あなたのお尻に圧力を分散させてしまうの．打撲部分にはドーナツ状の穴を開けてあるのよ．」とジルは答えた．

　チャールズは満足し，代表選手の選考会に立ちはだかったいくつもの「関門」を乗り越えた．

　「感じはどう？」とジルが聞くと，チャールズは彼女のところまでジョギングしながらやってきて，

　「すばらしいよ！痛みの場所さえよくわからないくらいさ．その場所にぶつかられても痛みをまったく感じないよ！ありがとう．じゃあまた練習後に．」

　チャールズは午後の練習において精力的に走り，転び，そしてほかの選手と接触した．練習後，彼はアイシングのトリートメントと再評価を受けるためにアスレティック・トレーニングルームに立ち寄った．けがの悪化はなく，むしろ改善していて，痛みはその後消失した．

スポーツ傷害の予防には，適切に設計され，フィットした防具を着用することが大きく関与している。冒頭のチャールズのようなケースでは特製のパッドが受傷部位を保護するように製作されたことから，練習参加によるけがの悪化も起こらなかった。アスリートはそのほかにも様々な種類の防具を身につけており，彼ら自身のスポーツで推奨されている防具についての知識を持つ必要がある。さらにコーチやアスレティック・トレーナーは防具を製作したり，また購入するという選択肢があるだけでなく，それらが適切にフィットしているかどうかを評価しなくてはならない。この章ではこれら防具に関する諸問題を取り上げ，同時にスポーツの安全のためのルールの改正，さらにスポーツに使用する防具の法的問題や法的責任についても目を向ける。

1. 衝撃吸収と力の消散

アスリートがけがから競技復帰する際，受傷部位が十分に保護されているかどうかについては慎重な評価が必要である。市販されているパッドやブレースやそのほかの製品が有効な場合もあるが，時には個別にフィットさせた防具が必要な場合もある。パッドやスプリント（副木）は受傷部位を固定保護し，治癒を促すために用いられる。加えて，直接的な打撃や接触による力を分散させる役割も果たす。

1 防具

防具を使用する目的は受傷部位の保護や固定である。防具を製作する際の基本は，受傷部位をさらなる打撃から防御できるか，そして，受傷部位の上下を含めた固定が可能かを確認することである。もしも完全固定が必要であれば，受傷部位の上下の関節をまたいでスプリントによる保護をし，体肢の動きを完全に制限すべきである（図7.1）。このように受傷部位を厳重に固定する目的は，動きを制限することと受傷部位にかかる力を分散させることである。

防具のタイプや形状を決定するためには，基本的な解剖学的知識が必要となる。軟部組織の損傷の場合，防具が受傷部位に直接触れないようにするが，打撲した筋の収縮のほうがスプリントの直接接触よりもさらに痛みが大きい場合もある。例えば，筋に対する徒手的な検査によってけがの程度や病態を評価することができるが，それに加えて，受傷部位およびその上下の関節の動きを必要以上に制限しないように注意する必要がある（必要であれば完全に固定する）。さらに，防具の着用に際しては，正常な関節の構造を変えてしまわないよう配慮しなくてはならない。もしも，防具の着用によって正常な関節の動きを阻害したり構造を変えてしまったりすれば，代償運動が発生し，その結果，二次的な症状を引き起こしてしまう。

最後に，特製の防具を製作する際には，用いる材料の特性を理解していなくてはならない。

2 材料の特性

防具の製作に際して，適切な材料を決定するために8つの特性を考慮しなくてはならない。

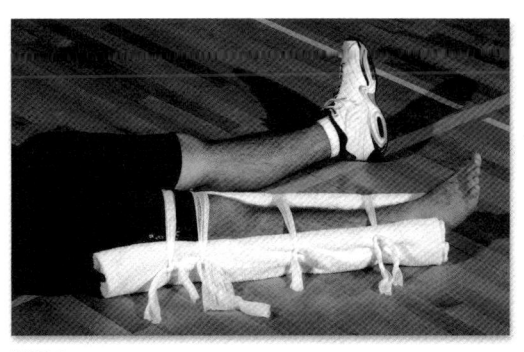

図7.1
膝を固定する際には，膝の上下の関節である股関節と足関節も同時に固定するのが，完全固定の基本である。

ここではこれら8つの特性について簡単に確認していく。

①密度　　　⑤密着性
②強度　　　⑥耐久性
③硬度　　　⑦製作のしやすさ
④快適さ　　⑧入手のしやすさとコスト

❖ 密度

密度は材料の重さによって決まり，製作する防具の体積や量と関連する。例えば，前腕を打撲した場合，その部位へのくり返される打撲から防御するために保護用のパッドを使用するよう指示されるだろう。もしあなたが高密度の粘弾性材料（ソルボセインのような）で裏打ちされたスリーブ（筒状の装具）を使おうと決めた際，パッドを着用した腕の重さが問題になってくる。このことはフットボールのようなスポーツにおいてはそれほど問題にはならないかもしれないが，体操選手の前腕の場合には考慮すべき問題となる。前腕に重りを付加することは左右のアンバランスをもたらし，回転運動や体操のスタンツパフォーマンスの際に大きな違和感を生じさせる。したがって，体操選手のためには軽量の材料をパッドに用い，くり返される損傷部位への衝撃から守るために開放気泡（open-cell）の発泡材を使用するほうがよいであろう。

異なる密度の材料から選択をする際，衝撃の種類と速度について配慮しなくてはならない（図7.2）。密度の高い材料は保護性にはとても優れているが，時に高価で重たく扱いづらいことがある。粘弾性材料を用いて作られたスリーブやパッドはそれらが保護している部位に対してとてもすばらしい緩衝作用を発揮するが，必ずしもアスリート向きであるとは言えない。

発泡材料は様々な密度で作られており，その数だけ異なる特性を持ち合わせている。高密度の発泡材料は衝撃に対する抵抗性に優れている。そのほか，コンタクトを受けると圧縮されるものの，以前の形を「記憶」していて反発するものもある（低密度の発泡材）。発泡材で作られた製品の種類は数限りなくあるので，常に材料のサンプルを取り寄せて検討し，必要とするものに応用可能かどうかを理解しておく必要がある。店頭にある数多くの製品を理解するために，どの材料が有用かを知ることは途方もない作業である。

保護用スプリントには，必要とされる防御機能を保持しつつ，できるだけ低密度の材料を用いることが最良の選択であることは明白である。選択に際しては，適切な保護材料を用い，選手の動きの自由度が保たれるように配慮しなくてはならない。また，材料とスプリントによって不自然な動きのパターンが引き起こされることも避けなくてはいけない。

❖ 強度

強度はその材料が耐え得る最大の外力もしくは負荷によって決まる。材料の強度はその防具が目的とする機能を果たし，安全性を確保することが重要である（図7.3）。ある材料は日常生活レベルであれば十分な強さがあっても，強い衝撃が加わるスポーツでは耐えられないかもしれない。例えば，足関節内反捻挫予防のためのスプリントもしくはサポーターを製作したい場

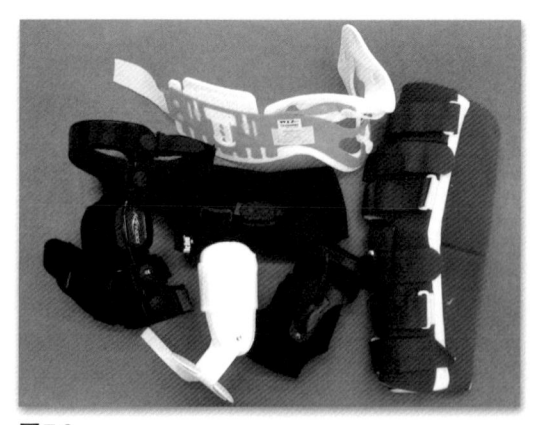

図7.2
異なる密度の材料から選択をする際は，衝撃の種類と速度を考慮する必要がある。

合，伸縮材料のスリーブ，空気入りパッドのついたプラスチック製のスターアップ，編み上げのアンクルブレース，あるいは，特別に型取りした硬質プラスチック製のアンクルブレースを製作するであろう．もしも，座業中心で運動に参加しないのであれば，サポート・保護のためには伸縮性のスリーブで十分かもしれない．しかしながら，もしも仕事の後にバスケットボールを継続して行いたいと希望した場合，そのほかの物を考慮する必要がある．伸縮材料は圧迫は加えるが，足関節の内反を制御するには弱すぎる材料だからである．

❖ 硬度

材料の硬度は，一定量のストレスが材料に与えられた際の曲げや圧迫の量を参考にして決定される．硬度が高い製品はより硬い材料でできており，一方，硬度の低い製品は柔軟性に富んでいて，衝撃をより吸収することができる（図7.4）．グラスファイバー性のスプリントは高硬度で，一度「形成」されるととても硬くてたわまない．一方，アルミニウムで作られたスプリントは低硬度製品の1つの例である．アスリートの手の骨折を保護するためには，ファイバーグラス製のスプリントやキャストが最善の選択であろうが，一般人ではアルミニウムのハンドスプリントで十分である．高硬度のファイバーグラスは曲がらず，強固に受傷部位を固定するのに対し，アルミニウムのスプリントは曲げようと思えば曲げることができる．この場合も，材料選びは対象者の保護部位や活動レベルに応じることになる．

硬度は材料に依存すると同様に，その厚みと防具として形成される形で決まる．さらに，製品が大きい場合も材料によっては耐えられないので，より硬度の高い材料を用いる必要がある．

❖ 快適さ

防具の快適さは保護部位にフィットする形状になりやすい材料かどうかで決まる．多くのアスリートはユニフォームがよくフィットしていることを好み，また身につけるほかの防具についても同じ考えを持っている．もしも製品が十分な強度と密度と硬度を持っていたとしても，守るべき部位に対して適合性が低ければ適切なものとして提供することはできない．例えば，厚さ1.25cmの高密度の発泡材料は，コンタクトによる力の分散に対しては適切な選択であるが，打撲した膝関節に快適に発泡材をフィット

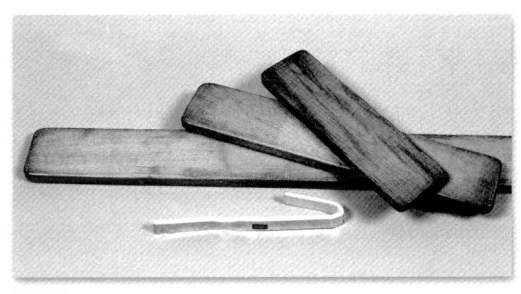

図7.3
強度はその材料が耐え得る最大の外力もしくは負荷によって決まる．

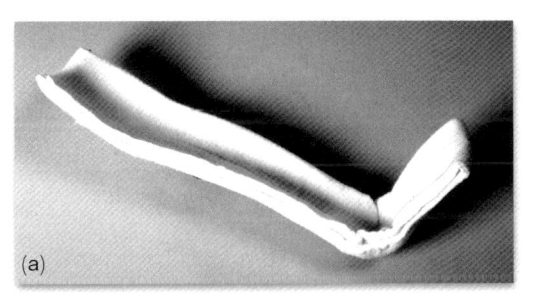

図7.4
(a) 硬度の高い材料でできたスプリント
(b) 硬度の低い材料でできたブレース

させようとしても，柔軟性がなさすぎるであろう。これに対して，ナイロンやライクラ（Lycra；ポリウレタン弾性繊維）のスリーブにソルボセインのパッドがついたものはより快適であり，優れた防具として提供されるであろう（図7.5）。

❖ 密着性

密着性とは材料同士が密着する強さによって決まり，同時に，防具の品質や耐久性が決まる。運動中にもしも防具が外れたり，分解したりしてしまったら，防具の意味がなくなってしまう。密着性を高めるためによく使われる製品の1つとしてベルクロ（Velcro；マジックテープ）がある。この材料の片面は特殊な材料を除いてほとんどすべてのものを貼り付けることができる。このタイプの材料は四肢や関節周囲に密着性のない材料同士を付けるために大変有用である。内側にパッドが接着されているブレースやスプリントが接着性の乏しい物の例としてあげられる。このタイプのブレースでは接着剤が外れてしまうことがある。ブレース内が高温・多湿になると，接着部分がゆるみ，パッドが引き剥がされてしまうのである。このような部分にベルクロを用いるとよい。

❖ 耐久性

耐久性とは，使われている材料がスポーツ中にくり返し加わるストレスに対して，どの程度耐えられるかを表している。すなわち，耐久性が良ければより長く使い続けられるということを意味する。このような好ましい特性はすぐにわかるように思えるが，予算があまりない地域のクラブや学校で働いていると，それはいっそう明らかになる。長期間にわたる練習や試合を通して必要とされる防具がわずか数回しか使用できないようであれば費用対効果が悪いと言える。

スポーツ用の防具は摩耗したり壊れたりすることが当然であり，くり返し使用されれば最終的に使用できなくなる。例えば，アーチのサポートが必要な場合，①アーチサポートのテーピングをする，②軟性ネオプレーンやフェルトでできた既製の足底板を使用する，そして，③特別な材料を使って形作られたカスタムメイドの足底板を使用する（図7.6）という3つの選択肢が考えられる。テーピングは1度しか使えないし，濡れてしまうともはや効果はなくなってしまう。ネオプレーンやフェルトはくり返し使用することが可能であるが，回を重ねると作り替える必要がある。最も耐久性のある材料を選択すると，より高価なカスタムメイドの足底板となるが，これは場合によっては数年間使い続けることが可能である。

❖ 製作のしやすさ

製作のしやすさとは，材料を防御性と快適さの両者を満たすような形に作るために必要とされる時間，設備，そして技術と関連する。ある材料を成形するためには熱やオーブン，もしくはそのほかの加熱のための器具が必要となる。

図7.5
防具の快適性は，体へのフィット感で決まる。

ある材料は特定の使用目的にとっては優れているかもしれないが、温めるための器具がなければ利用価値がないことは明らかである。もしもこのような状況でそのほかの既製品を加工して作ってみたとしても、それはフィット感のないものになってしまうだろう。マウスピース（マウスガードともいう）を例に取ってみよう。多くのフットボール選手は安全性を確保するためにマウスピースを着用している。おそらくこれまでに「お湯に浸けて噛む」タイプのマウスピースを使用したことがあるかもしれないが、これは選手自身が成形するタイプの防具である（図7.7）。温熱ポット、ハイドロコレーター、もしくはそのほかの方法で高温もしくは沸騰したお湯さえ手に入れば成形するのはきわめて簡単である。もしもあなたが旅先にいたとすると、このような熱湯を得ることができないかもしれない。残念ながら、温める手段が得られないために、時々成形されていないマウスピースを着用して競技に参加している選手もいる。

そのほかのタイプの防具の製作は様々な理由から困難な場合があるが、特別な軟性キャスト（ギプス）などがその一例である。ゴム性の軟性キャスト製作には特別な技術と同様に設備や物品が必要とされるため、日常生活に使用する場合はその魅力が減少してしまうだろう。もしもアスレティック・トレーナーとしてあなたがそのような製品に興味があるのであれば、その製品を製作するための技術を学ぶことが重要であり、必要な物品をあなたの予算内で選び、手元に置く必要がある。もしもそのような材料や技術を手に入れられない場合には、適切な防具を製作してもらうためにほかの施設に選手を紹介する必要がある。

❖ 入手のしやすさとコスト

入手のしやすさとコストの2つの要素は多くのアスリートにとって大きな障害となる。時にはある材料が効果的であるとわかっていながら、それが入手できないことがある。このような場合、ほかの材料を使って解決方法を探す必要がある。また、適切だと思われる材料が高価で、予算に限界があって使いたい材料が買えない場合もある。あるプログラムにおいては、様々な種類の防具を作成するために使用するすべての材料を購入できる十分な資金を持っている場合もある。しかしながら、ほとんどの場合は限られた予算の中で物品購入を強いられるため、もしも適切な防具を製作できないとしたら、残る

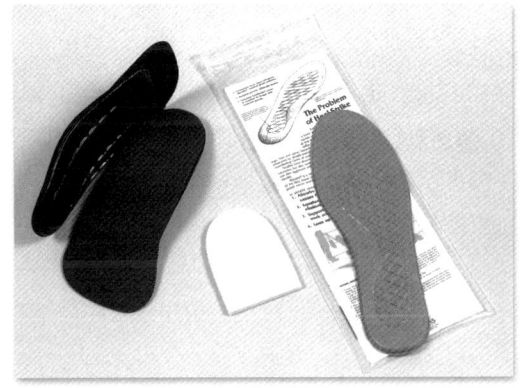

図7.6
カスタムメイドの足底板（左）と既製の足底板（右）

図7.7
お湯に浸けて噛むタイプのマウスピースは簡単にカスタム感を得ることができる。

選択肢はそれらがなくても十分安全にプレーができるまで競技には復帰させないことである。

3 材料の分類

防具の材料は，それを成形する際に必要とする温度によって，以下のように4つに分類される。
- 温めない（層状）
- 低温
- 中温
- 高温

スポーツの転倒時の保護に用いられる材料としてよく用いられるのは，温めない材料（層状）と低温で扱う2種類の低温材料である。

❖ 温めない（層状）材料

温めない層状の材料というのはスポーツの場面で多く扱われ，テーピング，バンデージ，ファイバーグラスのキャストがついたサポーター，手首や手用にシリコンラバーのついた軟性のサポーター，そして，旧式ではあるが焼石膏などである。温めないタイプの製品では，スプリント，キャスト，そのほかパッドなどの形状が適切に作られている必要がある。また温めない種類であっても，ある製品では実際に発熱するものがあり（熱が冷めると固まる），曲げて成形するプロセスが生じる。おそらく，焼石膏のスプリントでは重みに対して弱いだけでなく，湿気にも弱いという欠点がある。

❖ 低温の材料

アスリートのためのスプリント製作によく用いられるのは，数多くの製品に含まれる低温可塑性の製品である（図7.8）。低温材料にはゴム，プラスチックなど，そのほかにも温めることで非常に柔らかくなる弾力性のある材料が含まれる。低温材料に分類される物としては，ゴム性材料の製品であるオルソプラスト，ゴムとプラスチックを材料としたポリフレックスⅡ，プラスチック材料のポリフォームやオルソプラストⅡ，そして弾力性のある材料であるアクアプラストとオルフィットソフトなどであるが，製品名が付いているのは数少ない。これらすべての材料を成形するためにはお湯やオーブンなどで得られる低温熱が必要である。熱を加えると材料を固めていた接着剤が壊されて材料が柔らかくなり，その間に成形することができる。材料が冷却され通常の温度に戻ると，接着剤は元のように固まるが，材料の形状は冷却直前のままで保たれる。一度決めた形状を体にフィットさせるために微調整をする際に，再び熱を加えて柔らかくする必要がある。暑い季節に作られたプラスチックの防具を車のダッシュボードに置きっぱなしにすると，溶けて形状が崩れてしまうが，再び元のような形状に成形することも可能である。

❖ 中温および高温の材料

中・高温で扱う材料は専門の業者において用いられ，アスレティック・トレーニングルームで用いることは安全性の面からもほとんどな

図7.8 低温材料の例。

い。例外としては，すでに製品化されたスプリントやブレースを個別に変形させる必要がある場合があげられる。これらの中・高温で成形されるブレースの細かい調整には，通常ヒートガンのような加熱装置を使うことになる。ヒートガンの温度は400℃に達するため，やけどに注意するとともに，近くに合成繊維の製品を置かないようにしなければならない。

4 スプリントやブレースの製作技術

実際には，芸術とまでは言わないものの，フィット感のある優れたスプリントやブレースを製作する才能は，誰もが持っているというわけではない。これらの製作能力はテーピングの能力と比較することができる。アスレティック・トレーニングにおいてテーピングは，けがをした関節を保護する標準的な方法として長年用いられてきた。トレーナーが解剖学にしたがってテーピングを巻いている様子は本当に芸術的である。受傷部位をサポートするこの才能は，ブレースやスプリントの製作に直接的に貢献することができるであろう。気をつけなくてはならないことは，受傷部位を保護するためには圧迫を避け，動きの自由度を奪わないようにしながらも，危険な動きに対しては十分な制動力を発揮しなくてはいけない（図7.9）。

スプリントやブレースの製作過程は単純な場合もあるし複雑な場合もある。ある部位を衝撃から守ったり可動域を適正な範囲で制限したりするためのスプリントやブレースを製作する過程は，手の指の腱の働きを補助するための装具を製作する過程ほど複雑ではない。プロの卓越した製作技術を見ることは，学ぶための最初のステップとなるだろう。プロに近づいてよく見て，製作者が何に配慮しているのかに気づくことである。発泡ゴム材料の機能性を発揮するような特定の防具を製作する過程を観察した後は，自分自身で材料を扱ってみたくなるだろう。

同級生にあなたの課題の相手になってくれるよう頼み，材料を使ってパッドやブレースを作ってみるとよい。装着感や機能などすべての点について評価してもらい，あらゆる失敗から学ぶことを忘れてはいけない。練習こそが熟達への唯一の道である。

5 予防と保護のための既製

必要なサポートや保護を提供する既製品を目にすることが多くあるだろう。パッドやサポーターを製作するために，材料を探したり製作に時間を費やしたりするよりもむしろ既製品を探したいと思うだろう（図7.10）。時間を節約することに加えて，既製品の中にはあなたが製作したものよりもよりフィットして機能するものがある。既製品の大きな欠点は，特定の目的に対して用いるには一般的すぎて，すべての対象者に完璧にフィットさせることは不可能であるということである。既製品の中でスポーツによく用いられるものとして，衝撃吸収のためのインソール（靴の中敷き）がある。また，ほとんどすべての身体部位に対するスリーブやブレースなども市販されている。

図7.9
フィット感のあるすばらしいスプリントやブレースを製作するには，たゆまない研究と練習が必要である。

図7.10　様々な既製品が市販されている。

❖ 衝撃吸収のためのインソール

軟部組織を介して骨に伝わる衝撃を減少させるための防具が必要なことがある。ネオプレーン，ソルボセイン，ビスコリスなどの製品は足部や骨ばった部位に対して衝撃を減少させるすばらしい材料であり，これらの材料はほとんどすべての需要に対して様々な大きさやデザインに加工することが可能である。

❖ スリーブとブレース

整形外科用の業者にはネオプレーンのゴム性スリーブ（筒状の装具），ブレース，サポーターを製作している者もいる。ネオプレーンは衝撃吸収，圧迫，保護，保温性に優れているために頻繁に用いられる。しかし，ネオプレーンで作られたスリーブやブレースは装着部位の保護の役割は果たすが，外力に抵抗する力は弱い。非常に薄いネオプレーンのスリーブはブレースの内側のクッションとして用いられ，硬質材料のブレースによる摩擦や圧力を減少させている。

多くの会社が様々な医学的問題に対応するためにスプリントとブレースを提供しているが，運動や競技のために必要なさらに機能性の高い製品作りを常に模索している。

2. 防具デザインの基準と防具の修理

コリジョンスポーツ（アメリカンフットボール，アイスホッケー）やコンタクトスポーツ（ラグビー，サッカー，ラクロス）では選手のユニフォームの一部として特別な防具が使用される（図7.11）。スポーツ防具を作る会社で用いられる材料は，これからこの章で学ぶ様々な基準によって規制されている。

時として，選手はほかのスポーツで用いられている防具がけがや再受傷の予防のために大変有用で，最適であることを知っている。例えば，バスケットボール選手が膝の打撲を保護するためにバレーボール選手が使うニーパッドを使用することがよくある。防具の評価において重要なことは，すべてのスポーツに特異的な用具を製作することではなく，けがのマネジメントをすることが可能な防具を購入できるかである。その防具が簡単に修正できる製品化されたものであるというだけでなく，アスレティック・トレーニングルームであなたが製作した防具のほうがより耐久性があることもある。

3. 規制団体

スポーツ用防具の製造業者に対する規制は，業者がスポーツではとても使い物にならない製品を世に送り出すことがないように監視する意味で重要である。スポーツ用防具には一定以上の品質が求められるため，規制団体は防具の安

全性に基準を設けてきた。それに加えて，防具のあらゆる部分について，1シーズン以上試合で使用された場合には修理をするように求めている（図7.12）。したがって，製造業者と修理業者の両者が定められた基準に従わなくてはならない。

長年にわたって防具は競技のためだけでなく広く一般のためにも使われてきた。したがって，関係団体はスポーツ用防具の性能に対する標準化と同様に，スポーツ愛好家向けの製品に対しても同様の立場で扱ってきた。例えば，オートバイ用ヘルメットは安全性を高めるための防具の1つであり，それは自転車用ヘルメットについても同様である。どちらのヘルメットもスポーツ用ヘルメットであるが，それらの品質は特定の団体が管理している。

いくつかの団体は規格に関する特定のルールを発行している。国際標準化機構（ISO），アメリカ規格協会（ANSI），消費者製品安全委員会（CPSC），アメリカ材料試験協会（ASTM），そしてスポーツ用防具の標準化を進める全米スポーツ用具標準化運営委員会（NOCSAE）がこれらの機関である。これらの多くは，組織の中で自主的に基準を作り上げてきた。つまり製造業者が基準を自主的に確立してきたということである。場合によっては，スポーツを統括する団体が特定のスポーツ用防具には「NOCSAE認証」を明示するように定めている。これは基準を制定する団体というよりもむしろ競技団体から強制されるルールもしくは命令と言える。

図7.11
コリジョンスポーツやコンタクトスポーツでは特別にデザインされた防具が使用されるが，これはもはやユニフォームであると言える。

図7.12
規制団体はスポーツ用具の保護性能を標準化してきた。

1 国際標準化機構

世界的規模で国際標準化機構という組織が存在する（ISO：「ISO」とは「同じ」を意味する）。この組織は多くの国からの代表者で構成され，世界中の自主的な規制機関からなっている。この組織は，マイクロプロセッサーからブランコに至るまで，すべての製品について特定の国際的な基準を設けている。ISOの使命は「物およびサービスの国際交換の容易化，および知的，科学的，技術的，経済的活動分野の国際間協力の助長（訳注：国際標準化機構ホームページより引用）」である。例えば，クレジットカード，テレフォンカード，そして世界中で使われてい

るそのほかの薄型カードの形態はISOの規格によって作られている。基準を一致させることで，適切な薄さ（0.76㎜）といったような特徴が明確になり，カードの製造業者は消費者にカードが世界中どこでも使用可能なことを保証できる。

2 アメリカ規格協会

アメリカ国内にはアメリカ規格協会（ANSI）という，政府の規格化団体がある。この組織は，任意に発展した規格化組織であり，ISOの標準化ネットワークとの国際的な連携を担っている。組織の狙いは，製品のデザインやシステムなどのサービスにおいて，国際的な規格が発展するのと同じく進められるよう申し入れることである。ANSIは製品のデザイン，その評価，そして最終的なプレゼンテーション（もしも受諾されると思えば）によって振り分け，それらをISOの規準にまで引き上げる。そしてANSIはISOのアメリカ代表者であり，またISOのアメリカ連絡協議会でもある。それに加えて，ANSIは地域中心に多くのグループに対し，職業安全衛生管理局（OSHA）やアメリカ材料試験協会（ASTM）も交えて勧告を与える活動を行っている。

3 消費者製品安全委員会

消費者製品安全委員会（CPSC）は政府の規制団体であり，スポーツ用品だけではなくすべての製品の安全性に関わっている。その使命は，製品による不当なけがや死から消費者を守ることである。1972年の委員会設置以来，委員会は，28.6万件のけがと21,700件の死亡事故と見られる事故件数を少なくするために，15,000の異なるタイプの消費者製品を管轄下に置いた。そして1973年より，CPSCの疫学研究グループが全国電子傷害監視システムを運用し始めた。

4 アメリカ材料試験協会

アメリカ材料試験協会（ASTM）は多くの委員会を持ち，産業，レクリエーション，レジャーやそのほかの領域で使われる材料と製品を試験することに焦点を当てている。世界的に

> ASTMやその活動および規制についてさらに知りたい場合は，ASTMのホームページ（www.astm.org）にアクセスすること。

表7.1　アメリカ材料試験協会（ASTM）におけるF8委員会の小委員会

小委員会	小委員会の名称	スポーツ用具
12	体操競技とレスリング用具	マットと用具
18	ゴルフクラブのシャフト	クラブシャフト
26	野球とソフトボールの用具と施設	防具とバット
52	多目的フィールドのサーフェス	屋外・屋内のフィールドやコートのサーフェスや施設の構造
53	ヘッドギアとヘルメット	フットボール，野球，馬術，そのほかのヘルメット
55	パッド	すべてのスポーツの防具
57	スポーツでの目の安全	目の防具

も最も大きな自主基準のシステムを持つ組織の1つである。非利潤追求型の組織であるASTMは製造者や消費者に加えて広く興味を持つ人を対象とし，材料，製品，システム，そしてサービスについての標準化を定めるためのフォーラムを開催している。132の基準を作成する委員会からなっており，標準的なテスト方法，仕様書，慣例，案内書，分類，専門用語について発行している。ASTMはすべての材料と製品と製造手順について扱う団体である。多くの委員会は道路や建設会社に着目しているが，いくつかの委員会ではスポーツに関する製品を扱っており，特に有名なのが，F8委員会である。

スポーツの防具と製品を扱うF8委員会は，ASTMの委員会の中で最もスポーツ防具との関わり合いが深い。F8委員会は1989年に組織され，30以上の小委員会を抱えており，すべてがスポーツに使われる材料に着目している。小委員会については表7.1に一覧を示した。

5 NOCSAE

アメリカにおいてはスポーツ用防具の標準化はNOCSAEにおいて議論されてきた。1969年にウェイン州立大学で設立された後，NOCSAEはアメリカンフットボールのヘルメットを調査し始めた。ヒトの頭蓋骨の模型を使い，フットボールにおける衝撃に対する安全性を確保するために，委員会のメンバーは様々なデザインのヘルメットをテストした。彼らはテスト結果を標準化し，その後テストで得られた基準を「ゴールドスタンダード」としてほとんどのスポーツ用ヘルメットに用いた。それぞれのスポーツごとにNOCSAEの基準が決められており，バッター用のヘルメット，野球，ソフトボールのヘルメット，ラクロスのヘルメットとフェイスマスク，そしてアメリカンフットボールのヘルメットとフェイスマスクである。これらについて知りたければ，組織の事務局長に問い合わせれば，すべてのNOCSAEの基準のコピーを無料で手に入れられる。

NOCSAEは2つの役職だけを雇用している（研究職のディレクターと弁護士）。製造業者，医学系機関，学校組織，そして防具を取り扱う機関はNOCSAEの発展を個別に担っている。これら個々の組織は，必要に応じて基準の見直しとスポーツ用防具の改良を行っている。例えばヘルメットの種類について製造業者が基準を変えようと決めた場合，デザインの欠陥がないことと，製品が安全であるといういくつかの段階を踏んだ証拠に則って変更する必要がある。下記に示す各組織はNOCSAEに2名の委員を送り込んでいる。

- アメリカ大学保健協会
  (American College Health Association)
- スポーツ用品工業協会
  (Sporting Goods Manufacturers Association)
- 全米アスレティック・トレーナーズ協会
  (National Athetic Trainers' Associsation)
- 全米大学対抗競技連盟
  (National Collegiate Athletic Association)
- 全米州立高校協会
  (National Federation of State High School Association)
- 全米短期大学競技連盟
  (National Junior College Athletic Association)
- スポーツ財団
  (The Sports Foundation)
- 全米スポーツ用具修理者協会
  (National Athletic Equipment Reconditioners Association)
- 全米大学競技選手協会
  (National Association of Intercollegiate Athletics)
- 全米中学校校長協会
  (National Association of Secondary School Principals)
- 全米スポーツ用具管理者協会
  (National Equipment Managers Association)

NOCSAEのマークは，製品の安全基準がNOCSAEの基準を満たしていること意味する。委員会は防具の修理担当者に向けて使用に際するヘルメットの評価・再評価の基準についても定めている。NOCSAEが製造後のヘルメットを直接評価するわけではなく，修理担当者が

NOCSAEの基準を満たしているか直接テスト・評価をし，安全基準を満たしたヘルメットにNOCSAEのシールが貼られるか刻印される。もしもその後ヘルメットがNOCSAEの検査基準を満たさなくなったら，NOCSAEは認可を取り消すこととなる。NOCSAEは多くのスポーツ用具の標準化組織のうちの1つであるが，スポーツ用ヘルメットの標準化については最も広く受け入れられている組織である。

6 そのほかの管理団体

そのほかにもスポーツ用具の製造を管理する団体が組織されている。それらはヨーロッパ規格協会，カナダ規格協会，スウェーデン規格学会など地域が限られており，そのような名前が付いている組織はわずかである。そのほか，国境をまたいだ組織として，ホッケーで使われるすべての用具の検査と認定を行う組織がある。ホッケー用具認定協議会がそれである。これらの組織はすべてより安全な用具を提供するという共通の目標を持つことを認識しなくてはならない。組織が任意団体であるということは，製造業者は組織が定めた基準に必ずしも追従しなくても構わないということを意味する。しかし，会社にとって，製品がいくつかの適切な団体の規準を満たしているということは，たった1つの規準を満たすだけ，あるいはまったく満たしていないよりも，明らかに有利である。

4. ヘッドギア（頭部防具）の修理と維持管理

スポーツ用ヘッドギアはいくつかの団体によって安全基準が制定されており，なかでもNOCSAEの基準が最も広く使われているが，ANSIやASTMが示す基準も採用されている。

選手に防具を提供している流通業者は，扱うすべての防具の安全検査を毎年実施している。また，用具管理者が選手のヘルメットを自ら点検し，修理が必要とされる物だけを業者に送る方法をとっているチームや学校もある。また，シーズン中に使用したすべてのヘルメットは修理が必要と見なし，業者へ送付するチームや学校もある。

全米スポーツ用具修理者協会（NAERA）は，ヘルメットの修理についてだけでなく，そのほかのスポーツ用具の修理についても一定の基準を設けている。アメリカ国内では各地域ごとに少なくとも1名の用具修理担当者がいなくてはならず，全国的に営業を展開している会社もある。修理担当者はNAERAの会員で，ヘルメットの不具合や欠陥についての検査を行っている。ヘルメットのシェル（硬い部分）に不具合があった場合には，ヘルメットは無条件に破棄され，そのほかの問題がある場合は，ヘルメット製造会社の基準に従って修理される。修理が完了したら，担当者は修理箇所を示すステッカーを貼って修理の過程が完了したことを示し，その日付を明記することになっている。

練習や試合で使用したすべてのヘルメットは，定期的に検査されるべきである。競技レベルが高くなるほど整備不良のヘルメットが使われる可能性が高まるので，アスレティック・トレーナーや用具管理者は少なくとも週単位でヘルメットが安全であるかを点検すべきであり，

> NOCSAEはフットボールのヘルメット，野球とソフトボールのバッティングヘルメット，野球，ソフトボール，ラクロスのヘルメットとフェイスマスク，およびフットボールのフェイスマスクに関する安全性を評価するためのテストを標準化した。NOCSAEについてもっと知りたい場合は，www.nocsae.org にアクセスすること。

ヘルメットがフィットしているかについては毎回チェックを行うべきである。最近のNAERAによる報告では，1995年以降に100万個を超えるヘルメットが修理されており，使用されているヘルメット全体の約85％に達するとしている。修理にかかる費用は平均20ドルで，これはフェイスマスクの修理費用は別として，大学やプロ選手のヘルメットにおける典型的な修理費用である。

NOCSAEでは，模型の頭部にフットボールのヘルメットを被せた状態で，硬質ゴムの上に6つの異なるポイントが当たるように，152cmの高さから合計16回落下させる試験を実施した。この時の衝撃を記録し，ヘルメットを継続使用するかもしくは破棄するかを決定するための基準と比較する。この試験に合格したヘルメットにはNOCSAEのステッカーが貼られるが，不合格であれば「使用不適切」ステッカーが貼られ，破棄の対象となる。

5. スポーツの安全規則に関わる団体

アメリカ医師会のスポーツ医学部門とNCAAの競技者保護委員会の両者は，安全にスポーツを行うための方針や規則を確立するために密に協力し合って活動している。ここで定められるガイドラインは，2つの機関が定めた選手にのみ適用される。例えば脱水によって体重が減少した選手や，NCAAチャンピオンシップの期間中に医学的な手続きによって，学生選手として不適格と見なされた選手を競技に参加させないなどの措置がとられる。これらの方針や規則は大多数の学校やクラブチームに受け入れられている。

多くの団体が若年層・高校・大学・プロのスポーツに対する規則制定に対してリーダーシップの役割を果たしている。これらの団体は，スポーツの規則が競技の危険性を最小限にするという目的に合っているかを評価する委員会を設置している。全米高等学校連合やNCAAのような多くの組織は，加盟団体へのガイドラインを設けているが，今のところは州ごとに認可されているか提言が付け加えられているに過ぎない。一般的に，これらの組織はすべてメディカルスタッフとコーチングスタッフからの提言を基に，危険性を減らすための競技規則改正を行っている（図7.13）。けがの統計を評価する際には，選手の技術レベル，規則，そして用具等の安全性がけがの発生に関連しているかを検討する必要がある。

1 防具の使用に関する規則

防具の使用に関する規則の制定が理解され始めたものの，まずは必要かつ使用が推奨される防具と，禁止されるべき規則違反となる防具の違いを明確にすることが必要である。あらゆるスポーツにおいて，防具の必要性と違反性について精通している者同士が話し合うことが大切である。

特定のスポーツにおける防具使用の規則は，競技レベルにかかわらず共通する部分もあるが，一方で若年層の選手に対する規則は，プロ

図7.13
スポーツの安全規則に関わる団体は，スポーツ傷害の発生を抑えるための規則作りに責任のある医療スタッフやコーチたちから意見を求めている。

選手のものよりも厳しく定められるのが一般的である。なぜならば，筋骨格が未成熟の若年選手は防具によって安全性が確保されるべきだからである。

スポーツにおける多くの防具に関する規則を理解するためには，一定の競技レベルに絞って検討することが賢明である。したがって，ここでは大学スポーツに適用されている規則について検討することとする。毎年,NCAAから『スポーツメディスンハンドブック』が発刊され，防具の使用と規則に関するガイドラインが示されている。このハンドブックはNCAAに登録しているすべてのメンバーに無料で配布され，非会員であってもNCAAを通じてコピーを購入することができる。それぞれのNCAAのスポーツ管理局が，指定されたスポーツの規則を見直すための会議を年単位で開いている。これによって，NCAAに登録されたスポーツは，種目に関係なく，年を追って再検討され，修正される可能性がある。したがって，大学のチームで働く場合には，最新で正確な情報を把握するために，まずそのスポーツに関して発行されているルールブックを参照し，次に最近の『スポーツメディスンハンドブック』を見直すこと，そして担当するスポーツのNCAA事務局に問い合わせる必要がある（訳注：日本では各競技団体に問い合わせる）。

防具の使用に関する規則を議論するにあたり，我々は防具の分類（ヘッドギア，フェイスプロテクションなど）を考えるだけでなく，分類された防具について，それらを使用するスポーツに関連したルールも併せて検討することとする。

> NCAAのウェブサイト(www.ncaa.org)にアクセスし，スポーツメディスンハンドブックとスポーツ連絡会に目を通すとよい。

2 必要かつ使用が推奨される防具

スポーツ参加にあたっては，定められた防具を着用することは当然であるが，個別に必要な防具も使用することが望ましい。選手が必須とされる防具を着用していないと見なされるならば，コーチや審判は選手を練習やゲームから退場させ，適切な防具を着用するよう指示するべきである。

❖ ヘッドギア

ヘッドギアという防具は頭蓋骨と頭皮の保護のために着用するものである（図7.14）。そのような防具はほとんどの場合ヘルメットと呼ばれ，様々な硬質のシェルかあるいは頭蓋骨や耳もしくは両者を柔らかく包む構造をしている。野球，フットボール，アイスホッケー，ラクロス，そしてソフトボールではすべての選手が硬質素材のヘルメットを着用しなくてはならないが，レスリングや水球では耳の部分を柔らかいパッド素材で保護するようなヘッドギアを用いる（表7.2）。

❖ 顔面・喉・口腔内の防具

顔面に裂傷を負う可能性のあるスポーツでは，指やそのほかの物が選手の顔に当たらないようにフェイスマスクを用いることがある。衝突や口腔外傷の可能性がある多くのコリジョン（衝突）スポーツでは，口腔内にマウスピースを着用している。また，歯列矯正装具を着用している場合は，スポーツの種類にかかわらず装具のワイヤーなどから口腔内を守るためにマウスピースの使用が勧められる。喉周辺に打撲を負うリスクのある選手，例えば野球のキャッチャーなどもその部位に防具を用いるべきであろう（表7.3）。キャッチャーは喉の部分もカバーできる延長型のフェイスマスクを用いることが多い（図7.15）。

❖ 胸部と肩の防具

胸部と肩の保護のためには，薄くて軽いパッド素材を硬質プラスチックの内側に施した防具が用いられる。全選手がショルダーパッドを着用しなくてはならないスポーツもあれば，特定のポジションの選手だけが着用するスポーツもある。アイスホッケーもアメリカンフットボールもショルダーパッドの着用が義務づけられて

表7.2　頭部保護のためのヘルメットの特徴

スポーツ	ポジション	ヘルメットのタイプ	特徴
野球	バッターと走者	左右の耳が保護されるハードタイプ	ヘルメットには必ずNOCSAEのシールが貼られていること
	キャッチャー	ハードタイプ	ヘルメットの上からキャッチャーマスクを装着できること NOCSAEのシールが貼られていること
フットボール	全プレーヤー	4点支持のチンストラップを装着したハードタイプ	受傷の危険性とNOCSAEの基準に合格していることを明示したシールが貼られていること
アイスホッケー	全プレーヤー	チンストラップを装着したハードタイプ	必ずしも必要ではないが，ホッケー用具認定委員会の基準を満たしていることが望ましい
ラクロス	女子ではゴールキーパー	フェイスマスクの有無にかかわらずハードタイプ	特に基準は設けられていない
	男子では全プレーヤー	高い位置で止める4点支持のチンストラップを装着したハードタイプ	ヘルメットには必ずNOCSAEのシールが貼られていること
ソフトボール	バッターと走者	左右の耳が保護されるハードタイプ	ヘルメットには必ずNOCSAEのシールが貼られていること
水球	全プレーヤー	耳保護のパッドが付いたソフトタイプのキャップ	キャップの種類はチームごとで異なる
レスリング	全レスラー	耳の保護具	マットとの摩擦で耳が傷つかないように保護できるもの

図7.14
頭部防具であるヘッドギアは頭蓋骨と頭皮を保護する。

図7.15
顔面，喉，および口の防具

いるが，これらのスポーツでのショルダーパッドの性質は驚くほど異なっている．すなわち，アイスホッケーではフットボールに比べてパッドはいっそう軽量化されている．**表7.4**を参照して様々なスポーツにおける胸部の保護の必要性を確認すること．

❖ 下肢の防具

下肢は地面やほかの選手との衝突によって受傷の機会が大きく，特に骨が突出している部位では保護パッドが有効となる．野球のキャッチャー，ホッケーのゴールキーパー，そしてフットボールやサッカーの選手は衝突のリスクがあるため，下肢に特別な防具を用いる（**図7.16，7.17**）．**表7.5**は下肢のために必要なパッドの一覧である．

3 違反と見なされる可能性のある防具

ほかの選手を傷つけない範囲で，通常は違反と見なされる可能性のある防具が使われることがある．キャストやブレースはこの範疇の防具であるが，選手の安全性が確保されていると確認されれば使用が認められることもある．**表7.6**にスポーツごとに違反と見なされる可能性のある防具を示した．すべてのケースにおいて，審判などによって選手の身につけている防具やそのほかの用具がほかの選手にとって危険と判断されれば，その選手はその防具を外すか退場させられることになる．

4 オーダーメイド防具の製作

オーダーメイドの防具は通常はアスレティック・トレーニングルームで製作されるが，製作以前に確認すべき事項がいくつかある．まずは，その防具がけがの原因となったり，あるいはコンディショニングを悪化させるようであれば，製作すべきではない．次に，防具のデザインや使用素材がスポーツのルールやガイドラインに反していないことを確認すべきである．素材の選択については本章の最初に述べてあるような

図7.16
アイスホッケーで使用される防具(a)はフットボールで使用される防具(b)ほどは重くない

図7.17
シンガード（すねあて）を用いるサッカー選手

表7.3 顔面，頚部，口腔の防具の特徴

スポーツ	ポジション	防具のタイプ	特徴
野球	キャッチャー	マスクにビルトインか着脱式の喉ガード	デザインに規制はない
フェンシング	全プレーヤー	メッシュタイプのマスク	通常は顔面全体および頭部の横が覆われ，後頭部は開放されている
フィールドホッケー	全プレーヤー	口腔内マウスガード	透明でも着色でも可 上の歯列をカバーしていること
フィールドホッケー	ゴールキーパー	喉，頭部，顔面を保護するマスク	着用可であるが，要求はされていない
フットボール	全プレーヤー	口腔内マウスガード	黄色かそのほかの色で着色されていること 上の歯列をカバーしていること
フットボール	全プレーヤー	フェイスマスク	ヘルメットに装着されていること
アイスホッケー	全プレーヤー	口腔内マウスガード	着色でも透明でも可 上の歯列をカバーしていること
アイスホッケー	全プレーヤー	フェイスマスク	ASTMの専門委員会が定める 目と顔面の保護具基準に適合していること
ラクロス	全プレーヤー	口腔内マウスガード	上の歯列をカバーしていること（女子は着色か透明，男子は黄色あるいは目立つ色）
ラクロス	ゴールキーパー	喉ガード	フェイスマスクの着用は義務づけられていない
ソフトボール	キャッチャー	ヘルメットに装着した喉ガード	着脱式でよいが，プレー中は必ず装着のこと
レスリング	全レスラー	口腔内マウスガード	着用が推奨される

表7.4 胸部の防具

スポーツ	ポジション	防具のタイプ	特徴
野球	キャッチャー	胸部防具	特に胸骨部はプラスチックで補強されている
フェンシング	全プレーヤ	金属が織り込まれたベストタイプのジャケット	胸部以外にも主要器官すべてが保護される
フットボール	全プレーヤー	ショルダーパッド	外装はハードタイプ，内装はソフトタイプ
アイスホッケー	全プレーヤー	ショルダーパッド	フットボールよりは軽くて薄い
ラクロス	ゴールキーパー	胸部防具	ハードとソフトの混合タイプ
ソフトボール	キャッチャー	胸部防具	野球の防具と同様

表7.5 下肢の防具

スポーツ	ポジション	防具のタイプ	特徴
野球	キャッチャー	膝，すね，足背部が保護される	バッティングやランニングの際に簡単に着脱可
フィールドホッケー	ゴールキーパー	足背部からそ径部に至る全下肢が保護される	着用義務はない
フットボール	全プレーヤー	ソフトタイプのニーパッド（厚さ約1.3cm）	パンツによってカバーする
フットボール	全プレーヤー	ヒップパッド，テイルパッド，サイパッド	パッド類はユニフォーム内に装着
サッカー	全プレーヤー	すねあて	薄いプラスチックでカバーされている
ソフトボール	キャッチャー	膝，すね，足背部が保護される	野球と同様

事項を考慮すべきであり，また，スポーツやその選手のプレースタイルに合わせて選択されるべきである．防具を製作する際には，無駄な時間やお金，そしてルール違反を犯さないために常にすべての事項についてあらかじめ検討しておく必要がある．

6. スポーツにおける防具使用の法的問題

防具使用の目的はけがの予防であるため，誤った防具の使い方をしたり適切に防具が整備されていなかったことによってけがが発生した場合，それは法的問題になる．そのことを選手や保護者やコーチだけでなく施設関係者や観客に至るまでスポーツに関わる全員が理解しておく必要がある．練習を見学に来ただけの観客が，飛んできたボールやバットやスティックあるいはパックに当たってけがをするとは誰も考えないが，実際にはこうした問題は発生している．

アスレティック・デパートメント（スポーツや体育の管理局）やそのスタッフが関係する訴訟問題のほとんどが不法行為を問われるものである．不法行為に関する訴訟は，通常，選手が自分自身のけがの責任を自分以外の誰かに負わ

表7.6　違反と見なされる可能性のある防具や素材

スポーツ	使用可能な防具や素材の条件	特徴
バスケットボール	肘から先に装着するブレースやギプス そのほかの部位に装着するブレースやギプス	柔軟な素材（金属や石膏でないこと） 装着可だとしてもパッドで覆うこと
フットボール	肘から先に装着する防具（骨折や脱臼部位の保護） ハードタイプのサイパッド（腿あて） 全体がカバーされているニーブレース 金属ほかのハードタイプの素材が使用されている防具	すべての防具が厚さ約1.3cm以上の柔らかいパッドで覆われていること パッドの前後面が柔らかい素材で覆われていること 全体が覆われていれば問題なし ハードタイプの素材が用いられている防具はすべて柔らかい素材でカバーされていること
アイスホッケー	ほかのプレーヤーにとって危険性のない防具であること	危険でない防具
女子ラクロス	すべての付加的な防具	レフェリーの許可を得ること
男子ラクロス	ほかのプレーヤーにとって危険性のない防具であること	大会関係者やレフェリーの判断を得ること
サッカー	ハードタイプまたは危険な防具（ブレースやギプス）を頭部，顔面などに装着すること ニーブレース，ギプス	危険性のある素材でできているすべての防具 金属部分が露出していないこと カバーされており，危険性がないと判断されれば使用可
ソフトボール	石膏やほかのハードタイプの素材 金属露出	危険性のあるすべてのタイプの防具 柔らかい素材やテープで完全にカバーされていること
陸上	ハンマー投げ，円盤投げ，槍投げで手や指にテーピングをすること	手や指の傷の保護のためにテーピングが必要であると認められた場合
レスリング	関節の正常な動きを阻害する防具 ハードタイプの素材 フィットしないパッド	ホールドの妨げにならないこと 柔らかい素材でカバーされていること 相手にホールドされる危険性があること

せようとする際に発生する。不法行為には次にあげる7つがあり、訴訟を起こす側（原告）は、訴訟内容がどの不法行為に相当するのかを説明しなければならない。
①故意に他人に危害を加える
②故意に器物に損害を加える
③過失
④厳格責任
⑤妨害・迷惑行為
⑥有形の個人利益を損ねる
⑦有形の器物利益を損ねる

　スポーツにおける不法行為訴訟では、おそらく原告（受傷した選手）は受傷が過失によるものであると主張するであろう。この場合、原告は、もしも被告と同じような能力のある人物であれば当然取っていたであろう行為を被告が実行しなかったために自分は受傷したのだと主張する。例えば、アスレティック・トレーナーが受傷者のケアを中止する際には、もしも自分と同等の知識と技術を持つアスレティック・トレーナーであれば同様の行動をするであろうと判断してケアを中止するが、その判断が一般的な水準から外れていたとすれば、トレーナーは過失責任を問われることになる。過失の有無は、一般的な水準に照らし合わせてケースごとに法廷にて判断されるが、もしも過失であると判断されれば、責任は次の5つの要因で問われることになる。
①法を知らないこと（法の無知）
②法を守らないこと（法の無視）
③知っていながら行わないこと（不作為）
④告知の欠如
⑤費用

　これらの5つの要因は、過失責任を問うような不法行為を証明する際には、すべて考慮の対象になる。以下に各要因の内容を説明し、後に法的責任すなわち誰に問題の責任があるのかについて解説をする。

1　法を知らないこと（法の無知）

　「知らなかったことを言い訳にはできないのよ」と両親から言われたことがあるだろう。そして、このことはスポーツ界においては完全にあてはまる。例えば、飛び込み競技のコーチが2名の選手の技術を改善させるために、2名同時にトランポリンに乗せて、十分な指導もしないまま練習を行わせたところ、1名がトランポリンから転落して重傷を負ったと仮定しよう。

　1977年にアメリカ小児科学会は体育、レクリエーション、スポーツプログラムにおいてトランポリンの使用を規制する声明を出している。この声明はトランポリンによるけがの発生率が高いというよりは、むしろ重傷度が高いことに注目した結果である。これ以降、様々な団体によってトランポリン使用に関するガイドラインが設けられ、指導者も使用者もこのガイドラインに従ってトランポリンを使用することが義務づけられた。小児科学会によるトランポリン使用規制の声明やその後に制定されたガイドラインは法律ではないが、裁判所はコーチがこれらの内容を知っていることを期待するであろう。したがって、コーチや選手がこれらを知っていなかったからと言って、彼らの責任を軽くすることはない。

　コーチは関係するスポーツで用いられる用具に関する規則や法律を当然知っていることを求められる。自分が関係するスポーツの用具を、それがけがの原因になるかもしれないという目で注意深く観察しなければならない。そして、もしも用具に関する規則がよくわからないのであれば、製造業者や弁護士、コーチやほかの安全管理者にそのことを尋ねるべきである。

2　法を守らないこと（法の無視）

　法について知ることは当然のことであるが、次に、法を守るということについて説明をした

い。残念ながら、「ルールは破られるためにある」といまだに勘違いし、誰かに注意されるまでルールや規則や法を無視する人がいる。学校や指導者は深刻な事故が発生するまでルールや規則を守ろうとしない人物を早期に排除すべきである。ルール無視はどのスポーツでも、そしておそらくどの学校やチームにおいても見受けられる事例であろう。ルールを守ることは、もしも適切な防具を着用していればけがが防げるということを考えればそれほど難しいことではないはずだ。ヘルメットを被らないでオートバイに乗る人は、事故で地面に投げ出されたとしても苦痛を訴える資格がないのと同様に、フットボール選手であるにもかかわらず支給されたサイパッド（大腿部用の保護パッド）を着用しないでプレーすることは、大腿部の打撲によって数週間も競技に参加できなくなっても誰にも文句は言えない。

3 知っていながら行わないこと（不作為）

ルールや規則を知っていながら、意識的にそれらを無視する場合は「不作為」として扱われ、有罪である。ルールや規則（書面やそのほかの方法で示されている）を守る意思がありながら、何らかの理由で実行しなかったような場合に不作為が適用される。飛んできたボールやバットで観客がけがをしたというニュースはよく耳にするが、安全管理者の立場としては観客を近づけすぎたという責任を問われることになる。

例えば、アイスホッケー場ではリンクと観客の間にはしっかりとしたフェンスを設置すべきであると決められており、そのことを知っている管理者がこれを怠ったまま観客をリンク近くに座らせたことでけがが発生すれば、この管理者は責任を問われることになる。もしも、フェンス設置のための予算が否決されていたという事実があり、しかもけがの原因（パックが頭部を直撃した）が観客の不注意であったとしたら状況はかなり複雑なことになる。不作為は様々な形で発生するが、基本的には適切な行為がなされなかったということに尽きる。不作為は安全を提供したり事故を防げなかったことが問題であり、法を守る意思のない法の無視とは異なる。

4 告知の欠如

関係者が安全に配慮するしないにかかわらず、スポーツには特有の危険性がある。俳優のクリストファー・リーヴは騎手の役を完璧に演じたが、彼が行ったすべてのトレーニングや身につけた技術によっても、馬から投げ出された際に発生する四肢麻痺のような脊髄損傷を予防することはできなかったであろう。事故は起こる可能性があるから起こるのであり、コーチ、トレーナー、そのほかすべての関係者は起こる可能性のあるすべての危険性について選手にあらかじめ告知しなくてはならない。そのためには、危険性に関する情報について単に印刷物を掲示するだけでなく、口頭でも伝え、すべての関係者がこのことを理解しておく必要がある（図7.18）。

図7.18
スポーツへの参加によってけがを負う危険性があることや、もしも誰かがけがをしたら訴訟の対象になり得ることをコーチは選手に対して説明する必要がある。

不注意による事故のケースが広く知れ渡るようになったのは1982年にシアトルで起こったいわゆるトンプソン事件からである（Appemzeller 1985）。フットボール選手であったトンプソンはタックルの際に頭を下げすぎたために脊椎を骨折した。彼は，フットボールの危険性についてあらかじめ何も情報が与えられなかったとしてコーチと学校を訴え，その結果630万ドル（約6億円）の賠償金を得た。

この事故が起こる1980年代前半以前では，スポーツ参加による危険性をあらかじめ選手に伝えることはなされていなかった。しかし，今日ではコーチがフットボールに参加することに伴う危険性を説明するだけでなく，選手自身もヘルメットの内側に警告のシールを貼って常にこれを読むようにしており，そのことで選手はフットボールに参加することで重大なけがを負う危険性があることを知らされ，それらを理解した上で参加同意書に署名することを求められている。

5 費用

費用はほかの問題と比較して，スポーツにおける責任問題に関連づけやすくはない。例えば，あなたがスカイダイビングを習いたいとするしよう。あなたはお金を持っていない大学生で，いつも腹ぺこである。あなたは節約に節約を重ね，ついにレッスンを受けられるだけのお金を手に入れたが，何度も迪ってパラシュートをレンタルする金銭的な余裕はない。そこに，もしも基準を満たしていないようなパラシュートの広告を見たとしたら，そのような「エサ」にあなたは飛びつくだろうか？

チームの予算は古びた用具の修理に使われることがしばしばある。前述の通り，修理が必要な用具は専門の会社に修理させ，安全基準を満たすように管理しなければならないので，新しい用具を購入する予算がないとしても，安全基準を満たすための修理をする費用は確保すべきである。

費用の問題は不作為の問題へと繋がっている。すなわち，予算削減を理由に用具や施設に必要不可欠な修理を施すための費用を支出しなかったことは，費用の問題でもあると同時に必要と知っていたにもかかわらずそれを行わなかったという不作為にもあてはまる行為となる。1つの命を失うこと，1件の重篤な事故を起こすことは，予防のためにかかる費用に比べればはるかに高いものになるであろう。

7. 過失責任

健康で運動のできる子どもが朝登校するため家を出たとしたら，親は彼らが夕方には健康で幸せな状態で家に帰って来ると思うのは自然なことであろう。もしも子どもが重篤なけがを負ったとしたら，その後の若い両親の人生は変わり，同じような境遇の人たちとコミュニティーを形成することになるかもしれない。家族や受傷した本人にとって，スポーツから得られる本来の結果とは明らかに異なる結果を受け入れることはかなり困難なことであろう。受傷した選手や家族が苦しみのあまりに，その事故に関わった他人を非難するようになることもある。

このような場合，非難の対象あるいは被告人となる可能性があるのはそのスポーツを管理している側であるが，アスレティック・トレーナー，用具管理者，コーチそしてチームメイトさえも対象となる可能性がある。

8. 責任の程度

裁判では，受傷した本人がけがを招いた行為

においてどの程度責任を負うべきかを決めることに時間が費やされる。スポーツ参加に際しては，受傷リスクに関する知識を選手が持っている場合がほとんどである。この場合，知識とは「リスクを想定する」ことであり，すべての選手には自分の安全を自分自身で守るという責務がある。しかし，通常とは異なる場合，つまり，選手が競技参加にあたっての危険性についてあらかじめ知らされていなかったような場合は，選手はリスクを想定することができない。一方で，選手が危険についての知識を持っていないばかりか危険を見つけ出す努力もしていない場合，それは「過失相殺」として扱われるかもしれない。

1979年の事例（ミラード校とブラバチェクの事例）では，原告（ブラバチェック）は息子のデービッドを体育の授業中の事故で亡くした後，学校を被告人として訴訟を起こした。デービッドは高校一年生で，友人が振ったゴルフクラブが頭に直撃したことで命を失った。その日は天候が悪かったため，体育の授業は体育館で行われていた。この授業には58名の生徒がおり，2名の教師が指導していた。デービッドは初日に欠席したため室内での安全講習の授業を受けないまま，翌日には登校して体育授業に参加していた。予審法廷では学校側の過失を認め，原告勝訴の判決を下した。教育委員会はこれを不服として上訴し，今回の不運な事故に関してはデービッドと彼の頭部を打撃した同級生にもいくらかの責務があると主張した。このことは教員の過失の程度を軽減させ，けがの予防に関する責務のいくらかを受傷した本人が負うようにさせるものである（過失相殺）。

過失相殺の考え方は受傷選手がケガから回復しようとする意思を挫いてしまう可能性がある。なぜならば，この考えによれば受傷者自身がけがに対してある程度の責任を負うことになるからである。責任の程度と，何が適切な行為であったのかは裁判で決定されるが，そのためには受傷者自身の過失の量や，年齢，運動能力，トレーニングレベルなどが判断の参考とされる。ミラード校とブラバチェックの例では，最高裁判所は予備法廷の決定を支持し，14歳という年齢では，その場面における危険を予測して準備するには若すぎるとし，地方裁判所予備法廷で論点となったデービッドの過失相殺による責任について学校側の主張を棄却した。

アメリカのいくつかの州では過失のレベルが規定されており，仲裁裁判においてその割合が計算されている。この責任の割り当ては「相対的な」過失として反映され，原告と被告の両者が部分的に責務を負うことになる。したがって，ある州では過失相殺割り当てによって責任を問われるケースも，別の州であれば責任を問われないこともある。

受傷者やその家族は用具管理人を訴えるかもしれないし，メディカルスタッフやコーチたちの責任を追及してくるかもしれない。また，このような場合は，通常，彼らを雇用している雇用主も訴訟の対象となる。訴訟の中で2人もしくはそれ以上の人が被告として指名されるのは，「十分な賠償金が獲得できること」と「被告人優位」の原則という2つの理由からである。

十分な賠償金を獲得するという考えは，重篤なけがからの回復に多額のお金が必要な場合，もしも被告が1人であるために十分な賠償金が得られなければ何のために訴訟を起こしたのかわからなくなるという原告の論理である。したがって，多額の賠償金を獲得するためにより多くの関係者や学校そのものが被告として裁判にかけられることになる。

被告人優位の原則もまた原告側に多くの被告を選ばせる理由になっている。通常，雇用主の管理下で発生する被雇用者による行為の責任は雇用主が負うように契約されるが，雇用主が訴えられる際には被雇用者も同時に訴えられる。過失を問われて訴えられている被雇用者は通常は精神的にも経済的にも追いつめられる。もし

も被雇用者（被告人）の過失が決定したならば，被告人の能力が問われることになる。すなわち，雇用主は被告人を解雇し，ほかの似かよった職場でも彼を雇うようなことはしないであろう。また，裁判費用や支払いを命じられた賠償金のすべてを保険でカバーできなければ，自分自身のポケットマネーでこれを賄わねばならず，それによる経済的な負債（借金や将来的に得られる収入）は自己破産を申請したとしても減額されない。一言で言えば，過失責任を負うことは個人にとって破滅的なことなので，最大限の注意を払ってこれを避けるべきである。

すでに述べたように，コーチ，アスレティック・トレーナー，そして用具管理者はアスリートの近くにいるので，彼らがなす行為やなすべき行為をなさないことは，アスリートのけがに直接影響を及ぼす。また，彼らのような職種の人材を雇用する側にも，彼らがなす行為に対して責任が発生する。裁判所は，雇用主が被雇用者を監督することを求めているし，アスレティック・ディレクター（アスレティック部門の管理責任者）はコーチ，アスレティック・トレーナー，そして用具管理者の行為を監督することを求めている。例として，ニューヨークの高校で起きたフットボール選手の事故死（心臓マヒ）を説明しよう。この地区では，練習に参加する前に健康診断を受けさせることを義務づけていたが，問題の高校やほかの高校がこの義務を怠っていた。この結果，この地区を担当するディレクターは，彼がなすべき仕事すなわち，この地区の高校生に必ず参加前健康診断を受けさせるという仕事を完遂しなかったという理由によって解雇された。雇用主側は，アスリートの健康と福祉に関わるコーチやボランティアやすべての関係者を雇用する際には，十分に注意をして彼らと面談し，雇用後は管理監督をしなければならない。もしも被雇用者が過失を犯していることに気づいているにもかかわらず適切な対応をとっていなかったとしたら，生じた問題に対して雇用主側は代位責任を問われることとなる。

9. 製品および製造業者の責任

もしも意図的に不良品を製作したことが発覚したとしたら，その製品は法的な責任を負うことになる。ここでいう製品とはフットボールのヘルメットやすねあてのような防具だけでなく，飛び込み台やプール，フィールド面の素材なども含まれる。もしそれらの製品に欠陥（利用目的に対して適切に機能しない）があった場合，製造業者もしくはそれを販売した業者が法的な責任を負うことになる。

1 施設やプレーするサーフェスの問題

オレゴン州立大学では，野球選手であったハルブルックの死亡事故は野球場の人工芝の不備に原因があったと判断された。この件において，裁判所は人工芝製造業者，施工業者，人工芝の基礎製造業とその施工業者，そして大学にそれぞれ人工芝の欠陥に対する責任があるとし，250万ドル（約2億5千万円）の賠償金を支払う命令を下した。製造業者はそのデザインに対して責任を負い，人工芝の使用を勧めた会社や最終的にそれを購入した大学も責任を負った。製造業者は消費者がその製品を使用するにあたり適切な方法で使用しているかを確認し，もしその製品が危険な状況で使用されるような事態が起こったとしたら，その問題点に対して警告する義務がある。このようなケースは，原告側がそれぞれの訴訟対象者の責任を明らかにすることがいかに困難であるかを示すものである。

2 スポーツ用具

すでに述べたように，製品はデザインされた

通りの目的をかなえ，安全であることが期待されている。残念ながら，過去20年間にアメリカンフットボールに関わる莫大な金銭的補償を伴う訴訟が数多く起こっている。製造業者と選手の間で起こる訴訟は，防具のデザインの不適切さや製品自体が不良品であったのではないかということが論点となる。このようなタイプの訴訟の1つとして，中学生フットボール選手であったオーストリアとBike Athletic社の例をあげてみよう。練習中にほかの選手の膝がオーストリアのヘルメットの正面に当たった。彼は最初ボーっとした感じがあったが大丈夫そうであった。その2週間後，オーストリアはひどい頭痛を訴えてグラウンドに倒れ込んでしまった。彼は精密検査を受け，その後硬膜下血腫に対する手術を受けた。彼の命は救われたものの，永続的な障害が残ってしまった。

　裁判所は，ヘルメットへの衝撃のほかに硬膜下血腫の理由がないと考え，ヘルメットの欠陥がこの問題の原因であると結論づけた。このようなケースは1980年代の前半に頻繁に起こり，様々なヘルメット製造業者に対して起こされた訴訟によって合計2000万ドル（約20億円）以上の補償金が支払われている。このような一連の訴訟によって，ヘルメット製造会社が保険会社に支払う保険料は年間平均250万ドル（約2億5千万円）となった（Appenseller社の1985年調べ）。保険金の増大はヘルメットの小売価格に反映され，1980年代ではヘルメット1個あたり40ドルであったものが，現在では100ドル以上に跳ね上がっている。製造業者に対する法的な行動が最終的には消費者に影響を及ぼしているという事実は残念なことであるが，一般的にはこれもスポーツの必要経費の一部であると理解され，受け入れられている。

3 使用者による不適切な管理や改造

　アスリートが防具をより軽く，小さく，着やすくしようと改造することは頻繁に起こる。もしも防具や用具に手を加えることで問題が起こったとしても，製造業者には法的責任がないことを知っておくべきである。ボノコンティとCitadel社の裁判では，フットボールの試合中に脊髄損傷を負った事故に対してアスレティック・トレーナーが法的責任を負うことになった。そのトレーナーは選手の頚部バーナー症候群が起こるのを防ぐために，頚部の過伸展が起こらないよう，その選手のヘルメットに手を加えていた。改造はストラップ，ショルダーパッドからヘルメットのフェイスマスクへの取り付け部分に渡っており，頚部に伸展・過伸展が起こらないようきつく締め付けていた。原告はそのストラップが選手の頚部を屈曲した位置にしたことが事故の実質的な原因であるとし，アスレティック・トレーナーに法的責任があるとした。ヘルメットの頭頂から衝撃を受けた際に頚部が屈曲位にあると，頚椎の椎体に損傷が発生する可能性は高い。結果として，ヘルメット製造業者は責任を問われなかったが，手を加えたアスレティック・トレーナーとその雇用主が責任をとることになった。

4 製造業者の責任

　改造されておらず，しかも定期的に検査と修理を受けている防具や用具だけが業者の責任を負う対象となる。Rawlings Sporting Goods社とダニエルズとの裁判において，被告のRawlings社はけがを負った原告（ダニエルズ）が欠陥のあるヘルメットを着用していたことから，その点検と修理を怠っていた学校側に責任があるとして，法廷で争った。被告側は学校がすべてのヘルメットの修理に対して義務を怠っていたことを提示し，それぞれのヘルメットの修理記録を適切に保管していなかったことも指摘した。しかし残念なことに，Rawlings社のヘルメットには「フットボール選手はヘルメッ

トを着用していても受傷の可能性がある」という警告ラベルが貼付されていなかった。この裁判では，裁判所は学校側に責任はなく，被告人の製造業社としての問題に取り組む姿勢に重大な過失があるとしてRawlings社に有罪判決を下した。

10. 訴訟問題から身を守る

　訴訟の災難から身を守る最善の策は，けがを予防することである。しかしながら，事実上けがを完全に避けることは不可能である。したがって，金銭的負担となる弁護士料や裁判費用から身を守るための努力として，職業上スポーツに関わりのあるすべての人は損害賠償保険に加入すべきである。すなわち，雇用されている場合は，雇用主と折半して損害賠償保険に加入すべきであるし，個人事業者の場合では全額を自分自身で負担すべきである。

Q&A

Q1 アスリートに対してスプリント（副木）を製作するにあたって考慮すべき8つの要素について定義し，どのような時にそれらの要素を特に考慮に入れる必要があるかを説明しなさい。

A1
①密度
体積あたりの重さ，質量。スプリントで固定する際には適切な大きさが必要となるが，材料の密度は全体の重さに影響を及ぼす。したがって密度は大きなスプリントを着用する必要がある場合やそれをできるだけ軽くしたい時に重要となる。

②強度
素材が外力に対しどの程度耐えられるか。この要素は強い衝撃や衝突を伴うスポーツに対してスプリントを用いる際に重要となる。素材の強度はシンクロナイズドスイミングの選手やダイバー（飛び込み）にとってはそれほど重要ではないだろう。

③硬度
素材の弾性率を計測したものの特徴。弾性というと跳ね返りや反動を想像するかもしれないが，ここで言う弾性の意味は，変形に対する抵抗力を指す。弾性率が高いほど材料を変形（曲げる）させにくくなる。例えば，骨折を保護するためのブレースを製作しようとする際にこの要素は大変重要となる。もしも硬度の低い素材を用いたとすると，ブレースは曲がって変形し，折れている骨を完全に固定することはできないであろう。

④快適さ
素材がどの程度様々に成形可能かどうか。スプリントを製作する素材の中には，熱を加えると成形しやすいが，一度冷却すると自由には扱えなくなるようなものもある。そのほかにも泡のような素材で，ごく薄い状態では容易に成形できるが，厚みを増すと扱いづらくなるようなものもある。一般的に身体に用いるような素材は成形しやすいものである。

⑤密着性
素材同士がくっつく能力。この特性は身体にパッドやスプリントを装着しようとする時に便利なものであるが、不便な点は通常これらの素材は再利用することができないことである。ベルクロ（マジックテープ）は再利用可能なものである。

⑥耐久性
くり返しの使用に持ちこたえられる能力。身体活動とともに機能するということは「くり返し使われる」ということであり、あまり動かない人にとっての耐久性とは異なる。アスリートのためのスプリントを作る際、耐久性は常に重要な事項となる。

⑦製作のしやすさ
ある道具を製作するための素材が特別な訓練を積んでいない人にとっても簡単に扱えるかどうか。スプリントを製作するためには一定以上の知識や訓練を必要とするものもあるが、それは作るスプリントが難しいというよりはむしろ素材が扱いやすいかどうかにかかっている。適合性の良い素材は基本的に製作しやすい素材と言える。このことは1つのスプリントを複数のアスリートで使おうとする場合重要となる。

⑧入手のしやすさとコスト
この2つはスポーツにおいて最も障害となる項目である。素材が安価で大量に生産されていればこのことは重要ではないが、雑誌広告や営業マンが提示する多くのアイテムは素晴らしく有用で目的に見合って製作されているものの、高価であることがわかる。

Q2 成形する過程において熱を必要とする様々な素材について説明しなさい。

A2 素材はそれを有用な形に成形するのに必要な熱によって分類される。すなわち、高温、中温、低温、そして温熱を必要としない4つの素材に分けられる。スポーツで使用される素材の多くは高温および中温で成形されるので、これらはスポーツの現場よりもむしろ工場において製品化される。中温で加工できる素材の中には、産業用のヒートガンを使って成形するものもある。低温加工できる素材はオーブンで温めたりお湯につけたりすることで柔らかくなり、冷やすと固まる。これら扱いやすい素材の大半には、加工に最適な温度について詳細な説明書が添付されている。焼石膏やファイバーグラスなどと巻いたり重ねたりして使う素材は、素材自体が発熱して加工しやすくなるので、加温の必要はない。

Q3 スポーツ用の防具や用具に関する安全基準を定めている任意の団体が果たす役目を説明し、それが防具や用具にどのような影響を及ぼしているのかを述べなさい。

A3 多くの団体がスポーツ用の防具や用具の製品に関して一貫性のある安全基準を定めている。団体がそれらの基準を定めることで、製造者は自発的に基準を満たすような製品を作り出す努力をするよう求められることになる。もしも製品がある団体の安全基準を満たしていなかったとしたら、その製品はその団体の認定証を製品に貼ることはできない。このように、信頼できる安全基準がスポーツやレクリエーション製品においては制定されてきており、基準を満たしていない防具や用具は使用することが許されない。様々な団体の認定証を得るためには、規定に沿った大きさや形や質の製品を作らなければならない。

Q4 頭部防具にNOCSAEの安全基準認定証を貼ることの重要性と，それがヘルメット着用者をどのように守っているのかについて説明しなさい。

A4 NOCSAEは多くの種類の防具の安全基準を定めており，ヘルメットについてはNOCSAE基準をクリアした用具にはラベルを貼ることを義務づけている。さらに，ヘルメットの点検に基づく防具の修理についても基準を定めている。使用中のヘルメットがNOCSAEの示している更新手続きをクリアすると，今度は修理済のヘルメットの基準を満たしたこととなる。

Q5 改造した防具を使用したことが原因でけがが発生した場合，法的責任はどのように問われるのかを説明しなさい。

A5 もしも改造した防具がけがの原因であると特定された場合，防具に改造を加えた人物が法的な責任を負うことになる。このようなけがに対する責任を製造業者がとらされることはなく，安全基準を満たした製品のデザインや構造を変化させるような改造をした人物が責任を問われるのである。責任を問われる際に検証される5つの項目が①法の無知，②法の無視，③不作為，④告知の欠如，および⑤費用である。

質問について考え，調べ，議論してまとめなさい。

① 腸骨稜，特に上前腸骨棘の打撲をくり返しているバスケットボール選手に，保護パッドを製作してテープで固定しようとあなたは考えている。用いる素材を3種類あげ，それぞれの良い点と悪い点を述べなさい。インターネットで調べたり，アスレティック・トレーナーに尋ねたりして異なる種類の素材をあげなさい。

② あなたは20名の選手が在籍する地域のサッカーチームから，防具製作のための素材選びを相談された。チームでは，昨年に下腿の打撲，大腿四頭筋の打撲，そして上肢の打撲によって競技に参加できなかった選手が出たことに対処したいと考えている。素材購入の予算として5万円が用意されている。あなたはこの条件の中でどのような素材をどのくらい選ぶか理由を添えて明確に説明しなさい。

③ あなたは次の学期の前までにすべての野球とソフトボールの打者用ヘルメットとフットボールのヘルメットを評価する任務を与えられた。この任務を遂行するにあたってあなたが考えた計画について理由を添えて明確に説明しなさい。

④ アスレティック・ディレクター（管理者）が質問3に対するあなたの提案書を読んだ後に彼のオフィスにあなたを呼んだ。彼はあなたにNOCSAEの重要性となぜこれがヘルメットの評価に重要なのかを尋ねた。それに答えなさい。

⑤ あなたは選手がけがの危険と隣り合わせている状況であると感じられるような場面を目撃した。しかしながら，その状況はあなたの力では変えることができない。あなたはアスレティック・ディレクターとその状況について議論し，そのことについてどうすべきであると考えているかを告げようと決意した。この議論の中でどのような法的関連事項が考えられるか。もしアスレティック・ディレクターがあなたに「知らないふりで無視すればよい」と言った場合，どのような法的問題点がとりざたされることになるか。その問題に対して「無視」するよう指示を受けたあなたはどのように反論すべきか。

【引用文献】
Appenzeller, H. 1985. *Sports and Law : Contemporary issues*. Charlottesville, VA : Michie.
Austria v. Bike Athletic Co. 810 P.2d 1312 (1991).
Brahatcek v. *Millard School District*. 273 N.W. 2d 680, 202Ned. 86 (1979).
International Organization for Standardization. 1999. www.iso.org/iso/en/ISOOnline.frontpage (accessed September 15, 2004).
Rawlings Sporting Goods Co., Inc. v. Daniels. 619 S.W. 2d 435 (Tex. Civ. App. 1981).

【参考文献】
Appenzeller, H. 1980. *Sport and the court*. Charlottesville, VA : Michie.
Champion, W.T. 1990. *Fundamentals of sports law*. Rochester, NY : Clark Boardman Callaghan.
Garner, B.A., ed., H.C. Black, and H.L. Black. 1999. *Black's law dictionary*, 7th ed. Eagan, MN : West Group.
Jones, M.E. 1998. *Sports law*. Upper Saddle River, NJ : Prentice Hall Business.
Wade, S.C. 1988. *Sports law for educational institutions*. New York : Quorum Books.

8章

緊急対応と医学的管理

● 本章の目的 ●

本章を読むことで，
1. スポーツ現場で起こる様々な外傷・障害や疾病に対する適切な応急処置の手順がわかるようになる。
2. 応急処置の「ABC」を説明できるようになる。
3. スポーツチームへの緊急対応の主要な特徴を確認できるようになる。
4. 様々なレベルや状況下におけるケアへの同意を得る方法を説明できるようになる。
5. 緊急対応システムの構成員を特定し，傷病者救護の中での役割を確認できるようになる。
6. スポーツ傷害の普遍的な予防策の重要性を議論できるようになる。

大学3年生の学生トレーナーであるキャシーはバレーボールの試合に向かうために，チーム所有のワゴンに乗っていた。キャシーと6人の選手，そして1人のアシスタントコーチが，高速道路を移動している時，1人の男性が路上にうつ伏せに倒れているところに遭遇した。ワゴンを運転していたアシスタントコーチのナンシーは車を止め，男性に近づき様子を窺った後，すぐさまキャシーの助けを求めにワゴンに戻って来た。同乗していた6人の選手とナンシーは，キャシーが医学的知識を持っていることを知っていたため，適切に対処してくれると思った。
　「すいません，大丈夫ですか？」キャシーは男性に触れることなく，呼びかけてみた。
　キャシーは男性がすでに大腿部中央から多量の出血をしているのが見え，さらに耳下の小さな傷口からも少量の出血が続いていることを確認した。その男性は目を開けることはできたが，「助けてください」と呟くのが精一杯のようだった。
　「わかりました。今すぐ助けますから，力を抜いて，できるだけ話し続けていてください。」と，キャシーは落ち着いた口調で話しかけた。
　キャシーはナンシーに現場周辺の民家に駆け込み，事故を知らせることを頼み，「911番（日本では119番）に電話して，私たちの現在地と60歳代の男性が大腿部から多量に出血し，頭部への負傷も考えられるからすぐに来て，と伝えて！」と指示した。
　ナンシーは民家の方向へと，助けを求め，電話を探しに走った。
　キャシーは再び注意を男性のほうへ向けるとすぐに，大腿部からの出血を止めるために何かをしなければならないことに気がついた。
　「キャロル！ワゴンのトランクから私のトレーナーキットを持ってきて。それと，ジェニーは救急箱の中にゴム手袋があるか見て，もしあったら持ってきて」と頼んだ。キャシーは落ち着いて，しっかりと状況に対処していた。
　キャロルはトレーナーキットをキャシーの元へと運んできたが，ジェニーは手ぶらで戻ってきた。キャシーはトレーナーキットを開け，ラテックスグラブ，滅菌ガーゼ，はさみ，聴診器と血圧計を取り出した。
　「ジェニー，このグラブをつけて，ガーゼを耳下の傷口に当てて。そして，キャロル，救急法の授業をとったばかりだけど，血圧のとり方を覚えている？」，キャシーはグラブをつけ，出血の原因を見るために男性のズボンを切りながら，キャロルに聞いた。キャシーの予期したとおり，その男性は大腿骨の開放性の複雑骨折を負っていた。彼女はすぐさま，出血を遅らせるために滅菌ガーゼの束をその傷口に当てた。

キャロルは以前に聴診器を使ったことがあり，キャシーから言われる前に血圧計を男性の腕に巻いていた。「血圧は上が100で，下が60」キャロルは自信なさげに言った。
　「男性に話し続けて，キャロル。意識を失わないようにしないと」と，キャシーはキャロルに指示した。
　「血液を多量に失ったから，血圧が下がっているのよ」
　ナンシーが戻って来て，救急車と警察が出動して，現場に向かっていることをキャシーとキャロルに知らせた。
　「男性の奥さんは家の中にいるのだけど，車椅子を使っているの。彼女は，男性が郵便受けから戻ってくる時に，車にひかれたのを目撃していて，すでに警察に連絡していたの」
　キャシーのグラブとガーゼは血で飽和しつつあった。彼女は直感的にもう一方の手で，下肢への主要な血管が通っている男性のそ径部に圧迫をかけ始めた。
　「なんてこと！この酷い骨折も無理はないわ！」キャシーは呟いた。
　ちょうどその時，サイレンの音が近づいてきた。その数秒後，救急隊員はキャシーの元へと到着した。
　「現状は？」
　キャシーは素早く状況を要約して説明した。「血圧は上が100，下が60。大腿部の開放骨折のために多量の出血があるけど，大腿動脈の圧迫でコントロールしています。なぜ耳の下の出血があるかはわかりません。会話はできますが，注意力は下がってきています」
　「よくここまでしてくれました。ここからは私たちが彼を引き受けます」と1人の救急隊員が言う一方，そのほかの2人の救急隊は固定具と医療器具を準備するのに慌しくしていた。
　男性がすでに信頼できる救急隊の手にゆだねられていると安心して，キャシーはグラブをはずし，そのほかの道具を片付け始めた。彼女は自分の胸の鼓動がまだ激しいことを感じ，頭の中がいろいろなことでいっぱいなことに気がついた。
　「コーチ，家の中にいる奥さんに，男性が大丈夫そうだということを伝えに行っていいですか？」みんながワゴンに戻りつつある時，キャシーが聞いた。
　「もちろん。奥さんもきっと状態を知って喜ぶはずよ。彼女はひどく心配していたから。私も一緒に行くわ」とナンシーは答えた。

8章

今までに応急処置（First Aid）の授業をとったことがあるだろうか？もしそうだとしたら，なぜその習得した応急処置を行わなければならないか理解しているか？または単にその応急処置を覚えているか？もしも，その方法しか覚えていなかったとしても悪くはない。スポーツ外傷のマネジメントスキルの学習の第一歩は，何をどう行うかを知ることだからである。もしも応急処置の授業をとっていなかったとしたら，この章でそれらの「なぜ」というところを学ぶことになる。アスレティック・トレーニングやコーチングの学習は，ほかの人が何かを行うところを観察するところから始まる。そして，いつの間にか私たちはそれらを引き継いでいき，ドリルや練習，またはコンディショニングを指導することができるようになる。しかし，観察してきたことを正しく忠実に行うことを意識しすぎるあまり，なぜ今その特定の方法で行っているのかを理解しないままにしていることがある。それらのスキルや技術に慣れていくにつれ，私たちは一歩引いて考え，自問自答すべきである。なぜこのような特定のスキルや技術が選ばれたのか，そのほかに使用できるスキルや技術はないのか，最も重要なこととしてそれらが機能しているのかどうか，そしてなぜ機能しているのかについて考えてみることが重要である。

スポーツ外傷のマネジメントにおける「なぜ」「何を」「どのように」そして「いつ」を理解することは究極の目標であり，この理解力こそが，私たちが単なる物まねロボットではなく思考できる人間であることを意味づけている。もしもあなたがすでに過去に履修した応急処置の授業によっていくつかのスキルを知っていたとしたら，この章は，その知識を応用する手助けをすることになる。もしもまだ応急処置の授業を履修していなかったとしたら，この章を読むことによって，スポーツ現場で使われている応急処置に触れることができる。

1. 応急処置，緊急対応，心肺蘇生

心肺蘇生（Cardiopulmonary Resuscitation；CPR）を必要としている人に対する必要な処置は何か？と聞かれたら，その答えは「ABC」である。ABCとは記憶を助ける語呂合わせで，それぞれ以下ような意味である。

- A = Airway（気道確保）
  患者の気道は確保され，呼吸が可能かを確認する。
- B = Breathing（呼吸）
  呼吸があるかを確認するとともに，気道が閉塞されているような音がしたり，または雑音が聞こえたりはしないかを確認する。
- C = Circulation（循環）
  心臓が拍動していて，身体に血液を循環させているかを確認する。

もちろん，心肺蘇生が開始される前に，ほぼ無意識のうちに上記以外の多くの質問がなされる。人が倒れる場面に居合わせなかった場合には，まずは状況の確認から始める。もしも，ガソリンが路上に流れ出している自動車事故の現場に遭遇したら，被害者の状態を評価するには危険であるため，まずは被害者をほかの場所に移動することが重要と判断するかもしれない。または，ゲームの中で選手が倒れるのを目撃した場合，無意識のうちに現場が安全であると判断し，次の段階の質問「何が起こったのか？」ということを自問しているかもしれない。これらの思考ステップはすべて，傷病者の処置において重要なものである。

アメリカ赤十字社（American Red Cross）とアメリカ心臓協会（American Heart Association）という2つの大きな団体が心肺蘇生について指導し，資格を発行している。両者の違いはきわめて小さなものであり，重要なことはまず訓練を受けることと，その後も定期的に再訓

練を受け続けるということである（図8.1）。しばしば，心肺蘇生は一度学習すればいつでも心肺蘇生を実行できると思われがちだが，しかし実際は，新しいスキルを学ぶ時には目前の課題に集中しているので，その手順を頭の中で何度もくり返すことでのみ手順が確実なものとなる。実際の緊急事態では，私たちは考えている時間はなく，迅速にそして自動的に反応しなくてはならない。

まだ心肺蘇生の授業を履修したことがなかったとしたら，早速，履修届を出すべきである。授業以外でも各種団体が講習会を主催しており，団体名などにかかわらず講習会に参加することが大切である。

緊急事態では一次評価と二次評価が必要となる。アスレティック・トレーナーは練習や試合に帯同するが，残念ながらフィールドやコートで起こっていることすべてを目撃することはできない。外傷発生機序のすべてが目撃されていないかぎり，医療従事者は一次評価（Primary Survey）と二次評価（Secondary Survey）を行うべきである。一次評価，すなわちABCの確認は傷病者評価の第一歩である。もちろん，傷病者の意識がしっかりとしていて会話ができるとしたら心肺蘇生を行う必要はないが，それでも心拍数と呼吸数を確認することは重要である。ひとたびABCが確認されたら，脊柱と四肢の評価，すなわち二次評価を開始する。

1 出血のコントロール

コントロールできない出血は大問題である。とはいえ，少量の出血に対しても，救護者は警戒感を持たなければならない。すべての傷病者の血液には感染源の可能性があるとの認識を持ち，普遍的予防策をとるべきである。この章の冒頭のシナリオのように，アクシデントによっては傷病者は大量に出血し，緊急の手当てを必要とする場合がある。

しかし，止血は決して最優先事項ではないことを覚えておかなければならない。最優先事項は，傷病者が呼吸を維持し続けることである。ひとたび気道が確保され，自発的呼吸または補助を必要としつつも呼吸が確立された後，出血に対応することになる。止血には以下に示すような4つの方法があり，最初の3つが最も実用的で，最後の1つは状況がそれを必要とし，救護者が必要な器具を持ち，訓練を受けていた場合に限って用いられる。

❖ 直接圧迫

滅菌ガーゼやバンデージまたは布を使用して直接的な圧迫を加えることによって，自然な凝固作用が起こる程度まで血流を下げることができる（図8.2）。出血をしている傷病者に遭遇した時にまず考えなければいけないことは，感染を予防することである。傷口への安全性という

図8.1
心肺蘇生の訓練を受けることとともに，定期的に再訓練を受けることが重要である。

アメリカ赤十字社とアメリカ心臓協会という2つの大きな団体が心肺蘇生について指導し，資格を発行している。それぞれのホームページは，www.redcross.org と www.americanheart.org である。（訳注：日本では日本赤十字社などの団体がある。）

だけでなく救護者の安全性という観点からもこれは重要なことである。

　出血者の対処をしている救護者は，普遍的な予防策をとらなければならない。ラテックスグラブを使用することで，血液を介した感染が傷病者と救護者との双方向で発生するのを防止できる。もちろん，ラテックスグラブがすぐに入手できない状況でも，止血は即座に開始することはできる。もし傷病者の意識があり患部への圧迫が加えられるのであれば，傷病者に清潔な布，理想的には滅菌ガーゼを渡して傷病者自らに圧迫をさせつつ，その間に救護者はラテックスグラブを入手して着用する（図8.3）。ただし，傷病者が重傷のために自ら圧迫を加えることができない場合がある。このような状況でラテックスグラブが手に入らない場合には，血液が浸透してくることがないよう十分な量の布を使用して圧迫する必要がある。

❖ 固定

　骨折では骨折端が周辺の組織を傷つけて出血を起こしているという事実が，止血のために固定を行う論理的根拠である。骨折端が自由に動き続ける限り，骨折端は血管を傷つけ続け，形成されつつある凝血反応を遅延させる。骨折部位を固定するだけでも，患部の出血を止めるのに十分なこともある。この章の冒頭のシナリオに登場してきたような大腿部の解放骨折のケースを考えてみよう。開放骨折ということから，骨折端が皮膚を突き破っていることがわかる。この時，下肢を発見した際の肢位のままで保持し，ボードのような固い物を用いて患部を固定する。もしも可能であれば，傷口は滅菌ガーゼ，なければ清潔な布で覆い，弾性包帯によって固定する。

　滅菌ガーゼは交通事故の現場など多くの場合手には入らない。多量の出血は即座に止血しなければ死に至る危険性がある。滅菌ガーゼではなく，その代わりに清潔な布を使用したからといって死んでしまうという可能性は限りなく低いものであるが，かといって傷口に当てられる布は，バクテリア，土汚れ，油，そのほかの土壌物質のついてないことが望ましい。

❖ 主要な動脈への圧迫

　冒頭の道路上に倒れていた男性のケースにおいては，下肢に血液を供給している主要な動脈が大腿動脈であり，これは太ももの内側にあることが頭に浮かばなければならない。動脈への圧迫は，圧迫部位より遠位への血流を抑えるこ

図8.2
出血をコントロールするために，傷口に対して圧迫を加える。

図8.3
意識がある場合にはアスレティック・トレーナーがグラブを装着している間に，受傷したアスリートに自ら圧迫を行わせることができる。

とになる．直接的な圧迫や固定が効果的でないか，もしくは困難な場合に，この動脈を圧迫するテクニックを使用する．冒頭のシナリオのケースでは，固定を行った後に大腿動脈への圧迫を行うこともできた．

❖ 止血帯

止血帯の使用は出血を止める上での最終手段であり，訓練を受けた救急隊でなければその使用を避けるべき方法である．出血が多量で，直接的な圧迫によっても止血ができない場合を除いては止血帯を使用すべきではない．直接圧迫による止血活動は積極的に継続する必要がある．ひとたび止血帯を使用した時には，医師以外が止血帯を緩めたり外したりしてはならない．傷病者の生命を救うために，四肢の1つを犠牲にすることが決定された場合にのみ止血帯を使用する．

2 明らかな整形外科的変形

明らかな出血の有無を確認することに加え，内出血を生じさせている骨折や組織の損傷の有無も確認する必要がある．意識がはっきりしている場合は，これから骨折の有無を確認することを伝えるべきである．四肢の両側，股関節，骨盤の形状を確認しながら傷病者に話しかける．「触れられているのを感じますか？」「触れられているところが痛くはないですか？」とか「つま先や指先を動かすことができますか？」などの質問を続ける．このような質問によって，受傷部位だけでなく，意識レベルに関する情報も得られる．アスリートが問題を抱えていることは明らかなものの，問題の性質を正確に把握できていないかもしれないことはスポーツ現場では頻繁に生じる．大きな外傷では常に出血の可能性を疑い，体内で何らかの組織が損傷していれば内出血が発生しているので，これも開放性の傷からの出血と同等にコントロールする必要がある．図8.4にあるフローチャートの流れを何度もくり返して訓練することよって，傷病者の評価を行う際の優先順位を迅速かつ正確に決定することができる．

2. 急病に対する応急処置

アスリートが急病に倒れる事態はそれほど頻繁にあるわけではないが，可能性は常に存在している．実際には急病で倒れる際には，それが緊急事態へと進む前にその前兆となる警告を発

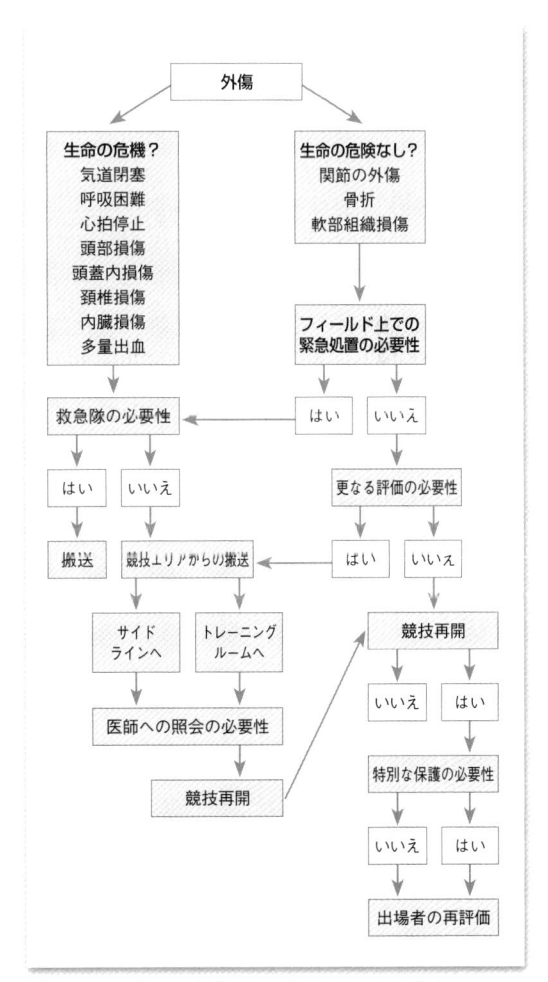

図8.4 スポーツ外傷のマネジメントの流れ

している場合が多い。問題の存在の可能性を表す徴候の中には，皮膚色の変化（蒼白または紅潮），多量の発汗，めまい，脱力感，嘔吐，下痢などがある。意識レベルの変化，虚脱，不明瞭または緩慢な話し方，激しい頭痛，呼吸困難などの徴候をアスリートが呈する時，問題はより深刻なことを示している。

時折，アスリートの状態やその場の状況によって，起こっている問題が何なのかを推測できることがある。例えば，気温や湿度がかなり高い時には熱射病にかかっているのかもしれないし，また別のケースでは彼（彼女）が糖尿病を持っているのを知っていたとしたら，糖尿病性昏睡かまたはインスリンショックが起こっていると判断することができる。このように，原因がはっきりとわかったり少なくとも推測できたりする時には，より良い対処が可能となる。

急病の原因が何なのかまったく手掛かりがない時には，まず生死に関わる問題に対処し，命の危険性がなくなった後，そのほかの症状や徴候に対して対処をすることが最良の選択である。アスリートがより快適な状態になるように手助けをし，体が冷えすぎたり，高体温に陥らないようにし，意識レベルの低下を表す徴候に注意を払う。また，救護の応援を頼むか，救急隊へ連絡をする。いかなる時も状態の変化を観察し，必要な応急処置ができるように患者のそばに留まる。救急隊または医師が到着してこれまでの対処を引き継ぎ，あなたが得た重要な情報を伝えるまではその現場を離れてはいけない。

糖尿病の危険徴候
- 頻尿
- 中毒症状に陥ったような表情
- 過剰な喉の渇きまたは食欲
- 神経過敏・過剰な興奮性（攻撃的または異常な行動）
- 果実のような甘い（アセトン）口臭
- 衰弱，疲労感，卒倒感，発作または昏睡

1 糖尿病を持つアスリート

糖尿病のために緊急事態に陥りつつも会話ができる状態にあれば，アスリートに対して最後のインスリンの投薬量と食事量について聞く必要がある。嘔吐や下痢をもたらすほかの疾病によって，糖尿病を持つアスリートが急性の症状を起こすことがある。糖尿病患者は通常何が悪いのかを認知でき，どのような対処をする必要があるのかもわかっている。もしも糖尿病と診断されていないとしても，ここに記されている危険徴候があるかもしれない。これは糖尿病を診断するためのものではないが，一般的な徴候に対して意識を払い，精密検査のために医師へ照会すべき時期を逃さないようにする必要がある。

糖尿病によって急激な症状を呈していると思われるアスリートに対しては，意識がある時には，糖質を含んだ食べ物か飲み物（エネルギーバー，フルーツジュース，ノンカロリーでないソフトドリンク）を与えることが最善の策となる。糖尿病であると前もってわかっているアスリートは，緊急時に備えてエネルギーバーを常備しているかもしれない。また，症状が低血糖ではなく高血糖によるものである時，糖質を与えることは誤った対処ではあるがそれによって更なる問題を起こすことはない。ただし，症状が改善することもない。もしも，糖質を摂取してから5分経過してもなお症状が改善しないか，または悪化し続けた時には，速やかに救急隊を呼ぶ必要がある。行っていた運動の激しさに関する情報によって，救急隊は患者に何が必要かをよりよく把握することができるので，アスレティック・トレーナーは救急隊が到着するまでアスリートのそばにいなければならない。

2 気管支喘息（ぜんそく）のアスリート

喘息または運動誘発性気管支喘息と診断され

ているアスリートは一般的には事前にコーチやアスレティック・トレーナー，チームドクターにそのことを知らせておく必要がある。また，そのようなアスリートはアスレティック・トレーナーに吸入器を携帯するように求めるかもしれない。これらの問題を抱えているアスリートの呼吸が正常に戻るのに長くかかったり，数分間続く咳発作を起こしたり，またはそのほかの気道障害の症状が出始めた時には救護が必要となる。もしも肺での酸素交換が困難になったら，組織低酸素症の徴候に注意を向けなければならない。さらに呼吸困難な状態が継続した時には，医療機関への搬送が必要となる。救急車以外の方法で安全に医療機関へ搬送できるならば，救急車は必要ではない。

3 鎌状赤血球貧血

感染，低酸素状態，ストレスなどが誘引となって発生する激しい疼痛は鎌状赤血球貧血が原因であるかもしれない。発作は，身体のどの部位にも影響を及ぼす可能性がある。鎌状赤血球は脆くて分裂する傾向があり，その破片や奇形細胞が血管を塞ぎ，組織や臓器への酸素やそのほかの重要な栄養素の供給を妨げる。この場合は，症状（多くの場合，胸部や腹部の疼痛，または関節痛を訴える）を確認し，医療機関へと搬送する必要がある。

鎌状赤血球貧血と診断されたならば，過度な運動がもたらす悪影響についてあらかじめ学習しておく必要がある。鎌状赤血球症では横紋筋融解症に陥りやすい傾向がある。横紋筋融解症は激しい筋活動後に起こりやすいので，激しい運動をする際には注意が必要である（図8.5）。鎌状赤血球貧血を持つとされているアスリートが運動時に筋の疼痛，脱力感，日常とは違う疲労感を訴える時には，筋が激しく損傷を受けている可能性がある。筋の損傷が続いた際には，それによって生成されたミオグロビンを濾過す

る役割を持つ腎臓が障害を受けるかもしれない。そのため，尿を薄めて腎臓からミオグロビンを流し出すために積極的な水分補給が必要である。場合によっては静脈内輸液が必要となるが，スポーツ現場において静脈内輸液が行えない時は，救急隊を呼ぶ必要がある。鎌状赤血球貧血は適切に対処されない場合には，緊急事態へと発展する可能性がある。

4 癲癇（てんかん）

癲癇発作時の対処は，まずはその場の安全を確保し，発作が治まった後は評価と治療のため医療機関へと搬送する。癲癇の発作中には特別な医学的ケアの必要はほとんどない。

5 心臓疾患

心臓疾患を持つアスリートがいる場合は，この疾患を理解し救護者となるすべてのチーム関係者が緊急対応にあたらなければならない。心臓関係の問題が発生したら，救護者はさらなる助けを求める一方，脈拍と血圧を観察し続け，もしも心停止状態となった場合は直ちに心肺蘇生を始める。

図8.5
鎌状赤血球貧血は，過剰な筋活動の後に起こる横紋筋融解症を引き起こすことがある。

3. 緊急対応プラン

　緊急時の対応プランが完璧であることはない。心肺蘇生を行う時のように、応急処置を行わなければならない状況では、私たちの心と頭は多すぎる情報を瞬時に処理しなくてはならない。したがって、対処の手順が無意識に行われれば行われるほど良い結果が期待できる。そのためには、年間またはシーズンを通じて、自分たちの計画した緊急対応の手順を何度か訓練しておくべきである。すべてのコーチやメディカルスタッフを緊急対応プランに慣れさせておくことは緊急事態が発生した場合に大きな財産となる。例として、アメリカンフットボールの練習の際に実際に起こった状況を考えてみよう。練習の前半にあったタックル練習において、ラインバッカーが頭を低くしながらランニングバックにタックルをしたところ、ラインバッカーは突然倒れて動かなくなった。この日は練習日だったので、フィールドにいたスタッフは3人のアスレティック・トレーナーと何人かのコーチ、そして1人のエキップメント・マネージャー（用具管理者）だけであった。受傷者は動きがとれず、意識レベルは低下し、周囲の人を間違った名前で呼んだり、おかしな要求をしていたりした。

　状況としては脳震盪であろうと考えられたが、受傷機転から頸椎損傷の可能性も疑われた。アスレティック・トレーナー、コーチ、そしてエキップメント・マネージャーが安全かつ速やかに受傷者をスパインボード（硬質の担架）に固定している間に、選手の1人に救急車を呼ぶために電話口へと走らせた。全体のスタッフとの事前の訓練によって、このような緊急時の円滑なチームワークが実現できたのである。

　スタッフの全員が緊急対応プランの中でそれぞれ何らかの責任を負うことになる。緊急事態においては、誰もが救護の補助を要請されるかもしれないので、全員がそのプランに対して精通し準備ができていなければならない。試合や練習における緊急事態の発生をシミュレートし、応急処置だけでなく、コミュニケーション、搬送手段、記録管理などすべての要素を含んだプランを作成し、くり返して訓練を行っておくべきである。全米ユーススポーツ安全財団が作成した緊急対応プランを次頁に紹介するので参考にして欲しい。

1 練習や試合での緊急対応者

　環境に関係なく、重大な傷病の発生する危険性のあるスポーツでは、練習や試合には医療担当者を配置すべきである。スタッフが訓練され、緊急対応プランにおいてスタッフによるスパインボードへの固定が認められている場合は、必要な器具を用意しておかなければならない。担当のアスレティック・トレーナーは、誰が緊急対応の対象になる可能性が高いかをあらかじめチェックし、個別の対応プランを立てておく必要がある。特に、糖尿病、鎌状赤血球貧血、癲癇、または心臓疾患を持っているアスリートのことを知っておくことによって、潜在的な問題に対して準備を整えることができる。同時に、アスレティック・トレーナーだけでなく、コーチも含めた現場にいるスタッフ全員で情報とプランの内容を共有し、くり返し訓練を重ねておくことが重要である。

　試合に帯同・待機する医療担当者は、毎年新たに設定される必要がある。学校やチームは地域の消防署や病院と連絡を取り、試合での緊急対応について綿密に検討を行う。試合会場にて待機している救急隊は、フィールドやコートで発生する緊急事態に対してのみ専念させられるべきで、観客席などで発生する緊急事態には別の救急隊が用意されるべきである。もしも観客席で発生した緊急事態に待機していた救急隊が

全米ユーススポーツ安全財団の緊急対応プラン
National Youth Sports Safety Foundation, Inc. Emergency Plan

【スタッフの配置】
1. 傷病者のそばにつく人＿＿＿＿＿＿＿＿＿＿＿＿＿＿＿＿＿
2. 救急隊に電話をする人＿＿＿＿＿＿＿＿＿＿＿＿＿＿＿＿
3. 救急隊と施設の門で待ち合わせ，傷病者まで誘導する人＿＿＿＿＿＿＿＿＿＿
4. 保護者に対して直ちに連絡を取り，状況を説明する人＿＿＿＿＿＿＿＿＿＿＿
5. 病院まで傷病者に付き添う人＿＿＿＿＿＿＿＿＿＿＿＿＿＿
6. 受傷に関するすべての情報と緊急処置を文書として記録する人＿＿＿＿＿＿＿＿＿

【緊急情報】
1. 最も近くにある固定電話＿＿＿＿＿＿＿＿＿＿＿＿＿＿＿＿＿＿＿
2. 電話へのアクセスのための鍵の保管場所＿＿＿＿＿＿＿＿＿＿＿＿＿＿
3. 公衆電話のための小銭（カード）の保管場所＿＿＿＿＿＿＿＿＿＿＿＿
4. スポーツ施設の住所＿＿＿＿＿＿＿＿＿＿＿＿＿＿＿＿＿
5. 緊急車両の進入口＿＿＿＿＿＿＿＿＿＿＿＿＿＿＿＿＿
6. スポーツ施設に到達するために，緊急車両は＿＿＿＿＿＿門と＿＿＿＿＿＿ドアを通過しなければならない。
これらのエリアの解錠をするための鍵の保管場所＿＿＿＿＿＿＿＿＿＿＿＿
7. 991番（日本では119番）が利用不可の場合の救急隊の電話番号
8. 最も近い救急病院＿＿＿＿＿＿＿＿＿＿＿＿＿＿＿＿その住所＿＿＿＿＿＿＿＿＿＿＿＿
9. 最も近い外傷センター＿＿＿＿＿＿＿＿＿＿＿＿＿＿その住所＿＿＿＿＿＿＿＿＿＿＿＿
スポーツ施設からの距離＿＿＿＿＿＿km

【緊急通報時の指示】
救急隊（911番）に電話をする際には，
- 名前を名乗り，現在地を知らせる。
- 何が起こったのか，傷病の種類や様子を説明する。（頭部／頸部／脊柱，意識の有無 etc）
- スポーツ施設の住所と傷病者のいる位置への正確なアクセス方法。住所には番地，門，建物と入口の情報が含まれる。
- 相手が電話を切るまで，電話を切らないでおく。
- 現場へ戻る

【そのほかの連絡先・電話番号】
チームドクター＿＿＿＿＿＿＿＿＿＿＿＿＿＿＿＿＿＿＿
救急車サービス機関＿＿＿＿＿＿＿＿＿＿＿＿＿＿＿＿
消防署＿＿＿＿＿＿＿＿＿＿＿＿＿＿＿＿＿＿＿＿＿
警察署＿＿＿＿＿＿＿＿＿＿＿＿＿＿＿＿＿＿＿＿＿
学校看護師＿＿＿＿＿＿＿＿＿＿＿＿＿＿＿＿＿＿＿
体育局長＿＿＿＿＿＿＿＿＿＿＿＿＿＿＿＿＿＿＿＿
校長＿＿＿＿＿＿＿＿＿＿＿＿＿＿＿＿＿＿＿＿＿

この緊急対応プランは，Successful Coaching, R. Martens, Leisure Press, 1990；Athletic Health Care System, S.G. Rice, HMS Publishing Services, 1986；and Sports injury Risk Management and The Keys To Safety by the Coalition of Americans to Protect Sports, 1992からの情報を基に作成し，全米ユーススポーツ安全財団の許可を得て掲載している。

出動し，現場を離れた場合には，これに代わって新たに次の救急隊がフィールドやコートに配置されるべきである。このような体制はシーズン前に策定されるべきで，シーズン初戦の前に救急隊員・コーチ陣・ほかのスタッフと話し合いを持つべきである。

2 緊急対応の手順

緊急事態が発生した時には，準備万端の状態でありたいものだが，そのための最良の方法は事前にしっかりとしたプランを立てることである。あなたがアスレティック・トレーナーとして，そのチームや，施設，あるいは地域に精通していないのであれば，運営管理者やコーチ，チームドクター，地域の消防署員にそれぞれ特定のイベントに対応した緊急対応プランの策定に関係してもらうことが賢明と言える。プランにはチームや群衆の整理，傷病者の固定方法，搬送方法，そして諸連絡の方法などに関する手順が含まれる。これらに関するすべての疑問はシーズンの開始前に解消されている必要がある。緊急事態においては，通常は次の手順が取られる。

- 第一次救護者が傷病の性質や重傷度を評価し，必要があればさらなる応援を呼ぶ。
- 必要な処置を始める。
- 第二次救護者は，援助に参加できるスタッフの役割分担の指示を出しつつ，処置の助けをする。
- 第一次救護者，第二次救護者，そのほかの救護者は，搬送のために固定を行う。

3 通信手段

電話によるコミュニケーションは10年前に比べはるかに便利になってきた。今日では，携帯電話のわずかなコストを支払うだけで，速やかな救急隊への連絡が可能となっている。しかし，練習や試合が屋内で行われ，建物の構造によって携帯電話の受信が妨げられている時には，通常の固定電話を確保することが重要となる。電話機は鍵のかかった部屋や薄暗い廊下などではなく，アクセスが簡単で便利な場所にあ

緊急対応プラン

練習や試合での救護者	練習や試合に定期的に参加している救護者（となり得る）スタッフの責任（なすべきこと）を明確にする。もしもプラン通りの対応ができない場合の代替案（配置換えなど）もあらかじめシミュレートしておく。
手順	何を行うべきかを知り，様々な緊急事態においてとるべき手順をまとめる。
通信手段	救急隊への連絡方法を確立する。練習や試合施設の近くに利用可能な電話が必ずあることを確認する。また，電話機の近くに，緊急事態用の電話番号と，救急車を要請する際の注意事項を明示しておく。携帯電話では受信状況や充電状況を確認し，必要な電話番号はあらかじめ登録しておく（訳注：ただし，電話番号と救急車を要請する際の注意事項を書いた書類は別に準備しておくこと）。
設備	緊急対応用の設備・備品（AEDなど）が良好なコンディションで利用可能であることを確認しておく。また，これらの定期的なメンテナンスや使用方法の訓練を実行する。
救急医療施設	地域の救急医療施設に連絡を取り，傷病者の登録のための手順を制定する。可能であればチーム全体を事前登録しておく。また，緊急対応時の手続きについても事前に話し合っておく。
搬送	イベント（試合など）の際に救急車が待機するよう話を取り決めるか，または消防署にイベントの場所，時間，好ましい進入経路を知らせておく。
スタッフの訓練	全スタッフの定期的な訓練を行う。
記録の保管	医学用語として一般的に認められ，使用されている省略文字と，医療情報の記録方法を調べておく。傷病者への対応・処置の内容は常に記録しておく。

るべきで，この有無によっては傷病者の予後に大きな差が出る可能性がある。

例えば，フィールドやコートがキャンパス内に点在している場合は連絡が交換手を経ないとできない場合もあるので，その時はトランシーバーを使うこともある。いずれにしても，それぞれの通信手段の特徴を把握し，通信中は無駄話などを慎み，連絡回線を常に空けておくことが重要である。

電話機の設置場所には，救急隊に通報する際の指示事項が書かれたものを掲示しておくべきである（携帯電話では，電話を入れてあるバッグの中）。この掲示には，消防署（救急隊）の電話番号，通報すべき事項，正確な進入経路などが記載されている。救急隊への連絡が済み次第，救急車が到着する経路に担当者を送り，さらには救急隊をそこから施設内や現場へ誘導する必要がある。

緊急事態発生時に行われるスタッフ内での連絡や救急隊への通報に加え，総合的な現場でのコミュニケーションは傷病者の救護において非常に重要である。第一次救護者はしばしばアスレティック・トレーナーとなる。救急隊や医師に対して，傷病者に関するすべての情報を提供することが第一次救助者の責務である。わずかであっても原因と症状や徴候に関する情報を受け渡すことで，救急隊は何が起こっているのかをよりよく理解ができる。

ひとたび救急隊が病院への搬送の必要性を判断した時には，救急隊は医療機関へ連絡をとる。これに対して，生命や四肢への危険がないと判断された時には，保護者などに傷病者の搬送を求めることもある（訳注：アメリカの場合）。ただし，この場合も搬送先の医療機関に連絡をし，医療スタッフに対して傷病者の状態と，搬送方法，予想される到着時間を伝える必要がある。その後，可能であれば，処置を施した医師や看護師と直接話をすることがベストである。

最も重要なことであるが，保護者と学校管理者への連絡も必ず行わなければならない。当然のことながら，保護者は何が起こったのかということを知る権利があり，一般的にはチームドクターかアスレティック・トレーナーが保護者に連絡をとるのがよい。特に傷病者が未成年の場合には緊急事態を除いては，医療機関は治療許可を得るために両親か保護者と連絡をとることを要求してくる。さらに，学校管理者への連絡も行うが，一般的に学校にはこのような場合に対処する責任者が定められているので，この責任者へ連絡を入れるようにする。とはいえ，学校管理者は何が起こったのか（ジョー・ブラックがゴールポストに衝突し，意識を失った）と

緊急事態に備えて電話機とともに配置される掲示物のサンプル

【緊急対応手順】場所：ベアダウン・バスケットボールアリーナ
①この電話機から911番へ電話をかける（訳注：日本では119番）。
②名前と役職を告げる。「こちらはケリー・ヤングです。アリゾナ州立大学のヘッドアスレティック・トレーナーです。」
③緊急事態の説明をする。「男子バスケットボールチームのフォワードが転倒し，意識を失っています。」
④様々な質問に対して答える。　脈はあるか？息はしているのか？
⑤ベアダウン・アリーナへの進入方法を説明する。「キャンベルを西に向かい，カレッジストリートから入り，（駐車ガレージ手前の）発送センターへの入口で右に曲がる。曲がり角にスタッフを待機させておきます。傾斜を下って来ると，シャッタードアが開いており，そこにもスタッフを待機させておきます。」
⑥オペレーターが電話を切るまでは，電話を切らないこと。
⑦シャッターの鍵を開け，キャンベルとカレッジストリートの交差点上まで救急車を迎えに行き，ベアダウン・アリーナの方向を指示する。

いうことと，彼がどの病院へ搬送されたのか（ビンセント病院へ救急車で搬送された）程度の情報で十分な場合もある。もちろん，個人情報である医療情報を例外として，そのほかの情報も差し支えない範囲でコーチを含む学校管理者に伝えることは問題ない。

4 緊急用の器具や備品

緊急用の器具や備品はそれが必要な時に直ちに使えるように手元に準備しておくことが重要である（図8.6）。専用のバッグにフィールドやコートで必要となる松葉杖，スパインボード（図8.7），頚椎固定具やそのほかの器具を整理収納し，運搬するとよい。これらの機器・備品は救急処置の訓練で使用されるものと同じものとすべきである。スポーツイベントにおいて救急車を担当している救急隊が，これらのすべての器具の機能を事前にチェックすることは重要である。一般的に，救急隊はこれらの救急用の器具のスタンダードに親しんでおり，故障している器具を修理することができる。

学校によっては，緊急時対応を行うために十分なスタッフを保持していないところもあり，それらの学校では，地域の公共救急医療サービスにそれを依存している。学校に対して救急器具を手元に用意するように求める規定はないが，緊急時にライフサポートが提供できるようにしておくことは賢明と言える。

5 救急病院

ほとんどの地域には救急病院があるが，さらに小さな地区ではボランティアの消防団が救急対応をする唯一の機関かもしれない。基本的に消防士は救急隊員としても訓練を受けており，消防隊による救護はスポーツ現場における緊急事態やそのほかの同様の事態において非常に助けになる。

複数の救急病院のある大都会では，現場から近い場所で多くの医療機関を利用できる可能性がある。傷病者をアスレティック・トレーナー自身かまたは保護者が搬送する場合には，傷病別に搬送する病院をあらかじめ選択しておき，それらの位置とそこまでの最良の移動経路を事前に確認しておくことが重要である。さらには，救急車の要請に備え，最も近い消防署の位置を把握しておくことも大切である。

また，消防署を事前に訪れ，チームや学校の緊急時に必要となるかもしれない救急対応につ

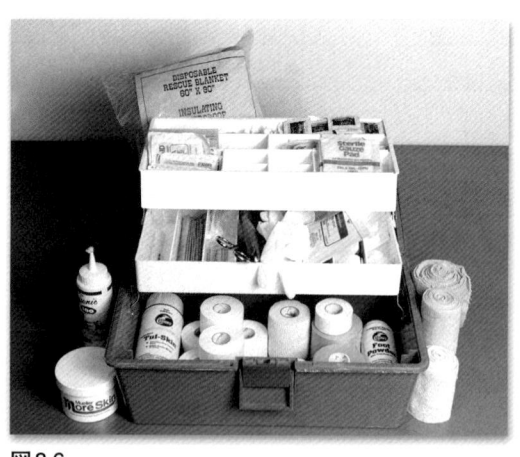

図8.6
救急処置キットの中身

図8.7
傷病者を固定するために使用するスパインボード。

いて話し合っておくと，実際の緊急時に役立つ．

6 搬送

　傷病者の搬送には細心の注意を払う必要がある．搬送中に問題が悪化する可能性があれば，医学的処置が求められるため，このような場合には救急車を要請すべきである．スポーツにおいては，けがの程度は大きいものの，学校や個人の車によって搬送されたとしても生命の危険性がない場合がある．しかし，個人の車をこのような目的で使用した際の法的責任については知っておく必要がある．

　傷病者の搬送が安全であると判断した場合には，傷病の状態についてできるだけ多くの記録を残すことが賢明である．末梢の血流（受傷部位よりも遠位）や神経系などの情報を確認し，記録すべきである．さらには，傷病者を動かす前に，受傷した関節や骨を適切に固定しておく必要がある．傷病者を個人的に安全に搬送することに関してわずかでも疑問がある場合には，個人的な搬送は控えるべきであり，救急隊の出動を要請するのが賢明である．

　もちろん，心肺蘇生が必要な場合には，緊急対応プランを即座に稼働させなければならないが，ひとたび救急隊が現場に到着したら，傷病者の処置は救急隊に引き継ぐべきである．加えて，搬送と医学的処置も救急隊によって行われ，現場の緊急対応チームの責任は救急隊へと移行されることになる．

7 スタッフの訓練

　一度に多くのスタッフが得られる時でも，すべてのスタッフが緊急対応プランと応急処置に慣れ親しんでいる必要がある．数人の医療関係者とアスレティック・トレーニングスタッフだけしか現場にいない時には，コーチやそのほかのサポートスタッフも緊急対応スタッフの一員として役割が与えられることがある．

　特に，呼吸停止や心停止の際にサポートを期待される学生やスタッフは，心肺蘇生の訓練を毎年必ず受ける必要がある．すべての教員や管理者を心肺蘇生について訓練することは，学生やアスリートのために有益なだけでなく，学校全体や家庭での緊急事態にも対応できるよう準備をさせることになる．

　もしも緊急対応プランが救急車による傷病者の搬送を含む場合は，関係するスタッフは傷病者の挙上や体位変換のテクニックについてシーズン前に指導を受け，練習を積んでおくべきである．試合会場で責任者となる医師は，手続きの作成において積極的な役割を負うべきである．救急隊と緊急対応スタッフとが事前に顔を合わせ，打ち合わせをすることでよりよい相互理解と開かれたコミュニケーションが確保できる．緊急対応プランに関係するすべてのスタッフが参加するミーティングを開き，その場で緊急対応プランを計画し，見直し，リハーサルし，事態の発生に備えなければならない．その際には，各スタッフの役割や責任についても具体的に話し合っておくとよい．

8 記録の管理

　ほかの傷病と同じように，施された救急医療もアスリートの医療記録として文書化されなければならない．この記録には，緊急対応スタッフによって行われた処置や救急隊への通報時間，救急隊の到着時刻なども含まれる．規則に基づいて救急隊は傷病者の状態を観察し，第一次救護者からの情報にかかわらず所定の検査を行うことが定められている．救急隊とのコミュニケーションが事前に準備され円滑に行われてさえいれば，これらのことはほとんど問題にはならない．

　緊急事態の詳細な文書記録は，傷病者やその家族が後に医療機関あるいは医療従事者に対して法的措置をとった際に非常に重要となる．こ

のような事態はアスリートが生命や四肢を失った場合に起こりやすい。当然のことながら，家族は何が起こり，どのような処置が行われたのかということについて正確な情報を知りたいと思い，裁判所もまたそのような情報を必要とするであろう。記憶に頼るだけでは十分ではなく，文書化した情報を持っていなければ大きな問題へと発展するであろう。以下の緊急対応報告書のサンプルを参考にするとよい。

4. 治療における法的，倫理的問題

スポーツ現場においては，アスリートはすべて傷病者となる可能性がある。あなたは，医療従事者として，または指導者として日々最良の医療体制を提供しなければならない。あなたの緊急対応スキルは，救急隊や医師のスキルほど上手であることは期待されていないかもしれないが，心肺蘇生や応急処置の知識と技術は，あなたの現在の職域にとって必要不可欠なものである。受傷現場に直面した際にあなたがとる反応と処置は，常に精査の対象となることを忘れないで欲しい。問題が深刻であり，傷病者が生命または四肢を失った場合や，何らかの障害を負った場合には，あなたが傷病者に対して施したすべての医療処置は後々評価されることになる。しかし，1つだけできることがあるとすれば，それは自分の知識や技術を最新のものに保つようにし，緊急事態を想定して訓練をくり返し，すべての状況において最善を尽くすことである。

緊急対応報告書（サンプル）

傷病者氏名＿＿＿＿＿＿＿＿＿＿＿＿＿＿＿＿＿＿＿＿＿＿＿
発生日付＿＿＿＿＿＿＿＿＿＿＿＿＿＿　発生時刻＿＿＿＿＿＿＿＿＿＿＿＿＿＿＿＿＿
発生場所＿＿＿＿＿＿＿＿＿＿＿＿＿＿＿＿＿＿＿
緊急事態の性質＿＿＿＿＿＿＿＿＿＿＿＿＿＿＿＿＿
取られた対応＿＿＿＿＿＿＿＿＿＿＿＿＿＿＿＿＿
【一次評価】　　　バイタルサイン＿＿＿＿＿＿＿＿＿＿＿＿＿＿＿＿＿＿＿＿＿＿＿＿＿
　　　　　　　　　脈拍＿＿＿＿＿＿＿＿　血圧＿＿＿＿＿＿＿＿　呼吸数＿＿＿＿＿＿＿
【二次評価】　　　骨・関節＿＿＿＿＿＿＿＿＿＿＿＿＿＿＿＿＿＿＿＿＿＿＿＿＿＿
　　　　　　　　　軟部組織＿＿＿＿＿＿＿＿＿＿＿＿＿＿＿＿＿＿＿＿＿＿＿＿＿＿
第一次救護者名＿＿＿＿＿＿＿＿＿＿＿＿＿＿＿＿＿
第二次救護者名＿＿＿＿＿＿＿＿＿＿＿＿＿＿＿＿＿
救急隊への連絡者＿＿＿＿＿＿＿＿＿＿＿＿＿＿＿＿＿
　　　　救急隊への連絡時刻＿＿＿＿＿＿＿　救急隊の到着時刻＿＿＿＿＿＿＿
救急医療施設＿＿＿＿＿＿＿＿＿＿＿＿＿＿＿＿＿
主治医＿＿＿＿＿＿＿＿＿＿＿＿＿＿＿＿＿
保護者への連絡＿＿＿＿＿＿＿＿＿＿＿＿＿＿＿＿＿
　　　　連絡の日時＿＿＿＿＿＿＿＿＿＿＿＿＿＿＿＿＿
　　　　連絡を受けた人の氏名＿＿＿＿＿＿＿＿＿＿＿＿＿＿＿＿＿
　　　記入者＿＿＿＿＿＿＿＿＿＿＿＿＿＿　日付＿＿＿＿＿＿＿＿＿＿＿＿＿＿＿

1 同意

　医療行為に対して同意を得ることは，法によってすべての医療行為者に求められている。アスリートとコーチ，またはアスリートとアスレティック・トレーナーの関係においては，多くの場合は医療行為に対する同意は当然とされている。一般的には，学校管理者による文書化と事前計画によって，この前提は適切であるとされる。しかし，法的には練習初日の前にすべてのアスリートから文書による同意を取っておくべきであり，アスリートが未成年である場合には，両親か保護者から治療に対する同意書に署名をもらっておくべきである。それによってスポーツ参加中に医療行為が必要な事態が生じても，医療行為は許容されることになる。州によっては，未成年自らが医療行為に対して同意を出すことを許容しているところもある。医療行為に対する同意という観点では，親から独立している未成年者や既婚または妊娠している未成年者を成人とみなして，医療行為への同意を行うことを認める法律を持つ州もある。医療担当者として，同意書の作成を援助してもらうために，組織内の法務関係部門に連絡を取ることが好ましい（通常は学校の体育局長が適切な担当者を紹介している）。次頁の「緊急医療許可・同意書」を参考にするとよい。

2 過失

　過失には，義務（Duty），義務の不履行（Breach of Duty），身体的・心理的外傷（Physical or Psychological Injury），および原因（Cause）という4つの鍵となる要素がある。それらはそれぞれ以下のように定義される。

①義務
　行うように任命または推定されているものごと。
②義務の不履行
　義務を遂行しないこと。
③身体的・心理的外傷
　出来事によって引き起こされた身体的・心理的な傷。
④原因
　とられた医療処置と問題の因果関係（提供された医療処置が適切・十分ではなかったという事実）。

　過失を検証するために，あなたがチームに対して責任を持つ唯一の成人と仮定しよう。サッカーの練習中に2人の選手が衝突し，2人とも動かないのであなたはフィールド内へ入った。2人のうち1人は意識があり，反応がある。もう1人はあなたのほうを見ようとして目を開けた後，意識を失った。この場合，あなたはどうするか？

　あなたは選手を救護する義務がある。その義務を履行しなかった場合，義務の不履行となる。ここでいう義務とは，同様の責任を持つ人が同じ状況下ではとると予想される行動を指している。もしも，あなたが何かを行うことによってまたは何かを行わないことによって，相手が身体的または心理的な損害を被った場合には，あなたは過失を犯したことになる。つまり，もしも処置を行わなかったり，行ったが方法が不適切であったがために相手に身体的・心理的損害を与え，もしも処置が適切であったとしたらその損害は発生しなかったと証明された時には，あなたの行動が過失であったとみなされることがある。あなたには法的義務のような一定の責任があり，あなたが義務の遂行を怠ったために損害が誰かに加わった場合には，あなたは過失を犯したことになる。またその過失があなたのサービスや処置に関係なく，器具や施設，用具などに関係していた場合にも法的責任が問われる。前述のサッカーの例では，第一次救護者は，同等レベルの技能を持つ他者が行動するように行動する（責任を果たす）ことが求められる。

　緊急事態では対応を行う責任があるように，

緊急医療許可・同意書

下記に署名した私（たち）は，未成年者＿＿＿＿＿＿＿＿＿＿＿＿＿＿＿＿＿＿＿＿の保護者である。

【同意事項】
(1) 私（たち）はここに，適切な時間内に私（たち）に連絡が取れない場合に，希望医師＿＿＿＿＿＿＿＿＿＿または代替医師と，希望歯科医＿＿＿＿＿＿＿＿＿＿または代替歯科医によって私（たち）の子どもに必要とみなされる治療が行われることに同意する。またこれらの希望医師・歯科医が不在の時には，そのほかの免許を有する医師による治療にも同意する。
(2) 私（たち）の子どもを希望病院である＿＿＿＿＿＿＿＿＿＿病院か，またはそのほかの合理的にアクセス可能な病院に搬送することに対して同意する。

【主要な手術】
別の2人以上の免許を有する医師または歯科医から，そのような手術の必要性について実施前に同意する意見が得られ，私（たち）への連絡が24時間以内に行えなかった場合を除き，この許可・同意書は非緊急性の手術に対しては当てはまらない。

【医療情報】
以下の情報は私（たち）の子どもの医療履歴にアクセスできない病院・医師へのものです。
アレルギー＿＿＿＿＿＿＿＿＿＿＿＿＿＿＿＿＿＿＿＿＿＿＿＿＿＿＿＿＿＿＿＿＿＿
服用中の薬＿＿＿＿＿＿＿＿＿＿＿＿＿＿＿＿＿＿＿＿＿＿＿＿＿＿＿＿＿＿＿＿＿＿
身体障害＿＿＿＿＿＿＿＿＿＿＿＿＿＿＿＿＿＿＿＿＿＿＿＿＿＿＿＿＿＿＿＿＿＿＿
医師が注意を払うべきそのほかの事項＿＿＿＿＿＿＿＿＿＿＿＿＿＿＿＿＿＿＿＿＿
＿＿＿＿＿＿＿＿＿＿＿＿＿＿＿＿＿＿＿＿＿＿＿＿＿＿＿＿＿＿＿＿＿＿＿＿＿＿＿
保険適用範囲＿＿＿＿＿＿＿＿＿＿＿＿＿＿＿＿＿＿＿＿＿＿＿＿＿＿＿＿＿＿＿＿

以下に署名した保護者である私（たち）は，上記の条件で，＿＿＿＿＿＿と＿＿＿＿＿＿と＿＿＿＿＿＿を＿＿＿＿年＿＿＿＿月＿＿＿＿日から＿＿＿＿年＿＿＿＿月＿＿＿＿日までの間，一時的な親権保持者として任命する。また，私（たち）が不在の時には，この被任命者に対して私（たち）の子どもへのレントゲン撮影，麻酔行為，医学的・外科的診断または治療行為を許可することを認めます。また，被任命者の監督の下，免許をもつ医師，外科医，麻酔医，歯科医，またはそのほかの専門家による医療行為が行われることを認めます。

保護者＿＿＿＿＿＿＿＿＿＿＿＿＿＿＿＿
　　　＿＿＿＿＿＿＿＿＿＿＿＿＿＿＿＿

住所＿＿＿＿＿＿＿＿＿＿＿＿＿＿＿＿＿＿＿＿＿＿＿＿＿＿＿＿＿＿＿＿＿＿＿＿

たとえ生命の危険がない場合でも同様に処置を行う義務がある。日々の運動中のアスリートに注意を払うことも重要であり，それはしばしば1人だけでは困難かもしれない。多くの場合，コーチはトレーニングの実行に集中するあまり，問題の初期症状や徴候に気づくのが遅れることがある。例として，猛暑の乾燥地域で起こった状況を考えてみよう。

トビーという名前の若いアスリートが，すでにこれまでに2日間の練習をしてきたチームの練習にその日から合流した。トビーは夏休みをより涼しい沿岸地域に住む親せきと過ごし，フットボールのために昨日学校に帰ってきたところである。彼はすべての練習をこなし，チームとともに練習後のコンディショニングセッションを始めた。ほかの選手はそれぞれ個人のボトルから水を飲んでいたが，トビーはボトルを持参することを知らず，ほかの選手に飲料水をもらうことをためらっていた。往復のスプリントの後，彼はそれ以上走れなくなった。トビーは休息するためにゴールポスト下に座ったが，コーチに立ち上がれと怒鳴られたので必死に立ち上がってさらに1往復走った後にその場で倒れ込んでしまった。

トビーは熱疲労で倒れたのだが，不幸なことにそれは熱射病へと悪化し，救急隊が到着する前に死亡してしまった。この事故は裁判になり，裁判所は過失を認定した。コーチには学生アスリートを適切に処置する義務があり，コーチはすべき処置をしなかったと判断されたわけである。傷病（この場合は熱射病）は，コーチが適切な行動をとっていれば予防することができたと判断され，裁判所は原告に有利，コーチと学校に対して不利な裁定を下した。

スポーツ現場における医学的問題を予防する方法について考えるために，アスリートの死を必要とすべきではない。誰も自分の監督下にあるアスリートに重大なけがを負って欲しくはないし，まして死亡して欲しくはない。しかし，もしも適切な判断をし損ね，重大な医学的問題の危険信号を感知できないのであれば，応急処置に関する知識を持って訓練を重ねていたとしても，アスリートの安全を確保することはできない。

5. 地域社会の救急医療サービス

スポーツ現場で働く人は，救急隊を要請したり救急隊と一緒に行動したりする機会があるだろう。近隣の消防署を訪問することは，自分のスポーツチームや学校と救急隊との間のコミュニケーションを確立するのに大変役立つ。多くの場合，搬送担当者とのミーティングを持つことによって，担当者は好ましい搬送方法や通信回線の確立について，そしてあなたの救急医療上のニーズについて適切な助言をしてくれるであろう。

1 地域社会における救急医療システム

地域社会にすでに確立された救急医療システムがある時，一般的には緊急事態の種類により，それぞれ適切なチームを通報者の元へと出動させる中心となる場所がある。通報を受け取った際にどのような救護が必要かという決断が下され，出動が要請される機関（消防，救急，警察）へと連絡が渡る。小さな町に比べ大都市においてはこのプロセスは複雑であるが，大半の地域社会では通報への応答を迅速にするシステムが確立されている。

2 緊急ネットワークへの通報

アメリカにおいては，911をダイヤルすることによって緊急ネットワークを始動させることができる。多くの人はこの番号が警察，消防，

救急車を呼ぶ手段だけであると思うかもしれないが，そのほかにも重要な意味がある。もしも誰かが911をダイヤルし通話を切っただけだとしても，通信指令部員はその通話のあった電話番号を知ることになる。発信側の番号を知ることによって，通信指令部員は911通報が途切れた場合に，実際に何かの問題が起きているのか確認するためにかけ直すことができる。

他国にいる場合には，911が緊急事態に電話すべき番号であると頭から決めてかかってはいけない。アメリカ国外を旅行中に，特にスポーツのチームに帯同している時には，地域の緊急番号を知っていることが重要である。例えば，英国では999であり，オーストラリアでは000である。その地域の医療従事者と，救急隊への連絡手順を確立するための時間を取るべきである。

前述したように，地域の救急サービスの供給元への訪問は非常に価値がある。一般的には，これは最も近くの消防署になる。ほとんどの消防士は，同時に救急救命士としても訓練を受けているので，救急救命士にコンタクトをとる。訪問をする際には，緊急対応プランのすべての面について話し合うことが有益になる。それは，練習・試合場所への好ましい進入経路から，固定と搬送のためにアスリートをスパインボードへ乗せる際のテクニックに至るまでを含んでいる。

コミュニケーションラインを確立し，緊急対応プランを話し合うことに加え，トレーニングセッションを計画することが好ましい。このセッションの中で，メディカルスタッフと救急医療スタッフの全員は，頭部や脊椎へのけがや心臓の緊急状態の際に実際に行われるテクニックを一緒に遂行する。そうすることで，関係者全員が相互理解し合える。

3 搬送システム

多くの公安部門のスタッフを訓練するために，搬送は救急隊員以外のグループによって行われるかもしれない。地域の規定や外傷の程度により，警察や消防隊が職員を派遣し，傷病者を緊急医療機関や病院へ搬送する手助けを行うこともある。

アスリートの病院への搬送手段にかかわらず，搬送した機関の手順と規則が守られなければならない。医療チームや救急隊とともに動き，独自の医師がいる場合には，あなたのチームドクターの命令は，医療チームや救急隊の医師の指令の補助的なものとなることを理解しなければならない。救急医療システムの指揮系統が事前に理解されていなかったために緊急事態で起こり得る誤解を避けるため，チームドクターと問題点について話し合っておくことが望ましい。

6. 地域社会における救急医療施設

大都市や小さな町，または大学街に住もうとも，地域社会には，多くの場合，何らかの救急医療施設かまたは救急医療システムがある。地域社会のシステムを理解することは，負傷者に対して最良の医療を提供するのに重要なことである。

1 利便性と機能

病院前救護に関しては，小さくて静かな町に比べ，大都市では救急隊の現場到着時間は長くなるかもしれない。この利便性は，対応する救急隊の能力によっても影響を受けるかもしれない。家庭や路上で起こる傷病者の処置に必要とされる多くの器具はすべての救急車に搭載されているが，スポーツ外傷のために必要とされる特別な器具がすべての救急車に搭載されているわけではない（図8.8）。したがって，受傷したアスリートの処置に必要とされる特別な器具に

ついてわかっているならば，911番への通報時にその情報を伝えるべきである。

例えば，バスケットボールの速攻時にレイアップでジャンプした際に相手選手と接触したとしよう。接触後に首が曲がったままで頭からコートに落ちたその選手はその場で動かなくなり，放心状態のままでいる。あなたが選手の元へ寄った時には意識レベルが下がっているものの，呼吸には支障がないことを知り安心した。選手は明らかに痛みを感じているが，あなたの痛みがどこにあるかという問いに対し，「首が…」ということ以外はほとんど返答をしない。あなたは頭部外傷の可能性に加え，頸椎損傷の可能性もあると判断し，病院への搬送のために救急車を呼ぶことを決めた。

911番の相手（通信指令係）にはどのような情報を伝えるべきであろうか？この情報には，誰が（Who），何が（What），いつ（When），そしてどこで（Where）ということが含まれるべきである。「誰が」というのは，受傷した選手ではなくあなた自身のことである。あなた自身の名前を名乗り，学校またはチームでの立場を伝える。「何が」というところでは，あなたが連絡している事態を伝える。つまり，バスケットボール選手が受傷し意識はあるが首の痛みを訴えているなどがそれである。「いつ」というのは，受傷の時刻と受傷機転である。例えば，レイアップの際に相手選手に足をすくわれ，頭から落下した，である。「どこで」では，正確な現住地と，受傷者を収容できる最も近いアクセスポイントおよびその方法を伝える。

スポーツ外傷のために救急医療システムを利用する際，しばしばアスリートが最も近い病院ではなく，なぜ遠くの病院へ搬送されるのか疑問に思うことがある。対象となる傷病の種類によっては，救急隊は特定の病院に誘導されるかもしれない。例えば，神経損傷が明らかな場合は現場近くの病院ではなく，遠方の外傷専門の医療センターに搬送されるかもしれない。救急隊に搬送と処置を要請したならば，今度は救急隊が責任を負うことを覚えておかなければならない。

2 病院の受け入れと治療方針

大半の病院は，保険の適用範囲にかかわらず救急で運ばれてきた傷病者を受け入れる。しかし，緊急事態が生命や四肢への脅威でない場合には，いつも無条件に受け入れられるとは限らない。ある病院へ運び込まれて保険情報が収集された後に，別の病院に搬送されることはあり得る。同様に，ある医師から別の医師へと運ばれることもある。しかし，状態が深刻で健康が害される可能性がある場合には，別の病院への搬送はあり得ないので安心はできる。

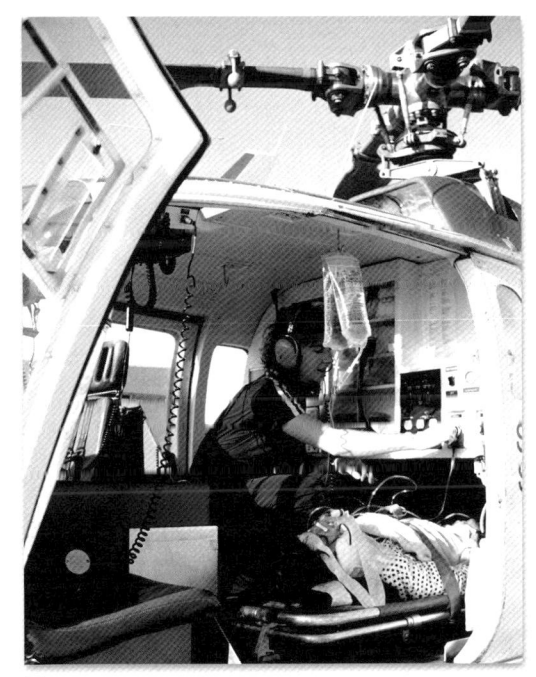

図8.8
スポーツ外傷の処置に必要な特別な機器がすべての救急車に搭載されているわけではない。したがって，通報時には通信指令係にスポーツ外傷であることを伝える必要がある。そうすることで，その情報が救急医療サービスや病院に伝えられ，適切な処置のための準備が整う。

3 役割と責任

救急医療システムは，最良で，最速の救急医療を提供するために異なる職種が共働することで成り立っている（図8.9）。それぞれの救急医療システムのスタッフは，連邦，州，地方の機関によって制定された特定の役割と責任を負っている。それぞれの州が独自の規則を持っているかもしれない。もしも興味があるならば，地域の専門家に問い合わせれば，救急医療スタッフのそれぞれの職業の役割と制限に関する完全な情報を得ることができる。

❖ 第一次救護者

州によっては特別な訓練を受けている必要はないが，多くの州では第一次救護者は現場に到着する最初の医学的訓練を受けた人を指し，それらは消防士，警官，学校看護師，コーチ，アスレティック・トレーナー，ライフガード，教師であったり，そのほかの何らかの救急処置に関してトレーニングを受けた職業人であったりする。いずれにしても第一次救護者は，少なくとも応急処置のコースを履修した人と言える。この人の責任は，訓練を受けた特定の処置を傷病者に提供することである。仮に第一次救護者がライフガードであり，症状が糖尿病性昏睡だとしたら，このライフガードはショック症状のための処置をし，911番に通報しながらバイタルサインを観察することになる。もしもあなたが事故現場に遭遇した最初の人だとしたら，あなたが第一次救護者である。この場合，あなたの技能と経験のレベルに応じて，あなたと同等の人が提供できるであろう処置を提供することがあなたの義務と責任となる。

❖ 救急救命士

救急救命士は救急通報と最も関係した専門家で，初級救急救命士（EMT-Basic）と中級救急救命士（EMT-Intermediate）の2つの段階がある（訳注：アメリカの制度）。この差は単に初級と中級という言葉以上にあり，中級救急救命士は救急医療隊員（Paramedic）のレベルにより近くなる。初級救急救命士は緊急通報に応答し，現場に到着する最初の救急医療チームのスタッフの一員である。彼（彼女）たちは一般的には，現場に到着後，第一次救護者からどのような予備的処置を行ったかを聴取し，それから傷病者の処置へと移る。

救急救命士は第一次救護者と協働して傷病者を安定させ，搬送の準備を行う。救急処置のテクノロジーの発展とトレーニングレベルの向上によって，救急救命士の職務制限はたえず変化している。救急医療隊員にのみ許されていた傷病者の徐細動行為などのテクニックは，現在，自動体外式除細動器（AED）のおかげで救急救命士にも許されている。ほとんどの州において，救急救命士は，ショックパンツ（訳注：下肢を圧迫して血圧を確保する装置），AED，エピネフリン，自己注射器，気管支拡張吸入器などについて訓練を受けている。これ以外のテクノロジーの発展によっても，救急救命士が今以上の健康と心臓に関する医療行為を提供することが可能となろう。中級救急救命士は心臓系の問題に関してより長い期間訓練を受け，気管内挿管，静脈注射などの第二次救命処置や心電図の解釈などの分野について専門的知識と技術を習得している（訳注：日本とアメリカでは救急救命士に関する法律が異なることに注意）。

❖ 救急医療隊員

中級救急救命士だけでなく，救急医療隊員（EMT-Paramedic）も病院前医療について高等訓練を受けている。救急医療隊員は，静脈内療法，高度な薬理学，心臓血管系の観察，徐細動行為，気道確保行為と気管内挿管だけでなく，そのほかの高等な評価・治療スキルを含んだ二次救命処置に関する最も高度な知識と技術を持つ救急医療チームのスタッフである。救急医療

隊員は，傷病者が病院に搬送される前段階で最も高度な緊急治療を提供できる。

救急車の乗務員の数と資格の範囲は行政区ごとに異なり，救急サービスを提供する会社によっても異なる。場合によっては，通報を受けた通信指令部員が救急医療隊員を派遣したいと判断することがあるが，スタッフ配備の関係で救急医療隊員ではなく救急救命士を派遣する場合もある。事故現場に応答している救急救命士を乗せた消防車の数分後に，救急医療隊員を乗せた救急車が現場に到着した場合には，職務に重複があるように思われるかもしれない。しかし，救急医療の目的は，困っているすべての人々に可能な範囲で最もスキルの高い専門家を提供することにある。もしもあなたが緊急事態にあり，すべての救急医療隊員がそのほかの通報に応対して出払っているとしたら，あなたは彼らが任務を終えるまで待ちたいと思いますか？それとも，誰でもいいから訓練を受けた専門家が間もなくやってくると知り，気分を楽にしたいですか？ひょっとしたらあなたは救急医療隊員を必要とせず，病院までの搬送が必要なだけかもしれない。反対に，あなたを救急車で搬送するには不安定すぎて，ほかの隊員の助けを要請する必要があるかもしれない。救急医療システムにおけるスタッフは，余剰気味だと思われるかもしれないが，できる限り早く傷病者に何らかの助けを届け，病院へと搬送することがこのシステムの目的である。

❖ 救急治療室の医師

救急治療室にて勤務中の医師は，しばしば救急医療システムの医療責任者となる。傷病発生の状況や原因を理解することによって，医師は救急医療隊員や救急救命士が行ってきた処置を継続することができる。医師は救急医療隊員や救急救命士の治療や評価スキルの向上を助けることによって，救急医療システムにおける「医師の腕を伸ばす」ことができる。これは様々な場面における継続的なトレーニングを通じてのみ可能となる。まさに，アスレティック・トレーナーがチームドクターをよく知ることによって，チームドクターの次の処置を自信を持って予想できるように，救急医療システムのスタッフは医師の腕の延長上でもって現場で行動しなければならない。スタッフは医師が行いたい評価方法を行い，そしてどのような順番で治療を試みたいと思うかを理解していなければならない。医師と緊密な関係で働いている救急救命士と救急医療隊員は医師との間で確固たる信頼関係を築き，そしてその信頼関係によって，医師は離れた場所にいる傷病者の状態を正確に把握することが可能になる。

❖ 救急医療スタッフのガイドライン

救急車に乗り，現場に対応している救急医療スタッフは病院や病院の医師に対して責任を負っている。つまり，病院や医師によって設定された救急手順に従ってこれを確実に実行しながら傷病者を搬送しなければならない。言いかえれば救急医療スタッフの義務と責任は，第一に傷病者，その次に病院とその医師に対してあり，決してチームドクターに対してではない。

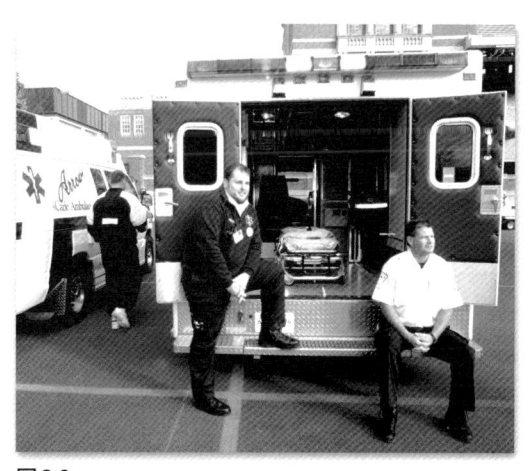

図8.9
救急医療チームでは，救急救命士，救急医療隊員，医師などが一緒に働いている。

もしもこの重大な決まり事をチームドクターが理解していないとしたら，現場において感情的な問題が発生するかもしれない。

しばしば，アスレティック・トレーナーであるあなたが救急車に同乗することが許されることがある。そのような場合には，スタッフの知識や技術だけでなく，役割と責任についても学ぶすばらしい機会となる。私たちが救急医療隊員や救急救命士の責任を理解すれば，現場に出動してきた彼らが提供できる治療や処置をより正しく評価できるようになる。

7.救急医療器具と備品

骨折や捻挫への対処方法を知ることだけが大切なわけではなく，生命の危機が発生した際の対処方法を理解することも重要である。その先の何年もの間，記憶の中に残り続けるのは，生命に危機を及ぼすような重大な傷病に遭遇・対応した際の記憶である。どうせ残るのであれば，その記憶を良いものにしたい。傷病発生の際に適切な器具を持っていることだけが唯一の準備ではない。その器具を使うために適切なトレーニングを行うことも重要なのである。使用するためのトレーニングを受けていなかったり，使用するスキルを学ぶことのない器具を購入したりすることは賢明とは言えない。試合や練習をカバーしているスタッフの大半にとって有用な器具だけを購入することである。

1 気道の確保

スポーツの現場ではあまり必要とされないが，気道の確保は大変に重要である。すべてのメディカルスタッフとコーチングスタッフは，それに必要な技術を習得しているべきである。アスレティック・トレーナーは気道確保のための何らかの器具を常に携帯し，アンビュバッグのような補助的な酸素供給器具も携帯しておくことが望ましい。もちろんこれらの器具は救急車には搭載されている。

❖ 経口咽頭チューブ

救急医療チームや医師は，頻繁に経口咽頭チューブと呼ばれる器具を使用する（図8.10）。気道のサイズは00から06に分類され，傷病者の口の中心から下顎角までの距離によって決定される。この器具を使用するには，傷病者が意識不明であり咽頭反射が喪失していることが条件で，最終的な向きから反転した状態で傷病者の口へと挿入した後に180度回転させる。無意識の傷病者への挿入によって気道を確保しながら唾液などを吸引することができる。

❖ 陽圧換気

傷病者の呼吸が不十分な時に，傷病者の肺に空気を押し入れる目的で陽圧換気が使用される。人工呼吸は用具や備品を使用せずに行うことが可能であるが，常にあなたと傷病者の間に何らかのバリアー（ポケットマスクなど）を置くことが重要である。

❖ ポケットマスク（マウスシールド）

ポケットマスクは，アスレティック・トレーナーがしばしば持ち歩くアイテムである。マスクは，マウスツーマウス人工呼吸を行う際に使われ，救護者と傷病者の接触を最小限にする。酸素吸入器との併用は，訓練を受けた救急救命士だけが利用できる。

❖ 弁付バッグマスク人工呼吸器

弁付バッグマスクは，傷病者の意識の有無にかかわらず，人工呼吸が必要なすべての場合に用いることができる（図8.11）。弁付バッグマスクは酸素を併用することができるが，この方法は相当の練習と訓練が必要とされ，訓練を受

けた人によって実施されなければならない。

❖ 酸素補給

呼吸はしているものの，十分に酸素が取り込めていないと判断された場合は，酸素補給が必要となるかもしれない。すべての救急車は酸素ボンベを搭載しており，試合時などにサイドラインに酸素ボンベを準備する学校（特に高地にある学校）もある。大半のケースでは普通の呼吸によって十分に酸素は足りているのであるが，頭部外傷や，時には頚椎の損傷によって，普通の呼吸では十分な酸素が得られないこともある。簡易酸素マスクは酸素ボンベとともに使うが，傷病者はかならずしもこれらのマスクをうまく利用できるとは限らない。

2 心臓系の器具

1980～1990年代には，スポーツ活動中に発生する心臓系の問題（生死に関わる緊急事態）に国民の関心が集まり，メディカルスタッフ，コーチ，そして管理運営者は，この問題を予防するために必要な訓練や器具を準備することに積極的になった。

発生した心臓系の緊急事態の大半は心室細動と心停止を伴うが，心室細動を除去して正常の心拍リズムを取り戻すには，電気刺激を与える必要がある。数年前には，心臓系の問題に緊急対応できるのは救急救命士か医師に限られていたが，今日では，アスレティック・トレーナー，コーチ，航空機の客室乗務員などの緊急事態に遭遇する可能性のある多くの人々がAEDを用いて徐細動を行うことができる（図8.12）。AEDは，電極の配置，心電図の分析，および徐細動ショックに関して音声と視覚による段階的な指示を自動的に出すようプログラムされている。大企業などではAEDを各職場に設置するだけでなく，定期的に職員にAEDの講習を受けさせるところもある。

3 スポーツ施設の用具・器具

すべてのスポーツ施設が，すべてのスポーツ現場で起こり得る緊急事態に対応した用具・器具を購入するのに十分な資金を持っているわけではない。また，それらの中には高価なものがあるだけでなく使用に際して相当のスキルを要するものもある。一方，救急車には緊急対応に必要な医療器具とそれを使用するのに十分なスタッフが乗り込んでいる。

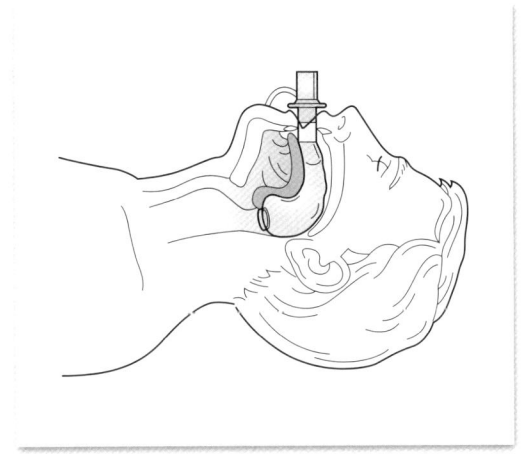

図8.10　経口咽頭チューブ

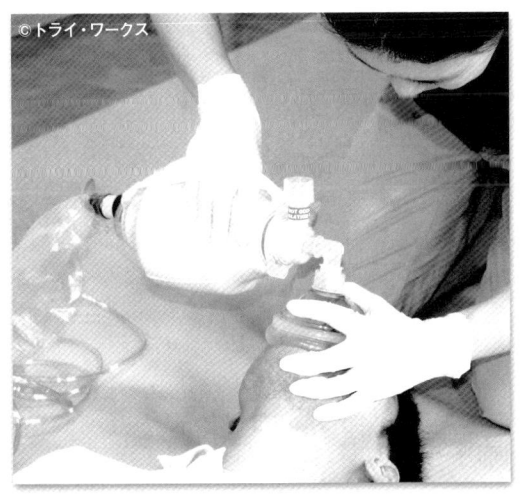

図8.11
弁付バッグマスク人工呼吸器は救護者と傷病者の間の接触を最小限にする。

8章　● 緊急対応と医学的管理

あなたの地域の救急医療スタッフとコミュニケーションを取る際には，救急器具に関する話し合いを持つ必要がある。救急医療スタッフが場合によっては業者を紹介してくれたり，時にはそのレベルの処置を行うために必要な器具や訓練を提供してくれたりするかもしれない。また，スパインボードなど必要最小限の用具・器具の購入を勧められるかもしれない。

4 用具・器具の維持管理

緊急時に使用するすべての用具・器具は，いつでも使用可能な状態に維持管理されていなければならない。正常に使えることを確認するためには，それらを定期的に検査することはもとより，管理スタッフは使用されるたびにすべての用具・器具をチェックし，所定の場所へ確実に戻しておかなければならない。

どの程度頻繁に前シーズンで使用したかに関係なく，すべての緊急用具をシーズン前ごとにチェックすることが大切である。AEDなどの電子機器は出力，回路，バッテリー，そのほかの機能について専門家にチェックを依頼するのがよい。消耗品は使用後には正しい方法で処理し，速やかに補充べきである。バキュームスプリントなどの器具は，空気漏れやポンプの不都合などがないかをチェックしておく。

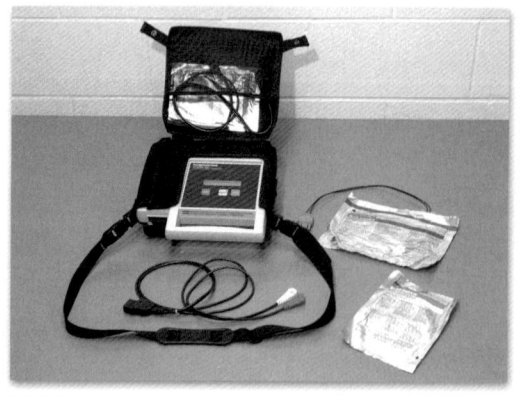

5 トレーナーズキット

スポーツによって緊急事態の種類はある程度異なっている。遭遇しやすい傷病の種類に加えて，すべての参加者に関する医学的コンディションについても留意する必要がある。一般的に，アスレティック・トレーナーはすべての緊急事態に備えていなければならない。以下の話は，試合や練習にどのような用具や器具を利用可能な状態で準備しておくべきかを決定する助けとなるかもしれない（図8.13）。

ラグビーのようなスポーツにおいては，頭頸部外傷のために特定の用具や器具が必要となる。脳震盪を起こすほどに激しく（直接的・間接的に）頭部に打撃を受けた際には頸部損傷の有無を慎重に評価することが必要である。頭頸部外傷に対応する際には，スパインボードが必要となるかもしれないが，受傷者の固定や搬送に関してはよく訓練を受けたスタッフが少なくとも1名以上いなければ，スパインボードの使用は賢明とは言えない。脊椎損傷の可能性のある選手の固定・搬送に伴う注意事項に関して，スタッフの誰も知識や技術がないだけでなく，訓練も受けていないのであれば，発見された姿勢のままで選手を落ち着かせ，保護した状態に保つことが望ましい。選手を安静に保ち，そのほかの問題がないことを確かめて（二次評価），ショック症状から守りながら，救急車が到着するまで選手の管理を続けなければならない。そのほかの問題があるようであれば，疼痛と出血をコントロールするために医学的処置を行うことになる（次頁の「4種類の止血方法」を参照）。

地域の救急医療スタッフやチームドクターとともに，救急車が到着する前にアスリートを移動させることの危険性と恩恵を議論し，総合的に評価すべきである。もしも危険性が少しでも存在するようであれば，アスリートの移動や医

図8.12
AED：自動体外式除細動器

療機関への搬送は救急救命士や救急医療隊に委ねることが最良と言える。

呼吸や心臓に関わる緊急事態ではさらなる迅速な対応が必要なので，メディカルチームにアシスタントとして働いているすべてのスタッフやアスレティック・トレーナーのみならず，すべてのコーチングスタッフも心肺蘇生の訓練を受けるべきである。ポケットマスク，気道確保の器具，そしてもしも可能であればAEDは是非手元に置いておきたいものである。最低でも1個のポケットマスクはすべての緊急用キットの中に備えられていなければならないし，使用した際には新しいものと取り替えておかなければばらない。

救急用品と固定器具はすべての医療用キットに準備されていなければならない。滅菌コットンやガーゼ，包帯などは創傷などに備えて準備し，数組のラテックスグラブは滅菌ガーゼや包帯などと同じ場所に保管する。骨折や重度の捻挫を固定するための固定具は利用可能な状態で，練習場所や試合会場に備えるべきである。もちろん三角巾も必要である（表8.1）。

そのほかの特別な医療用具はスポーツや特定の選手（糖尿病の選手等），救護者の位置などに応じて選択するべきである。サイドラインに固定電話がない限り，携帯電話は医療用キットの中になくてはならないし，緊急時の電話番号や911番にかける際の注意事項などはそれぞれの電話の近くになければならない。

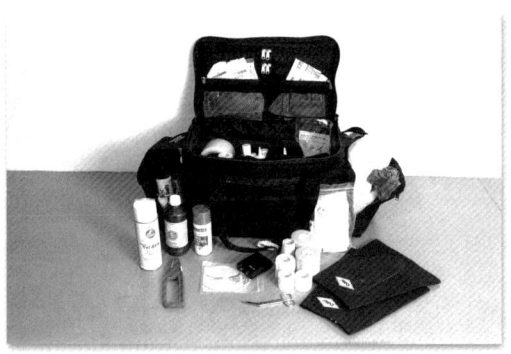

図8.13
アスレティック・トレーナーのトレーナーズキット

4種類の止血方法
- 傷口への直接的圧迫
- 大きな動脈への直接的圧迫
- 固定，包帯使用，および四肢の挙上
- 止血帯の使用

表8.1　すべてのスポーツ現場に備えておくべき救急用の用具・器具

救急用の器具	使用目的
スパインボード	脊柱を固定するため
非伸縮性ストラップ	スパインボード上にアスリートを固定するため
ストレッチャー	スパインボードをストレッチャー上に固定し，搬送するため
固定器具	頭部・頸部を固定するためのパッドとストラップ
ポケットマスク	人工呼吸のため
気道確保器具	チームドクターが気道を確保するため
自動体外式除細動器	心室細動を取り除くため
滅菌ガーゼ，脱脂綿，包帯	裂傷，擦過傷などの創傷の手当のため
ラテックスグラブ	開放性の創傷を手当する際の普遍的予防策のため
副木，三角巾	骨折，脱臼，捻挫の手当のため
テープ，弾性包帯	包帯や副木の固定のため

8. 専門医への照会

　すべての関係者が理解しているように，傷病者を更なるケアのために専門医へ照会することは，良いことである。アスレティック・トレーニングの最も重要な側面の1つは，私たちができることの限界をわきまえることと，私たちが行った初期対応を継続してくれるほかの専門医と常に連絡を取っておくことである。照会するにあたっては，自分たちが行った対応の内容（評価と処置）を文書化して相手に確実に伝えるようにする。

1 評価・処置の文書化

　良好なスポーツメディスンチームにとってコミュニケーションは重要である。1人の力だけではほとんど何もできないという事実が，チームアプローチを重要なものにしている。新しいスタッフがメディカルチームに加わった際には，現場のスポーツメディスンチーム内だけではなく，サポート部門全体や外部の医療機関とのコミュニケーションがますます重要になる。
　各メディカルスタッフは，正確かつタイムリーに医学的事実を記録し，同時にほかの医療関係者とも明快かつ完全な医学的情報をやりとりしなければならない。

2 医学用語

　ある傷病者に関する医療記録を読み，そこに見慣れない医学用語を見つけることほどストレスに感じることはない。この状況で読み手は，ストレスの原因が自分自身の知識不足にあるのか，または書き手の標準的な医学用語の使用に問題があるのかについて思いを巡らすことになる。真実がどちらであれ，最終的な結果はコミュニケーションの失敗となる。臨床的な徴候を証明するために使われたスペシャルテストの名前に慣れ親しむことは大切なことである。しかし，誰かがあるテストについて言及しても，ほかの人がそのテストについて知らないならば，その重要性は失われてしまうであろう。
　臨床的な症状や徴候についてコミュニケーションするにあたってとても重要なことは，まず症状と徴候の違いについて理解することである。一般的に，徴候は定量化され，客観的に評価できる具体的な所見であり，一方，症状とは傷病者が報告するより主観的な所見である。
　測定可能な臨床所見には，体温，関節可動域，血液量，変形のサイズや角度，または関節のストレステストによる骨と骨の間の分離距離などがある。問題の部位や性質にかかわらず，定量化することができる所見は「徴候」であり，特定の状態や病理を指し示している。一方，症状とは傷病者が医療従事者に対して口頭で示した内容である。ある傷病者は膝の不安定感を「膝が崩れる」と表現するかもしれない。また，関節を曲げた時の「膨らみ感」は腫脹や浮腫を示唆している。ステッドマン医学辞典（1997）によれば，「症状」は傷病者の感じる機能，外見または感覚上の異常であり，病気の状態を指し示す，とある。
　医学用語はしばしば「日常的な」言葉とはかなり異なっている。そのため，スポーツ医学を学ぶ学生は医学用語のテキストを記憶しようと意識的に努力しない限り，医学用語のボキャブラリーを高めることはなかなか難しい。

3 報告の明確性と正確性

　アスレティック・トレーニングに関する授業で，学生は頻繁に使用される用語の省略形（略語）を学び，指導者は時には略語を，省略されていない単語や句にして示すことがある。
　傷病者のカルテやそのほかの書類に情報を記

録する時には，以下のことを心がけるようにしたい。「不確かな時には省略しないこと」。特定の省略表現が，よく知られた意味を持つか確かでない時には，省略を避けるべきである。試しに，次のカルテの内容を解読して欲しい。
「Rbt. c/o acute pain in the L. knee following practice on 4/3/99. He reports previous ACL injury in high school FT. ROM and MMT are WNL. No swelling or discoloration are present. +1 Lachman, + Pivot Shift. MCL/LCL & PCL1 are normal as compared to R knee.」

解読すれば，ロバートは1999年4月3日の練習後に急性の疼痛を左膝に訴えて来た。彼は高校でのアメリカンフットボールで前十字靱帯傷害の既往歴があると言っている。関節可動域と徒手筋力テストは正常値範囲内である。腫脹や変色はない。ラックマンテスト1度陽性。ピボットシフトテスト陽性。内側側副靱帯，外側側副靱帯，後十字靱帯は右膝関節と同等。

言葉は我々がコミュニケーションのための手段だということを覚えていなければならない。もし使用される言葉や用語が正確さを欠いたた

よく使われる用語とその略語

日本語	英語 : 略語
日常生活	activities of daily living : ADL
前後方向の	anteroposterior : AP か A/P
およそ，〜くらい	approximately : approx
1日2回	bis in die (Latin : twice daily) : bid
血圧	blood pressure : BP
〜と一緒に	cum (Latin : with) : w/ か c
頚椎…番	cervical vertebrae (level) : C1, C2,---C7
〜を訴える	complains of : c/o
〜続ける	continue : cont
〜をやめる	discontinue : dc
診断	diagnosis : Dx
検査	examination : ex
胃腸の	gastrointestinal : GI
静脈（注射）の	intravenous. IV
左	left : L か Ⓛ
腰椎…番	lumber vertebrae ; L1, L2,---L5
左下（腹）部	left lower quadrant (abdomen) : LLQ
最終月経期	last menstrural period : LMP
意識レベル	level of consciousness : LOC
左上（腹）部	left upper quadrant (abdomen) : LUQ
陰性	negative : neg
絶食	nothing by mouth : NPO
手術室	operating room : OR
後前方向の	posteroanterior : PA か P/A
医師用卓上参考書	Physician's Desk Reference : PDR
必要に応じて	Pro re nata (Latin : as needed or desired) : prn
1日4回	four times a day : qid
右	right (direction or side) : R か Ⓡ
赤血球数	red blood cell count : RBC
右下（腹）部	right lower quadrant (abdomen) : RLQ
〜を除外する	rule out : r/o
右上（腹）部	right upper quadrant (abdomen) : RUQ
〜を除いて，なしに	without : w/o か s̄
すぐに，即座に	immediately : stat
症状	symptoms : Sx
胸椎…番	thoracic vertebrae (level) : I1, I2,---T12
温度，体温	temperature : T
錠剤，タブレット	tablets : tab (s)
1日3回	three times a day : tid
軟膏	ointment (unguents) : ung
白血球数	white blood cell count : WBC
陰性，マイナス	negative : −
女性	female : F
男性	male : M
ポンドまたは数	pound or number : #
上昇，増加	increase : ↑
下降，現象	decrease : ↓
〜以上	greater than : >
〜以下	less than : <
〜と等しい	equal to : =

めに不透明であったり，綴りが間違っていたり，略語が「一般的に用いられるもの」と異なっていたりした場合には，コミュニケーションに問題が生じるかもしれない。医療情報の記録管理では，その記録文書が将来訴訟などに使用される可能性があることを書き手は肝に銘じておかなければならない。臨床所見を記録する際には，はっきりと，正確に書くよう心がけたい。

9. 血液感染性病原体への感染

　アスレティック・トレーナーとしてあなたはスポーツ現場における病原体への感染から自分自身を守らなければならない。2章において，血液感染性の病原体についての一般的な記述をしたが，ここではより詳細に解説する。

　人間の血液中に見られるすべての感染性病原体は，血液感染性病原体とみなされる。普遍的予防策を使用することによって，この病原体に感染する危険性はコントロールされる。B型肝炎（HBV）の病原体は血液感染性ウイルスで，HIVよりもより粘り強く感染力が強いと言われている。B型肝炎感染への恐怖は，HIVに関連するものほど強くはないため，B型肝炎の感染を予防するためにとられる予防策は，医療関係者の懸念や心配の度合いによって異なる。B型肝炎の死亡率の低さが，HIVほどの恐怖心を引き起こさない主要な原因であると多くの人は感じている。

　アメリカのあらゆる組織では，血液感染性の病原体に接触する可能性のあるすべての被雇用者に対して，感染予防の訓練を行うことが求められている。チーム，学校，クリニック，そのほかの施設では，接触の可能性があるすべての関係者に対してB型肝炎ワクチンを提供しなければならない。予防接種に加え，感染の可能性のある接触事故を報告してきた労働者には，B型肝炎感染へのさらなる予防策として予防薬を投与する。

　血液感染性病原体への感染の可能性を考えると，適切な予防策をとっているにもかかわらず開放創のケアに対して心配を抱くかもしれない。他者の血液や体液への接触の可能性がある環境にいる場合は，B型肝炎ワクチンを無料で受けることができる。スポーツ現場においては偶発的な血液への接触の可能性が高く，感染によって被る生涯にわたる肝臓へのダメージを考慮した場合，予防接種によるわずかな不快感とそれにかかる時間は問題ではない。

　空気感染性の細菌やウイルスに加え，血液感染性病原体への感染はより大きな関心事となっている。後天性免疫不全症候群（AIDS）とHIVに関するメディアによる報道によって，一般の人々は感染を予防する健康習慣について次第に関心を払うようになってきている。多くのコーチやアスレティック・トレーナーは，自分たちはHIVに対しては「ハイリスク」グループではなく「安全」グループに属していると考えてきた。しかし，NBAのスーパースター，マジック・ジョンソンがHIV陽性であることを国民に向かって表明した時，スポーツにおける健康管理の考え方は一変した。マジック・ジョンソンのこの発表とリーグからの引退は，スポーツ界全体への警鐘となり，若くて強いアスリートも，自分たちが決して「防弾」されてはおらず，ほかの人々と同様にこの病気に感染し得ることを理解した。また，チームメート，コーチ，医療関係者の不安が表面化し，アスリートを取り巻くすべての人や他者との身体的接触のある人は，HIVやそのほかの血液感染性病原体の感染経路について知り，不注意による感染を避けるためにすべての予防策を取るようになってきた。

1 リスク増大の原因

　血液感染性病原体への感染の危険性を低減化する試みの中で，アメリカ疾病対策予防センターは，すべての血液と特定の体液はすでに感染している可能性があるものとみなすことを勧めている。この前提は，皮膚や粘膜がほかの傷病者の血液やここでリストアップされている体液と接触しないような対策を日常的にとることを奨励している。

　血液，目視できる血液を含んだ体液，精液，膣分泌物，細胞，滑液などの体液は感染している可能性がある。涙，鼻汁，唾液，痰，汗，尿，糞便などは目視できる血液が含まれていない限り危険性はない。

　適切な予防策としては，グラブ，マスク，ガウン，あるいは目の保護具などが一般的には考えられるが，アメリカ疾病対策予防センターでは分厚いガーゼなどの簡略なものも予防策の1つとして認識している。血液が染み込んでガーゼを介して皮膚に接触しないように気をつければ，小さな傷口などの手当には使用できる。

　そのほかの予防策としては，頻繁かつ定期的に手を洗浄したり，使用済みの器具を不浸透性の容器へ処理することなどがあげられる。注射器の使用にあたっては，<u>手で再び注射針にキャップをするべきではなく</u>，そのまま専用の容器に処理するべきであることを明記しなければならない。このような鋭利で危険な器具の使用にあたっては，専用の処理容器へ簡単にアクセスできるよう処理容器を施設内に配置しなければならない。さらに，汚れた布やガーゼ，およびグラブはガイドラインに沿って，「バイオハザード」とか「医療廃棄物」と明記された容器の中に処理されなければならない（図8.14）。アメリカ労働安全衛生局は労働災害を防止するためのガイドラインを刊行し，全米アスレティック・トレーナーズ協会（NATA）は血液感染性病原体の感染防止のためのガイドラインを策定している。

❖ 危険性回避行動の義務

　スポーツをテレビ観戦していると，チームドクターやアスレティック・トレーナーがしばしばフットボール選手から血液の付いた芝を取り払っているのを見かける。この時，アスレティック・トレーナーはグラブを着用しているであろうか？汚染された服やガーゼがどう処理されるかを見ることがあるだろうか？最近はこのようなことが気になり始めた。

　普遍的予防策は国民の注目の的になってきたため，高校，大学，そしてプロのフィールド上で正しく開放創の処置を行うための規制が強化されるようになってきた。もしも，規制が強化されなければ，実際に誰でもが正しい方法をとるだろうか？開放創の処置に際して，すべての人は自らに対して最も安全な予防策を実践する義務がある。監視の目がない状態では，あなたと傷病者だけが実際にあなたが普遍的予防策をとったかどうかを知ることになる。誰かに監視されている，いないにかかわらず，あなたは自分自身と傷病者に対して，普遍的予防策をとる義務がある。

❖ 身体への接触による感染

　HIVやHBV感染者と皮膚接触があれば必ず感染するというわけではない。基本的には接触する皮膚に傷や肌荒れがなければ，ウイルスの侵入は困難である。しかし，もしもあなたの指に開放性の傷や肌荒れがある時には，傷口の処置の前に必ずグラブを着用して自らを保護しなければならない。

　傷口から出血している状態でコートやグラウンドから出てくる選手に対応する際には，行動を起こす前に自分自身をどのように保護するかを考えなければならない。傷口から激しく出血している場合でも，あなたは適切な用具を取りに行く時間をまず確保し，傷口に触る前に必ず

グラブを着用しなければならない。アスレティック・トレーナーとして，必要な用具を準備してグラブを着用している間に，傷口を自ら圧迫するためにアスリートにガーゼを渡すことはできる。そうすることで，あなたが準備している間に，実際に出血はコントロールされているかもしれない。

フットボールのサイドラインでは血のついたタオルが投げてあるのをよく見かけるが，いったい誰が止血のためにタオルを使ったのであろうか？このタオルはどのように処理すべきなのか？もしも傷口がガーゼには大きすぎて出血がコントロールできない時には，止血に使用された布やタオルは，ガーゼと同じように処理されるべきである。

転倒して擦過傷や裂傷を負った選手は，ユニフォームが血液で汚れるまでそのことに気づかないかもしれない。血液で汚れたユニフォームとほかの選手の皮膚の接触によってHIVが感染することはほとんど考えられないが，HBVの感染の可能性はある。したがって，感染の可能性の大小にかかわらず，ユニフォームについた血液をプレー復帰の前に洗い落とすか，ユニフォームを取り替えなければならない。感染予防のためにHIVやHBVを効果的に消毒する薬品が市販されており，これらの薬品は血液の色

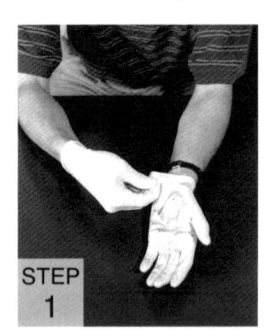

STEP 1
利き手で非利き手の掌をつまむ。

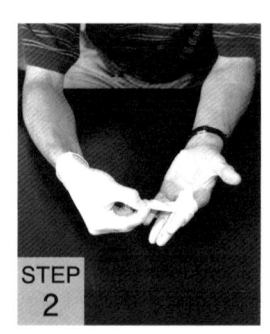

STEP 2
非利き手の手袋を裏返しながら注意深く取り外す。

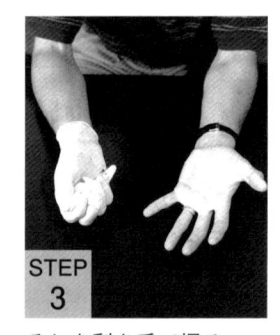

STEP 3
それを利き手で握る。

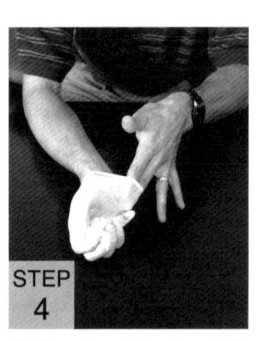

STEP 4
非利き手を利き手の手袋の掌側の下に差し入れる。

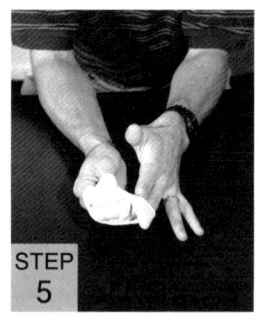

STEP 5
非利き手の先が手袋の指の穴の部分へ到達したら，利き手の手袋をゆっくりと確実に裏返しながら注意深く手袋を外す。

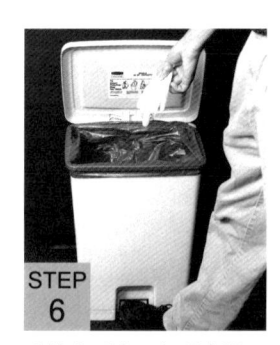

STEP 6
手袋を所定の処理容器の中へ捨てる。

図8.14
自分の皮膚を汚さないために，上記の方法で汚染されたラテックスグラブを手から外して処理をすべきである。

を明るい赤から別の色に変えるため，チームスタッフや対戦相手の心配を取り除く効果もある。

❖ 血液や体液への接触による感染

医療関係者が血液や危険とされている体液へ接触することは，現在知られている最も危険性の高い行為である。また，感染者に対して使用された注射針にキャップをしようとする行為も最も危険性の高い行為の例である。スポーツ現場においては，注射針はいわゆる血豆から体液を抜く際などに使用されるが，この針で自分の皮膚を傷つけたら，針についていたHIVやHBVに感染する可能性は高い。この種の感染を予防する最良の方法は，使用した針にキャップをしないことである。一般的には作業はすでに終了しているため，注射針にキャップをする必要はない。針刺し事故は作業が終了した後に起こるので，専用の容器に使用した注射針をキャップをすることなく捨てるべきである。

血液や体液への直接的な接触は潜在的な危険性をはらんでいるので，いかなる事故も報告されなければならない。次頁の「血液およびそのほかの感染危険物質への接触事故報告書」は，もしも雇用者が持ち合わせていなかった場合に有用となる簡略な報告書である。無用な恐怖感に支配されるよりも，報告書を作成し，適切な検査と経過観察でフォローアップすることがより良い対応の仕方である。

❖ 間接的な接触による感染

HIVやHBV陽性者との間接的な接触による感染は発生しにくい。間接的な接触には感染者との飲料用のカップやタオルの共有などがある。感染の危険性はゼロではないが，HBVはこのような間接的な接触では，接触が実際に起こるまでの時間生存し続けるとは考えにくい。また，もしも仮に生存し続けたとしても，ウイルスは血液かまたは別の特定の体液の中でしか生存できないので，これ自体が間接的な接触では起こりにくい状況である。

2 危険に対する意識の変化

あなたがアスリートの創傷を清拭するよう頼まれたとしよう。あなたは訓練通りにグラブとマスクを着用し，創傷の清拭を無事に終了する。さて，同じ作業をHIV陽性とわかっているアスリートに行うとすると，あなたの予防策は変わるか？あなたの不安は増大するか？今度は，2人の立場を変え，あなたがアスリートと仮定してストーリーを考えてみよう。普遍的予防策がとられて傷口が手当てされたので，あなたはとても安心していられた。しかし，もしも，あなたの傷口を処置しようとする医療関係者がHIV陽性だと知っていたとしたら，ほかの人にその処置をしてもらうようお願いするであろうか？このような感情の揺れは人々が医学的な情報を秘密にしたがる理由となる。HIVやHBVに関わる偏見が社会の中に強くあるために，人々は感染の事実が明らかになった時に自分がどのように扱われるか恐怖を感じる。医療関係者として，いかなる傷病者やアスリートも，あなたが提供し得る最高の処置を受けるに値する人たちであるということを肝に銘じておくべきである。適切な予防策を講じることによってのみ，傷病者と私たち自身の両者を守りつつ，傷病者が受けるに値する最高の処置を提供することができる。

職業安全衛生管理局によって医療関係者から傷病者への血液感染性病原体（HIVとHBV）の感染を予防するためのガイドラインが発表されており，HIV陽性の医療関係者が業務を遂行することを禁止する連邦政策や連邦法は施行されていない。HIV陽性の医療関係者は自ら陽性であることを公表しなければならないと定められているが，このことは法的にも倫理的にも彼らを苦しめ続けている。

血液およびそのほかの感染危険物質への接触事故報告書（事故者用）

【接触事故を起こした方へ】

1. 接触した部位をよく洗浄してください。皮膚には石鹸を使用し、目、鼻、口には水のみを使って洗浄してください。

2. 監督者に接触事故を報告してください。

3. 以下の記入欄にもれなく記入してください。質問がある場合には監督者に質問してください。

　　氏名＿＿＿＿＿＿＿＿＿＿＿＿＿＿＿＿＿＿＿＿＿　　役職＿＿＿＿＿＿＿＿＿＿＿＿＿＿＿＿＿＿
　　住所＿＿＿＿＿＿＿＿＿＿＿＿＿＿＿＿＿＿＿＿＿　　電話番号＿＿＿＿＿＿＿＿＿＿＿＿＿＿＿＿
　　接触事故のあった日時、場所＿＿＿＿＿＿＿＿＿＿＿　　仕事先電話番号＿＿＿＿＿＿＿＿＿＿＿＿

　　私は　□血液　□そのほかの感染の危険性のある体液（可能であれば明記してください）に接触しました。
　　＿＿
　　それは私の（　　）に接触しました
　　□右・左・両方の目　□鼻　□口　□創傷・擦過傷・損傷や貫通した皮膚

　　接触事故は、私が＿＿＿＿＿＿＿＿＿＿＿＿＿＿＿＿＿＿＿＿＿＿＿＿＿＿＿＿＿＿＿＿＿＿＿＿＿
　　＿＿＿＿＿＿＿＿＿＿＿＿＿＿＿＿＿＿＿＿＿＿＿＿＿＿＿＿＿＿＿＿＿している間に起こりました。

　　事故の際、私は□グラブ　□保護用衣類　□顔面保護具　□眼保護具を着用していました。
　　接触の直後、私は　□接触の起こった部位を洗浄しました。　□監督者に接触を報告しました。
　　B型肝炎のワクチン接種を　□受けています　□受けていません。
　　誰の血液や体液と接触したかを　□特定できます。　□特定できません。

　　氏名＿＿＿＿＿＿＿＿＿＿＿＿＿＿＿＿＿＿＿＿＿
　　住所＿＿＿＿＿＿＿＿＿＿＿＿＿＿＿＿＿＿＿＿＿　　電話番号＿＿＿＿＿＿＿＿＿＿＿＿＿＿＿＿

4. 記入が終了したら、署名、日付を記入し、この報告書を監督者へ提出してください。

5. 監督者の指示する医療機関にて速やかに検査を受けてください。

　　事故者の署名＿＿＿＿＿＿＿＿＿＿＿＿＿＿＿＿＿　　日付＿＿＿＿＿＿＿＿＿＿＿＿＿＿＿＿＿＿

血液およびそのほかの感染危険物質への接触事故報告書(監督者用)

接触事故を起こした者(被雇用)の氏名＿＿＿＿＿＿＿＿＿＿＿＿＿＿　接触事故発生日＿＿＿＿＿＿＿＿

【監督者へ】

1.接触した当事者が該当部位を洗浄し,可能な限り完全に報告書を記入したことを確認してください。

2.以下の情報を記入してください。質問がある場合には,あなたの部署の責任者に相談してください。

あなたの氏名＿＿＿＿＿＿＿＿＿＿＿＿＿＿＿＿＿＿＿＿＿＿
役職＿＿＿＿＿＿＿＿＿＿＿＿＿＿＿＿＿＿＿＿＿＿＿＿＿＿
電話番号＿＿＿＿＿＿＿＿＿＿＿＿＿＿＿＿＿＿＿＿＿＿＿＿

上記の接触事故を起こした従業員は,＿＿月＿＿日　午前・午後　＿＿時＿＿分に接触を報告してきました。
□前述のように　□後述のように＿＿＿＿＿＿＿＿＿＿＿＿＿＿＿＿＿＿＿＿＿＿＿＿＿＿＿＿＿＿＿
＿＿＿。

部署の記録によれば,接触事故を起こした従業員は
□　□1回　□2回　□3回　のB型肝炎ワクチン接種を受けている。
□　B型肝炎ワクチン接種は受けていない。
□　血液感染病原体への就労上の接触に関する訓練を受けている。

血液・体液の保有者識別情報は　□確認できます　□確認できません。

私は接触事故を起こした者(従業員)を以下の医療施設に照会しました。
□＿＿＿＿＿＿＿＿＿＿＿＿＿＿＿＿＿＿＿＿＿＿＿＿＿
□＿＿＿＿＿＿＿＿＿＿＿＿＿＿＿＿＿＿＿＿＿＿＿＿＿

監督者の署名＿＿＿＿＿＿＿＿＿＿＿＿＿＿＿＿＿＿＿＿＿＿　日時＿＿＿＿＿＿＿＿＿＿＿＿＿＿

3.あなたの部署の記録のためにこの報告書のコピーを取ってください。

4.この報告書と職務内容記述のコピーを医療機関へ送ってください。

Q1 様々な傷病に対する適切な応急処置とは何かを確認しなさい。

A1 一般的に，（心肺蘇生のように）救護者がより高度な専門家に交代するか，または（出血のように）症状や徴候がなくなるかコントロールされるまで，正常な生理的機能を維持する目的で応急処置は行われる。心肺機能が影響を受けていない場合には，応急処置とは骨折や捻挫の固定や打撲部位への圧迫といった特定の問題への対応を指す。

Q2 緊急事態のABCの説明をしなさい。

A2 Aは気道確保を表し，傷病者が呼吸ができるよう気道を確保することを意味している。Bは呼吸を表し，空気が肺から抵抗などなく出入りしていることを意味する。Cは循環を表し，心臓が拍動し，血液が体内を流れていることを意味する。これらのABCが十分確保されていると確認されたら，評価と対応はそのほかのことへと向けられる。

Q3 スポーツチームの緊急対応プランの主な特徴を確認しなさい。

A3

練習と試合の対応	定期的に立ち会っているスタッフの責務を確認する。得られるスタッフを想定してそのスタッフの役割を分担し，代替案を話し合う。
緊急対応の手順	まずはなすべきことを知る。次に，様々な緊急事態で取られるべき手順をまとめる。
コミュニケーションシステム	救急医療システムへの連絡方法を知っておくこと。練習や試合の施設には利用可能な電話があることを確認する。それぞれの電話に，適切な救急電話番号と救急車を呼ぶ際の指示書を掲示しておくこと。
用具や器具	適切な救急用の用具や器具は良好で利用可能な状態で保管されていなければならない。救急用の消耗品は使用状況を確認して必要であれば発注をする。
緊急医療施設	必要な時により適切な医療を受けるために，近隣の緊急医療施設との円滑なコミュニケーションを持つこと。
搬送	傷病者を搬送するための手段を確保する。救急車の現場待機が求められる時には，あらかじめ地域の救急施設か消防署に相談をするとよい。
スタッフの訓練	スタッフの訓練は定期的に行う必要がある。
医療情報の記録	すべての傷病と処置を記録するシステムを策定すること。

Q4 様々なレベルや状況下における治療への同意を得る方法を説明しなさい。

A4 緊急事態において生命維持や蘇生処置を行う前には同意を得る必要はないが，緊急事態でない場合には傷病者の同意を得る必要がある。同意を表明できる法定年齢に傷病者が達していない場合には，保護者や両親が傷病者の代わりに同意書に署名しなければならない。同意書は書面で，傷病者の持つ問題，治療の性質，治療が行われる場所と提供者，予測可能なすべての合併症について記載されていなければならない。同意書への署名によって初めて治療への同意が得られた証となる。

Q5 救急医療システムの構成員を特定し，アスリート救護の中での役割を確認しなさい。

A5 救急医療システムは，4つのレベルのスタッフで構成される。まずは第一次救護者である。第一次救護者は一般的には事故が起こった際に，傷病者の最も近くにいた人になる。第一次救護者は救急医療システムで訓練を受けたスタッフではないが，救急医療システムへの入口の役割を果たす。次のレベルは初級救急救命士である。救急医療システムで救急車に乗るスタッフは，心肺蘇生や高度な応急処置などの医療が提供できる。大半の州では，救急救命士は，ショックパンツ，自動体外式除細動器，エピネフリン自動注入器，気管支拡張剤吸入器などの使用に関して訓練を受けている。初級救急救命士は，傷病者を安全に医療施設へ搬送するために傷病者を可能な限り安定させるように試みる。初級救急救命士が傷病者を十分に安定化できない時には，救急医療システムから更なる援助を求める。中級救急救命士は心肺系やそのほかの分野についてより多くの高度な訓練を受けているので，気管内挿管，静脈注射などの第二次救命処置や，心電図の解析などができる。よって，中級救急救命士はより重症の傷病者を搬送に安全な状態まで安定化させることができるかもしれない。緊急医療システムの最高のレベルは救急医療隊員であり，静脈内療法，上級の薬剤治療，心電図の解析，徐細動，気道確保行為などを行うことができる。

Q6 普遍的予防策の重要性について話し合いなさい。

A6 血液感染性病原体に感染すると生涯にわたって影響を受ける。すべての医療情報やHIV感染状況を把握することは不可能に近いことから，すべての傷病者に対してできる限りの予防策をとる必要がある。

> 質問について考え，調べ，議論してまとめなさい。

① あなたの学校が主催する10kmレースに備えて，緊急医療対策案を作成するように頼まれた。コースはすべて学校のキャンパス内に収まっている。キャンパス地図を使って（実際の距離を知らなくても構わないので）まずはレースコースを描きなさい。あなたの地域の気候やアスリートの年齢を考慮した上で，その地図上に救護ポイントや救急医療ステーションを少なくとも2カ所に設置しなさい。また，ステーションを補助してくれるスタッフの確保方法も考えなさい。

② あなたのスポーツチームでは，あなた以外に専門的な教育を受けたスタッフはいない。この状況下で，緊急事態が発生した際の対応策について考える時，緊急時に備えて訓練できるスタッフの選択について考えなさい。同時に選択理由も考えなさい。

③ あなたのチームのアスリートの1人がHIV陽性であると告知されたが，それが誰だかは知らされていない。この情報は秘密であり，すべてのアスリートが陽性であるかのように扱わなければならないと言われた。感染の防止という観点からこの状況の賛否について話し合いなさい。

④ あなたは，設問3の状況においてソフトボールチームで働いているとする。ピッチャーが打球を顔面に受けて多量の出血をしている。この状況をどのように管理するか，手順を述べなさい。なお，止血の手順だけでなく，そのほかに行わなければならない評価や処置についても述べなさい。

⑤ 大学の陸上部の選手の1人が糖尿病を患っている。彼女があなたに心配事や不安を相談してきた。あなたは彼女の話をそのほかのチームメートと共有してもよいか尋ね，彼女はそれに対して了解した。チームメートに糖尿病の徴候や症状，合併症などを理解させるためのレクチャーを行いなさい。

⑥ 近隣の消防署を訪ね，傷病者を搬送する際に従うよう義務づけられている手順について救急医療隊員や救急救命士にインタビューを行いなさい。彼らの手順とアスレティック・トレーナー（あなた）の手順とを比較・検討しなさい。必要があれば，アスレティック・トレーニングのスタッフにもインタビューし，比較・検討しなさい。

⑦ バスケットボール大会に必要なアスレティック・トレーナーのキットを考えなさい（予防用のテーピングテープなどは除く）。また，水泳の試合に持参するキットの中身とそれを比較しなさい。

【引用文献】
Stedman's concise medical dictionary. 1997. Baltimore : Williams & Wilkins.

【参考文献】
Editorial. 1994. Establish communication with EMTs. *NATA New* 6 : 4-9.
Kleinknecht v. Gettysburg College. 786 F. Supp.449（M.D. Pa. 1992）.
Kleinknecht v. Gettysburg College. 989 F. 2d 1360（3d Cir. 1993）.

9章

健康とパフォーマンスのための栄養

● 本章の目的 ●

本章を読むことで，

1. 炭水化物，脂肪，タンパク質の好ましい摂取方法について議論できるようになる。また，食事や食品に含まれるカロリーをどのように計算するかが説明できるようになる。
2. エネルギー源としての炭水化物の役割について説明できるようになる。また，食材に含まれる炭水化物の種類についても説明できるようになる。
3. 好ましいとされる1日の水分摂取量について説明できるようになる。また，体内の水分を補充するために適した水以外の飲み物についても説明できるようになる。
4. 善玉コレステロールと悪玉コレステロールの違いについて説明できるようになる。また，コレステロールの悪影響を最小限に食い止めるための方法を提示することができるようになる。
5. 「試合前の食事」と「試合前の栄養」の概念の違いについて説明できるようになる。また，なぜ一部の人が試合前に何でも好きなものを食べてよいと考えるかについて説明できるようになる。

ジェニファーは9月の終わりが近づき，興奮していた。なぜなら大学のラクロスチームのトライアウトが始まるからである。ジェニファーにとって今年は大学生活の最初の年で，授業は非常にうまく進んでいた。実家の生活から今の生活に適応するのは難しいこともあったが，新たな出会いや新しいことを学ぶことが非常に楽しかった。しかし今はトライアウトに集中しなければならない。

　最初の2日間の練習が終わった段階で，ジェニファーは疲れきっていた。「この練習は疲れるね」，と同じようにトライアウトを受けている友人に漏らした。

　するとその友人は「この練習が？ちょっと待って。もしあなたがこのチームのメンバーになるなら，それはまずいわ。練習時間は3時間も続くってほかの選手に聞いたわ。まだ半分しかやっていないじゃない。」と答えた。

　ジェニファーは不安になった。練習の終わりにはエネルギーをすべて吸い取られてしまったようになっていたので，チームのメンバーになることに不安を覚えただけでなく，大学の単位のことも心配になったのである。練習の後にはレポートを書くどころか，本を開くエネルギーすら残っていなかった。

　ルームメイトと話をした後，ジェニファーは学生健康教育センターで提供されているサービスを受けることにした。授業の合間に学生健康教育センターに行き，受付で来室の理由を告げたところ，医師に相談することを勧められすぐに予約をするように言われた。

　医師はジェニファーの既往歴を確認し，生理学的検査や血液検査の結果に目を通した後，「検査結果に問題はなさそうですが，栄養相談センターのスタッフに見てもらったほうがよいでしょう。」と告げた。

　ジェニファーはすぐに栄養相談センターに足を運び，栄養士に相談した。栄養士は彼女の食習慣について検討した後，食事のとり方の見直しを提案した。2人で食事の選び方について話し合った後，ジェニファーはよりよい食事に関するアイデアと，栄養士からもらったちょっとした宿題（毎日の食事と1日の活動時間，その内容を日記につけること）を持って栄養相談センターを後にした。

　栄養士との2回目のミーティングでは，ジェニファーは彼女の食習慣の変化が，トライアウト中のさらなるエネルギーだけでなく，練習後の読書や勉強のための新たなエネルギーも満たしてくれていることを確信させられた。栄養士からもらった宿題のおかげで，彼女はチームの一員となりチームの3時間の練習の厳しさを実感した！

　その年の最後に，ジェニファーはチームのMIP（最も上達した選手）に選ばれた。なんという名誉なことだろう。そして周りの皆から非常に上達したと認められるということはなんとすばらしいことなのか。ジェニファーは受賞式のスピーチで，このような機会を与えてくれたコーチと，プレーするためのエネルギーを与えてくれた栄養士に感謝した。ジェニファーは食事の変化なしでは，1年間を乗り切れなかったであろうことを確信した。

栄養は多くのアスリートにとって非常に重要なものとなってきている。ダイエットが痩せるためだけのプログラムであるという概念は，アスリートが食べる食品について考える必要はないといっているのと同じくらい非現実的なものである。一方，好ましい栄養とは，「けがや病気からの回復を助けるもの」という概念と同様に，身体が成長・発達する際に必要な物質を提供するものであると考えなければならない。アスリートが，増大する活動レベルに見合った栄養需要量を満たすことができなかった場合，パフォーマンスも健康も同時に損なわれることになる。健康な身体を維持するための栄養の役割を理解することは，それを維持する上で規則的な練習計画の必要性を理解することと同じくらい重要なことである。栄養はパフォーマンスにとっての財産である。アスリートは皆，栄養がパフォーマンスや健康に及ぼす影響について理解し，パフォーマンスのみならず，けがや病気の予防にもつながるものであると認識しなければならない。

1. なぜ栄養について勉強するのか？

アスリートがよりよい競技成績を得るために，可能なかぎり多くの技術を習得したいと思うのは当然なことであろう。近年の競技会においては参加者の技術レベルが非常に均衡しているため，アスリートの栄養面での習慣の相違が勝敗を分けることもある。栄養が充足されていない状態でスポーツでの勝利を求めるのは，レースドライバーが低品質の燃料や限られた燃料でレースの勝利を求めるのと同じようなものである。

2. アスリートに必要な基礎栄養

アスリートの基本的な栄養需要は一般人と非常に似通っており，タンパク質，脂肪，炭水化物のバランスの取れた食事を3食（毎食）とることが，最適なパフォーマンス発揮や健康増進の鍵となる（表9.1）。

バランスの取れた栄養摂取基準を満たしているかどうかを判断するために，まず摂取する総カロリー（エネルギー）の計算方法を理解し，それらに含まれるエネルギー源の割合を明確にする必要がある。ここでいうエネルギー源とは炭水化物，タンパク質，脂肪を指し，炭水化物とタンパク質は1gあたり4kcalのエネルギーを供給するのに対し，脂肪は1gあたり9kcalを供給する。食事の総カロリーを計算するためには，タンパク質，脂肪，炭水化物がそれぞれの食品に何グラムずつ含まれているかを知る必要がある。

表9.1 典型的な炭水化物，タンパク質，脂肪含有食品

高炭水化物食	高タンパク質食	高脂肪食
パン	肉，魚，鳥肉，卵	脂肪と油（調理用）
フルーツジュース	乳製品	肉，魚，鳥肉
ドライフルーツ	シリアル（穀物）	乳製品
生鮮または缶づめの果物	果物，野菜	卵
穀物，パスタ，澱粉	豆類，えんどう豆，ナッツ類	豆類

炭水化物，タンパク質，脂肪それぞれのグラム数に上述したカロリー（4または9）を乗じ，3つの栄養素の総カロリーを合計すると，その食品に含まれる総カロリー（kcal）量が算出される。そしてすべての食品の総カロリーを足してその食事の総カロリーを計算することができる。1日のすべての食事に含まれる食品を足して1日の総摂取カロリーを算出し，何日間かの摂取カロリーを平均して1日あたりの平均摂取カロリーを算出する。カロリー摂取量はカロリー消費量と同程度にする必要がある。

一般的なアスリートの場合，総カロリーの60％を炭水化物から摂取し，30％以下を脂肪，そして10〜15％をタンパク質で賄う（表9.2）。

炭水化物の貯蔵形態はグリコーゲンで，筋活動のエネルギー源となるため，アスリートは炭水化物を多く摂取することが望ましい。身体活動レベルの高い人は，練習や試合に必要な燃料（グリコーゲン）を得るために多くの炭水化物が必要なのである。加えて，身体活動レベルの高い人は，一般人（1.8g/kg/日）よりも多くのタンパク質を必要とする（2.0〜3.0g/kg/日）。アスリートがスポーツ活動に必要なエネルギー所要量を満たすようにバランスの取れた食事をとっていれば，彼（彼女）らは必要なタンパク質もほとんど同時に摂取することができる。炭水化物を多く含んでいる食物の多く（例；食パン，パスタ，穀物）は，タンパク質も含んでいる。

3. 身体活動に必要な水分

バランスの取れた食事に加えて，アスリートは水分摂取にも注意を払わなければならない。すべての清涼飲料水は体に必要な水分量を満たすものであると誤解されている傾向にある。実際，一部の清涼飲料水には体内の水分損失を引き起こすものもある。例えば清涼飲料水に含まれるカフェインには利尿作用があるため，含まれるものは体内の水分を枯渇させる作用を持っていることになる。したがって，これらの飲料を飲むことで，さらに多くの水分摂取が必要となるのである。

特別な電解質または炭水化物が必要でないかぎり，体に必要な水分量は水によって最も充足される。原則として一般的な人では1日に225ccグラスで8杯（約1.8ℓ）の水分量を摂取する必要があるが，活動量が多い場合は発汗によって水分を失うため，さらに多くの水分量を必要とする。注意しなければならないのは，喉の渇きは体内に水分が必要であることを示す指標とはならず，喉の渇きを感じた時にはすでに水分不足が始まっている。

また多くの人は美味しいと感じる飲み物を多く飲む傾向にある。もしも水道水のにおいや味が気に入らない場合には，おそらくそれを飲まなくなるであろう。これはアスリートに水分摂取を促す際に大きな影響を及ぼしており，電解質や炭水化物をほとんど，もしくはまったく必要としない場合でさえ，味が良いという観点からスポーツドリンクが好んで飲まれている。運動中の水分補給としてスポーツドリンクを飲む場合に，水分の素早い吸収を促すためには，水分中の炭水化物含有量は少なくても充分（7％未満）である。理想的には6％の炭水化物（1ℓあたり60g）を含んだスポーツドリンクが体内への吸収が良く，エネルギーを供給しながら水分を再補充するのに役立つ。

アスリートは皆，発汗率，運動パラメーター（休息や水分摂取の有無，運動時間，運動強度），環境要因や環境への適応の度合いを考慮しながら，自分たちの水分摂取スケジュールを立てる必要がある。充分に適応していない環境下で運動をする場合には，多くの場合発汗率のみで示される量よりもより多くの休息や水分摂取を必要とする。環境に適応した人の場合は，発汗率で示された水分量と同じか，もしくはパフォー

食事のカロリー計算例

食事の種類	脂肪（g）	炭水化物（g）	タンパク質（g）
プレーンベーグル（1個）	2	38	7
クリームチーズ（28.3g）	10	1	2
2％牛乳（1杯）	5	12	8
総グラム数	17	51	17

プレーンベーグル1個（クリームチーズ付）と2％牛乳1杯（226g）を食べた時の摂取カロリーを算出する。食事に含まれているカロリーを計算する際には，脂肪，炭水化物，タンパク質を含んだ食物量（上表）にそれぞれ9カロリー，4カロリー，4カロリーを乗じることで算出する。上の例の場合は以下の式の通りである。

- 脂肪：17g × 9 kcal/g = 153 kcal
- 炭水化物：51g × 4 kcal/g = 204 kcal
- タンパク質：17g × 4 kcal/g = 68 kcal

合計 425 kcal

表9.2　60：25：15比の食事例（炭水化物60％，脂肪25％，タンパク質15％）

食物類（サイズ）	カロリー (kcal)	タンパク質	脂肪	炭水化物
朝食				
マフィン＜マーガリン付（1スプーン）＞	200	6	5	30
バナナ（1個）	105	1	1	27
ヨーグルト＜フルーツ味＞（1杯）	200	8	3	32
オレンジジュース＜解凍＞（1杯）	112	2	0	27
昼食				
七面鳥胸肉（2枚）	47	10	1	0
サラダ菜（2枚）	2	0	0	0
ホールウィートブレッド（2枚）	135	3	1	28
マスタード（1スプーン）	4	0	0	0
ロメインレタス（1カップ）	10	<1	<1	1
生ブロッコリー（1/2カップ）	12	1	0	2
生カリフラワー（1/2カップ）	12	1	0	2
フレンチドレッシング（5スプーン）	305	0	22	23
桃（1個）	37	1	0	10
軽食				
ぶどう（1カップ）	116	1	1	31
夕食				
ベイクドポテト（1），マーガリン（1）	384	6	11	61
牛ももの焼肉（170g）	170	25	6	0
蒸しブロッコリー（1カップ）	44	5	1	8
夜食				
ポップコーン（マーガリン1スプーン）	103	2	5	14
合計				
グラム (g)		73	58	296
カロリー (kcal)	1,998	292	522	1,184
％総カロリー		15%	25%	60%

> **発汗率の算出**
>
> 発汗率を算出するためにいくつかの測定を行う必要がある。まず運動前の体重（g）から運動後の体重を引いて体重差（DBW：Difference in body weight）を算出する。次に運動中に摂取した合計摂取水分量（DV：Drink Volume）と尿量（UV：Urine Volume）をmlで算出する。
>
> $$発汗損失（SL：Sweat Loss）= DBW + DV - UV$$
> $$発汗率（ml/hr）= SL ÷ 運動時間（hr）$$
>
> 例として，ジェニファーは運動前の体重が54.4kgで運動後が53.5kgであった。練習中に彼女は1ℓ入りのスポーツ飲料を2本（合計2ℓ＝2,000ml）飲んだ。練習時間は2時間で練習後の尿量が300mlであった。この際の発汗率の計算式は以下の通りとなる。
>
> （＊1mlの水はおよそ1gとする）
>
> 練習前体重： 54,432.0g　　発汗損失＝908.1ml＋2,000ml－300ml＝2,608.1ml／運動時間
> 練習後体重：－53,523.9g　　発 汗 率＝2,608.1ml／2時間＝1,304.1ml／hr（1.3ℓ／hr）
> DBW＝908.1g
> DV＝2,000ml
> UV＝300ml

マンスの低下を招かない程度に若干多めの水分を摂取することが望ましい。原則として水分は運動中だけでなく運動前にしっかりと摂取し，運動終了後1時間程度は摂取し続ける必要がある。

4. 身体活動に必要なカロリー

　アスリートの場合，栄養面で大きく必要とされるのはカロリーの増加である。なぜなら運動量が増えることでエネルギー源としてのカロリー消費量が増大するためである。食事によって得られる摂取カロリーが1日の身体活動で消費されるカロリーを下まわると体重の減少につながり，摂取カロリーが消費カロリーを上回ると体重が増加する。スポーツ種目や，チーム内や競技内での役割によって体重は非常に重要な要素となる。例えば，アメリカンフットボールのラインマンは体重を増加させることによってそのポジションにおけるパフォーマンスを維持

することができる。一方，長距離ランナーの場合は体重が増えることにより，走る際の余分な重りとなってパフォーマンス低下につながる。

5. 食物ガイドピラミッド

　食物ガイドピラミッドは，アメリカ農水省（USDA）で作成されたシステムで，色々な食物群からバランスの取れた食事をとることを，カロリーや栄養素などの計算を必要とせずに示すものである（図9.1）。USDAは基となる4つの食物群を6つに分類し，多くの人に必要なカロリーに見合うように摂取（とり分ける）量も多くしている。ここで推奨されているのは以下の通りである。

- 3～5杯の野菜（とり分ける量：約1/2カップ）
- 2～4杯のフルーツ（とり分ける量：中くらいのフルーツ1個か1/2カップ）
- 2～3杯の乳製品（とり分ける量：170gの

牛乳，ヨーグルト1個，85gのチーズ）
- 6〜11杯のパン，穀物（シリアル），米，パスタ（とり分ける量：1枚，1/2カップ）
- 2〜3杯の肉，鳥肉，魚，豆腐，肉製品，（乾燥）豆類，卵，ナッツ（とり分ける量：85g）
- 少量の脂肪，油，デザート

このシステムでは，摂取量は各食物群別に定められており，さらに我々が食料品店で購入する製品名も含まれている。このピラミッドは糖尿病患者が食品選択や栄養管理のガイドラインとして用いる換算表にも非常によく似ている。

1 食事中の炭水化物

炭水化物は筋活動の主要なエネルギー源であることからも，身体活動に必要な総カロリーの60％が炭水化物で賄われるべきであることがわかる。炭水化物含有量が多い食品には，同時に脂肪も多く含まれるものが多いため，両者を含む食事をとる際には炭水化物由来のカロリーと脂肪由来のカロリーを区別する必要がある。

炭水化物が多く，脂肪が少ない食品として食パン，穀類（玄米，麦，大麦など），パスタ，野菜類，果物，フルーツジュースおよび清涼飲料水がある。筋は運動2時間後までに最も効率よく炭水化物を蓄えることができるため，アスリートの場合，運動直後に炭水化物を摂取し，数時間後にあらためて炭水化物を摂取する必要がある。

炭水化物は短時間あるいは高強度の運動時に重要な役割を担うエネルギーであるため，それを満たす食品を十分理解する必要がある。炭水化物は単糖類（フルクトース，ガラクトース，グルコース），二糖類（2つないしそれ以上の単糖類が結合したもの），多糖類（数百ないし数千の単糖類が結合したもの）に分類される。また，単炭水化物（単糖類，二糖類）や複合炭水化物（多糖類）は炭水化物の類型を表すものとしても使われている。両者の概略を**表9.3**に示した。

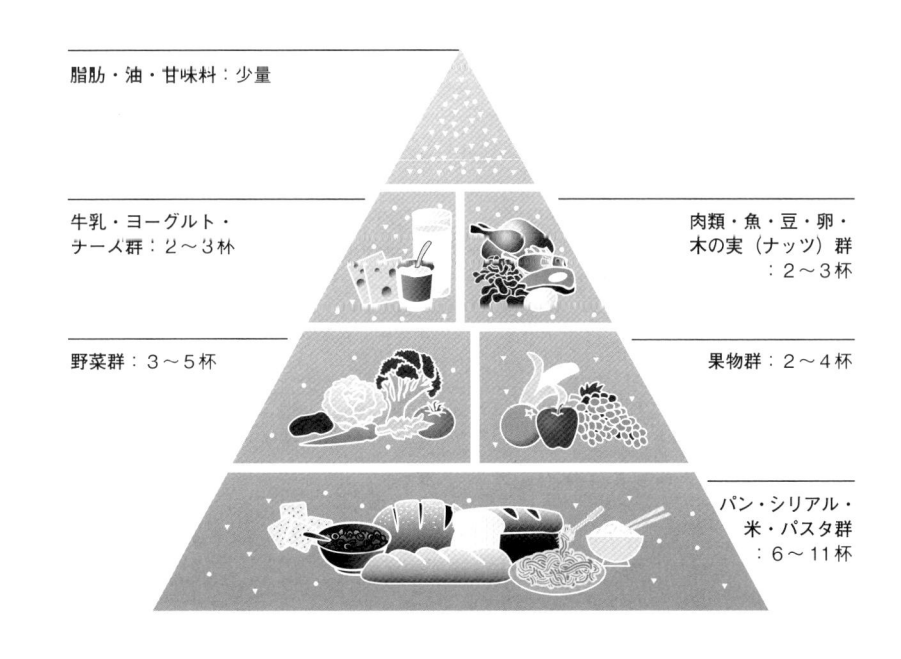

図9.1　USDA食物ガイドピラミッド

それぞれのタイプの炭水化物は，単糖類の異なる結合様式によって構成されており，消化の間に各々を構成する単糖類に分解される。この消化過程は口や胃である程度行われるが，ほとんどが小腸で行われる。小腸の中では膵臓由来の酵素（インスリン）が炭水化物をフルクトースやガラクトース，そして主にグルコースに分解する。この分解の後，ガラクトースやグルコースは小腸の粘膜から能動輸送と呼ばれる生体エネルギーを必要とする過程によって吸収される。一方，フルクトースは小腸の粘膜外の浸透圧が低い場合には小腸の粘膜を拡散（エネルギーを必要としない）によって透過する。

血中では単糖類は血流によって肝臓に運ばれるが，肝臓はフルクトースやガラクトースをグルコース，もしくはそのほかのグルコース代謝

表9.3　炭水化物の分類

炭水化物（類型）	型	源
単糖類（単炭水化物）	フルクトース	果糖
	ガラクトース	
	グルコース	血糖
二糖類（単炭水化物）	スクロース（グルコース＋フルクトース）	ショ糖（蔗糖）
	ラクトース（グルコース＋ガラクトース）	乳糖
	マルトース（グルコース＋グルコース）	
多糖類（複合炭水化物）	アミロース（グルコースの直鎖状分子）	食パンなどのでんぷん食品
		ポテト・とうもろこし
	アミロペクチン（グルコースの枝鎖状分子）	

表9.4　グリセミック指数別食品例

高グリセミック食品	中グリセミック食品	低グリセミック食品
ニンジン	とうもろこし	りんご
ハチミツ	オールブラン（シリアル食品）	フィッシュスティック
コーンフレーク	ポテトチップス	バタービーンズ（ライマメ）
全粉パン	えんどう豆	ネイビービーンズ（白インゲンマメ）
白米	パスタ	キドニービーンズ（インゲンマメ）
シュレッデッドウィート（朝食用シリアル）	オートミール	レンチル（レンズマメ）
玄米	スイートポテト	ソーセージ

McArdle, Katch, and Katch 1999.

物に変換する。グルコースは肝グリコーゲンとして肝臓に，また同様に筋あるいは腎臓や腸などの貯蔵場所に貯蔵される。グリコーゲンは肝臓重量の10％程度を占めていることからも肝臓が体組織の中で最も多くグリコーゲンを貯蔵している組織であることがわかる。貯蔵されたグリコーゲンは体組織の必要に応じて速やかにグルコースに変換される。筋グリコーゲンはほかの組織で用いられるために必要な特別な酵素が不足しているため，筋活動にのみ利用される。

これまでの研究によると，炭水化物のうちでも特に単糖類は非常に速く吸収されると推測されているが，すべての炭水化物の消化や吸収は同じ速度で行われると考えている研究者もいる。糖尿病患者を扱う栄養士は，グリセミック指数を用いて食物を消化した後の血中グルコース（血糖値）の上昇度を評価している（表9.4）。このグリセミック指数と同様の考え方がそのほかの場合にも応用されており，運動時により有用な炭水化物の分類が検討されている。この分野の研究は，炭水化物の分類と身体パフォーマンスの関係について今後も注目されるであろう（Rankin 1997）。

運動時にグリセミック指数を用いるという最近の考え方から，素早く血流に溶け込む（高グリセミック指数）炭水化物がグリコーゲンの枯渇状態を充足するのに有用であるため，そのような種類の炭水化物をトレーニング後すぐに摂取するべきだと考えられている。一方でその日のほかの食事では豆や野菜や穀類そして果物など，そのほかの自然で複合的な炭水化物含有食で賄うべきである。なぜならこれらはゆっくりと定常的にグルコースを血中に満たし（低グリセミック指数），運動後徐々にグリコーゲン補充を行ってくれるからである。

2 食事中の脂肪

平均的なアメリカ人の食事は，たとえ「軽脂肪」，「低脂肪」，「脂肪なし」製品をとっているとしても，驚くほど高脂肪食である（図9.2）。ほとんどの栄養士が，脂肪由来のカロリーは1日の総カロリーの30％以下にすることを勧めているが，40〜45％が脂肪由来であることは決してめずらしいことではない。

また脂肪の場合には総カロリーに加えて，どのようなタイプの脂肪であるかを理解することも重要である。炭水化物と同様に，脂肪も飽和脂肪酸，単不飽和脂肪酸，および多不飽和脂肪酸の3種類に分類される。このような脂肪の分類はどの程度脂肪をとったかということと同じくらいに重要である。

脂肪は我々の身体の中で主にトリグリセリドという形で認められる。トリグリセリドとはグリセロール分子に3分子の脂肪酸がエステル結合した中性脂肪の1つである。トリグリセリドの分解は主に小腸で行われ，胃や膵臓由来の酵素（小腸の中で働く）が3つのうちの2つの脂肪酸をグリセロール分子から分離させ，モノグリセリドを形成する。いくつかの短鎖脂肪酸（炭素数が12未満）は，消化過程で血中に吸収されるが，ほとんどの脂肪酸は長鎖脂肪酸であり，モノグリセリドと同様に吸収する際に胆汁が必要となる。これらのような食品中のトリグリセ

図9.2
脂肪由来のカロリーは総摂取カロリーの30％以内とされている。低強度から中強度の長時間にわたる運動時のエネルギーは貯蔵脂肪に依存する。

リドは胆汁酸塩の担体であるミセルというごく小さな球体に分解されて血中に運ばれる。ミセルは脂肪酸やモノグリセリドの輸送手段となり，ミセル自体にはどんな変化もなく，実質的にそれらを腸を通して輸送するのである。さらにこの過程において，モノグリセリド（グリセロール）と脂肪酸はトリグリセリドに再合成され，3つのリポタンパク微分子（超低比重リポタンパク：VLDL，低比重リポタンパク：LDL，高比重リポタンパク：HDL）の1つとして血中に運ばれる。胆嚢の閉塞もしくは欠損により胆汁酸塩が不足している場合，脂肪吸収は低下し，脂肪は大便中に失われてしまう。もしも脂肪が吸収されなかった場合，脂肪由来のエネルギー源が減少すると同時に脂溶性ビタミンであるビタミンA，D，E，Kの吸収も減少する。

脂肪由来のエネルギー源は，炭水化物由来のエネルギー源と同じようにATPを再合成し，トリグリセリドは1gあたり9kcalのエネルギーを産み出す。もし体がすぐにエネルギーを必要としない場合，脂肪は全身もしくは肝臓の脂肪組織（脂肪貯蔵庫）に貯蔵される。脂肪組織は運動によってATPが必要となるまでトリグリセリドの貯蔵庫となり，また脂肪組織が存在する部位の絶縁や保護の役割も担う。必要とされないトリグリセリドの最たる貯蔵場所は皮下組織（約50%が貯蔵される），腎臓（12%），腹腔(10〜15%)，生殖器（20%），筋間（5〜8%）である。脂肪組織中に貯蔵されたトリグリセリドは素早く入れ替わるため，2〜3週間で新しいトリグリセリドが脂肪組織に蓄積される。どのような時でも前の月に脂肪組織中に蓄積されたトリグリセリドはすぐに使われ，移動し，新しいトリグリセリド分子に置き換えられる。すべてのトリグリセリドは貯蔵場所から継続的に放出され，血中に移動し，そしてほかの貯蔵場所に貯蔵されるのである。

覚えておかなければならないのは，トリグリセリドは非常に優れたエネルギー源であり，供給されるエネルギーの98%は脂肪組織中のトリグリセリドから得られるということである。一方，グルコースはトリグリセリドのように貯蔵量が多くはない。また身体の多くの細胞が好んでグルコースをエネルギー源とするのに対して，心筋はエネルギー源として脂肪酸を用いる組織の1つである。

3 食事中のタンパク質

前述したように，アスリートは一般的な人よ

表9.5 食品中の脂肪含有率

動物性脂肪		植物性脂肪		そのほかの脂肪	
食品	脂肪の割合(%)	食品	脂肪の割合(%)	食品	脂肪の割合(%)
子牛	10	ポテトチップス	35	ベークドビーンズ	31
鶏	10〜17	カシューナッツ	48	2%牛乳	35
牛	16〜42（大きさによる）	ピーナッツバター	50	クリームチーズ	89.5
羊	19〜29	マーガリン	81	固ゆで卵	61
スライスハム	23	油	100	チーズケーキ	63
豚	81				

りも多くのタンパク質を必要とする。タンパク質は我々の体に必須アミノ酸を供給する（表9.6）。必須が意味するところとして，アミノ酸は体の中で作り出されるものではなく，食事中から摂取しなければならないことがあげられる。タンパク質中には22種類の異なるアミノ酸が含まれており，食品によってそれぞれ異なった量と種類のアミノ酸が摂取できる。タンパク質が摂取できる最も良い食品の1つとして牛乳のような乳製品があげられる。肉類が良いタンパク源である一方で，豆類や穀類のような野菜類はいくつかの必須アミノ酸が欠乏していたり，必要量を下回ったりする場合もあるが，それでも良いタンパク源となる食品である。

アスリートで肉類を食べない人たちは，食事の中で欠乏している必須アミノ酸を理解し，足りない部分を見つけ出さなければいけない。菜食主義者たちはしばしば一般的な食習慣の人よりも食事の中で適度なカロリーを摂取することが難しいことがある。これは動物性タンパク質を含む食品がそうでない食品よりも高カロリーであることが要因である。これは肉製品に含まれる脂肪について考えるとより明確であろう。肉製品の総カロリーはタンパク由来のカロリーと同様に脂肪由来のカロリーからも得られる。

食品から摂取されたタンパク質はアミノ酸に分解され，血中に吸収された後に肝臓に輸送される。脂肪や糖質と異なり，タンパク質は後から使われるためには貯蔵されない。アミノ酸は体内でのATPの合成や，成長や組織の修復過程に利用される新しいタンパク質として利用される。過剰に摂取したアミノ酸はグルコースやトリグリセリドに変換され体内の脂肪組織に蓄積される。

4 タンパク質の過剰摂取

ダイエットの流行的な手法として高タンパク質，低炭水化物食を積極的にとるという方法があるが，このようなタイプの食事はケトアシドーシスやケトーシスといった状態を引き起こす。これらの状態は，体内の酸バランスを維持する中で脂肪が燃焼される過程で代謝性副産物であるケトン体が産生されるために起こる。ケトーシスは死に至る危険性があるような状態だと病理学的に規定されているが，高タンパク質摂取擁護者はケトン体の燃焼の過程，つまり脂肪がケトン体に分解される際にエネルギーが必要となることから，カロリーが消費されると考え，高タンパク質摂取を推奨している。多くの栄養学専門家が短期間のケトーシスには大きな問題がないことを認めている。しかし長期間のケトーシス（2～3週間）は，痛風や腎結石の原因となる尿酸値を上げるため，極端な炭水化物摂取制限は炭水化物を適切に摂取する減量よりも急速に危険な状態になりがちである。

表9.6 推奨されるタンパク質所要量

推奨量	成長期男子	成人男性	成長期女子	成人女性
体重あたりの タンパク質量（g/kg）	0.9	0.8	0.9	0.8
1日の所要量 （平均体重より算出）	59g （平均体重65.8kg）	56g （平均体重69.9kg）	50g （平均体重55.8kg）	44g （平均体重56.7kg）

6. アスリートの食事計画

　適切なパフォーマンス発揮に必要な栄養は試合や練習前の食事に依存するのではなく，試合の前日や数週間前からの日常的な食習慣に依存する。練習や試合に必要なエネルギーを最大にするために摂取すべき食品を選ぶ際には，その運動に必要なエネルギーを知ることが重要である。炭水化物や脂肪は運動中の燃料としての役割を担っており，その比率は運動の強度や時間に依存している。一般的に，炭水化物は運動強度が上がるにつれてその依存度が高くなり，運動時間が長くなるほどその依存度が低くなる。一方，長時間で低強度の運動ではエネルギー源を脂肪に依存する。しかしながら実際にはすべての運動は炭水化物と脂肪の両方に依存する。試合数週間前からの理想的な食習慣は，体内の炭水化物貯蔵量を最大限に高め，さらにエネルギー源として脂肪代謝依存を高めるように働く脂肪酸の供給も賄う。

1 練習や試合前の食事

　身体活動が活発な人が試合に向かって準備をする際，試合前の日常的な食習慣が試合直前の食事摂取よりも重要である。長距離系のアスリートはしばしば食習慣を試合の数日前から変え始める。カーボローディングの共通した方法は，通常総カロリー摂取量の60％を占める炭水化物摂取の割合を，70％，80％と増やしていく。アスリートはこのようなローディングを試合の3日前から行い始め，トレーニングスケジュールは通常通りに行う。このやり方は体内の炭水化物貯蔵量を最大限に高め，アスリートは最大限にエネルギーを蓄積することができる。（訳注：カーボローディングには2週間前から始める方法もあるので，別の書籍や文献も参考にして欲しい）。

　試合直前の食事ではそれ以前の食事で作り上げてきたエネルギー貯蔵量を大きく変えることはできないが，以下の2つの機能を満たす必要がある。

①消化の良い食品をとることで，試合開始時には胃が空になるようにする必要がある。
②アスリートが空腹を満たすような食事である必要がある。

　したがって，以下の2つの理由から試合前には高炭水化物食が有用であると考えられる。

①炭水化物食は消化が速く，身体活動に必要なエネルギーを与える。
②一方，タンパク質や脂肪は消化が悪く，エネルギーとして用いられるまでに時間がかかる。

　一般的に脂肪やタンパク質が試合前の食事に含まれていた場合，消化吸収のためには試合開始の時間から3〜4時間は空ける必要がある。試合開始が近づくにつれて集中し，不安にすらなるため，食事が消化吸収されるために十分な時間を空けるよう計画することがより重要になる。運動や試合前の食事で胃の調子を崩してしまうような場合は，液体状の炭水化物飲料が，速く消化してエネルギー摂取できる点で有用である。いずれにしても，運動前の食事は，パフォーマンスを最大限引き出すために，飲料と一緒に補助的にとるべきである。

　大会スケジュールの中では試合と試合の合間の回復のための十分な時間がないことがあり，参加者にとって体内の水分量をいかに補充するかがエネルギーを再補充することよりも非常に重要になってくる。この点において水と同様に摂取飲料に炭水化物が含まれている場合には，両者の機能が満たされる。また摂取する水分量は運動時に失われた体重量よりも多くなければならない。

　パフォーマンスに対して心理的な要因が大きく影響するため，試合前の食事はその点も考慮に入れなければならない。アスリートの中には

試合前にいつ，どのような食事をとるべきかという前述したような原則に従わないで，非慣習的な食事をとったほうがパフォーマンスが良いと主張する者もいる。確かに試合直前の食事は，それ以前からの食習慣と比較するとそれほど重要ではない（図9.3）。試合前の食事に関して重要なのは，腸を刺激したり，水分を奪ったり，膨満感や消化不良を起こさないように気をつけることである。アスリートが腸の痛みをよしとすることはないため，常にアスリートに苦痛を与えるような食事を避けることに留意しなければならない。また苦痛を引き起こす食事は人によって異なることにも留意すべきである。

2 体重管理：増量と減量

アスリートは良いパフォーマンスを発揮するために多くのプレッシャーを抱えている。これらのプレッシャーは競技場面を離れても終わることなく，日常生活まで引きずるものである。スポーツ場面ではないところからくるプレッシャーの1つとして体重管理があげられる。女子体操選手が減量の必要性について話をしていたとしても，おそらく驚きはないだろう。同様のことは，フットボールのラインマンが高強度トレーニング期間中に体重を維持しようとしている場合にも言える。

アスリートにとって競技シーズン中に体重を変化させることは非常に難しい。アスリートはシーズン中の体重変化は少しずつ起こることを理解しなければならない。良い食習慣がシーズンを通して体重を整え，維持するために重要である。直近の練習に対する摂取総カロリーの多少にかかわらず，低脂肪，高炭水化物食をとる必要がある。

3 減量と体液レベル

体重制限を設けているアスリートの中には，断食やそのほかの望ましくない食事方法を行う者がいる。急速な体重減少は体内の水分量の減少によってもたらされる。この水分量減少は脱水症状を引き起こし，非常に重篤な状態に陥る。レスリングは体重によって階級が分かれていることから，体重制限を設ける代表的なスポーツであるが，かつてレスラーの減量方法が安全性を欠くものだったため，1997年後半には3名の選手が極度の減量と脱水のため死亡している（CDC 1998）。

競技シーズン中に減量を行うアスリートは1週間に0.9kg以上は体重を減らさないようにするべきである（図9.4）。また，食事は高炭水化物食とし，充分な水分摂取も同時に行う必要がある。なぜなら急速な減量は体内の水分減少を示し，水分量が練習開始前に元通りに満たさ

図9.3
最適なパフォーマンスと傷害予防のために，アスリートは試合や練習前のみではなく，日ごろから良い食習慣を身につける必要がある。

ゲータレードスポーツ科学研究所（Gatorade Sports Science Institute；GSSI）は，スポーツ栄養や運動・健康科学に関する教育，研究，サービスの発展と提供を目的としてつくられた。GSSIで提供されるサービスは非営利であり，教育ツールとして活用することができる。

れていなかった場合には体調不良につながるからである。

　増量は1日に何度も食事をとらなければならないため，アスリートにとって時に難しいものである。大量のエネルギーを消費している状況での体重増加のキーファクターは，より多くのカロリーを摂取することである。通常の食事の中で増量を試みる場合は，高炭水化物食を摂取することで運動時のエネルギーを得ることができる。加えて，間食をとることによって，通常の食事のみで得る摂取カロリーよりもさらに高いカロリーを摂取することができる。

4 特別な食事，流行食，サプリメント

　急激な改善は得てして良い改善方法にはならない。簡単に減量，増量，パフォーマンス向上が可能であることをうたう流行食やサプリメントも，厳しいトレーニングなしではその効果は得られない。パフォーマンス向上のためのトレーニング，体重コントロールや身体作りに対して献身的に取り組む人々は，努力によってもたらされる変化が化学的手段によってもたらされる変化よりも健康的であることを熟知している。努力や適切な栄養に勝るものはないのである。

　例えば，エフェドリン製品について考えてみよう。エフェドリンは体内のエネルギーをより高めることを意図した栄養補助食品と同様に，多くの補助食品に使用されていた。しかしながら，エフェドリン摂取によって健康的なプロアスリートにおいても死亡例が多発した。一方でエフェドリン含有食品の影響について研究することは困難である。その理由としてエフェドリン含有製品の多くは，それぞれの単位製品量あたりのエフェドリン含有量が一致していないことがあげられる。このような含有量の不一致は，製品の評価を難しくするだけでなく，消費者に大きなリスクを負わせることにもつながる。

5 ビタミン，ミネラル，そのほかの栄養補助食品

　食事においてある特定の品目を欠くと，ビタミンやミネラルの欠乏状態に陥る可能性がある。例えば，ラクトースアレルギー（乳糖過敏症）の人は，乳製品の消化が困難である。しかし，すでにわかっているように，乳製品はカルシウム摂取に優れた食品であり，カルシウムをほかの製品から補おうとしなければ，カルシウム欠乏症になる危険性がある。

　一方，多くのビタミンやミネラルの過剰摂取は，ほとんどの場合は有害とはならないが，一部のものは害となる場合がある。例えば，体内での必要量以上の水溶性ビタミンを摂取した場合，余分なものは尿から排泄される。しかしながら脂溶性のビタミンの場合，摂取された余分なビタミンは脂肪組織に貯蔵され健康を害する要因となり得る。脂溶性ビタミンにはビタミンA，D，E，Kがある。これらのビタミンは排

図9.4
競技シーズン中に減量を行うアスリートは1週間あたり0.9kg以上の急激な減量は避けるべきである。

出されるよりもむしろ危険なレベルになるまで体内に貯蔵されるのである。我々はサプリメントを必要とする際には，過剰摂取によって健康を害することがないように注意しなければならない。

栄養面で代謝的な障害と診断された際には，ヘルスケアプロバイダーが栄養補助食品を処方してくれる。このように処方された栄養補助食品は，医師や知識のある栄養士やヘルスケアの専門家の管理下にあるものだが，安全だと考えられたり，広告上では禁止されていない物質であったりしたとしても，実際には選手が所属する競技会やリーグで禁止されているものもある。また，摂取した食品のうちある特定の物質が禁止されているものであった場合，化学的相互作用によりほかの物質からも禁止物質を作り出してしまう可能性もある。したがって，摂取するすべての化学合成品に関しては常に深く理解し，注意する必要がある。薬物なしの体を作る最良の方法は，安易な道を行かずに努力し適切な食習慣を身につけることである。

7. 傷害および病気に関する栄養学的検討

栄養はしばしば人々がけがや病気から回復することを，正しく，あるべき方法で助ける。おそらく牛乳が強い骨を作り出すことは何度も耳にしていることと思われるが，このことはカルシウムが健康的な骨の基本であるという点で明らかなことである。カルシウムの宝庫である牛乳は，骨折した際に摂取するように広く推奨されている。牛乳を飲み，そのほかの製品を口にすることで，体内のカルシウム量を増加させる。しかし骨折後にだけ牛乳を飲むのは良い方法とは言えない。適切な栄養というのは，カルシウム摂取が例のように，けがや病気後だけでなく毎日の積み重ねが重要なのである。

1 骨折の栄養学的側面

骨折の1つである疲労骨折の要因として低カルシウムレベルがあげられる。カルシウムレベルが低いことは骨密度の低下につながり（骨粗しょう症），それゆえ骨折の危険性が高まる（図9.5）。さらにHigher（1989）が報告しているように，エストロゲンレベルの減少も女性の疲労骨折の共通した要因である。私たちが口にする食事の中に含まれているカルシウムだけではなく，減少したエストロゲンレベルを補うためのエストロゲン様成分が含まれた食事も重要である。これらの食品にはニンジンやチーズ，牛乳，ヨーグルト，カッテージチーズ，卵などがある。

2 欠乏症

特定のビタミン，ミネラル，アミノ酸の欠乏症については十分検証され，栄養との直接的な関係も示されている。よく知られている欠乏症として貧血（鉄欠乏），壊血病（ビタミンC欠乏），そしてくる病（ビタミンD欠乏）があげられる。このような欠乏症が生じる要因として，食事や消化する過程での吸収に何らかの問題があるこ

図9.5
牛乳はカルシウム摂取に最適な食品であり，骨折の治癒を補助する。

とがあげられるが，欠乏症がわかった段階で栄養補助を行えば非常に早く回復させられる。これらの欠乏症に関連する障害を未然に防ぐためには，良い食習慣や症状が認められた段階での早期対応が鍵となる。

3 栄養と肥満アスリート

　身体活動の活発な人の場合，けがや病気と関連して栄養に対して注意を払わなければならないが，我々は肥満患者に関しても検討する必要がある。肥満のアスリートは食習慣についてより注意を払わなければならない。肥満アスリートの中には，通常の食習慣を継続しながら血糖値をコントロールするためにインスリンを用いるものがいる。彼らは血糖値を正常に保つために1日中血糖値をモニターしなければならないため，一定した食事時間が要求される。食事後にインスリンを摂取しない場合，極度の低血糖を引き起こす可能性がある。肥満のアスリートは低血糖や高血糖を起こさないために，食事摂取とインスリン摂取を同期させなければならないのである。運動中に低血糖状態に陥らずに血糖値を一定に保つためには，綿密な計画とアスリート自身の規律が必要となる。肥満アスリートとともに仕事をする人は，血糖値が変化することに対する危険性に注意しなければならない。練習の後に家に帰ってインスリンを摂取した後，食事をとらずに寝てしまうことは，肥満アスリートにとって非常に危険なことである。高インスリンレベルは血糖値を危険なまでに低下させてしまう。潜在する問題を認識し，それらを防ぐために準備することが最も必要である。

　アメリカダイエット協会（ADA）は最新の情報を次のサイトで紹介している（www.eatright.org）。

4 成長と回復過程の栄養学的側面

　よくバランスの取れた食事は，正常な成長や，受傷後に組織の修復が必要な際に必要不可欠なものである。よくけがをする人や，けがの回復が遅い人は栄養摂取について見直すべきである。栄養摂取状況について評価し，足りない部分がどこにあるのかを見つけ出した段階で，初めて適切な食事や栄養補助食品について検討することができる。治癒が困難であるという医師の判断に基づき，ほかの医学的問題が除外された場合には，栄養学的なアプローチを検討してみる。

5 骨折の治癒

　この章の最初に述べたように，カルシウムは骨の成長や修復に大きな役割を担っている。加えて，カルシウムは傷害発生後や，血圧調節の潜在的な要因である血液凝固機序をも補助している。カルシウムは乳製品の多く（チーズやヨーグルトを含む）やカルシウムが豊富な豆腐，トルティーヤ（訳注：トウモロコシを使ったメキシコ料理），緑黄色野菜（ほうれん草，ブロッコリー，カブ菜）や缶詰のやわらかい骨付き魚（そのまま食べられるもの）から摂取することができる。カルシウムを含む食品は数多くあり，これらは我々にとって非常に重要なものばかりである。しかし，ここで考慮しなければならないのは，食品の中には体内でのカルシウム吸収を阻害するものと吸収を促進するものがあるということである。例えば，適度なビタミンDはカルシウムの吸収を良くする一方で，過剰な肉や塩分やカフェイン，アルコールの摂取は食品からのカルシウム吸収を阻害する。頻繁に骨折したり，めずらしい種類の骨折，あるいは発生頻度の少ない種類の骨折をした場合には，自分の栄養摂取状況を栄養士に相談してみるべきである。

Q&A

Q1 総摂取カロリーに含まれる炭水化物，脂肪，タンパク質の割合について説明し，食事や食品のカロリー計算の方法についても述べなさい。

A1 食物から得られるカロリーは，その食物に含まれているエネルギー源が何gあるかを把握することで計算することができる。脂肪は1gあたり9kcal，炭水化物とタンパク質はそれぞれ4kcalのエネルギー量を持つ。1日のカロリー摂取量の合計のうち30％が脂肪由来，10％がタンパク質由来，そして残りの60％が炭水化物由来であるべきである。

Q2 エネルギー源としての炭水化物の役割について説明し，それが含まれる食品をあげなさい。

A2 炭水化物は短時間の運動や高強度の運動時にエネルギー源として用いられる。炭水化物が運動時の燃料供給に非常に重要な役割を担っているため，アスリートは運動に際して適量の炭水化物を摂取することが重要である。炭水化物は単糖類（フルクトース，ガラクトース，グルコース），二糖類（2つないしそれ以上の単糖類が化学結合したもの），および多糖類（数百および数千の単糖類が結合したもの）として存在する。すべての炭水化物は消化過程やエネルギーの産生過程で単糖類に分解される。単糖類は肝臓においてグルコースに変換される。炭水化物の消化と吸収の割合は食品によって異なり，今後の研究課題である。

Q3 1日に推奨される水分摂取量について議論し，体内の水分量を満たすために水の代わりになるものについて説明しなさい。

A3 一般的に，平均的な人は毎日225ccグラスに8杯（1.8ℓ）の水分が必要である。活動量が多い場合，発汗で失った水分を補うためにさらに多くの水分を必要とする。カフェイン製品のように，一部の飲料はより多くの水分摂取を必要とする。なぜならカフェインには利尿作用があり，体内の水分を排泄してしまうからである。人々はおいしいと感じる飲料を多く飲む傾向があるため，スポーツ飲料は水に代わる飲料として多く用いられている。ほかの炭水化物由来のエネルギー源摂取と同様に，スポーツ飲料は6％の炭水化物（1ℓあたり60gの炭水化物）を含んだものが非常に吸収が良く，体内の水分量を充分満たすことができる。

Q4 コレステロールのうち「善玉コレステロール」と「悪玉コレステロール」の違いについて説明し，コレステロールのマイナス効果を最小にする方法について説明しなさい。

A4 コレステロールには低密度リポプロテイン（LDL）コレステロールと，高密度リポプロテイン（HDL）コレステロールがある。LDLは脂肪やコレステロールを動脈内に蓄積させる働きがあるため悪玉コレステロールと呼ばれている。一方，HDLは脂肪やコレステロールを血管外へ運び出す役割を持っているため善玉コレステロールと呼ばれている。脂肪酸の総量を減らすことと，飽和脂肪酸を不飽和脂肪酸に置き換えることが健康的な人々の目標となる。

Q5 「練習や試合前の食事」と「練習や試合前の栄養」の概念について議論し，なぜ試合前に好きなものを食べることができるのか（食べてもよいのか）について説明しなさい。

A5 練習や試合前の栄養摂取は，試合直前の食事が何であるかよりもアスリートのパフォーマンスにとって非常に重要である。バランスの取れた食事を日常的にとることが常に最善の選択である。試合前の食事として，運動に炭水化物由来のエネルギーが必要であることと消化が良いという点で高炭水化物食をとるべきである。食事は試合開始の3〜4時間前には終えている必要がある。すべてのパフォーマンスには心理学的側面が大きな役割を担っており，そしてそれはどのような食事をとったかにかかわらずパフォーマンスに影響する。口にした食品が消化不良などを起こさない場合にかぎり，また顕著なパフォーマンス低下を招かない程度に，アスリートは試合前には適さないと考えられるような食事でもとることができる。

質問について考え，調べ，議論してまとめなさい。

① 最近のダイエットの流行を2つ取り上げて比較しなさい。両者のメリット，デメリットについて検討しなさい。

② ある女子体操選手が自分のボディイメージについて，競技中にレオタードを着た時に見栄えが悪いと感じ，あなたに減量するための栄養指導を依頼した。彼女は19歳で1日平均2,800kcalを摂取しているものとする。また彼女の身長は158.2cmで体重は56kgである。彼女がオフシーズンに摂取すべき必要カロリーとある日の食事内容についてデザインしなさい。

③ 夏休みから帰ってきたある女子の長距離選手が，自分の母親がタンパク質のみを用いたダイエットをしていることを打ち明け，2〜3週間前から同じようなダイエットを始めたことを告げた。彼女は今，学内に戻ってきており自炊しなければならず，炭水化物をとらないAtkins-typeダイエットについてどう考えるかをあなたに尋ねた。あなたの高タンパク質，低炭水化物ダイエットについての考えを説明しなさい。

④ バスケットボールチームが7日間の遠征を行う際の食事メニューについてデザインしなさい。なお，1日目と7日目は移動日とし，試合は2，4，6日目に行うものとする。

⑤ 質問3に出てきた女子長距離選手は非常に体が細く，彼女が昨年患った左足および今シーズンの右足の疲労骨折の原因の1つとして彼女の栄養状況が問題である疑いがある。彼女の骨の強化を補助するために，食事に含ませるべき栄養素について説明しなさい。

【引用文献】

CDC. 1998. Hyperthermia and dehydration-related deaths associated with intentional rapid weight loss in three collegiate wrestlers — North Carolina, Wisconsin, and Michigan November-December, 1997. *Morbidity and Mortality Weekly Report* 47（06）: 105-108.

Highet, R. 1989. Athletic amenorrhea : An update on aetiology, compications, and management. *Spts Med* 7 : 82-108.

McArdle, W.D., F.I. Katch, and V.L. Katch. 1999. *Sports and exercise nutririon*. Philadelphia : Williams & Wilkins.

Rankin, J.W. 1997. Glycemic index and exercise metabolism. *Gatorade Spts Sci Exch* 10 : 64, No.1.

【参考文献】

Clark, N. 1997. *Nancy Clark's sports nutrition guidebook : Eating to fuel your active lifestyle*. Champaign, IL : Human Kinetics.

Coleman, E., and S. Nelson-Steen. 1996. *The ultimate sports nutrition handbook*. Palo Alto, CA : Bull.

Grandjean, A.C. 1997. Diets of elite athletes : Has the discipline of sports nutrition made an impact? *J Nutr* 127（4）: 874-877.

Shi, X., R.W. Summers, H.P. Schedl, S.W. Flanagan, R.T. Chang, and C.V. Gisolfi. 1995. Effects of carbohydrate type and concentration and solution osmolality on water absorption. *Med Sci Spts Exerc* 27 : 1607-1615.

資料　全米アスレティック・トレーナーズ協会　倫理規定

　全米アスレティック・トレーナーズ協会（以下，NATA）の倫理規定は，NATAの会員にアスレティック・トレーニングを遂行するにあたって遵守すべき倫理行動の原則について周知することを目的として記載されている。本規定の主な目的は質の高いヘルスケアを保証することである。また，本規定はすべての会員が努力して達成すべき行動基準を示している。
　ここで示される原則は，アスレティック・トレーナーが直面するすべてのケースを網羅することはできないが，アスレティック・トレーナーが自身の行動を決定するに際しては規定の精神を尊重しなくてはならない。原則は包括的に記載されており，ある状況下での行動を決定するにあたっては，特定の原則や規定全体を解釈・適用する必要がある。もしも本規定と法的見地との間に矛盾がある場合は，法律に従わなければならない。本規定に示されたガイドラインは，専門職域としてのアスレティック・トレーニングが発展し変化するに伴って，継続的に見直され，改訂される。

原則1
会員は，すべての個人の権利，幸福，および尊厳を尊重しなければならない。
　1.1　会員は，法律によって保護されているいかなる社会階級に対してもこれを差別してはならない。
　1.2　会員は，対象からの要求と専門職としての限界に矛盾がない十分なケアを提供する義務がある。
　1.3　会員は，業務上知り得る情報については守秘義務が課せられており，法律によって認められたり求められたりする場合を除いては，対象者のケアに関わりのない第三者に対して情報を漏らすことがあってはならない。

原則2
会員は，アスレティック・トレーニングの遂行を管理する法や規則を遵守しなくてはならない。
　2.1　会員は，地域，州，および合衆国（訳注：日本では市，県，国）の法律，および団体のガイドラインを遵守しなければならない。
　2.2　会員は，NATAが定めるすべてのガイドラインと倫理規定を熟知し，これらを遵守しなければならない。
　2.3　会員は，アスレティック・トレーニングに関わる法律違反や非倫理的な行動を，適切な人物や関連機関に報告することが強く望まれる。
　2.4　会員は，薬物の乱用を避けるべきであり，必要であれば薬物依存のリハビリテーションを受けるべきである。

原則3
会員は，健全な判断をする責務があることを受諾しなくてはならない。
- 3.1 会員は，直接的であろうと間接的であろうと，いかなる方法によっても自分自身の技能，トレーニング，実績，身分証明，およびサービスの内容を偽ってはならない。
- 3.2 会員は，受けた教育や経験および関連のある法律によって適格となった内容に限ってサービスを提供することができる。
- 3.3 会員は，サービスを提供したり照会を行ったりするが，それらのうちで必要な部分に対してのみ報酬を求めるべきである。

原則4
会員は，提供するサービスの質を高いものに維持し，かつさらに高めようと努力しなくてはならない。
- 4.1 会員は，継続教育の重要性を認識し，技能と知識を向上させるあらゆるタイプの教育的活動に参加しなくてはならない。
- 4.2 ほかの会員を雇用し，それらのパフォーマンスを評価する立場にある会員は，明確にされた判断基準に基づいて正当に，思慮深く，かつ公平に責務を果たさなければならない。
- 4.3 従業員，インターン，あるいは学生のパフォーマンスを評価する立場にある会員は，評価結果を彼らに公表し，彼らが評価に対応する機会を与えなければならない。
- 4.4 会員は，アスレティック・トレーニングの訓練を受けている者に対して，倫理規定について教え，これを遵守させるようにしなければならない。
- 4.5 会員は，対象者のケア，対象者や学生の教育，および専門職としてのアスレティック・トレーニングの発展を促進させるための知識向上に役立つ研究と教育の機会に可能な限り参加し，これを援助しなくてはならない。
- 4.6 もしも会員が研究者か教育者であるならば，研究や教育の場において倫理的なふるまいをし，これを奨励しなければならない。

原則5
- 5.1 会員は，利害の対立をもたらしたり職業に悪い影響をもたらしたりするいかなる行為にも関係を持つべきではない。
- 5.2 会員，協会の委員会で働く者，および協会の顧問は，意識するしないにかかわらず，協会の名称，ロゴ，および協会が提携したサービスや商品を使用してはならない。
- 5.3 会員は，対象者の支払い能力を超えて経済的利益を求めてはならないし，彼らから搾取しようとするいかなる計画にも荷担してはならない。
- 5.4 会員は，提供するサービスの内容に見合った報酬を求めてもよいが，サービスは法律を遵守したものでなくてはならない。

NATA（2002）より抜粋

索　引

あ行

アーチのサポーター 188
アイスパック 168
アイスホッケー 45,198,199
アキレス腱炎 53
アクアプラスト 190
アシスタントアスレティック・トレーナー 21
アジリティ 101,104,106
アスピリン 134
アスレティック・ディレクター 207
アスレティック・デパートメント 10,21,202
アセトアミノフェン 140
アダプテッド・スポーツ 64
圧迫 218
アナフィラキシー反応 132
アナボリックステロイド 138
アマルファン症候群 63
アミノ酸 261
アメリカ医師会 5
アメリカオリンピック委員会 132
アメリカ規格協会 193,194
アメリカ材料試験協会 193,194
アメリカ疾病予防管理センター 36
アメリカ傷害予防管理センター 36
アメリカ小児科学会 73,203
アメリカ食品医薬品局 146
アメリカ心臓協会 216
アメリカスポーツ医学会 6,50
アメリカ整形外科学会 6
アメリカ整形外科スポーツ医学会 6
アメリカ整形外科ラグビーフットボール協会 48
アメリカ赤十字社 216
アメリカ大学保健協会 195
アメリカ農水省 256
アメリカ用品工業協会 195

アメリカ理学療法士協会 12
アメリカンフットボール 43,199
アルドステロン 138
アレルギー 77
アレルギー反応 130,131
アレルゲン 62
アンクルブレース 187
安全基準 205

医師 19
意識の混乱 167
意識レベルの低下 220
1 RM 105,117
一次評価 217
一回最大挙上テスト 102
一回拍出量 160
一般外科医 22
胃内圧上昇 143
稲妻 175
イブプロフェン 127,140
医療過誤 91
医療記録 227
医療緊急事態 172
医療廃棄物 243
医療費 19
医療用キット 239
咽喉 84
インシーズン期 102
インスリン 220
インスイン依存 61
インターンシップルート 14
インピーダンス法 111
インピンジメント 45

ウエイトリフティング 118
運動強度 116
運動処方 111

運動性低血圧 166
運動性熱射病 167
運動誘発性気管支狭窄 147
運動誘発性気管支収縮症 62
運動誘発性気管支喘息 220

栄養 253
栄養士 22
栄養指導 59
栄養需要 253
栄養補助食品 265
疫学 29
エキップメント・マネージャー 222
エグレン・サイドステップテスト 107
エステル結合 259
エストロゲン 265
エチドカイン 142
エネルギー 253
エネルギー産生システム 112
エピネフリン 234
エラスチン 109
炎症 133
炎症反応 133
円盤投げ 53

応急処置 216,228
嘔吐 171,220
オーバーユース 120
オーバーユースタイプの傷害 40
オーバーロード 116
オスグッド・シュラッター病 57
オピオイド属 140
オルソプラスト 190
オルフィットソフト 190

271

か行

壊血病……265
化学伝達物質……134
拡散……129
学生トレーナー……18
過失……209,229
過失責任……203,205
過失相殺……206
過剰摂取……264
過食……61
風邪薬……144
加速期……40
滑液包炎……51
活動参加選手……32
過敏性腸症候群……151
カフェイン……254
鎌状赤血球貧血……84,221,222
ガラクトース……258
カリウム……166
カリフラワーイヤー……51
カロリー……253
眼科医……21,22
眼窩内圧上昇……143
肝グリコーゲン……259
関節炎……110
関節リウマチ……138
汗腺……159
感染……218
感染症……147
寒冷環境……173
寒冷傷害……174

気管支炎……89
気管支拡張吸入器……234
気管支拡張薬……146
気管支けいれん……132,136
気管内挿管……234
器官の欠如……64
危険因子……29
キシロカイン……142
規制団体……192
規制薬物……128
基礎代謝……158
拮抗筋……109
気道確保……216,236
ギプス……189
脚長差……60
キャスト……189
キャッチャー……198,200
救急医療機関……232
救急医療システム……232,234,235
救急医療施設……232
救急医療隊員……22,234
救急医療チーム……234
救急救命士……22,232,234
救急車……172
救急隊……220,222
救急病院……226
救護者……218
給水所……164
吸入……129
競泳……55
競技スポーツ統括局……21
教師……234
局所麻酔……142
虚脱……220
去痰薬……144,146
記録管理……222
緊急医療許可・同意書……230
緊急事態……221,222,228
緊急対応プラン……222,223,224,232
緊急用の器具や備品……226
筋グリコーゲン……259
筋けいれん……171
筋骨格系……82
筋挫傷……47
筋弛緩薬……143
筋持久力……104,105
禁止薬物リスト……132
筋収縮様式……112
筋スパズム……143
筋肉増強剤……138
筋肉痛……119
筋肥大トレーニング……116
筋力……101,104

空気感染……64
薬の分布……130
グリコーゲン……254
グリセミック指数……259
グリセロール……259
クリニック……18,19
グルコース……258
グルココルチコイド……138
くる病……265
車いす……90
車いすアスリート……65
クロロプロカイン……142

経口咽頭チューブ……236
経口薬……135
警告ラベル……209
脛骨粗面……57
形質転換……130
継続教育単位……7
携帯型温湿度計……169
携帯電話……224
経腸投与……129
頚椎骨折……37
頚椎損傷……222,233
経皮投与……129
頚部損傷……238
下剤……150
血圧……82
血液……218
血液感染性病原体……242,245
血液凝固……134
血液検査……82
血液脳関門……145
血管拡張……134
血管外科医……22
結合組織……109
血小板……134
血中グルコース……259
血糖……61
血糖値……61,259
ケトアシドーシス……261
ケトーシス……261
ケトン体……261
下痢……220

下痢止め薬 149	雇用の機会 15	自動体外式除細動器 234
腱炎 47	コラーゲン 109	市販薬 127
検眼医 22	コルチコステロイド 138	耳鼻咽喉 82
健康管理 20	コルチコトロフィン 138	耳鼻咽喉科医 22
原告 203	コルチゾン 138	脂肪 253
肩鎖関節 46	ゴルフ 20,54	脂肪酸 259
剣状ヘルペス 51	コンタクトスポーツ 56	脂肪組織 260
倦怠感 171	コンディショニングスペシャリスト 104	脂肪量 110
腱断裂 138		充血除去薬 144
現場実習時間 18	**さ行**	集団メディカルチェック 91
		柔軟性 108
後遺症 168		柔軟性の評価 109
公益性 5	サーキット・トレーニング 115	手根管症候群 65
抗炎症薬 134	細菌 147	受傷機転 222
高温環境 160	再生不良性貧血 137	腫脹 134
口腔 129	最大一回挙上重量 105	出血 217
高血圧 110	サイパッド 204	出血性疾患 89
高校 17	裁判費用 209	主働筋 109
高校スポーツの傷害調査 36	挫傷 44	受容体 130
抗細菌薬 148	サッカー 40,50	準医療職教育認定委員会 13
抗真菌薬 147,148	擦過傷 52,244	馴化 163
後天性免疫不全症候群 242	サプリメント 264	循環器医 21
高度 177	サポーター 186,192	循環 216
行動規範 4	サリチル酸塩 134,140	ショイエルマン病 45
公認アスレティック・トレーナー 7,15,18	三角巾 239	傷害研究と管理センター 38
抗ヒスタミン薬 144,145	参加前メディカルチェック 76	障害者アスリート 65
硬膜下血腫 208	酸素吸入器 236	障害者スポーツ 64
コーチ 18,120		傷害の発生割合 31
コーチング 120	試合前の食事 262	消化性潰瘍 142
ゴールキーパー 200	歯科医 21	症状 240
呼吸 216	視覚障害 64	脂溶性ビタミン 260
呼吸困難 220	資格認定 7	焼石膏 190
国際標準化機構 193	資格認定試験 18	小腸 258
告知の欠如 204	持久力 101	蒸発 162
コッキング期 40	軸負荷 43	消費者製品安全委員会 193,194
骨折 52	止血 218	傷病者 217,218
骨折端 218	止血帯 219	消防士 226
骨端板 56	自己注射器 234	消防署 222
骨端板損傷 57	事故と傷害の報告システム 37	消防団 226
骨盤部 84	四肢麻痺 37	静脈注射 234
固定 218	思春期 57	上腕二頭筋腱炎 45
固定器具 239	視床下部 160	初級救急救命士 234
コデイン 140,141	7人制ラグビー 49	ジョギング 38
雇用主 206	膝蓋靱帯炎 53	職業安全衛生管理局 194

273

褥創	65	
食物ガイドピラミッド	256	
除細動行為	234	
除脂肪組織	110	
女性アスリート	59	
女性の三徴候	59	
ショック症状	132	
ショックパンツ	234	
処方箋	128	
処方薬	128	
ショルダーパッド	199	
シリコンラバー	190	
視力	82,84	
シンガード	46	
心筋炎	63	
心筋症	63	
神経（外）科医	22	
神経衰弱状態	59	
人工芝	39	
心室細動	237	
思春期前	55	
心臓	82,84	
腎臓	221	
心臓医	22	
心臓疾患	110,221,222	
身体組成	101,110	
身長	82,110	
伸張性収縮	112	
心停止	237	
浸透圧	129	
心肺機能	101,104,106	
心肺蘇生	216,228	
心拍数	82	
深部体温	158,163	
じん麻疹	136	
心理相談	59	
水泳	40	
水球	198	
推奨用量	127	
水中体重法	111	
垂直跳び	102	
水分摂取	164,254	
水分摂取のチェック	165	

スキー	49,50	
スキー板	50	
スクワット	105	
頭痛	166,171	
ステーション・アプローチ	115	
ステロイド系	134	
ストレス骨折	43	
ストレングス＆コンディショニング	101	
すねあて	46	
スパインボード	222,226	
スピアリング	37	
スピード	101,104,106	
スプリンクラー	177	
スプリント	185	
スプリント・テスト	102	
スペシャルオリンピックス	65	
スポーツ財団	195	
スポーツ傷害の疫学	29	
スポーツ傷害の調査システム	30	
スポーツ心理学者	22	
スポーツドリンク	170,254	
スポーツメディスンハンドブック	198	
スリーブ	186,192	
整形外科医	22	
制酸薬	151	
生体利用効率	130	
制吐薬	150	
精密検査	84	
清涼飲料水	254	
脊髄損傷のアスリート	65	
脊柱側彎症	56,60	
脊椎損傷	238	
脊椎分離症	58	
咳止めシロップ	146	
舌下	129	
赤血球	84	
接触性皮膚炎	178	
切創	46	
セブンスラグビー	49	
漸進的オーバーロード	117	
全身麻酔	142	
漸増運動負荷	86	
喘息	62,89,220	

全米アスレティック・コーチスタンダード	119	
全米アスレティック・トレーナーズ協会	6,29,195	
全米医療資格認定局	12	
全米重篤スポーツ傷害研究センター	37,42	
全米州立高校協会	195	
全米スポーツ傷害報告システム	30	
全米スポーツ用具安全基準制定委員会	43	
全米スポーツ用具管理者協会	195,196	
全米スポーツ用具標準化運営委員会	193	
全米大学競技選手会	195	
全米大学対抗競技連盟	13,31,74,195	
全米短期大学競技連盟	195	
全米中学校校長協会	195	
全米フットボール頭頸部傷害記録委員会	37	
全米ユーススポーツ安全財団	38,222	
全米ユーススポーツプログラム	74	
専門職	3	
総カロリー	253	
相対湿度	169	
足底板	60,188	
足病医	22	
組織	5	
組織損傷	133	
訴訟	208	
訴訟問題	202	
ソフトボール	39,52,198	
ソルボセイン	186,192	
損害賠償保険	209	

た行

代位責任	207	
第一次救護者	224,234	
体温調節	160	
大学	17	
大学院進学	18	
体格指数	111	
体脂肪率	110	
代謝熱	158	
体重	82,110	
体重制限	263	
代償運動	185	

体操競技	40,44,58	
大腿骨骨端板すべり症	58	
大腿四頭筋	57	
大腿動脈	218	
大腸炎	89	
第二次救護者	224	
タイプⅠ糖尿病	61	
タイプⅡ糖尿病	61	
対流	162	
多汗	171	
多関節運動	119	
立ち幅跳び	102	
脱水症	84	
竜巻	176	
脱力感	220	
多糖類	257	
多不飽和脂肪酸	259	
打撲	44	
多量の発汗	166,220	
単関節運動	119	
短期的目標	113	
短縮性収縮	112	
炭水化物	253	
弾性包帯	218	
単炭水化物	257	
単糖類	257	
タンパク質	253	
単不飽和脂肪酸	259	

チアノーゼ	62	
チアリーディング	41	
チームドクター	235	
中級救急救命士	234	
注射	129	
注射器	243	
注射針	243	
虫垂炎	65	
中性脂肪	259	
長期的目標	113	
徴候	220,240	
直接圧迫	217	
直腸	129	
鎮咳薬	144,145	
鎮痙薬	61	

鎮痛薬	127,139	

低血圧	143	
低血圧症	132	
低体温症	173	
低体重	59	
ディレクター	21	
鉄欠乏	265	
テトラカイン	142	
テニス	20,39,53	
電解質	170,254	
電解質入りドリンク	164	
電解質コルチコイド	138	
癲癇	61,89,221,222	
典型的熱射病	167	
伝染性の疾患	64	
伝導	161	
天然芝	39	

同意	229	
透過性	134	
動悸	77	
投球型のスポーツ	39	
頭頚部	49	
糖質コルチコイド	138	
等尺性筋収縮	113	
凍傷	174	
投擲	53	
糖尿病	61,62,84,89,110,220,222	
糖尿病性昏睡	61	
動物性タンパク質	261	
投薬	127	
毒物学	129	
トラック	53	
トランポリン	203	
トリグリセリド	259	
鳥肌	166	
トレーニング頻度	119	
トロンボサキサン	134	

な行

ナトリウム	166	

ニーズ分析	111	
ニーパッド	192	
二次評価	217	
二糖類	257	
尿管感染症	84	
尿検査	84	
尿道炎	65	
認定資格	4	

ネオプレーン	188,192	
熱けいれん	166	
熱失神	166	
熱射病	167	
熱中症	163,165	
熱中症の対処方法	171	
熱中症の予防	168	
熱疲労	166	
粘液溶解薬	146	
捻挫	44	

膿痂疹ウイルス	64	
脳血管疾患	54	
脳震盪	43,222	
ノンコンタクトスポーツ	56	

は行

歯	84	
ハーバードステップテスト	102	
肺	82,84	
バイオハザード	243	
排出	130	
ハイドロコルチゾン	138	
ハイドロコレーター	189	
ハイマン選手	63	
ハイリスク・スポーツ	40	
吐き気	166,171	
バキュームスプリント	238	
白癬	51,64	
バクテリア	147,179	
激しい頭痛	220	
バスケットボール	40,41	

275

発汗の停止⋯⋯⋯⋯⋯⋯⋯⋯167	ファイバーグラス⋯⋯⋯⋯⋯187	ヘルシーピープル2010⋯⋯⋯⋯⋯37
白血球⋯⋯⋯⋯⋯⋯⋯⋯84,134	不安定性⋯⋯⋯⋯⋯⋯⋯⋯⋯45	ヘルペス⋯⋯⋯⋯⋯⋯⋯⋯⋯64
パッド⋯⋯⋯⋯⋯⋯⋯⋯⋯185	フィールド⋯⋯⋯⋯⋯⋯⋯⋯53	ヘルメット⋯⋯⋯⋯⋯⋯⋯193
発泡材⋯⋯⋯⋯⋯⋯⋯⋯⋯186	フィールドホッケー⋯⋯⋯⋯45	ヘロイン⋯⋯⋯⋯⋯⋯⋯⋯140
鼻⋯⋯⋯⋯⋯⋯⋯⋯⋯⋯⋯84	フィットネステスト⋯⋯⋯⋯101	ベンチプレス⋯⋯⋯⋯⋯⋯105
ハムストリング挫傷⋯⋯⋯⋯44	フィットネス評価表⋯⋯⋯⋯87	弁付バッグマスク人口呼吸器⋯236
速い呼吸⋯⋯⋯⋯⋯⋯⋯⋯166	フィメール・トライアード⋯59	
バレーボール⋯⋯⋯⋯⋯40,50	フェイスマスク⋯⋯⋯⋯⋯198	砲丸投げ⋯⋯⋯⋯⋯⋯⋯39,53
パワー⋯⋯⋯⋯⋯⋯⋯101,104	フェルト⋯⋯⋯⋯⋯⋯⋯⋯188	防具⋯⋯⋯⋯⋯⋯⋯⋯⋯185
パワーリフティング⋯⋯⋯118	フェンシング⋯⋯⋯⋯⋯⋯201	膀胱炎⋯⋯⋯⋯⋯⋯⋯⋯⋯65
搬送⋯⋯⋯⋯⋯⋯⋯⋯⋯227	フォロースルー期⋯⋯⋯⋯40	方向転換⋯⋯⋯⋯⋯⋯⋯106
搬送先⋯⋯⋯⋯⋯⋯⋯⋯225	複合炭水化物⋯⋯⋯⋯⋯⋯257	報告すべき傷害⋯⋯⋯⋯⋯31
搬送手段⋯⋯⋯⋯⋯⋯⋯222	副作用⋯⋯⋯⋯⋯⋯127,131	放散⋯⋯⋯⋯⋯⋯⋯⋯⋯158
バンテージ⋯⋯⋯⋯⋯⋯⋯190	輻射⋯⋯⋯⋯⋯⋯⋯⋯⋯162	棒高跳び⋯⋯⋯⋯⋯⋯⋯⋯40
ハンドボール⋯⋯⋯⋯⋯⋯52	副腎ステロイド⋯⋯⋯⋯⋯138	法的問題⋯⋯⋯⋯⋯⋯⋯202
ハンマー投げ⋯⋯⋯⋯⋯39,53	腹部⋯⋯⋯⋯⋯⋯⋯⋯⋯82	法の無視⋯⋯⋯⋯⋯⋯⋯203
	副木⋯⋯⋯⋯⋯⋯⋯⋯⋯185	法の無知⋯⋯⋯⋯⋯⋯⋯203
鼻炎⋯⋯⋯⋯⋯⋯⋯⋯⋯136	不作為⋯⋯⋯⋯⋯⋯⋯⋯204	飽和脂肪酸⋯⋯⋯⋯⋯⋯⋯259
被雇用者⋯⋯⋯⋯⋯⋯⋯206	浮腫⋯⋯⋯⋯⋯⋯⋯⋯⋯134	ポケットマスク⋯⋯⋯⋯⋯236
被告⋯⋯⋯⋯⋯⋯⋯⋯⋯206	婦人科医⋯⋯⋯⋯⋯⋯⋯⋯22	保険維持機構⋯⋯⋯⋯⋯⋯91
非サリチル酸塩⋯⋯⋯⋯⋯134	不整脈⋯⋯⋯⋯⋯⋯⋯⋯143	ポストシーズン期⋯⋯⋯⋯103
皮脂厚測定法⋯⋯⋯⋯⋯110	腹筋持久力テスト⋯⋯⋯⋯102	ホッケー⋯⋯⋯⋯⋯⋯40,45
非処方薬⋯⋯⋯⋯⋯⋯⋯127	プッシュアップ・テスト⋯⋯102	ポリフォーム⋯⋯⋯⋯⋯190
ビスコリス⋯⋯⋯⋯⋯⋯192	フットボール⋯⋯⋯⋯40,198	ポリフレックスⅡ⋯⋯⋯⋯190
ヒスタミン⋯⋯⋯⋯⋯⋯134	ブピバカイン⋯⋯⋯⋯⋯⋯142	
ヒスタミン反応⋯⋯⋯⋯⋯130	普遍的予防策⋯⋯⋯⋯218,242	**ま行**
非ステロイド系抗炎症薬⋯83,134	不法行為⋯⋯⋯⋯⋯⋯⋯202	
ビタミン⋯⋯⋯⋯⋯⋯⋯264	不明瞭⋯⋯⋯⋯⋯⋯⋯⋯220	マウスガード⋯⋯⋯⋯⋯189
ビタミンC欠乏⋯⋯⋯⋯⋯265	ブラジキニン⋯⋯⋯⋯⋯⋯134	マウスシールド⋯⋯⋯⋯⋯236
ビタミンD欠乏⋯⋯⋯⋯⋯265	プリロカイン⋯⋯⋯⋯⋯⋯142	マウスピース⋯⋯⋯⋯189,198
必須アミノ酸⋯⋯⋯⋯⋯261	フルクトース⋯⋯⋯⋯⋯258	マクロファージ⋯⋯⋯⋯⋯138
ピッチング⋯⋯⋯⋯⋯⋯⋯52	ブレース⋯⋯⋯⋯⋯⋯185,192	マジック・ジョンソン⋯⋯242
皮膚科医⋯⋯⋯⋯⋯⋯⋯⋯22	プロカイン⋯⋯⋯⋯⋯⋯142	マジックテープ⋯⋯⋯⋯⋯188
非麻薬性鎮痛薬⋯⋯⋯⋯⋯140	プロスタグランジン⋯⋯134,138	麻酔薬⋯⋯⋯⋯⋯⋯⋯⋯142
肥満⋯⋯⋯⋯⋯⋯⋯⋯⋯110	プロスポーツ⋯⋯⋯⋯⋯⋯19	松葉杖⋯⋯⋯⋯⋯⋯⋯⋯226
費用⋯⋯⋯⋯⋯⋯⋯⋯⋯205	ブロッキング⋯⋯⋯⋯⋯⋯43	麻薬性鎮痛薬⋯⋯⋯⋯⋯140
病院⋯⋯⋯⋯⋯⋯⋯⋯⋯222		
氷嚢⋯⋯⋯⋯⋯⋯⋯⋯⋯172	βアドレナリン作動薬⋯⋯146	ミオグロビン⋯⋯⋯⋯⋯221
びらん性胃炎⋯⋯⋯⋯⋯142	ヘッドアスレティック・トレーナー⋯21	見掛けの気温⋯⋯⋯⋯⋯169
ピリオダイゼーション⋯⋯116	ヘッドギア⋯⋯⋯⋯⋯196,198	ミネラル⋯⋯⋯⋯⋯⋯⋯264
疲労感⋯⋯⋯⋯⋯⋯⋯⋯171	ヘマトクリット⋯⋯⋯⋯⋯83	ミネラルコルチコイド⋯⋯138
疲労骨折⋯⋯⋯⋯⋯⋯⋯265	ヘモグロビン⋯⋯⋯⋯⋯⋯83	耳⋯⋯⋯⋯⋯⋯⋯⋯⋯⋯84
貧血⋯⋯⋯⋯⋯⋯⋯⋯⋯265	ベルクロ⋯⋯⋯⋯⋯⋯⋯188	
ビンディング⋯⋯⋯⋯⋯⋯50		

無月経	59	
無酸素性能力	106	

メチルプレドニゾロン	138
滅菌ガーゼ	217,218
メディカルチェック	73
メピバカイン	142
めまい	166,171,220
免許	4

目標設定	113
モノグリセリド	260
モルヒネ	140

や行

野球	39,52,198
薬剤師	127
薬品名	77
薬物間相互作用	132,133
薬物検査	84
薬物試験	133
薬物動態学	129,133
薬物力学	130,133
薬物療法学	129
薬理学	129
やり投げ	39

有酸素性能力	106
ユーオンラグビー	49

用具管理者	207,222
腰椎すべり症	45
腰椎分離症	45
腰痛	54
予防接種	242

ら行

雷雨	175
ライセンス	4
ライフガード	234

ラグビー	40,47
落雷	175
ラクロス	39,40,47,198
ラテックスグラブ	218
ランニング	38,40,43
ランニング・テスト	102
乱用	128

理学療法士	19
陸上競技	53
リスク・ファクター	55
離断性骨軟骨炎	58
リドカイン	142
利尿作用	254
リハビリテーション	22
リハビリテーション医	22
略語	240
流行食	264
倫理規定	4

類骨骨腫	56

冷却	163
冷却効果	174
冷却のメカニズム	161
レストピリオド	117
レスリング	40,51,198
レスリング用マット	178
レセプター	130
レッグ・カルヴェ・ペルテス病	56
レッグプレス	105
裂傷	244

ロイコトリエン	134,138
労働者賠償委員会	37
ローテーターカフ	45
ロデオ	20,40

欧文

ABC	216
ACSM	50
AED	234
AIDS	242
AMA	14
ATC	7
ATP	260
axial loading	43
B型肝炎	242
B型肝炎ワクチン	242
CAAHEP	7,14
CDC	36
CEU	7
CPR	216
F8委員会	195
FDA	146
First Aid	216
HBV	242
HDL	260
HIV	242
HIV陽性	245
LDL	260
NAIRS	30
NATA	6,7,29
NATABOC	7,14
NATA研究・教育基金局	8,14
NATA専門職教育委員会	14
NCAA	13,30,74,132
NCAAガイドライン	75
NCAA傷害調査システム	32
NFL	133
NOCSAE	43,193,195
NOCSAE認証	193
NSAID	134
NYSP	74
PAR-Q & Youテスト	76
Tテスト	107
USDA	256
USOC	132
VLDL	260

著者

■ スー・ケイ・ヒルマン（Susan kay Hillman）

　ATCでありPTでもあるスー・ケイ・ヒルマン（Susan kay Hillman）は，13年間にわたってUniversity of Arizonaのヘッドアスレティック・トレーナーを務めながら，NFLチームのPittsburg SteelersとPhiladelphia Eaglesにおいてアシスタント・トレーナーとしても活躍してきた。現在はA.T.Still Universityの一部であるArizona School of Health Scienceにおける解剖学の准教授をしている。また，彼女はJournal of Athletic Therapy Today他の雑誌の編集委員やトレーナー協会の教育委員会のメンバーなども歴任し，NATAから最も優秀なアスレティック・トレーナーとして表彰されている。

　スー・ケイ・ヒルマンはPurdue Universityで学部教育を受けた後，University of Arizona大学院にてアスレティック・トレーニングを，また，Stanford University大学院にて理学療法学を修め，それぞれで修士号を取得している。

監訳者

■ 中村　千秋

①早稲田大学スポーツ科学学術院准教授。
②順天堂大学体育学部健康学科卒業。順天堂大学大学院体育学研究科（運動生理学）修了。Arizona State University, College of Liberal Arts and Sciences卒業。
③流通経済大学付属柏高等学校ラグビーフットボール部アスレティック・トレーナー。帝京大学ラグビーフットボール部アスレティック・トレーナー。
④ATC，JASA-AT。
⑤『身体運動の機能解剖』（共訳，医道の日本社），『ストレングス・ボールトレーニング』（監訳，医道の日本社），『エビデンスに基づくインジャリーケア』（監訳，NAP），『写真でわかるファンクショナル・トレーニング』（監訳，大修館書店），『スポーツコンディショニング』（監訳，大修館書店）など。

訳者（訳順）

■ 鹿倉　二郎（1章）

①順天堂大学スポーツ健康科学部教授。
②早稲田大学社会科学部卒業。University of Michigan, School of Education, Physical Education Department卒業。
③早稲田大学米式蹴球部アスレティック・トレーナー。
④ATC，JASA-AT。
⑤『テーピング』（単著，講談社）など。

■ 中村　千秋（2章）

■ 城内　泰造（3章）

①滋賀医科大学医学部医学科在学。
②早稲田大学人間科学部スポーツ科学科卒業。University of Nebraska at Omaha 大学院, Health, Physical Education and Recreation 研究科（Athletic Training専攻）修了。
③The University of the South アシスタントアスレティック・トレーナー（2005-2007）。
④ATC。

■ 大木　学（4章）

①㈲トライ・ワークス アスレティック・トレーナー。帝京大学ラグビーフットボール部アスレティック・トレーナー。
②早稲田大学人間科学部スポーツ科学科卒業。Western Michigan University, 大学院修了。
③いすゞ自動車ギガキャッツバスケットボール部アシスタントトレーナー。McLaren Sports Medicine Clinic勤務 Flushing高校アスレティック・トレーナー。
④ATC, PES, Life Supporting First Aid インストラクター。

■ 江川　陽介（5章）

①国士舘大学文学部教育学科講師。
②早稲田大学人間科学部スポーツ科学科卒業。早稲田大学大学院人間科学研究科後期博士課程修了。博士（人間科学）。
③早稲田大学スポーツ科学学術院助手。早稲田大学柔道部アスレティック・トレーナー。
④日本ホリスティックコンディショニング協会認定ホリスティックコンディショナー, JASA-AT, CSCS。

■ 高橋　忠良（6章）

①早稲田実業学校アスレティックトレーナー。
②早稲田大学社会科学部社会科学科卒業。日本大学通信教育部文理学部英文科所定単位取得。California State University, Fresnoキネシオロジー学科所定単位取得。
③尽誠学園高等学校英語科教諭（野球部コーチ〈1994-1999〉, アスレティック・トレーナー〈2004〉）。ジャパンアスレティックトレーナーズ機構理事。
④ATC, American Board for Certification in Orthotics, Prosthetics and Pedorthics（ABC）公認ペドーシスト。

■ 倉持　梨恵子（7章）

①中京大学体育学部健康科学科講師。
②早稲田大学人間科学部スポーツ科学科卒業。早稲田大学人間科学研究科博士後期課程修了。博士（人間科学）。
③帝京平成大学地域医療学部講師。早稲田大学スポーツ科学学術院助手。早稲田大学米式蹴球部アスレティック・トレーナー。早稲田大学応援部チアリーダーズトレーナー。日本チアリーディング協会救護担当実行役員。
④JASA-AT。
⑤『すぐに使える即効テーピング』（監修, 池田書店）。『現場で役立つスポーツ損傷ガイド』（分担訳, ナップ）。

■ 上松　大輔（8章）

①新潟経営大学スポーツマネジメント学科准教授。
②早稲田大学人間科学部スポーツ科学科卒業。University of Pittsburgh, School of Health and Rehabilitation Sciences卒業。Ohio University, Graduate School of Recreation and Sports Sciences修了。
③Brigham Young University, 野球部アスレティック・トレーナー。新潟経営大学　男子/女子バスケットボール部・サッカー部アスレティック・トレーナー。MLB Pittsburgh Pirates Intern。NFL Houston Texans Intern。06日米野球米国チームメディカルリエゾン。
④ATC。

■ 広瀬　統一（9章）

①早稲田大学スポーツ科学学術院准教授。
②早稲田大学人間科学部スポーツ科学科卒業。東京大学大学院総合文化研究科生命環境科学系身体運動科学修了。博士（スポーツ医学）。
③東京ヴェルディ1969育成チームアスレティック・トレーナー。名古屋グランパスユースアカデミーコンディショニングコーチ。ジェフユナイテッド市原・千葉ユースアカデミーコンディショニングアドヴァイザー。サッカー女子日本代表（なでしこJAPAN）フィジカルコーチ。
④JASA-AT, JATI-AATI。
⑤『ボディコンディショニングとメンテナンス, 現場で役立つスポーツ損傷ガイド』（分担訳, ナップ）。

---

①現職
②出身大学等
③おもなトレーナー歴（職歴）や役員歴等
④取得資格

ATC	全米アスレティック・トレーナーズ協会公認アスレティック・トレーナー
JASA-AT	日本体育協会公認アスレティック・トレーナー
JATI-AATI	日本トレーニング指導者協会公認トレーニング指導士
PES	全米スポーツメディスンアカデミー公認パフォーマンス・エンハンスメント・スペシャリスト
CSCS	全米ストレングス＆コンディショニング協会公認スペシャリスト

⑤おもな著書・訳書

アスレティック・トレーニング入門
ⓒChiaki Nakamura, 2010　　　　　　　　　NDC780/ix, 279p/26cm

初版第1刷 ———	2010年11月20日
編著者 ———	スー・ケイ・ヒルマン
監訳者 ———	中村千秋（なかむら ちあき）
発行者 ———	鈴木一行
発行所 ———	株式会社 大修館書店
	〒101-8466　東京都千代田区神田錦町3-24
	電話03-3295-6231（販売部）03-3294-2359（編集部）
	振替00190-7-40504
	[出版情報]http://www.taishukan.co.jp/
装　丁 ———	倉田早由美（サンビジネス）
本文デザイン・DTP ———	株式会社サンビジネス
印刷所 ———	広研印刷
製本所 ———	牧製本

ISBN978-4-469-26706-8　Printed in Japan

Ⓡ本書の全部または一部を無断で複写複製（コピー）することは，著作権法上での例外を除き禁じられています。